U0531133

天山北麓土地开发与环境变迁研究 (1757-1949)

Land Reclamation and Environmental Changes in the Northern Piedmont of Tianshan Mountains (1757-1949)

张 莉 著

中国社会科学出版社

图书在版编目(CIP)数据

天山北麓土地开发与环境变迁研究：1757－1949／张莉著. —北京：中国社会科学出版社，2021.10
ISBN 978－7－5203－9169－6

Ⅰ.①天… Ⅱ.①张… Ⅲ.①土地开发—区域生态环境—研究—新疆—1757－1949 Ⅳ.①F323.211②X321.245

中国版本图书馆 CIP 数据核字（2021）第 191812 号

出 版 人	赵剑英
责任编辑	安　芳
责任校对	张爱华
责任印制	李寡寡

出　　版	中国社会科学出版社
社　　址	北京鼓楼西大街甲 158 号
邮　　编	100720
网　　址	http://www.csspw.cn
发 行 部	010－84083685
门 市 部	010－84029450
经　　销	新华书店及其他书店
印　　刷	北京君升印刷有限公司
装　　订	廊坊市广阳区广增装订厂
版　　次	2021 年 10 月第 1 版
印　　次	2021 年 10 月第 1 次印刷
开　　本	710×1000　1/16
印　　张	21.5
字　　数	376 千字
定　　价	118.00 元

凡购买中国社会科学出版社图书，如有质量问题请与本社营销中心联系调换
电话：010－84083683
版权所有　侵权必究

国家社科基金后期资助项目
出 版 说 明

  后期资助项目是国家社科基金设立的一类重要项目，旨在鼓励广大社科研究者潜心治学，支持基础研究多出优秀成果。它是经过严格评审，从接近完成的科研成果中遴选立项的。为扩大后期资助项目的影响，更好地推动学术发展，促进成果转化，全国哲学社会科学工作办公室按照"统一设计、统一标识、统一版式、形成系列"的总体要求，组织出版国家社科基金后期资助项目成果。

全国哲学社会科学工作办公室

序

  2001年春，张莉以优异的成绩被录取为北京大学城市与环境学院历史地理学专业的博士研究生。当时，全球变化问题正日益受到国际社会的密切关注，国际学术界提出了"过去300年的土地利用与土地覆被变化过程及其人文影响因素是什么"的重点问题。张莉出生于新疆吐鲁番，基于出土文书和外国考察记完成的硕士论文《汉晋时期楼兰古绿洲环境变迁动态研究》非常优秀，其中的核心内容分别发表于《中国历史地理论丛》（2001年第1辑）和《历史地理》（第18辑，2002年）。因此，我鼓励她继续深入展开新疆环境变迁的研究。2005年6月，她的博士论文《18世纪至1949年天山北麓土地开发与环境变迁研究》通过答辩，得到同行专家的一致好评。毕业工作后，她在博士论文的基础上继续深入和扩展，开展专题研究，先后获得2项国家自然科学基金和2项国家社会科学基金的资助，而博士论文的统稿和增补工作却断续至今才完成。付梓在即，愿为补充说明如下。

  历史时期的"环境变迁研究"领域，是北京大学历史地理研究中心长期坚持的重要研究方向之一，其研究起源于20世纪60年代初侯仁之先生的沙漠历史地理考察与研究，1983年成立了以侯仁之为首的"北京环境变迁研究会"，重点关注"全新世开始以来这一万年间的北京及其附近地区"。随后，研究区域不断向外扩展，向东扩展到河北的承德、内蒙古的赤峰，向西推进到甘肃的河西走廊和新疆局部地区；研究内容不断扩展，从历史时期沙漠的变化到区域环境变迁问题，还关注与自然环境相关的诸多社会、文化、经济方面的问题，逐渐形成多学科交叉的"区域人地关系"综合研究特色，积极参与国际学术组织的全球变化研究计划。秉承这一研究传统，本书选取新疆的天山北麓地区作为研究区域，在关注农业区扩展导致区域环境变化的强有力因素的前提下，以乾隆二十二年（1757）作为研究的起点，系统研究该区域生态平衡和社会经济发展的核心要素——河湖水系的变化过程，重建清至民国时期5个时间断面上6个亚区域的人口数量和耕地数量，进而分析该区域人地关系的相互作用过程及其机制。本书研究的天山北麓地区总面积有15.9万平方公里，研究的时间段为1757年到1949年。作者将近二百年划分为五个时间断面、又把研究区域分为六个亚区，对其展开细致研究，其中河湖水系的研究时段则延续到了2000年前后，这些研究思路是北京大学历史地理研究中心环境变迁研究的继承和发展，人口、耕地和环境的纵剖面和横剖面结合的人地关系综合研究，是其独具特色的学术贡献。

在中国历史上，人口的变化与耕地的变化有着直接的关系，进而影响着区域环境的变化。全球变化研究中对人口规模内涵的界定是区域的全部人口，而历史文献中的人口统计系统不一，目前人口史的研究主要揭示的是区域赋役人口（户民）的变化。本书作者全力搜集史料，运用人口史的研究方法，努力将清代中期至民国时期天山北麓的驻防官兵及其眷口人数、商户及游民等人口统计在内，恢复和重建区域总人口规模。其中对于驻防官兵及其眷口人数量的重建颇费心力，也是本书的主要研究贡献之一。如通过作者细致的重建工作，才得以揭示乾隆四十二年（1777）天山北麓的驻防官兵及其眷口数占当时该区域总人口的59%，到宣统元年（1909）这一比例下降到4%。如此巨大的比例差异，如果仅仅考虑户民人口规模的变化，是无法确切理解人口规模及其对区域环境变迁的影响过程与机制的。

此外，作者在搜集和整理区域人口数字的时候，尽可能地兼顾到了人口史和历史人口地理关注的问题，进行了相关研究问题的讨论，如人口增长速度、男女比例、本地人与外籍人的比例、人口分布的空间差异等。这是本书的一个突出特点和重要研究成果，也是进行区域人地关系综合研究的可靠依据。

土地利用是人类利用土地资源、改变自然环境的表现。在过去300年中，土地垦殖是人类改变地表覆被状况最直接的方式，垦殖活动的强度变化直接决定了耕地与其他土地类型之间面积的彼此消长，因此重建历史时期土地利用与土地覆被变化（LUCC）成了全球变化研究中的核心问题。历史文献中留存有大量与土地利用变化密切相关的信息，在研究时间尺度上具有不可替代的优势，但是在资料搜集、整理和量化等方面存在诸多困难。2002年，张莉在博士论文选题时即针对LUCC研究中所列举的重点问题——"过去300年中人类的活动是如何改变土地覆盖以及在不同历史阶段不同地理单元土地利用变化的主要人文因素是什么"，来进行耕地资料的搜集、整理和量化工作。本书依据历史文献中的有关记载，对1757年到1949年间影响天山北麓土地垦殖的重大社会事件和自然事件、土地垦殖政策与实施过程等进行细致分析的基础上，考订了册载田亩数字，并且充分考虑到该区域的土地垦殖特点、隐报漏报、折亩和休耕的实际情况，进行了耕地面积的重建工作。这项工作十分艰苦，但是意义重大。这不但提供了一套比较可信的耕地数字，还可以结合本书重建的人口数字，深化区域人地关系的综合研究，而且可以发现新的科学问题。如本书第五章在基于土地垦殖强度空间差异的分析之后，认识到了1757年到1949年奇台区和玛纳斯区社会经济跷跷板式的变化，从而在此基础上作者申请到了第一个国家自然科学基金的资助（近300年来新疆奇台—吉木萨尔地区土地利用变化及其对区域可持续发展的影响，40801047）。

本书的环境变迁部分亦有其独特的学术贡献。对于历史时期新疆的环境变迁，在2000年之前，学者们大多关注南疆地区的古城兴废与河道变迁，而对于北疆的研究寥寥无几。因此，本书的环境研究部分可以说是从一个相对空白的起点开始的。为此，本书作者在全面整理清代以来的相关方志、行记、考察记、历史档案的基础上，结合野外实地考察，系统研究了18世纪中期以来天山北麓的河湖水系变化，并且绘制了多幅河湖水系变迁图。与此同时，作者结合文中重建的人口数字和耕地数字，对环境变迁的影响因素进行综合分析，给出了定量化的认识和结论。此外，作者对于19世纪末20世纪初天山北麓水文变迁事件的发现与提出也具有重要科学意义。在此发现的基础上，作者申请并得到了第二项国家自然科学基金项目的资助（过去300年新疆平原区湖泊演变及其对气候变化的响应，41271159）"。

新疆地域面积辽阔，区域差异较大，天山北麓地区在18世纪中叶以来人地关系的变化独具特色，既不同于南疆地区，也不同于北疆的其他地区。《天山北麓土地开发与环境变迁研究（1757—1949）》一书对此进行了系统而深入的研究，得出很多有创见的研究结论。这种研究不仅对新疆地区史具有开创性的价值，对于整个中国的区域历史地理研究都有参考价值。

21世纪以来，天山北麓地区相继成为"西部大开发战略中优先扶持和发展的地区"和国家"十三五"期间推动建设的"天山北坡城市群"。生态环境是支撑区域可持续发展的关键因素。《天山北麓土地开发与环境变迁研究（1757—1949）》一书对该区域环境变化及其背后自然和人文驱动因素的探讨，是我们今天认识区域生态环境现状的钥匙，为制定区域人地关系和谐发展策略提供科学依据。

本书之所以取得以上诸多有创造性的研究成果，除了受益于多学科的训练之外，还与作者勤奋努力，孜孜以求，精益求精，不断开拓进取的学术精神分不开。为了完成本书及其相关的科研项目，张莉的足迹遍及天山北麓的每一个县市，兴趣盎然地对每一个小流域进行综合性的考察、调研和访谈，循着一条条从南向北流的河水，从天山冰川到绿洲，再到沙漠腹地，将学术研究植根于对现实深切的了解和关怀之中。拳拳之爱，赤子之心。相信本书的出版，定会有益于学术界和地方社会。

读完这本沉甸甸的"区域人地关系"与"环境变迁"研究著作，内心感到十分欣慰，乐为之序。

韩光辉　教授
北京大学城市与环境学院
2021年8月20日

目　　录

绪　论 …………………………………………………………………（1）
　　一　选题依据 …………………………………………………………（1）
　　二　研究区域时空范围的确定 ………………………………………（4）
　　三　相关研究综述 ……………………………………………………（6）
　　四　研究内容和方法 …………………………………………………（9）

第一章　天山北麓的生态环境与18世纪中期以前的人地关系 ……………………………………………………………（13）

第一节　山地—绿洲—荒漠生态系统 ……………………………（13）
　　一　地文系统 …………………………………………………………（15）
　　二　气候特点 …………………………………………………………（17）
　　三　水资源特点 ………………………………………………………（18）

第二节　17世纪至18世纪前期天山北麓的人地关系 ……………（21）
　　一　清准战争史略 ……………………………………………………（21）
　　二　17世纪末至18世纪前期天山北麓的人地关系特征 …………（23）

第二章　建州立县、移民垦荒：1757—1864年天山北麓的土地开发 …………………………………………………………（32）

第一节　区域开发政策与区域行政管理 …………………………（32）
　　一　天山北麓的区域开发与管理政策的形成 ………………………（32）
　　二　天山北麓州县制的建置及其行政区划 …………………………（41）
　　三　天山北麓州县制设立的意义及其区划特点 ……………………（48）

第二节　1757—1864年天山北麓的人口规模 ……………………（49）
　　一　清朝中期天山北麓人口规模研究综述 …………………………（50）
　　二　天山北麓地区户口统计制度 ……………………………………（51）

三　天山北麓各类人口的迁入过程……………………………………（57）
　　四　1757—1864年天山北麓的人口规模及其演变……………………（79）
第三节　1757—1864年天山北麓的土地开发……………………………（95）
　　一　天山北麓土地开发的基本思想……………………………………（95）
　　二　土地开发的方式…………………………………………………（100）
　　三　1757—1864年天山北麓地区载籍耕地面积的增长过程…………（116）

第三章　兵燹与复垦：1864—1911年天山北麓的土地开发……………（125）
第一节　天山北麓政治局势的特点及行政区划…………………………（125）
　　一　19世纪中叶西北边疆危机与天山北麓土地开发过程的
　　　　中断……………………………………………………………（125）
　　二　新疆设立行省及清末政治局势对天山北麓土地开发的
　　　　影响……………………………………………………………（127）
　　三　天山北麓地区行政区划的变迁…………………………………（129）
第二节　1864—1911年天山北麓的人口规模……………………………（129）
　　一　人口的再聚集及其人口构成……………………………………（130）
　　二　清代末期天山北麓的人口规模…………………………………（137）
第三节　1864—1911年天山北麓的土地开发……………………………（142）
　　一　兴地利而裕兵食——天山北麓土地开发思想…………………（142）
　　二　天山北麓土地开发的方式………………………………………（144）
　　三　天山北麓载籍耕地面积…………………………………………（157）

**第四章　修渠引水、复垦土地：1912—1949年天山北麓的
　　　　　土地开发**………………………………………………………（160）
第一节　民国时期天山北麓行政区划……………………………………（160）
　　一　新疆政局的特点及其对天山北麓土地开发的影响……………（160）
　　二　天山北麓行政区划的变迁………………………………………（164）
第二节　天山北麓的人口发展过程………………………………………（165）
　　一　民国时期天山北麓的人口增长来源……………………………（166）
　　二　天山北麓的人口规模及其演变…………………………………（168）
第三节　民国时期天山北麓的土地开发…………………………………（176）
　　一　杨增新主政时期的土地开发政策与措施………………………（176）
　　二　盛世才主政时期的土地开发政策和措施………………………（180）

三　民国时期天山北麓的载籍耕地面积 …………………………（187）

第五章　清至民国时期天山北麓土地开发的区域差异 …………（191）
第一节　行政区划变化的特点 …………………………………（191）
一　政区变化的时间特点 …………………………………（191）
二　政区变化的空间特点 …………………………………（192）
第二节　天山北麓地区人口增长过程及其机制 ………………（193）
一　人口增长过程及其特点 ………………………………（193）
二　人口增长机制 …………………………………………（197）
三　清代中期至民国时期天山北麓人口的空间差异 ……（200）
第三节　天山北麓耕地资源数量变化及其驱动因素 …………（208）
一　载籍耕地数字的分析与处理方法 ……………………（208）
二　耕地资源数量的总体变化趋势 ………………………（212）
三　天山北麓地区耕地的空间差异 ………………………（213）
四　天山北麓地区人均耕地面积的变化 …………………（216）
第四节　天山北麓土地开发的区域差异及其原因 ……………（218）
一　天山北麓土地开发的区域差异 ………………………（218）
二　天山北麓土地开发区域差异产生的原因 ……………（220）

第六章　清至民国时期天山北麓的环境变迁 ……………………（224）
第一节　18世纪以来玛纳斯河湖及其入湖水系的变迁 ………（224）
一　三屯河与呼图壁河的变迁 ……………………………（225）
二　清代以来玛纳斯湖的迁移变化 ………………………（241）
三　18世纪以来玛纳斯河湖水系变迁原因分析 …………（256）
第二节　天山北麓其他河湖水系的变化 ………………………（260）
一　巴里坤入湖水系的变化 ………………………………（260）
二　头屯河与三屯河下游河道的变化 ……………………（261）
三　呼图壁河中下游河道与渠道的变迁 …………………（271）
四　天山北麓其他湖泊、沼泽的变化 ……………………（275）
五　天山北麓河网的变化 …………………………………（279）
六　18世纪以来天山北麓河湖水系变迁的规律及其原因 …（285）
第三节　清至民国时期天山北麓地理景观的变化 ……………（289）
一　18世纪中叶游牧文化景观向农业文化景观的转变 …（290）

  二 区域聚落景观的特征及其变迁 …………………………（291）
  三 农业绿洲景观的特征及其变迁 …………………………（300）

结 论 ………………………………………………………………（304）

主要参考文献 ……………………………………………………（310）

后 记 ………………………………………………………………（328）

绪　　论

一　选题依据

(一) 选题的理论意义

全球变化，即全球尺度的地球系统功能的变化，是由自然因素和人文因素共同作用引起的。在改变自然环境的同时，全球变化对社会经济发展也产生着深刻的影响。因此，如何应对全球环境变化，实现可持续发展，是当前人类社会面临的重大挑战。科学地分析全球性环境问题的性质、形成的原因、变化的规律、预测其发展趋势、评估其社会经济影响、提出合理的对策，是社会可持续发展的需要。全球环境变化问题是当前科学研究的前沿问题。[①]

全球性环境问题已经超越了普通的学科分界，出现了"地球系统"的概念。地球系统由一系列过程构成，是地球系统各圈层之间的相互作用，由物理、化学和生物三大基本过程的相互作用以及人类与地球环境的相互作用联系起来的复杂的非线性的多重耦合系统。2003年，IGBP（国际地圈生物圈计划）正式进入第二个发展阶段，其阶段性目标之一"跨学科研究（包括过程研究）仍是全球变化研究的一个核心的、重要的学科议题，并采取更为综合的方法"[②]。

历史地理学家侯仁之早已指出，历史地理学是地球系统科学若干子系统之一，"以研究人类活动导致自然界变化为主的历史地理学，正是应该包括在地球表层学这个巨系统之中的一个子系统"[③]。历史地理学是一门综

[①] 徐冠华等：《全球变化与人类可持续发展：挑战与对策》，《科学通报》2013年第21期。
[②] 陈宜瑜：《全球变化与社会可持续发展》，《地球科学进展》2003年第1期。
[③] 侯仁之：《再论历史地理学的理论与实践》，《北京大学学报》1992年（历史地理专刊）。

合性和跨学科的研究领域，主要关注人类活动与地球环境变化之间的相互作用过程。基于目前全球变化和科学性发展的最新发展趋势，历史地理学以历史上的人地交互作用的时空特征为核心，迎来了新的发展机遇。[①]

在最近二十多年全球变化思想的形成过程中，国际学术界特别关注人类活动究竟在多大程度上干扰了全球环境，以及全球环境在发生变化之后会对人类生存产生多大影响，并将这种干扰和影响通称为"人文因素"[②]。中国拥有丰富的历史文献资料和文物考古资料，拥有辽阔的疆域、复杂多样的地理环境以及漫长的文明发展历史，因此，中国历史地理学具备"文理兼备、时空交织、通贯古今"的学科优势。近年来，中国历史地理研究在国际全球变化与可持续发展研究中的独特地位和作用越来越受到学者们的重视，他们提出建立高分辨率环境要素序列与时空特征分析；历史时期土地利用/土地覆被变化研究；适应研究与不同地域适应模型建立；历史时期人地关系地域系统研究等问题是目前历史地理学的重点研究领域。[③]

20世纪90年代中期，由IGBP和IHDP（国际全球环境变化人文因素计划）联合发起的土地利用/土地覆被变化（LUCC）研究中，特别将"过去300年中，人类活动是如何改变土地覆被"以及"在不同历史阶段、不同地理单元，土地利用变化的主要人文因素是什么"列为重点问题，并强调：必须利用各种手段恢复过去土地利用/土地覆被变化的详细历史。[④] 土地利用（land use）是人类根据土地的特点，按一定经济和社会目的，采取一系列生物和技术手段，对土地进行的长期性或周期性的经营活动。土地覆被（land cover）是指自然营造物和人工建筑物所覆盖的地表诸要素的综合体。土地利用是人类活动作用于自然环境的主要途径之一，是不同历史时期土地覆盖变化的最直接和主要的驱动因子，其变化无论是在全球尺度还是在区域尺度都不断导致土地覆被的加速变化。2003年，IGBP进一步提出了土地计划项目

[①] 葛全胜等：《21世纪中国历史地理学发展的思考》，《地理研究》2004年第3期；侯甬坚：《历史地理研究：如何面对万年世界历史》，《中国历史地理论丛》2017年第1辑。

[②] 侯甬坚：《环境营造：中国历史上人类活动对全球变化的贡献》，《中国历史地理论丛》2004年第4辑。

[③] 葛全胜等：《21世纪中国历史地理学发展的思考》，《地理研究》2004年第3期；侯甬坚：《环境营造：中国历史上人类活动对全球变化的贡献》，《中国历史地理论丛》2004年第4辑；韩茂莉：《2000年来我国人类活动与环境适应以及科学启示》，《地理研究》2000年第3期。

[④] Turner II B. L., Skole David Sanderson, Fischer Steven Günther, et al. Land-Use and Land-Cover Change Science/Research Plan, IGBP Report No. 35 HDP Report No. 7, 1995; Vogel, Coleen, "Facing the Challenges of the New Millennium: a LUCC/IGBP Perspective", IGBP Newsletter No. 38, 1999.

的重点研究内容，并且进一步提炼了相关科学问题。新一轮的全球土地计划（GLP）聚焦土地系统变化研究，强调不同尺度人类行为与陆地生态系统之间的关系，增进对人类活动的全球变化影响的认识。[①]

已有的研究成果和经验表明，人类活动与环境变化研究必然要区分自然影响和人类作用问题。同时，需要从多角度、多层次综合观察与分析人类活动与自然环境的动态变化，从而总结其相互作用和影响的规律。在空间上，应重点选择环境演变敏感地带或区域；在时间上，选择不同时间尺度内人类活动的特征时段；在内容上以解决综合性问题为主，即研究人类活动作用于自然环境的基本方式、程度，自然环境变化的机制、原因、影响评价及趋势预测，尤其注意自然界的突变和人类政策调整所产生的正反两个方面的影响和结果。

综合以上科学研究前沿问题及研究方法，本书选取生态环境敏感地带"天山北麓地区"作为研究区域，截取人类活动的特征性时间段"18世纪至1949年"作为研究时间尺度（见后文对时空尺度的论证），探讨这一时空范围内人类活动导致自然环境变化的基本方式、过程，分析人类活动与自然环境之间的相互作用模式及其机制，注意自然界的突变和人类政策调整所产生的正反两个方面的影响和结果。

土地开发活动包括土地开发政策的制定和实施、人口迁移与变化、耕地面积的增长变化等问题，进而引起区域自然环境的变化。土地开发活动是18世纪至1949年间天山北麓土地利用变化的主要驱动力，是深入探讨这一时间段内区域土地利用/土地覆被变化研究的重要切入点。

（二）选题的现实意义

20世纪50年代以来的大规模土地开发活动，使天山北麓地区人工绿洲不断扩大的同时，也使绿洲生态系统变得越来越脆弱，出现河流断流、湖泊干涸、草场退化、土壤次生盐渍化、环境污染严重、生物多样性降低等生态环境问题，人地关系愈加紧张，区域可持续发展问题是目前亟待解决的问题。[②]

---

① 刘纪远、邓祥征：《LUCC时空过程研究的方法进展》，《科学通报》2009年第21期。
② 樊自立等：《天山北麓地区的自然环境变化及自然环境保护》，载中国科学院新疆资源开发综合考察队编《新疆资源开发和生产力布局考察研究报告》（内部资料），1986年，第1—77页；袁国映、陈昌笃：《乌鲁木齐—石河子地区近代生态环境变迁及评价》，载中国科学院新疆资源开发综合考察队《新疆资源开发综合考察报告集：新疆生态环境研究》，科学出版社1989年版，第63—78页；徐丽萍、郭鹏、刘琳等：《天山北麓土地利用与土地退化的时空特征探析》，《水土保持研究》2014年第5期。

2000年以来，政府在天山北麓地区规划了"天山北坡经济带"发展计划，并被列为我国西部大开发战略中优先扶持发展的地区[①]，后来"天山北坡城市群"又成为国家"十三五"时期推动建设的19个城市群之一。因此，天山北麓地区面临着如何保护和改善已经恶化了的生态环境及如何制定人地关系和谐发展的开发策略的双重紧迫任务。[②]

认识人类活动与自然环境之间的相互作用过程及其作用机制是制定理性的区域开发与环境保护政策的前提。因此，本书将选题的视角定位在"过去300年中，人类活动如何改变了土地覆被"，结合近50年来天山北麓地区环境变迁研究的成果，深入认识天山北麓地区人类活动与环境变化的变迁过程及相互作用机制，为制定区域人地关系和谐发展策略提供科学依据。

二　研究区域时空范围的确定

研究区域时空范围的界定主要是根据区域自然地理特征的一致性和人类活动的特征时段来划分的。生态环境脆弱区是指环境要素发生变化，极易对人类居住条件、生活方式和对自然资源的利用产生较大影响的区域，它本身的变化既是全球变化的一部分，又受全球变化的直接影响。特别是在全球变化的背景下，它比其他地区更为敏感，甚至具有"预警"意义，通常被认为是开展全球环境变化研究的关键区域。天山北麓地区位于我国西北中温带干旱区，属于典型的生态环境脆弱区，为环境演变敏感地带，可以称之为开展人类活动与地球环境相互作用过程研究的典型区域。

（一）时间范围的选定

人类的土地利用方式反映了人与自然之间的关系，也深刻影响了人

[①]　《带动两翼地区发展，实现全疆共同富裕——新疆全面开发天山北坡经济带》，《人民日报》（海外版）2001年2月9日第1版。

[②]　中国科学院学部"西部生态环境建设与可持续发展"西北干旱区咨询组：《绿桥系统——天山北坡与准噶尔荒漠新产业带建设与生态保育》，《地球科学进展》2003年第6期；邓萍、贺洁：《区域经济开发中的生态建设——以天山北坡经济带昌吉州为例》，《新疆环境保护》2002年第4期；李新琪：《近期天山北坡经济带土地利用变化时空特征分析》，《干旱区资源与环境》2004年第2期；宋文杰等：《基于LUCC的干旱区人为干扰与生态安全分析——以天山北坡经济带绿洲为例》，《干旱区研究》2018年第1期；方创琳等：《城市群扩展的时空演化特征及其对生态环境的影响——以天山北坡城市群为例》，《中国科学：地球科学》2019年第9期。

类活动与自然环境变化之间的相互关系。与游牧活动方式相比，农业的出现和农业区的扩大是人类对自然环境作用加强的表现。在18世纪中期以前，新疆天山以北地区长期以来一直为游牧区，游牧是主要的土地利用方式，只在极少地方有粗放的农业耕种。但是，在乾隆二十四年（1759），清朝将新疆纳入版图之后，天山北麓的游牧民族大都向更西、更北部的地区退缩，清政府开始在天山北麓地区驻兵、屯田以达到巩固其政权的目的，从而使得农业土地利用方式取代游牧方式，农业绿洲迅速扩大，地理环境面貌为之一变。[①] 自此之后，天山北麓地区进入农业土地利用为主的时期，人类活动与环境变化之间的相互关系和相互作用机制都发生了根本性的变化。因此本书以18世纪作为研究的时间起点，探讨土地利用方式如何由游牧转变为农业、农业土地开发如何在区域范围内逐步展开及其对区域环境变化产生影响的过程和机制。1949年以后，天山北麓的土地开发进入了一个新的阶段，其规模、程度、影响的深度等都远远超过前一时期，属于人类活动与环境变化之间相互关系的新时段。因此，本书研究的核心时段截至1949年，但是并不局限于这一时间点，在深入分析研究主题时，经常突破这一时间界限进行深入的对比分析。

（二）区域空间范围的界定

历史地理学研究中，区域空间范围的界定既要考虑自然地理特征的整体性，又要考虑人类活动影响的相似性和一致性。

清代中期以前，北疆地区大多为游牧区。18世纪中期，清统一新疆以后，着重推行农业开发，天山北麓地区出现了大片的农业区，随着土地利用方式的转变，这里的自然面貌发生了巨大的改变。从18世纪中期至1949年，天山北麓农业开发的重点区域范围是清代设置州县制的地区，即本书界定的东起伊吾西至沙湾的天山北麓中东部地区，东西长约900千米，在行政区划上相当于今天的伊吾县、巴里坤县、木垒县、奇台县、吉木萨尔县、阜康市、乌鲁木齐市、昌吉市、呼图壁县、玛纳斯县、石河子市和沙湾县，地域面积总计15.9万平方千米。在18世纪至1949年间这一区域范围具有明显的区域整体性和发展的连续性。

[①] 新疆社会科学院民族研究所编著：《新疆简史》，新疆人民出版社1980年版；余太山主编：《西域通史》，中州古籍出版社1996年版；殷晴主编：《新疆经济发展史研究》，新疆人民出版社1992年版。

三 相关研究综述

（一）研究概况

现有研究成果中，大多以新疆作为研究的区域范围，揭示新疆范围内的土地开发过程和环境变迁问题。表现为以下几个特点。

其一，对于清代以来天山北麓农业开发史的研究成果丰硕。较早期的研究著作有王希隆的《清代西北屯田研究》、华立的《清代新疆农业开发史》、方英楷的《新疆屯垦史》（下）、赵予征的《丝绸之路屯垦研究》等。[①] 这些著作对清代以来天山北麓的农业开发进行了充分的研究，详细梳理了农业开发政策、屯田制度、农业开发区的形成等问题。其中，王希隆对不同屯田形式制度的研究，为后人了解和研究西北屯田奠定了坚实的基础；华立的研究全面描述了新疆农业开发的过程，并且深入探讨了农业人口的迁移、天山北路农业区的形成和扩大等问题，是新疆农业开发史研究方面的力作。其后，学者们不断深化对清代以来天山北麓农业开发活动的研究，深化了对开发组织类型、开发政策、粮食产量、赋税制度、农业技术等方面的认识。[②] 总之，以上研究成果厘清了区域开发史的基本脉络，奠定了本书开展天山北麓土地开发过程研究的基础。

其二，关于清代以后新疆聚落变迁方面的研究成果一直较少。张建军的博士论文《清代新疆城市地理研究》是系统研究清代新疆城市地理的第一部著作，其中对清代新疆城市的出现、形成、城市规模、城市形态等问题进行了深入的探讨。[③] 近年来，黄达远、何一民进一步研究了清代以来新疆的城市发展与分布特点。[④] 此外，阚耀平、阎东凯研究了移民与聚落

[①] 王希隆：《清代西北屯田研究》，兰州大学出版社1990年版；华立：《清代新疆农业开发史》，黑龙江教育出版社1998年修订版；方英楷：《新疆屯垦史》（下），新疆青少年出版社1989年版；赵予征：《丝绸之路屯垦研究》，新疆人民出版社1996年版。

[②] 齐清顺：《清代新疆经济史稿》，新疆人民出版社2014年版；赵海霞：《清代新疆商屯研究》，《西域研究》2011年第1期；齐清顺：《论清朝中期新疆解决人口与耕地矛盾的重大措施》，《石河子大学学报》2010年第1期；何汉民：《清代新疆官地初探》，《新疆大学学报》（哲学·人文社会科学版）2012年第3期。

[③] 张建军：《清代新疆城市地理研究》，博士学位论文，陕西师范大学，1998年。

[④] 黄达远：《隔离下的融合——清代新疆城市发展与社会变迁（1759—1911）》，博士学位论文，四川大学，2018年；何一民、李琳：《近代新疆城市体系建构与城市分布特点的历史审视》，《民族学刊》2018年第4期。

名称形成的关系。[1]

其三,人口史方面的研究。清代以来新疆人口变迁的研究,主要集中于乾嘉时期人口迁移研究,而且偏重于对屯田人口的研究,民国时期的人口史研究较少。至于人口规模问题,主要的研究成果有:华立在《清代新疆农业开发史》一书中估算了乾隆四十二年(1777)前后天山北路的农业人口[2];张丕远在《乾隆在新疆施行移民实边政策的探讨》一文中,利用历史文献及档案资料估算了乾嘉时期乌鲁木齐、巴里坤两区迁入的农民人口数[3];曹树基在《中国人口史第五卷清时期》中,重建了乾隆四十二年(1777)、乾隆四十八年(1783)、嘉庆十一年(1806)三个时间剖面上乌鲁木齐地区(迪化州和镇西府)人口规模。[4] 以上研究深入探讨了天山北麓的农业人口,即编户人口的迁移、规模及人口增长情况,为本书展开区域总人口变迁研究提供了基本的研究思路,奠定了深入探讨区域人口规模及人口增长速度研究的基础。

其四,环境变迁研究。清代以来天山北麓的环境变迁研究主要分为两个方面。一方面是对气候变化的研究。学者们利用树木年轮、湖泊沉积分析、冰川资料等重建了近500年来北疆的气候变化过程,揭示出天山以北的气候变化呈现出冷湿期和暖干期交替变化的规律。[5] 这些气候变化研究为本书探讨环境变迁的机制提供了重要的研究基础。另一方面是对生态环境变化的研究,主要研究成果有樊自立等人的《天山北麓灌溉绿洲的形成和发展》,阎顺的《天山北麓历史时期的环境演变信息》、封玲主编的《玛纳斯河流域农业与生态环境变迁研究》等。[6] 这些论著着重于研究1949年之后生态环境的变化,对1949年之前的研究比较概略。尽管如此,

---

[1] 阚耀平:《近代天山北麓人口迁移形成的地名景观》,《干旱区地理》2005年第6期;阎东凯:《地名文化与边疆移民社会形态——以清至民国时期天山北麓地区为核心》,《中国历史地理论丛》2015年第4辑。

[2] 华立:《清代新疆农业开发史》,黑龙江教育出版社1998年修订版,第91页。

[3] 张丕远:《乾隆在新疆施行移民实边政策的探讨》,《历史地理》第9辑,上海人民出版社1990年版,第93—113页。

[4] 曹树基:《中国人口史第五卷清时期》,复旦大学出版社2001年版,第433—436页。

[5] 施雅风:《山地冰川湖泊萎缩所揭示的亚洲中部气候暖干化与未来展望》,《地理学报》1990年1期;韩淑媞:《北疆巴里坤500年来环境变迁》,《新疆大学学报》(自然科学版)1991年第2期;袁玉江等:《用树木年轮重建天山中部近350a来的降水量》,《冰川冻土》2001年第1期。

[6] 樊自立等:《天山北麓灌溉绿洲的形成和发展》,《地理科学》2002年第2期;樊自立:《新疆土地开发对生态与环境的影响及对策研究》,气象出版社1996年版;阎顺:《天山北麓历史时期的环境演变信息》,《植物生态学报》2002年增刊;封玲主编:《玛纳斯河流域农业开发与生态环境变迁研究》,中国农业出版社2006年版。

这些研究为本书"土地开发与环境变化研究"提供了时间前后对比研究的基础。

其五，近年来，学术界逐渐开始关注农业技术等对环境变迁的影响。萧正洪《环境与技术选择——清代中国西部地区农业技术地理研究》一书，深入探讨了农业技术与环境的关系，以独特的视角研究环境变化，为环境变化研究打开了一个新的视野。[1] 此外，关于清代以来天山北麓的引水与分配制度，也逐渐引起了学者们的讨论。[2]

综前所述，前人的研究在屯田开发、聚落变迁、历史人口、气候变化、生态环境变迁、农业技术与环境的关系等方面都取得了很大的进步，为本书集中研究天山北麓土地开发和环境变迁奠定了坚实的基础。

（二）研究中存在的问题

概括而言，现有研究成果主要存在以下五个方面的不足：

其一，缺乏典型区的深入研究。目前新疆土地开发与环境变迁研究多是以整个新疆区域范围作为研究对象，这样虽然从宏观上认识了区域人地关系的变化过程，但是无法深入认识具体典型区域土地开发与环境变化的相互关系及作用机制。

其二，对乾嘉时期天山北麓土地开发活动的研究较多，提供了深入认识乾嘉时期土地开发活动的研究基础，但是关于乾嘉以后区域开发活动的研究较少，无法通过较长的时间段研究、对比分析人类土地开发方式、强度的变化及其对环境变化造成的影响。

其三，针对人类活动对环境变化的影响，定性研究较多，定量研究极少。定性研究为认识天山北麓的人类活动与环境变化之间的关系提供了一个研究前提，只有结合定量的分析和研究才能判断人类活动对区域环境变化的影响程度及其变化过程，与现代区域环境变化研究的结论进行对比分析。

其四，人类活动和环境变化的单一要素研究较多，区域综合方面的研究较少。现有研究对天山北麓的土地开发或者生态环境变化等单要素进行了初步研究，缺乏区域的综合研究，从而影响到对天山北麓土地开发与自

---

[1] 萧正洪：《环境与技术选择——清代中国西部地区农业技术地理研究》，中国社会科学出版社1998年版。
[2] 王培华：《清代新疆解决用水矛盾的多种措施——以镇迪道、阿克苏道、喀什道为例》，《西域研究》2011年第2期；张莉：《从环境史角度看乾隆年间天山北麓的农业开发》，《清史研究》2010年第1期。

然环境之间相互关系及作用机制的变化规律的总结和区域人地关系发展过程的整体把握。

其五，历史时期人口、耕地与现代以来的区域人口、耕地的研究内涵不一致，已有研究较少考虑到这一问题。对乾嘉时期天山北麓人口变化的研究，多关注户民人口迁移与数量变化，并未涉及驻防官兵及其眷口人数、商户人口等，不属于区域总人口的恢复和研究，因此无法与近现代以来的区域总人口统计数据进行对比研究。此外，由于各种历史原因所致，历史文献中记载的耕地面积数据也并非真实的耕地面积，需要结合不同时期的社会经济背景对其进行校正，才能与现代以来的耕地面积统计数据进行对比分析，进而认识不同历史时期土地开发的强度及其区域差异变化过程。

因此，无论是从学术研究的角度出发，还是从现实的需要出发，都亟待对天山北麓的人类活动与环境变化过程进行深入分析与研究。本书选取1757—1949年这个特征性时间段，以土地开发与环境变化作为研究主题，关注区域土地利用方式的转变、人口迁移、土地开发方式及规模、区域河湖水系的变迁等问题，在定性研究的基础上，注重定量的分析与研究，结合气候变化研究及生态环境变迁研究的成果，揭示1757—1949年间天山北麓人类活动与环境变化之间的关系及相互作用机制，推动干旱区环境变化的人文影响因素问题的深入。

四　研究内容和方法

（一）研究内容

本书研究主题为"天山北麓土地开发与环境变化研究（1757—1949）"，研究的思路是：在既定区域地理环境中人类如何选择生存方式及其对环境影响的力度有多大；区域环境发生了哪些变化；在以上研究基础上，区分环境变化的人文影响因素和自然影响因素，揭示环境变化的人文影响因素及其作用机制。因此，本书的研究内容主要包括区域土地开发与行政管理政策——揭示人类生存方式的选择；人口规模与耕地规模——揭示人类活动对环境的影响力度；河湖水系变迁——反映环境变化的过程及人类活动影响的过程与机制；最后分析区域土地开发与环境变化的关系，关注自然界的突变和人类政策调整所产生的正反两个方面的影响和结果。

1. 区域土地开发与行政管理政策的变化

区域土地开发与行政管理政策研究主要是为了揭示在特定的区域地理环境中，人类如何认识环境、选择怎样的生存方式，以及人类社会的区域管理方式，包括土地开发思想和政区沿革两个方面的内容。土地开发思想是人类结合区域自然状况和社会历史背景而形成的，它决定了某个时期土地开发的方式与程度。政区沿革是进行区域历史地理研究的基础，而且政区的废置与土地开发有密切联系，反映了区域土地开发的程度及土地开发的新动向。

2. 1757—1949年天山北麓的人口和耕地变化

人口与耕地是区域土地开发对环境影响程度的两项重要指标，它们的关系协调与否，直接影响着区域人地关系的发展。人口和耕地的增长变化、分布差异也直接地体现了土地开发对环境的影响力度和区域差异。尽管载籍人口数字和亩数与实际的人口和耕地面积存在着较大的差距，但是这些数字毕竟是时代的遗留产物，为本书重建时间剖面上的区域总人口和耕地面积提供了基础。

耕地面积的数量及其变化反映出不同时期天山北麓地区农业绿洲的规模及其变化过程，是反映地理景观面貌变化的重要标志之一。

需要重点阐明的是，为了衡量土地开发过程中人口数量变化与耕地数量变化之间的关系、判断环境变化中人文影响因素（其两个重要指标即人口和耕地）的作用，本书在研究过程中，尽量复原统一时间剖面上的所有人口数与耕地数量。为此，在载籍人口数与亩数的基础上，本书用大量篇幅进行了人口数量和耕地数量的重建工作。虽然，从严谨的历史学角度来说，这种人口数量与耕地数量的重建工作几乎是不可能完成的，但是为了回答"历史时期环境变迁的人文影响因素"这一学术问题，笔者不得不在现有史料、现有研究方法的基础上小心翼翼地进行重建工作。

3. 清代中期以来天山北麓河湖水系的变迁

水文因素是天山北麓各环境要素中最关键的因素，它既受气候变化的影响，又对区域生态环境起着决定性的影响。同时，它也是人类开发利用的对象，是联系人类活动与自然环境的关键性纽带。因此，本书选择河湖水系的变化作为区域环境变化研究的主要内容。研究天山北麓河湖水系变化的过程，分析其中突变事件发生的原因，从而揭示土地开发与环境变化的关系。

（二）研究方法

本书综合运用了社会科学和自然科学研究方法解决天山北麓土地开发

与环境变化研究这个综合性科学问题。

1. 历史文献分析和考证

本书主要依靠历史文献资料，探讨 1757 年至 1949 年间天山北麓地区的土地开发与环境变迁问题，涉及的历史文献主要包括各种正史、实录、会典、通考、奏折、志书、古地图、档案、游记、笔记等。对这些历史文献的收集和整理是本书研究的第一步，为此，笔者大量查阅北京大学图书馆、中国国家图书馆、中国人民大学图书馆、中国第一历史档案馆、新疆维吾尔自治区档案馆、新疆维吾尔自治区图书馆等与本书相关的研究资料，此外，还在研究区各县市收集了部分历史文献资料。在此基础上，采用历史学文献考证与分析的方法，分析辨别这些历史文献记载的真实性和可靠性，解读其中包含的区域土地开发政策、土地开发方式、人口、耕地、区域环境变化的信息，从而对区域土地开发和环境变换之间的相互关系和作用机制进行分析和研究。

2. 古地图分析法

古地图，是专指民国以前使用传统方法绘制的当时地图。即使不是非常精准，但古地图往往是对当时当地地理景观的直观反映，而且提供的信息大多是即时的，无论是官方还是私人绘制的地图，其使用价值往往可以弥补文献之不足。目前，绘制于清至民国时期的新疆地图，数量较多，其中包含了不少天山北麓地区人类活动与环境变化的信息，为利用古地图分析研究提供了有利条件。

3. 野外调查方法

笔者充分利用地理学、生态学的野外调查、考察方法和社会调查方法，深入研究区有侧重地调查了地理环境状况以及环境变迁的痕迹；收集了历史时期的地方档案和地方文献、现代统计资料，全面了解了区域民族、人口分布与人口迁移、土地利用、水资源状况，以及聚落、交通、经济结构的空间特征，全面认识了研究区自然条件的区域差异，为客观评价研究区地理环境现状的由来奠定了基础。在博士论文撰写期间，笔者曾在 2002 年夏、2003 年夏、2004 年夏对研究区进行了三次野外调查。此后，又在主持国家自然科学基金项目"近 300 年来新疆奇台—吉木萨尔地区土地利用变化及其对区域可持续发展的影响（40801047）""过去 300 年新疆平原区湖泊演变及其对气候变化的响应（41271159）"时，对天山北麓的每一个县都进行了细致的野外调查。野外调查在本文的研究中起到了举足轻重的作用。其一，野外考察中不但收集了必要的研究资料，而且帮助笔者深入了解了研究区的自然和社会现状，奠定了深入探讨 1757 年至 1949

年间天山北麓土地开发与环境变化研究的认识基础。其二，文献研究和野外考察相结合是解决近三百年来三屯河、呼图壁河、玛纳斯湖变迁研究的重要方法和手段。其三，野外考察和实地调研，是研究天山北麓人地关系演变过程中，发现问题和解决问题的核心方法和手段。

4. 数理统计与分析法

本书注重定性分析与定量研究的结合，在辨析历史文献中记载的人口和耕地数字的可靠性基础上，对其中记载可靠的人口和耕地数字进行了数理统计，重建了八个时间剖面上的区域总人口和总耕地规模，并且对人口和耕地的增长速度和区域差异变化进行了数理统计计算，同时结合社会经济背景进行分析，深入揭示区域土地开发的特点、规律及其对区域环境变化的影响。

5. 过程研究与剖面研究相结合

本书在注重过程研究的基础上，运用历史地理学剖面研究法，重建不同历史时期典型时间剖面上的人口和耕地规模，揭示土地开发对区域环境的影响程度。同时，充分利用气候变迁研究的成果，结合大量有关社会经济活动和地理环境变迁的历史文献记载，探讨不同历史时期的土地开发的过程和方式；通过重建时间剖面上的人口和耕地规模，揭示土地开发对区域环境的影响强度；探讨区域环境变化的过程，深入研究人类活动对地理环境的影响，探讨人类活动与地理环境相互作用的动态过程及其作用机制。过程研究和剖面研究相结合是本书研究方法的特色之一。

第一章 天山北麓的生态环境与 18 世纪中期以前的人地关系

天山北麓地区的自然地理环境是人类生产生活的基础，其基本特征决定了这里人类活动与环境变化之间相互作用与影响的独特性。认识天山北麓的地理环境特征与 18 世纪初天山北麓的人地关系是深入研究清至民国时期天山北麓土地开发与环境变迁问题的基础和前提。

第一节 山地—绿洲—荒漠生态系统

天山北麓地区位于天山山脉依连哈比尔尕山、博格达山、哈尔里克山分水岭以北地区，准噶尔盆地的东南部，包括天山垂直带上的天山前山低山丘陵、天山北麓洪积冲积平原及古尔班通古特沙漠南缘。[1] 本书研究的区域主要是天山北麓的中东部地区，地当北纬 42°46′—45°15′，东经 84°57′—96°23′之间，行政区划上相当于今天的伊吾县、巴里坤县、木垒县、奇台县、吉木萨尔县、阜康市、乌鲁木齐市（乌鲁木齐县）、昌吉市、呼图壁县、玛纳斯县、石河子市和沙湾县等 12 个县市，东西长约 900 千米，南北宽 280 余千米，总面积 15.9 万平方千米，占新疆总面积的 9.94%。天山北麓东北部与蒙古国交界（国境线长 821.6 千米），西与奎屯市、乌苏市、克拉玛依市相邻，北部青河县、富蕴县、福海县、和布克赛尔县相接，南部隔天山山脉分水岭与哈密市、鄯善县、吐鲁番市、托克逊县、和硕县、和静县、尼勒克县相望（见图 1-1）。

---

[1] 樊自立等：《天山北麓地区的自然环境变化及自然环境保护》，载中国科学院新疆资源开发综合考察队编《新疆资源开发和生产布局考察研究报告》（内部资料），1986 年，第 15—16 页。

14　天山北麓土地开发与环境变迁研究（1757—1949）

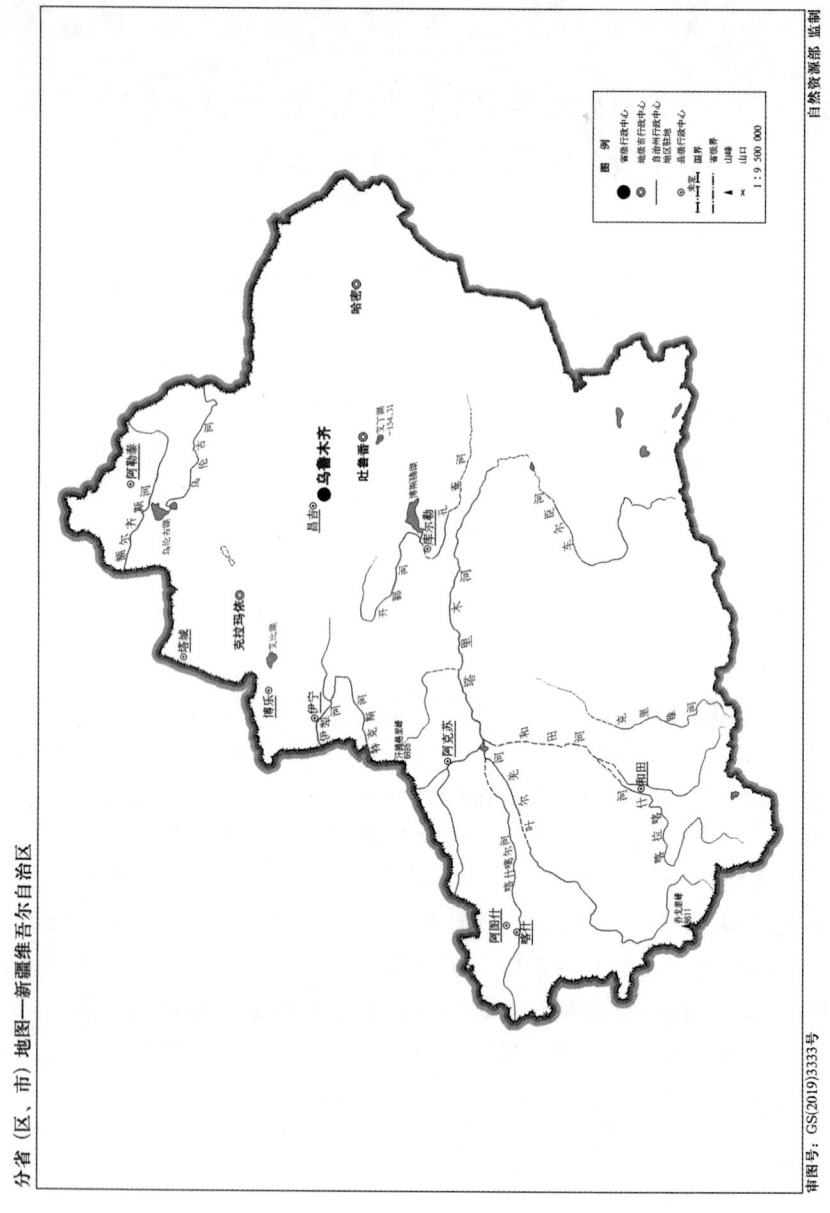

图1-1　新疆维吾尔自治区

一 地文系统

地形地貌要素是构成区域结构和功能以及各种生态现象和过程的最根本要素，它通过改变地表的光、热、水、土、肥等生态因子而发生作用。天山北麓地区地形比较复杂，地势南高北低，按地貌形态，可分为山地、平原、沙漠或戈壁三大类型。绿洲主要分布于平原区。因此，山地—绿洲—荒漠生态系统即是天山北麓最主要和最具特征的系统。

（一）山地

山地面积占区域总面积的32.8%，主要为南部的天山和东北部的北塔山，海拔在650—5445米之间。天山为一褶皱断块山，山脊海拔多在3000—4000米。该区天山海拔2800米以上为永久积雪区，是天山北麓的固体水源。乌鲁木齐以西，天山山体高大雄伟，海拔高度在4000米以上，雪线高度约在3800—3900米，分布着大量冰川；乌鲁木齐以东，天山山势降低、变窄，除博格达山平均高度在海拔4000米以上外，其余诸山的主要高度都在4000米以下，冰川较少。

天山北麓的自然条件受控于天山，并和天山构成了一个完整的内陆干旱地区自然垂直带。天山北坡垂直景观带完整，以玛纳斯地区为例，自山麓向上依次为山麓荒漠带→低山荒漠草原带（800—1100米）→山地草原带（110—1600米）→山地草甸草原带（1600—1800米）→中山草甸森林带（1800—2700米）→高山草甸带（2700—3400米）→极高山寒冻冰雪带（3400米以上）（见图1—2）。天山有荒漠中的"湿岛"之称，年平均降水500毫米以上，最高达1139.7毫米，从西向东年均降水从800毫米减少到200毫米，且冬半年降水多在针叶林带，夏半年多在高山草甸带。天山一般分为冷、暖两季，冬季中低山处于逆温层中，1月份逆温层高度可达3000米，这种逆温对牲畜越冬有利。

（二）平原区

平原面积占区域总面积的27.2%，分布在研究区的中部，根据地形地貌、水文地质及土壤形成过程和盐碱化的特点，可分为山前倾斜平原、冲积平原、剥蚀平原，海拔在420—800米，是主要的绿洲分布区，也是人类进行农业开发的主要区域。

山麓平原系由河流出山后形成的洪积、冲积扇群及冲积平原构成，由南向北倾斜，海拔高度在400—1000米间。在洪积冲积扇上部，沉积物较粗，中下部多为黄土状物质，下有砂砾层，地下水埋藏较深，地下径流条件良好，土壤无盐渍化，引水灌溉方便，是主要绿洲所在地。河

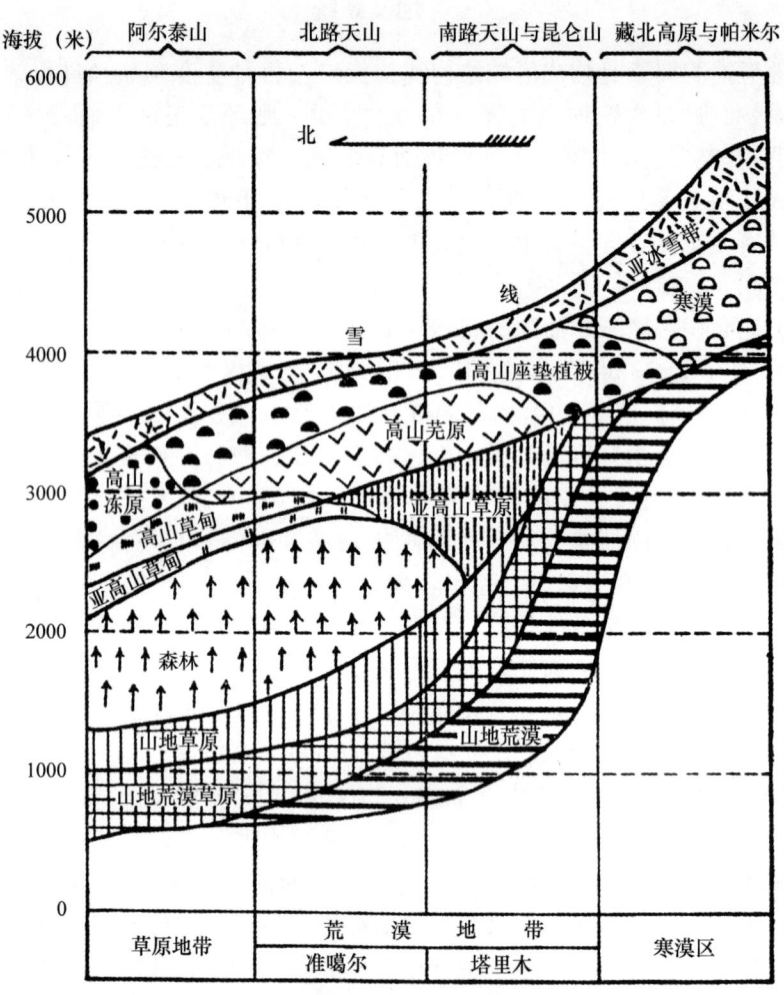

图1-2 新疆植被水平垂直分布规律图

资料来源：中国科学院新疆综合考察队等编：《新疆植被及其利用》，科学出版社1978年版，第84页。

水在此都渗入地下砾石沙层，形成地下水库。地表干旱，为荒漠植被所覆盖。在洪积冲积扇扇缘溢出带，沉积物变粗，径流条件变差，地下水位多在1—3米，地下水有的以泉流形式溢出，有的形成连片的沼泽或草甸地，是开发利用地下水的最有利地段。再向北是一片古老的冲积淤积平原，微向北倾，主要由河流冲积物组成，上覆典型的荒漠植被。扇缘以下的广大冲积平原上,地下径流滞缓,潜水矿化度增加,土壤积盐较重,有大面积盐渍土分布。但在大河两岸及河流散流的干三角洲上,因潜水可以得到淡化或受地表水的淋洗,积盐较轻,在这里也分布着很多绿洲(见图1-3)。

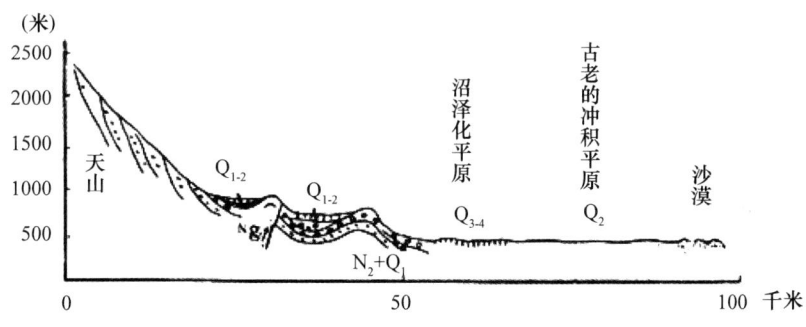

图1-3 天山北麓地貌剖面图

资料来源:中国科学院新疆综合考察队等编:《新疆地貌》,科学出版社1978年版,第61页。

(三)沙漠或戈壁区

沙漠(或戈壁)面积占区域总面积的40%,分布在海拔348—420米之间。木垒至沙湾的北部是古尔班通古特沙漠的一部分,沙漠的分布形态呈东西向长条带状,沙丘的高度一般在50米以下,但有的沙丘也高达100米以上,其中固定和半固定沙丘曾占到整个沙漠面积的97%。丘间比较平坦,植被稀疏,主要植物为梭梭、红柳、胡杨等小灌木以及其他旱生和超旱生草本植物,是骆驼、马等大畜越冬放牧之地(见图1-3)。巴里坤和伊吾的北部为诺明戈壁,地表覆盖着砾石,气候干旱,土壤母质石质性极强,所以荒漠植被较为稀疏,是天山北麓最荒凉的地区。

二 气候特点

天山北麓位于亚欧大陆腹地,远离海洋,为典型的中温带大陆性气候,具有以下基本特征:

其一,冷热差异悬殊,温度的年较差和日较差都很大。冬寒夏热,春秋季节不明显,气候多变。区域平均气温为3.5℃—7℃,一月平均气温为-17.5℃,七月平均气温为24.6℃,年最高气温可以达到40℃—42℃,最低气温可以下降到零下40℃—43℃。日气温较差也很大,平均可以达到

10℃—12℃。

其二，有丰富的光热资源，但热量不稳定。天山北麓有丰富的光热资源，年日照时数达到2833小时，各地≥10℃的积温为3500℃—3900℃，平原和沙漠区较山地丰富。天山北麓无霜期一般在135—150天左右，但各地差异明显，主要表现为平原长、山地短。研究区南北气温呈垂直变化，但是热量不稳定，表现为年际变化大，即有的年份暖得早，冷得迟，无霜期长，有的年份则恰好相反；春秋季节冷空气活动频繁，冷热变化剧烈。

其三，干旱少雨，水资源分布不平衡。天山北麓地区年平均降水量为147.2毫米，但是表现为山区多于平原和盆地、西部多于东部的差异，平原地区奎屯至奇台一带降水在200—280毫米左右，奇台以东地区降水量不及200毫米。另外，降水的季节分布也极不平衡，主要集中在4月、6月、7月三个月，其中春秋两季降水占全年的70%以上。总体而言，天山北麓降水的年际变化较小。

此外，天山北麓的积雪时间长，冬季积雪可达200—300毫米，深厚的积雪保护着植物越冬，春季融雪湿润了土层，促进植物的复苏。

由于研究区地势南高北低，东西跨度大，气候具有多样性。由南至北，天山北麓的气候区大致可以分为高山—丘陵区、平原区、北部沙漠区。高山—丘陵区受天山和北塔山的影响，气候特点是温凉多雨，差异分明；平原区地域辽阔，夏季炎热，冬季寒冷，降水量少，蒸发强烈，光照充足，热量丰富，春秋季节气温变化剧烈，温差大，无霜期较长，冬季有较稳定的积雪；北部沙漠（东部为戈壁）气候干旱，降水少，冬季严寒，夏季酷热，昼夜温差大，多风沙。降水的南北差异在天山北麓中部地区降水由北向南随着地势的升高而增加，北部沙漠年均降水117.2毫米左右，中部平原年均降水量180.1毫米左右，南部山区年均降水量534.3毫米左右。天山北麓地区的蒸发量较大，中部平原区年蒸发量可以达到1748毫米。

三　水资源特点

新疆的水汽来源主要依靠西风环流带来的大西洋气流；其次为北冰洋气流。比较湿润的大西洋气流从准噶尔盆地西部山口进入，沿着高耸的天山北坡上升，形成较多的降水和积雪，山体迎风坡年降水多达500毫米以上。由西向东，气流中的水汽逐渐散失，降水量由西向东减少。这对天山北麓地区的水资源分布产生了极其重要的影响。

第一章 天山北麓的生态环境与18世纪中期以前的人地关系

天山北麓的河流具有干旱区河流的共同特点，分为径流形成区和径流散失区，其分界线一般在山区的河流出山口附近。山口以上的山区降水量大，集流迅速，从河源到山口水量渐增，河网密度大，为径流形成区。天山北坡径流形成带的下限为100—1500米。河流出山口后，流经冲积扇和冲积平原，河水大量渗漏，由地表水转化为地下水，加之出山口后降水量少，蒸发大，不能形成径流，是径流散失区。大部分河流出山口后，就消失于荒漠中，只有较大的河流才能穿越冲积洪积扇，在荒漠中潴成尾闾湖，如玛纳斯河在准噶尔盆地西部形成玛纳斯湖。本研究区径流散失区的水源主要为地下水。地下水经常在扇缘地带溢出，形成泉流河，并常造成大片的湖泊沼泽。

研究区的河流皆为内陆河流，大多数发源于天山北坡，呈南北流向，主要的河流有巴音沟河、金沟河、玛纳斯河、塔西河、呼图壁河、三屯河、头屯河、乌鲁木齐河、三工河、白杨河、西大龙口河、东大龙口河、开垦河、木垒河、柳条河、伊吾河等，年总径流量54.9亿立方米（见表1-1）。这些河流大都依靠降雨和冰雪融水补给，夏季流量较大，径流量年际变化较小，有利农业灌溉。

由表1-1可知，乌鲁木齐河以西各河，皆发源于天山冰川，以冰雪融水补给为主，流域面积大、河道长，年径流量皆在2亿立方米以上，其中玛纳斯河是天山北麓最大的河流，年径流量达到12.8亿立方米。乌鲁木齐河以西各河流年总径流量占全区的71.73%。而乌鲁木齐河以东各河，多发源于博格达山北坡，以降雨补给为主，河流短小，年径流量只有开垦河达到1.6亿立方米，其余的皆在1亿立方米以下。乌鲁木齐河以东各河流年总径流量仅占全区的28.27%。

表1-1 　　　　天山北麓河川流域水系特征（现状）一览表

水系分区	主要河流	河口	流域面积（km²）	河道长度（km）	落差（m）	年径流（$1 \times 10^8 m^3$）	河流归宿
玛纳斯河区	巴音沟河	下野地	1688	100	2400	3.53	玛纳斯湖
	金沟河	海子湾	2109	105	2900	3.21	玛纳斯湖
	玛纳斯河		18084	420	3080	12.8	玛纳斯湖
	塔西河	下桥子	1289	87	2700	2.29	玛纳斯湖
	其他小河		2500			4.53	玛纳斯湖

续表

水系分区	主要河流	河口	流域面积（km²）	河道长度（km）	落差（m）	年径流（1×10⁸m³）	河流归宿
呼图壁河区	呼图壁河	卡勒格牙	2948	160	2780	4.87	马桥沟
	三屯河	阿魏滩	1380	180	2160	3.49	二道沟
乌鲁木齐河区	头屯河	哈地坡	2024	140	2560	2.3	白家海子
	乌鲁木齐河	乌拉泊	1924	170	2100	2.36	白家海子
东段小河区	三工河	三公	281	53	2340	0.63	北沙窝
	白杨河	阜康白杨河	252			0.62	北沙窝
	西大龙口河	西大龙口	370	60	1400	0.73	北沙窝
	东大龙口河	东大龙口	140	50		0.6	北沙窝
	开垦河	开垦	510	68	1630	1.6	北沙窝
	木垒河	木垒水库	467	45		0.41	北沙窝
	其他小河		4100			6.96	北沙窝
巴里坤—伊吾盆地	柳条河	入湖	400	100		0.23	巴里坤湖
	其他小河		963			2.83	巴里坤湖
	伊吾河	苇子峡	1057	90		0.58	淖毛湖
	其他小河		302			0.33	淖毛湖

资料来源：新疆维吾尔自治区地方志编纂委员会编：《新疆通志》卷36《水利志》，新疆人民出版社1998年版，第54—58页。

在天山北麓地区，以河流为纽带，山地、平原区的绿洲和荒漠组成了一个复合的山地—绿洲—生态系统。山地系统是天山北麓地区水资源的形成区和涵养区，也是重要的矿物质营养库和生物种质资源库；山地产流形成的水资源向平原荒漠输送，形成人类赖以生存的平原绿洲，绿洲系统是天山北麓地区人类赖以生存和发展的中心，也是重要的生产、交换、消费的重要基地，而荒漠系统则是天山北麓地区面积广阔和环境相对脆弱的区域。天山北麓的山地—绿洲—荒漠生态系统是因水（河流）而耦合与维系在一起的。在人类活动的干预下，天山北麓的山地—绿洲—荒漠生态系统的变化很大程度上刻下了人类活动的印记，成为影响该系统的重要因素。

第二节　17世纪至18世纪前期
天山北麓的人地关系

新疆天山以北地区在历史上一直是游牧民族逐水草而居的乐土。17世纪至18世纪中叶，活跃于天山北麓一带的是由蒙古人建立的准噶尔汗国各部落，这里依然沿袭千百年来以游牧为主的经济形态。

一　清准战争史略

明末清初，活动在天山以北的是卫拉特蒙古诸游牧部落。卫拉特即明代的瓦剌，明初已由叶尼塞河上游向西迁移到天山以北地区，明末分为准噶尔（绰罗斯）、和硕特、杜尔伯特、土尔扈特四部，史称旧四卫拉特。四卫拉特游牧在我国西北广大的荒漠草原地区，其分布的大致范围是：准噶尔部分布在伊犁河流域，和硕特部游牧在乌鲁木齐地区，土尔扈特部游牧在塔尔巴哈台及其以北（土尔扈特西迁后，原来附于杜尔伯特部的辉特部占据土尔扈特游牧区，成为后四卫拉特之一），杜尔伯特游牧于额尔齐斯河两岸。[1] 17世纪初期，准噶尔部逐渐强大，杜尔伯特部和辉特部先后依附于准噶尔部，土尔扈特部于17世纪30年代西迁伏尔加河下游一带，和硕特部从乌鲁木齐地区东南迁移到青海，后又进入西藏地区。康熙十六年（1677），噶尔丹率军进攻青海，征服了和硕特部。康熙十七年（1678），噶尔丹率军进攻叶尔羌汗国，占领了南疆西部地区，第二年，攻灭吐鲁番王国，控制了今天新疆的全部范围，汗国的中心也随即迁移到伊犁河谷地区。[2]

康熙二十三年（1684），蒙古地区的喀尔喀部发生内乱，噶尔丹趁机向东部扩张，康熙二十七年（1688）占据了整个漠北地区。康熙二十九年至康熙三十六年（1690—1697），噶尔丹与清政府在蒙古地区发生冲突，康熙皇帝三次亲征噶尔丹，最后于康熙三十六年（1697）彻底击败噶尔丹，清政府控制整个外蒙古地区。随即，青海的和硕特部脱离准噶尔汗国归附清政府，新疆南部的封建贵族乘机独立，中亚的哈萨克和布鲁特也摆

---

[1] 余太山主编：《西域通史》，中州古籍出版社2003年版，第411页。
[2] 〔苏〕伊·亚·兹拉特金：《准噶尔汗国史》，马曼丽译，商务印书馆1980年版，第156页；乌云毕力格：《17世纪卫拉特各部游牧地研究（续）》，《西域研究》2010年第2期。

脱了准噶尔的统治，准噶尔汗国开始衰落。清王朝与准噶尔的前沿阵地向西推进到科布多、巴里坤、哈密一线。

康熙三十六年（1697），策妄阿拉布坦在伊犁自称准噶尔汗（1697—1727）。最初，策妄阿拉布坦采取休养生息的政策，向清政府"请安纳贡"①，提倡发展农业和手工业，增强汗国的经济实力，促进了准噶尔汗国社会经济的发展。

随着实力的增强，策妄阿拉布坦开始谋划向外拓展。康熙五十四年（1715），策妄阿拉布坦重新控制了南疆地区，同时向康熙三十五年（1696）就已经被清政府控制的哈密地区进攻。准噶尔与清王朝开始在新疆东部地区进行拉锯战。至康熙五十四年，清政府控制天山北麓的巴里坤地区，同年开始再向巴里坤地区驻兵。②康熙五十九年（1720），清王朝控制了新疆的交通孔道吐鲁番地区，并且派驻重兵把守。康熙五十四年至乾隆元年（1715—1736），清政府根据战争的需要，在安西、哈密、巴里坤、吐鲁番等地开始进行时断时续的屯田活动，并且以巴里坤、科布多为军事基地，向天山北麓乌鲁木齐等地发动连续的进攻。至此时，战争向西推进到了新疆的东部及东北部地区，双方的战术基本为侵扰战，准噶尔军侵扰哈密、吐鲁番等地，清军侵扰天山北麓的乌鲁木齐等地，"若易取而难守，则仍照前议，令其袭击而回，乌鲁木齐、布鲁尔、布拉罕、额林哈毕尔噶四路之兵，亦令袭击而回"③，开始了持续近四十余年的拉锯战。

雍正五年（1727），策妄阿拉布坦病故，其子噶尔丹策零继位（1727—1745）。噶尔丹策零继续与清王朝在科布多、吐鲁番一线发生激烈冲突。同时，新疆南部各封建贵族又分裂割据，对准噶尔的贡赋时断时续。西面中亚的哈萨克和布鲁特重新独立，准噶尔军连续与哈萨克人作战。北面与俄罗斯的战争也持续不断，乾隆十年（1745），噶尔丹策零在内外交困中病故。策妄多尔济·那木札尔继承汗位（1745—1750），从此，准噶尔汗国进入了持续的动乱时期。乾隆十五年（1750），策妄多尔济·那木札尔被谋杀，达尔札被拥立为王，仅仅两年后，阿睦尔撒纳突袭伊犁，杀死达尔札，拥立达瓦齐为汗（1752—1755）。乾隆十九年（1754），

---

① 《清圣祖实录》卷128，康熙二十五年十一月癸巳，中华书局1987年版，第5册，第368—369页。
② 《平定准噶尔方略》前编卷3，康熙五十四年十一月辛酉，海南出版社2000年版，第1册，第61页。
③ 《平定准噶尔方略》前编卷4，康熙五十六年三月戊寅，海南出版社2000年版，第1册，第85页。

阿睦尔撒纳在袭击达瓦齐失败后投降清朝，极力鼓动清朝进攻准噶尔。

准噶尔汗国内部的连年内讧削弱了其自身的实力，为清王朝进军天山南北提供了良好的时机。乾隆二十年（1755）一月，清军兵分两路，北路从乌里雅苏台出发，西路从巴里坤出发，发起了对准噶尔的大规模进攻，沿途准噶尔大小部落望风投降，四月，两路清军在博尔塔拉会师，五月，攻占伊犁地区，擒获达瓦齐汗，准噶尔汗国灭亡。不久，北疆阿睦尔撒纳降而复叛，南疆大小和卓叛清割据，乾隆二十一年（1756），清军再次进军天山南北，于乾隆二十四年（1759）彻底控制了天山南北两路。

二 17世纪末至18世纪前期天山北麓的人地关系特征

（一）逐水草为业的游牧经济

元代之后，天山北麓吉木萨尔一带少量的农业据点也遭到了废弃，17世纪初，卫拉特蒙古以游牧经济进入天山以北地区。史称："准噶尔为乌孙故地，以逐水草为业"，"准噶尔全境，不乏泉甘土肥，种宜五谷之处，然不尚田作，惟以畜牧为业"。[①] 到18世纪前半期，史称准噶尔部落为："且耕且牧，号富强。"[②] 准噶尔汗国境内的天山北麓地区是以游牧经济为主的资源环境利用方式。

准噶尔汗国内部实行按部落分封游牧领地的制度，其社会制度与其游牧经济相适应，汗国内最大的领主是汗（又称浑台吉、大台吉，为最高统治者），驻牧伊犁河谷，其领地称为鄂托克（蒙古语为部落、氏族、屯营地之意，是游牧领地的地缘性结合体，与其血缘性结合体爱玛克有区别），其次是各大王公、和硕特部、杜尔伯特部、辉特部以及其他大兀鲁思的执政者，即台吉，于伊犁之外划分游牧地，其领地称为昂吉（蒙古语为分支、部分、队伍的意思，为台吉所属领地组织），此外，还有一个特殊的阶层——喇嘛，划宗教寺庙周围的土地归其所属，领地称为集赛（蒙古语为班组/轮值之意思，准噶尔掌管喇嘛事务的机构）。鄂托克与各昂吉的分布大致情况是"鄂托克游牧之地环于伊犁，昂吉游牧之地又环诸鄂托克之外"[③]。准噶尔全境，共有24鄂托克、21昂吉、9个集赛。

[①] （清）傅恒等纂：《西域图志》卷39《风俗》，北京大学图书馆藏乾隆四十七年（1782）武英殿聚珍本。

[②] （清）松筠：《西陲总统事略》卷1《初定伊犁纪事》，台北：文海出版社1965年版，第30页。

[③] （清）傅恒等纂：《西域图志》卷29《官制》，北京大学图书馆藏乾隆四十七年（1782）武英殿聚珍本。

在准噶尔汗国的统治下，天山北麓地区主要是游牧经济，准噶尔各部落在这里划分游牧地。最初，和硕特部游牧于天山北麓的乌鲁木齐一带，17世纪30年代，和硕特部西迁青海以后，乌鲁木齐一带成为准噶尔诸台吉的公共牧地。18世纪初，杜尔伯特部曾一度占据了乌鲁木齐一带的游牧地。[①] 乌鲁木齐、昌吉一带为准噶尔库本诺雅游牧地，属于准噶尔噶尔丹多尔济之昂吉[②]；今玛纳斯一带为准噶尔呼拉玛部游牧之所，属于准噶尔纳木奇之昂吉[③]；阜康、吉木萨尔一带附近为准噶尔图尔古部落游牧处[④]；木垒一带为准噶尔扎哈沁宰桑敦多克之领地，有一千五百余户[⑤]，安集海一带为准噶尔部噶勒丹多尔济之侄扎纳噶尔部游牧处。[⑥]"富德奏称噶尔藏多尔济旧游牧昌吉等处。"[⑦]

到17世纪上半期，准噶尔汗国的畜牧业相当兴盛。准噶尔部落，一般牧民的情况是："卡尔梅克人和亚洲所有的游牧民的财产和活计就是他们的畜群，在他们当中不少人拥有数百头和数千头的牲畜，也有的人有十几头母牛和一头公牛，八匹牝马和一匹公马。"[⑧] 一些封建牧主拥有的牲畜数量远远超过数万头，顺治四年（1647），额尔德洪台吉一次就赠给6000只绵羊。同年，鄂齐尔图汗准备了1万匹马作为进藏熬茶开支之用。鄂齐尔图汗的母亲就拥有大小牲口2万头的畜群。[⑨] 由此可见，准噶尔汗国各封建主拥有的牲畜往往数以万计，也说明当时畜牧业的规模已相当可观。

到17世纪末至18世纪初，准噶尔汗国内部的社会经济又得到了进

---

① （清）魏源《圣武记》卷4《外藩·乾隆荡平准部记》，中华书局1984年版，第151页。
② （清）傅恒等纂：《西域图志》卷29《官制》，北京大学图书馆藏乾隆四十七年（1782）武英殿聚珍本。
③ （乾隆）《大清一统志》卷214《迪化州》，《景印文渊阁四库全书》第478册，台湾商务印书馆1986年版，第745—747页。
④ （乾隆）《大清一统志》卷214《迪化州》，《景印文渊阁四库全书》第478册，台湾商务印书馆1986年版，第745—747页。
⑤ （清）傅恒等纂：《西域图志》卷9《疆域二》，北京大学图书馆藏乾隆四十七年（1782）武英殿聚珍本。
⑥ （清）傅恒等纂：《西域图志》卷9《疆域二》，北京大学图书馆藏乾隆四十七年（1782）武英殿聚珍本。
⑦ 《平定准噶尔方略》正编卷94，乾隆二十三年十二月丙午，海南出版社2000年版，第5册，第343页。
⑧ 〔德〕帕拉斯：《蒙古民族历史资料集》，第176—177页，转引自《准噶尔史略》编写组《准噶尔史略》，广西师范大学出版社2007年版，第58页。
⑨ 拉特纳勃哈德勒：《咱雅班第达传》蒙文版，第8—13页，转引自《准噶尔史略》编写组《准噶尔史略》，广西师范大学出版社2007年版，第64页。

一步的发展。《西陲总统事略》评介策妄阿拉布坦（1697—1727）时称："历十余年，部落繁滋。"① 随着汗国的强盛，牧区的扩大，牲畜头数增长，畜牧业生产达到了前所未有的兴旺景象。伊犁、乌鲁木齐、雅尔（今哈萨克斯坦共和国境内的乌尔扎尔）、珠勒都斯、玛纳斯、巴彦代等地"草肥、水甘"，"马、驼、牛、羊遍满山谷"。② 乾隆六年（1741），准噶尔汗国的齐默特等人到东科尔（现青海省湟源县）贸易，一次就带来1600多峰骆驼，1100多匹马。③ 乾隆九年（1744），准噶尔商队赶运到肃州贸易的羊只达到2.3万余只。④ 由此可见18世纪前半期准噶尔汗国畜牧业之繁盛。

在游牧经济下，准噶尔汗国的牧民对天山北麓资源的利用方式主要是利用天然的草场资源，畜养羊、马、骆驼等动物。由于天山北麓地形、气候、草场植被和土壤等自然条件的综合影响，草场的利用具有明显的季节性，一般为三季牧场：夏牧场、春秋牧场和冬牧场。天山北麓的高山、中高山的真草甸植被和河漫滩草甸植被主要是由白三叶草、红三叶草、紫花苜蓿、黄花苜蓿、鸡脚草、佛子茅、香茅等优良牧草构成，产草量高，再生能力强，是新疆草场中质量最好的类型，是优良的夏牧场。天山山前平原自然绿洲带的盐化草甸、沼泽草甸以及河流两侧的疏林灌丛草场质量也比较好，一般作为冬牧场利用。天山低山区半荒漠草场和古尔班通古特南缘的荒漠草场被当作春秋牧场利用，前者多生长各类蒿属植被、琵琶柴、盐蓬等，后者多生长梭梭柴、沙拐枣以及各种短生植被。此外，天山北坡海拔2000—2500米的中山带冬季存在一个逆温层，是牧民重要的冬季牧场所在地。轮牧和转场是18世纪中叶以前蒙古族对天山北麓自然资源的主要利用方式，形成了典型的游牧文化景观。

在天山北麓地区，由于区域自然条件的垂直差异比较大，在山前平原带一般为冬牧场，高山草甸区一般为夏牧场。但是在天山北坡中山带海拔2000—2500米，冬季存在一个逆温层，是牧民重要的冬季牧场所在地。轮牧和转场是游牧经济下对自然资源的主动开发和利用方式。《西域图志》

---

① （清）松筠：《西陲总统事略》卷1《初定伊犁纪事》，台北：文海出版社1965年版，第28页。
② （清）七十一：《西域总志》卷2，载沈云龙主编《中国边疆丛书》第2辑，台北：文海出版社1966年版，第69页。
③ 《平定准噶尔方略》前编卷45，乾隆五年正月辛未，海南出版社2000年版，第2册，第269页。
④ 《平定准噶尔方略》前编卷47，乾隆九年三月甲辰，海南出版社2000年版，第2册，第327页。

中形象地概括了此时这种游牧方式与环境的关系："择丰草绿缛处所,驻牙而游牧焉","其居处夏择平原,冬居暖谷"。①

（二）天山北麓农业的发展

在准噶尔汗国时期,天山北麓也出现了农业经济,但是始终处于从属地位,而且规模很小。在17世纪中期,巴图尔洪台吉（1635—1653）就倡导在准噶尔汗国内部发展农业生产,其后的汗国统治者噶尔丹、策妄阿拉布坦、噶尔丹策零都继承了这一政策。崇德三年（1638）,沙俄使者阿勃拉莫夫见到巴图尔洪台吉在基布克赛尔（今天的和布克赛尔地区）一带使用维吾尔人从事农业耕种。② 种植的作物有黍、小麦、大麦、豌豆等。③ 这一时期,农业生产主要集中在台吉们的牙帐周围,它在准噶尔人民的社会生活中并不占重要位置。到17世纪末至18世纪前半期,由于汗国统治者的大力提倡和推广,在准噶尔汗国内部比较适宜的地方都出现了农业耕种,准噶尔已经成为耕牧兼营的部落。历史文献中总是将准噶尔汗国的游牧与耕种联系在一起记述:乾隆二十五年（1760）,在征服了整个准噶尔汗国之后,乾隆帝的一条谕旨中说"准噶尔地方连年不靖,互相劫夺,各部落生计自不能饶裕,然能及时播种,牧养牲只,以务本业,则一二年间元气自可全复","额尔齐斯河等处地方原系都尔伯特巴玉特等耕种之地"④；纳林河"河两岸俱有布鲁特等游牧耕种"⑤。乌鲁木齐地区就是当时的三个农业生产中心（伊犁河流域、额尔齐斯河流域、乌鲁木齐地区）之一。种植的作物主要有黍、高粱、糜、大麦、小麦、小豆、青稞、麻、瓜、菜等。⑥ 到雍正十二年（1734）,一份俄国考察资料记述到:"在翁科夫斯基到来之前,三十年左右很少见有庄稼,因为不会耕地,现在他们的耕地越来越多,不仅由布哈拉臣民播种,而且许多卡尔梅克人也从事耕耘,因为浑台吉曾就此下过命令。他们的庄稼有:茁壮的小麦、黍、大

---

① （清）傅恒等纂:《西域图志》卷39《风俗》,北京大学图书馆藏乾隆四十七年（1782）武英殿聚珍本。

② 〔苏〕伊·亚·兹拉特金:《准噶尔汗国史》,1980年译本,第182页。

③ John F. Baddeley, *Russia, Mongolia, China*, London: Macmillan and Company, Ltd., 1919, p. 137.

④ 《平定准噶尔方略》正编卷4,乾隆二十年十二月癸酉,海南出版社2000年版,第3册,第80—81页。

⑤ 《平定准噶尔方略》续编卷7,乾隆二十五年十月丙申,海南出版社2000年版,第7册,第98—99页。

⑥ （清）傅恒等纂:《西域图志》卷43《土产》,北京大学图书馆藏乾隆四十七年（1782）武英殿聚珍本。

麦、稷。那里土地含盐多，所以蔬菜也长得很好……"①布哈拉人就是南疆的维吾尔人，卡尔梅克人就是卫拉特蒙古人。由此可见，到18世纪中期，准噶尔汗国的农业耕种规模得到了一定的发展。其中发展规模最大的地区是伊犁河谷，但是同时，在汗国境内比较适宜农业的地区都出现了农业。

康熙十八年（1679），噶尔丹战败之前，天山北麓地区是准噶尔汗国的腹地，很少受到战争的影响。其土地利用方式主要是游牧。18世纪前半期，随着准噶尔汗国内部农业生产的推广，乌鲁木齐地区开始出现农业耕种，"即今南近天山，水泉饶裕，足资屯种之处，所在多有"②，在玛纳斯、昌吉、乌鲁木齐等地都有一定的农业发展。乌鲁木齐一带种地的有一千多人③。康熙六十一年（1722），将军富宁安率军袭击乌鲁木齐，"其乌鲁木齐、赛音塔拉、毛塔拉等处田亩悉蹂躏之，于十二日整兵而归"④，乌鲁木齐一带的农业耕种区成为军事打击的目标之一，可见乌鲁木齐一带的农业在准噶尔汗国内的重要程度，也间接地反映出这一带农业耕种已经具有了一定的规模。

但是，受到准噶尔汗国蒙古族游牧传统的限制，在准噶尔汗国时期，天山北麓的农业生产始终没有得到充分的发展，史称："准部不乏泉甘土肥，性宜生植之地，是以百谷园蔬之属，几于无物不有"，但是"惜其逐水草，事畜牧，未能物土之宜而布其利耳"⑤。所以由于民族经济传统所限制，天山北麓的农业生产一直没有大规模地发展起来，游牧一直是这一地区主要的土地利用方式。

（三）战争对天山北麓人地系统的影响

康熙三十六年（1697），清军大败噶尔丹率领的准噶尔军队，噶尔丹服毒自杀，清军完全控制了外蒙古地区，准噶尔汗国的东部疆界由科布多

---

① 俄国对外政策档案馆，准噶尔卷宗，1734年，3a卷，第1张反面—第4张反面，转引自〔苏〕伊·亚·兹拉特金《准噶尔汗国史》，马曼丽译，商务印书馆1980年版，第306页。
② （清）傅恒等纂：《西域图志》卷39《风俗》，北京大学图书馆藏乾隆四十七年（1782）武英殿聚珍本。
③ 乾隆四年六月二十二日"奏为东打坂坐卡千总解来准噶尔逃出布鲁回民托克托讯取供词事"，中国第一历史档案馆藏乾隆朝朱批奏折，档号：04-01-01-0047-003。
④ 《平定准噶尔方略》前编卷4，康熙五十六年七月辛未，海南出版社2000年版，第1册，第90页。
⑤ （清）傅恒等纂：《西域图志》卷43《土产》，北京大学图书馆藏乾隆四十七年（1782）武英殿聚珍本。

河下游一带向西退缩到阿尔泰山以南以至额尔齐斯河一线。① 天山北麓的乌鲁木齐一带成为准噶尔汗国的东部边境地区，从而也成为清、准双方展开拉锯战的区域，这深刻影响了 17 世纪末至 18 世纪前期天山北麓人地系统的发展变化。

其一，17 世纪末至 18 世纪前半期，游牧民族逐渐退出巴里坤地区。巴里坤地区自然条件优越，水草丰美，历来是游牧民族的驻牧地点之一。这从巴里坤地区发现的大量反映游牧民族生活的壁画中就可以充分体现出来。② 但是，在 17 世纪末至 18 世纪初清王朝与准噶尔汗国之间的战争中，巴里坤成为战争的焦点之一，准噶尔游牧居民放弃丰美的巴里坤草原，逐渐迁离了巴里坤盆地。所以，在雍正七年（1729）、乾隆二十年（1755），清军开始进攻准噶尔汗国的时候，总是可以不费吹灰之力地占据巴里坤地区，然后以巴里坤为据点向准噶尔汗国展开进攻。康熙五十六年（1717）："富宁安疏报，巴里坤一路选兵八千五百，分两路袭击策妄阿拉布坦边界乌鲁木齐、吐鲁番等处。"③

其二，康熙三十六年至乾隆二十四年（1697—1759）间，巴里坤地区的农业屯田活动时断时续，成为 17 世纪末至 18 世纪前半期巴里坤地区地理景观变化的显著特征。由于战争期间供应战士口粮的需要，清军在每次占领巴里坤地区以后，随即就组织屯田，开展农业耕种。但在清、准双方议和之后，清军随即退出巴里坤地区，农业屯田活动随之停止。康熙五十四年（1715），清军第一次控制巴里坤地区，随即于第二年就组织了士兵进行农业屯田④，雍正元年（1723），巴里坤地区青稞的收获量达到 2 万余石⑤，可见其耕种面积之大。雍正四年（1726），清、准双方达成停战协议，划定以阿尔泰山为界，清军退出巴里坤地区，巴里坤地区的屯田也随即废弃。雍正七年（1729），双方战事再起，清军再一次进驻巴里坤地区，同时开始组织农业屯田。雍正九年（1731），巴里坤地区的收获的青稞达到 30680 余石。⑥ 雍正十二年（1734），准噶尔提出停战要求，清军再次退出巴里坤地区，农业屯田活动也随即停止。直到乾隆二十一年（1756），

---

① 〔苏〕伊·亚·兹拉特金：《准噶尔汗国史》，马曼丽译，商务印书馆 1980 年版，第 320 页。
② 苏北海：《新疆岩画》，新疆美术出版社 1994 年版，第 403 页。
③ 《平定准噶尔方略》前编卷 4，康熙五十六年三月戊寅，海南出版社 2000 年版，第 1 册，第 84 页。
④ 《清圣祖实录》卷 267，康熙五十五年二月乙丑，中华书局 1987 年版，第 6 册，第 620—621 页。
⑤ 《清世宗实录》卷 14，雍正元年十二月己酉，中华书局 1987 年版，第 7 册，第 246 页。
⑥ 《清世宗实录》卷 113，雍正九年十二月壬辰，中华书局 1987 年版，第 8 册，第 504 页。

由于再次进攻准噶尔汗国,清军又一次在巴里坤地区组织农业屯田,第三年,屯田面积就达到了18700余亩,到乾隆三十一年(1766),巴里坤地区仅军屯就收获小麦6765石,豌豆1980石,青稞4540石。[①] 从此以后进入了一个持续的农业开发阶段,直到同治三年(1864)因战乱而再次中断(见第三章)。综上所述,在17世纪至18世纪前半期,巴里坤地区地理景观的变化特征就是农田景观的间断性出现。在康熙五十五(1716)至雍正四年(1726)近十年期间、雍正七年至雍正十二年(1729—1734)间,在荒漠草原景观为主的巴里坤盆地内出现了农田景观,以及与干旱区农业配套出现的农业灌溉系统,彻底改变了巴里坤地区原始的景观面貌。雍正四年至雍正七年(1726—1729)间、雍正十二年至乾隆二十一年(1734—1756)间,由于清军退出巴里坤地区,农业景观也随即消失。但是农业屯田的烙印还是深深地打在了巴里坤这一地区。乾隆二十二年(1757),陕甘总督黄廷桂奏报"查雍正年间,巴里坤驻扎大臣,奎苏、石人子、巴里坤至尖山一带地亩,俱经开垦,尚有沟塍形迹"[②]。这种时断时续的农业耕种活动不可避免地参与了巴里坤地区的环境变化过程。首先,农业耕种活动的兴废本身就是巴里坤地区环境变化的一部分。其次,农业耕种的兴废出现了一些环境后果。虽然没有文献资料的直接描述和说明,但是结合巴里坤地区实际的地理环境特点,以及地理环境演化的规律可以推断,农业耕种停止之后产生的后果:由于处于中亚干旱区,巴里坤地区典型的景观特征应该是草原,农业开垦一般是在水源条件比较好的草原上进行,然后配套开挖灌溉沟渠。当屯田活动停止以后,这些被开垦的地区很难在短时间内恢复原始的植被,沟渠也因为失去维护而湮废,这些开垦地和沟渠很容易成为水土流失的策源地。

其三,17世纪末至18世纪前半期的战争严重影响了乌鲁木齐地区。康熙三十六年(1697),清军打败噶尔丹率领的准噶尔部队后,清军完全控制了外蒙古地区,准噶尔汗国的东部疆界由科布多河下游一带向西退缩到阿尔泰山以南至额尔齐斯河一线。[③] 从此以后,清、准之间对峙的前线就位于科布多、巴里坤、哈密等地南北一线。天山北麓乌鲁木齐地区变成准噶尔汗国的边境,是清、准双方展开长时期拉锯战的地带。康熙年间,清军经常从巴里坤、阿尔泰等地出兵袭击乌鲁木齐一带。康熙制定的战争

---

① 《清高宗实录》卷772,乾隆三十一年十一月丁卯,中华书局1987年版,第18册,第474页。
② 《清高宗实录》卷548,乾隆二十二年十月庚午,中华书局1987年版,第15册,第985—986页。
③ 〔苏〕伊·亚·兹拉特金:《准噶尔汗国史》,马曼丽译,商务印书馆1980年版,第320页。

策略就是以巴里坤、阿尔泰为根据地的袭击战：从巴里坤、阿尔泰等地出兵袭击乌鲁木齐一带，"如策妄阿拉布坦果有兵来，正可剿灭；若畏惧不敢前来，即将我兵收回，各往本处驻扎，如此每年袭击，惊扰贼众，或彼生内变，亦未可定"①。战争导致了乌鲁木齐一带人口锐减、社会经济遭到破坏。康熙六十一年（1722），将军富宁安率军袭击乌鲁木齐，"至乌鲁木齐擒获回人探问准噶尔消息，即于十一日率师前进，至通郭巴什，分兵搜其山林，擒获回众男女一百六十九人，所获驼、马、牛、羊无算，其乌鲁木齐、赛音塔拉、毛塔拉等处田亩悉踩躏之，于十二日整兵而归"②。这种袭击战不仅杀害当地的居民，抢掠财物，而且破坏农田，使得社会经济遭到破坏。准噶尔军队也经常集结在乌鲁木齐、奇台一带，向清军控制的哈密地区进攻，雍正九年（1731）九月，噶尔丹策零调兵六千人集合在乌鲁木齐一带，并且在奇台一带过冬，于第二年正月翻越天山进攻哈密地区③。由于处于边界地区，又是双方交战的区域，乌鲁木齐一带的社会经济遭到了严重的破坏，居民四处逃散，使这里成为人烟稀少的地区。到乾隆二十四年（1759），清军第二次完全控制乌鲁木齐地区时，由于战争及流行性痘疫的影响，整个准噶尔地区人口损失严重，"记数十万户中，先痘死者十之四，继窜入俄罗斯、哈萨克者十之二，卒歼于大兵者十之三，除妇孺充赏外，至今惟来降受屯之厄鲁特若干户，编设佐领昂吉，此外，数千里间，无瓦拉一毡帐"④。乌鲁木齐一带也几乎空无一人之地。康熙三十六年至乾隆二十三年（1697—1758）长达六十余年的拉锯战使乌鲁木齐一带不可能再有长期的居民，游牧民族都迁移走了。到乾隆二十三年（1758），清军再次战胜准噶尔部落时，乌鲁木齐一带成为空无一人之所。

为了破坏对方的牧草资源，交战一方的准噶尔还采取放火烧毁草场的行为，雍正十年（1732），清军计划在牧草条件较好的科舍图附近驻军，但是，当军队到达时发现"四面草场悉为贼人所烧"⑤，遂放弃了这个地方。

---

① 《清圣祖实录》卷296，康熙六十一年二月己卯，中华书局1987年版，第6册，第874—875页。
② 《平定准噶尔方略》前编卷4，康熙五十六年七月辛未，海南出版社2000年版，第1册，第90页。
③ 《平定准噶尔方略》前编卷29，雍正十年三月戊辰，海南出版社2000年版，第2册，第39页。
④ （清）魏源《圣武记》卷4《外藩·乾隆荡平准部记》，中华书局1984年版，第156页。
⑤ 《平定准噶尔方略》前编卷31，雍正十年九月庚子，海南出版社2000年版，第2册，第71页。

综上所述，17世纪至18世纪前期，天山北麓最主要的土地利用方式还是游牧，普遍采用季节转场的放牧制度。在游牧经济下，最主要的自然资源是草场，天山北麓的自然条件决定了冬、夏牧场大部分位于草质良好的高山亚高山草甸草场以及中山带的草原草场内，利用时间合计长达9—10个月。春、秋牧场主要利用位于低山和山前洪积扇边缘的荒漠草场，利用时间一般为2—3个月。由此可见，在游牧经济下，人类主要活动于天山北坡山间，而山前洪积扇及扇缘一带由于草场资源相对较差，游牧民族在这一带的活动也相对较少，这与18世纪中期以后农业经济主要利用山前洪冲积扇及其扇缘地带形成鲜明的对比。

总而言之，17世纪至18世纪初天山北麓的地理环境基本保持着原始的自然地带性。牧业是人类对自然利用的主要方式，轮牧中夏、秋、冬季牧场的划分表现了人类对土地利用的主动性，是利用自然的一种调节。康乾时期，清、准在天山北麓的拉锯战使得18世纪前期天山北麓地区鲜有固定的游牧部落，资源利用程度较低。

第二章 建州立县、移民垦荒：1757—1864年天山北麓的土地开发

乾隆二十二年（1757），清王朝初步控制北疆以后，以"屯垦开发，以边养边"为经营方针，开始在天山北麓巴里坤、乌鲁木齐等地安设军屯。随即于乾隆二十六年（1761）开始迁移数以万计的户民到天山北麓一带，展开了大规模的农业土地垦殖活动，使天山北麓地区自古以来以畜牧为主的经济结构开始有所变化。到19世纪中叶时，逐渐形成连片的农业区，从而彻底改变了天山北麓的地理景观面貌。因此，无论是从土地开发的角度还是从环境演变的角度来看，可以将乾隆二十四年（1759）作为发生转变的开始，天山北麓进入以农业土地利用为主的时期。同治三年（1864），新疆发生大规模的战乱，天山北麓的土地开发过程中断，人地关系进入一个新的阶段。

第一节 区域开发政策与区域行政管理

乾隆二十二年至同治三年（1757—1864），天山北麓的区域开发与管理政策是延续一致的，探讨区域开发与管理政策的内容，是认识这一时段人类对天山北麓环境认知与利用的第一步，也是了解人类如何影响环境的一个层面。

一 天山北麓的区域开发与管理政策的形成

（一）清廷对准噶尔政策的变化

乾隆二十年（1755）六月，清军在半年时间内消灭了准噶尔汗国政权后，并没有打算把准噶尔地区置于政府的直接控制之下，而是按照"众建以分其势"的既定政策，分封噶勒藏多尔济为绰罗斯汗，阿睦尔撒纳为辉特汗，车凌为杜尔伯特汗，班珠尔为和硕特汗，令其各辖所属，"如喀尔

第二章 建州立县、移民垦荒：1757—1864年天山北麓的土地开发

喀内扎萨克一体办理，自不以内地法度相绳"①。清廷的平准大军在完成任务后陆续撤回，仅留定北将军班第和参赞大臣鄂容安带领500名士兵驻伊犁处理善后事宜，准备在一切安排妥当以后撤回。但是，两路大军刚刚回师，辉特部台吉阿睦尔撒纳不满清廷的分封，"必欲为四部总台吉，专制西域"，起兵反抗，各部上层"喇嘛、宰桑劫掠军台，蜂起应之"。②

乾隆二十一年（1756）二月，清军再次兵分两路进攻准噶尔。清军经过艰苦的战争，最后于乾隆二十四年（1759）才重新控制整个天山以北地区。在对准噶尔的战争中，清政府逐渐得出结论，认为"厄鲁特人皆不可德怀"③，并且对准噶尔各部落"反复狡诈，饰词投顺，旋即生变"④，截杀抢掠清军的行为十分恼火。乾隆帝指示兆惠在从伊犁撤回巴里坤途经天山北麓一带时，对于"沿途遇背叛贼人，悉行剿灭"⑤。"厄鲁特人等反复无常，实为覆载所不容，至达什车凌与哈萨克锡喇尼玛等同谋叛逆，尤为罪不容诛，其属人必应全行剿灭，不得留余孽。"⑥再加上准噶尔地区痘疫流行，致使原来居于天山以北的卫拉特蒙古人非亡即散，损失殆尽。"先痘死者十之四，继窜入俄罗斯、哈萨克者十之二，卒殄于大兵者十之三。"⑦天山北麓原本就地旷人稀，经济基础薄弱，在历经战乱之后，更是耕牧俱废，"千里空虚，渺无人烟"⑧。

面对准噶尔地区的凋零景象，为了保证该地区的稳定，防止叛乱再次发生，也为了防止哈萨克人和布鲁特人（今柯尔克孜族）进入相对空旷的天山以北地区，清政府决定在该地区以北地设重兵防守，进行直接控制。驻以重兵，必须接济粮饷，此时新疆地区生产力落后，加上连年战乱，经济凋敝，无力供给；而自中原转输，路途遥远，又非可行之计。在这种背景下，只有就地兴屯，生产自给，才是解决驻军粮饷的最好办法。

（二）天山北麓的兵屯与"屯垦开发、以边养边"经营方针的确定

早在康熙年间对准噶尔的战争中，军粮供应的问题就提上了议事日

---

① 《清高宗实录》卷490，乾隆二十年六月癸卯，中华书局1987年版，第15册，第150—151页。
② （清）魏源：《圣武记》卷4《外藩·乾隆荡平准部记》，中华书局1984年版，第153页。
③ （清）魏源：《圣武记》卷4《外藩·乾隆荡平准部记》，中华书局1984年版，第155页。
④ 《清高宗实录》卷538，乾隆二十二年五月癸卯，中华书局1987年版，第15册，第806页。
⑤ 《清高宗实录》卷527，乾隆二十一年十一月丙辰，中华书局1987年版，第15册，第637页。
⑥ 《清高宗实录》卷532，乾隆二十二年二月丙寅，中华书局1987年版，第15册，第705—706页。
⑦ （清）魏源：《圣武记》卷4《外藩·乾隆荡平准部记》，中华书局1984年版，第156页。
⑧ （清）椿园：《西域闻见录》卷1《新疆纪略》，陕西师范大学图书馆藏刻本。

程，康熙帝不由得感叹"朕经历军务年久，且曾亲统大兵，出塞征讨，凡行兵机务，靡不周知，今欲用大兵，兵非不敷，但虑路远，运饷艰难"①。康熙五十四年（1715）开始在西北议论屯田事宜，天山北麓的巴里坤成为新疆最早试行屯田的地点之一。康熙、雍正年间，巴里坤屯田随着清、准双方关系的战、和而兴废。

乾隆二十年至乾隆二十四年（1755—1759）的初始阶段，兴办兵屯主要是为了接济前线作战士兵的口粮。乾隆二十一年（1756），陕甘总督黄廷桂亦上奏说："口外各营兵粮，最关紧要，而新疆距内地较远，需费用实繁，惟有相度形势，将设屯田之处次第举行，庶兵与食俱足，而于国帑亦不致縻费。"② 随后，为了供应驻防新疆的士兵以及当时还在南疆一带作战的士兵，清廷开始具体讨论屯田耕种的问题。并且，乾隆还以巴里坤为例，分析就地筹措与长途转运的利弊得失，强调屯垦养边的重要性。他指出，巴里坤距哈密200余里，距肃州2300—2400里，如果自肃州运粮至哈密，再转运至巴里坤军营，每粮一石，即需脚费十两有零，仅防守官兵月支口粮一项，一年累计粮价运脚"即共至十万余两"，"每岁经费，实属浩繁"，如果能利用当地水土条件广为垦种，"多收一石粮食，即省一点挽运，是屯田之议似应亟为举行"。③ 在这种提议下，清政府开始部署新疆士兵屯田事宜。主要在哈密的塔勒纳沁、蔡巴什湖、吐鲁番的辟展、哈喇和卓、托克三、喀喇沙尔、巴里坤、乌鲁木齐一带开展兵屯，而为了供应后期在南疆作战的士兵，兵屯的重点又设在哈密、吐鲁番、喀喇沙尔等地区。④ 乾隆二十三年（1758）十月，辟展、哈喇和卓、托克三、喀喇沙尔、乌鲁木齐五处屯兵地亩获得大丰收，收获的粮石除留籽种一千五百二十石外，"余谷三万五千八百二十六石，碾米一万七千九百十三石，共敷官兵

---

① 《清圣祖实录》卷263，康熙五十四年四月己丑，中华书局1987年版，第6册，第590—591页。

② 乾隆二十一年十月二十八日黄廷桂"奏请设立屯田以裕兵食折"，台北"故宫博物院"编：《宫中档乾隆朝奏折》，台北"故宫博物院"1985年版，第15辑，第869—868页。

③ 乾隆二十一年十月四月黄廷桂"奏为筹办巴里坤驻防兵粮请先设屯田以省运费折"，台北"故宫博物院"编：《宫中档乾隆朝奏折》，台北"故宫博物院"1985年版，第15辑，第673—674页。

④ 《清朝文献通考》卷11《田赋考十一·新疆屯田》：乾隆二十三年，"哈喇和卓垦地八千七百亩、托克三垦地五千三百亩，哈喇沙尔垦地四千余亩，俱经种植，臣等合并辟展所种一万亩，乌鲁木齐所种八十亩，共三万六千八百余亩"，由此可见，与其他地方相比，当时乌鲁木齐一带兵屯所占比例之少。《景印文渊阁四库全书》第632册，台湾商务印书馆1986年版，第262页。

第二章　建州立县、移民垦荒：1757—1864年天山北麓的土地开发

跟役九千一百九十人七月口粮"①。乾隆帝大受鼓舞，积极扩大兵屯面积，派员到巴里坤至乌鲁木齐一带查勘可耕之地。乾隆二十三年（1758），天山北麓呈现出一派繁忙的屯垦开发的景象。有近万名绿旗兵丁前往木垒、乌鲁木齐、昌吉一带屯田，筹措农器、籽种，伐木造屋等。"派兵丁七千名，调赴乌鲁木齐等处……令兵丁就近伐木造屋。"②从此，天山北麓进入了大规模土地开发的阶段。

乾隆二十三年，在第二次平准战争将近结束时，乾隆帝意识到士兵在驻防地屯田的重要性，"看来厄鲁特既除，则回部亦易于平定，惟明岁驻兵屯田最为紧要"③。同年四月，军机大臣们建议："由巴里坤以西伊勒巴尔和硕等七处，以次建堡屯田，派兵驻扎，各以就近余粮陆续办理，直达伊犁。……由近及远，以次经理"，建议得到了乾隆皇帝的赞同。④十月，黄廷桂上疏，"窃查大兵擒剿回部，指日功成。伊犁久属内地，自应亟筹屯垦，以裕边储，以垂永久"⑤。

在平定西域，统一整个新疆之后，清廷逐步确定和完善了"屯垦开发，以边养边"的经营方针。乾隆二十五年（1760）三月，乾隆帝在上谕中指示筹办设官屯田的陕甘总督杨应琚说："新疆自应次第经理，不可懈驰，亦无庸急遽，惟各就本地情形，因利乘便，随时酌办，以规久远之计。若又大费内地财力，以为设官屯田之用，殊属无谓。"⑥同年十月，乾隆帝再次传谕舒赫德、阿桂等人："总之，办理边疆事宜，不可糜费内地财力，即伊犁驻兵后，亦只可食彼处所获之粮，无须拨运，只解送银两，方为长久之计。"⑦至此，以供应驻防士兵口粮为主要目的，采取自巴里坤至伊犁，由远及近，次第办理为主要策略的"屯垦开发，以边养边"的经营方针终于确立了。

天山北麓地区具备进行屯田耕种的优越自然条件，又具有无以替代的

---

① 《清高宗实录》卷573，乾隆二十三年十月辛巳，中华书局1987年版，第16册，第289页。
② 《清高宗实录》卷568，乾隆二十三年八月己未、乙丑，中华书局1987年版，第16册，第204、209页。
③ 《平定准噶尔方略》正编卷53，乾隆二十三年四月己未，海南出版社2000年版，第5册，第144页。
④ 《清高宗实录》卷561，乾隆二十三年四月癸未，中华书局1987年版，第16册，第118页。
⑤ 乾隆二十三年十月十二日"陕甘总督黄廷桂奏为钦遵圣训筹度机宜办理伊犁明春垦种事"，中国第一历史档案馆藏乾隆朝朱批奏折，档号：04-01-23-0030-007。
⑥ 《清高宗实录》卷609，乾隆二十五年三月壬申，中华书局1987年版，第16册，第848页。
⑦ 《清高宗实录》卷622，乾隆二十五年十月乙酉，中华书局1987年版，第16册，第997—998页。

战略地位，需要重兵驻扎，从而使得这里成为新疆"屯垦开发，以边养边"经营方针实施的重点地区。

首先，天山北麓的自然条件提供了发展屯田的基础。天山北麓处于中温带，平均无霜期可以达135—150天左右。天山北麓河、泉众多，为干旱区农业发展保证了最重要的水源，同时也有河水、洪水从天山上携带下来大量的物质，沉积而形成山前洪、冲积扇，为农业的发展提供了优良的土壤基础。虽然，在准噶尔汗国时期，天山北麓地区主要是游牧经济，但是在清人眼中，天山北麓是可资耕种的，文献中多有这样的记载："瓜州、乌鲁木齐俱可屯田驻兵"[①]；"查自巴里坤至济尔玛台、济木萨、乌鲁木齐、罗克伦、玛纳斯、安集海、晶等处俱有地亩可资耕种"[②]；"乌鲁木齐一带地土饶沃，水泉充裕"[③]；"昌吉等处堪种地亩"[④]。

其次，经过战争之后，天山北麓一带原居卫拉特蒙古人非死即散，这里"千里空虚，渺无人烟"[⑤]的情况又为屯田开发提供了大量的土地资源。虽然乾隆二十年到乾隆二十四年（1755—1759），新疆地区兵屯的重点是在生产条件优越的哈密和吐鲁番等传统农业区，但是，这两块绿洲面积有限，原土著居民维吾尔族本身就是从事农业耕种的民族，可以供士兵开垦的土地并不是很多。乾隆二十三年（1758）五月，陕甘总督黄廷桂上奏："吐鲁番以东，俱有回民耕种，回民之外又派兵一千四百名，尽力开垦，已无余地，吐鲁番以西，乌鲁木齐、托克三、哈喇沙尔等处俱无回民，河大水宽，土地亦广"[⑥]，由此可见，吐鲁番以东地亩紧张的情形与吐鲁番以西的地广水丰形成鲜明的对比。乾隆二十四年（1759）底，统一西域的战争结束后，就裁撤了吐鲁番、哈密等地的大部分屯田士兵，仅留少数士兵驻防在军事要地，"从前进剿回部，辟展等处俱系冲要之地，故屯田以资口粮，今军务告竣，屯田兵节次奉旨发往伊犁，并遣归原营……将从前原垦地亩，酌留给兵丁耕种，余俱赏本处回人。"[⑦]

---

① 《清高宗实录》卷480，乾隆二十年正月辛巳，中华书局1987年版，第15册，第3—4页。
② 《清高宗实录》卷520，乾隆二十一年九月己巳，中华书局1987年版，第15册，第560—561页。
③ 《平定准噶尔方略》正编卷83，乾隆二十四年十二月丙午，海南出版社2000年版，第6册，第323页。
④ 《清高宗实录》卷568，乾隆二十三年八月乙丑，中华书局1987年版，第16册，第209页。
⑤ （清）椿园：《西域闻见录》卷1《新疆纪略》，陕西师范大学图书馆藏刻本。
⑥ 《清高宗实录》卷563，乾隆二十三年五月是月，中华书局1987年版，第16册，第145页。
⑦ 《清高宗实录》卷625，乾隆二十五年十一月戊辰，中华书局1987年版，第17册，第1026页。

最后，随着清朝对新疆版图控制范围的扩大，天山北麓地理位置的优越性逐渐显露出来，最终决定了这里成为屯田开发的重点地区。天山北麓地区战略位置十分重要，它东以清朝稳定控制的甘肃地区为依托，西连准噶尔汗国的统治基地，后又为清廷伊犁将军驻扎地——伊犁地区；向南穿过连接天山南北的几个自然通道可以有效地控制南疆地区；向北连接额尔齐斯河沿岸及塔尔巴哈台等地方，十分便捷。

乾隆二十三年（1758），军机大臣们在规划天山北麓一带的屯田时，就考虑到了乌鲁木齐东接巴里坤，西连伊犁的重要地位，因此建议："由巴里坤以西伊勒巴尔和硕等七处，依次建堡屯田，直达伊犁。……由近及远，以次经理"，建议得到了乾隆皇帝的赞同。[1] 统一新疆之后，天山北麓的乌鲁木齐一带屯田驻兵的重要性就更加突出了，安西提督刘顺在议论新疆驻兵时就提到：对于驻防士兵的口粮来说"辟展、乌鲁木齐等处收获粮石足用"，而且"巴里坤以外，西至伊犁，西南至叶尔羌等回部，幅员广衍，而辟展、乌鲁木齐一带地土饶沃，水泉充裕"，因此提议驻兵的重点向乌鲁木齐偏重，"其各营官兵即移驻乌鲁木齐或辟展等处，于岁收屯粮内就近支给，既可省挽运之劳，而于新疆适中之地，控制更为得宜"[2]。

综上所述，乾隆二十三年至乾隆二十五年（1758—1760）间，在屯田实践的基础上，逐步制定和完善了"屯垦开发，以边养边"的经营方针。在天山北麓地区，"屯垦开发，以边养边"经营方针的实施也经过了比较认真的规划，是由东向西，从巴里坤地区到奇台、乌鲁木齐、昌吉等地区逐步开展的。天山北麓地区以其优越的自然条件和土地资源，以及无可替代的战略地位，最终成为清代中期新疆屯田的重点区域。在"屯垦开发，以边养边"经营方针的政策指导下，天山北麓地区迎来了土地开发的高潮。

（三）"移民实边"政策的形成与天山北麓的移民浪潮

在乾隆二十三年大举兵屯的同时，一场大规模的移民垦殖的活动也开始进行。对于此次移民实边而言，在统一新疆的前提下，中原人口增长的压力是向新疆移民实边政策形成的客观原因，而新疆地区兵屯的发展为移民实边政策的实施提供了一个契机，甘肃省自然灾害的发生推动了移民实边进入高潮期。

---

[1]《清高宗实录》卷561，乾隆二十三年四月癸未，中华书局1987年版，第16册，第118页。
[2]《平定准噶尔方略》正编卷83，乾隆二十四年十二月丙午，海南出版社2000年版，第6册，第323页。

其一，中原人口增长的压力是向新疆地区移民实边政策形成的客观因素。有清一代，人口持续增长，到乾隆五十五年（1790），人口总数超过三亿，人地矛盾成为突出的社会问题，"人增其十而田增其五"。西域新辟的广大疆土为缓解人口压力提供了可能。乾隆二十五年（1760），清政府统一西域之后，乾隆帝在上谕中指出："朕规划此事，更有深意，国家生齿繁庶，即自乾隆元年至今二十五年间，滋生民数岁不下亿万，而提封止有此数，余利颇艰。且古北口外一带，往代皆号岩疆，不敢尺寸逾越。我朝四十八部子弟臣仆视同一家，沿边内地民人前往种植，成家室而长子孙，其利甚溥。设从而禁之，是厉民矣。今乌鲁木齐、辟展各处知屯政方兴，客民已源源前往贸易，茆檐土锉，各成聚落，将来阡陌日增，树艺日广，则甘肃等处无业贫民前赴营生耕作，汙莱辟而就食多，于国家牧民本图，大有裨益"①，并且预言了人口必然会自动向新疆地区流动，"西垂平定，疆宇式廓，辟展、乌鲁木齐等处在在屯田，而客民之力作、贸易于彼者日渐加增，将来地利愈开，各省之人，将不招自集，其于惠养生民，甚为有益。"②

由此可以看出，民人向边疆一带迁移，不但有利于发展当地农业经济，而且可以缓解中原人口压力，对全国社会经济的稳定和发展乃至社会政治局面的安定，都具有积极的意义，实为一举两得之事，所以，清政府不但不加禁止，反而表现出期待并鼓励民人向新疆地区迁移的倾向。

其二，天山北麓兵屯的发展，为移民实边政策的制定和实施提供了契机。早在乾隆二十四年（1759）八月，范时绶结合查看乌鲁木齐时的见闻，就已经进一步提出广开屯垦、移民实边的设想，他在指出天山北麓一带"地多肥壮，水亦充足，雨露霜雪俱有"的农业生产条件后，谈到"查甘、凉、肃系御边要地，安驻重兵，饷多粮少，全资邻省协济。续后安西、哈密、巴里坤添兵增饷，屯卫入不抵出，亦赖内地协拨，岁岁增添，均关国用，今新辟疆土，似急宜招民开垦纳粮，以抵岁需兵饷，方不致再亏帑项。……为一劳永逸之举，俾兵无冗食，边疆永定"③。

但是由于当时平定西域的战争还未完全结束，兵屯也只是刚刚开始，

---

① 《清高宗实录》卷612，乾隆二十五年五月壬子，中华书局1987年版，第16册，第882—883页。
② 《清高宗实录》卷604，乾隆二十五年正月庚申，中华书局1987年版，第16册，第786页。
③ 乾隆二十四年八月初四日"范时绶奏为新辟疆土招民开垦敬陈管见事"，中国第一历史档案馆藏乾隆朝朱批奏折，档号：04-01-22-0031-007。

第二章 建州立县、移民垦荒：1757—1864年天山北麓的土地开发

还没有见到真正的成效。自乾隆二十三年（1758）开始在天山北麓大兴兵屯之后，屯田面积和粮食产量都发展得很快，加上乾隆二十四年（1759）底平定西域的战争结束后，大量裁撤兵员，乌鲁木齐一带的粮食生产显得过剩。乾隆二十六年（1761），钦差副都统安泰奏报，乌鲁木齐周围五处屯田，有屯田兵3000人，生产的粮食已经足供给当地驻兵的口粮，而且还有大量的盈余，"乌鲁木齐现在屯田五处所，收谷石甚属充裕，折给官兵愿领者少"，他因此提出裁撤屯田兵丁的数量的问题，建议仅保留1000名士兵从事屯田生产就足够供应驻兵口粮了。[①] 军机大臣对此事进行讨论后，同意了安泰的建议，但是，考虑到"仅以一千兵屯田，则已经垦熟地亩，致使荒芜，亦属可惜"，因此提议将换防兵改为驻防兵，允许兵丁携带家口前来乌鲁木齐一带耕种多余的已开垦土地，同时也提议搬迁无业游民前来垦种地亩，"或募内地流民迁往，给地耕种，则生计益裕，谷石亦可变通……无业流民，将屯种不尽之田，拨给作产，闲地任其垦种"，并且按照乾隆帝的安排，令陕甘总督杨应琚具体办理招募流民前往新疆垦种的事宜，令安泰具体考察办理搬迁兵丁家眷的具体操作办法，这些建议和安排得到了乾隆帝的赞同。[②]

乾隆二十六年九月，杨应琚就在甘肃省的安西、肃州、高台等地招募到无业贫民200户，660多人情愿迁往乌鲁木齐一带耕种地亩[③]，"给以车辆、口食、衣物等，派员料理起程"[④]。随即制定了安插民人的规章制度："俟送到时酌给地亩，其口粮、籽种、器具均须借给，至起盖房屋，亦请官借银两，令其自营工作，官为查核，照水田之例，六年升科，其借给官项，分年陆续扣还"，详细安排了到边疆屯垦的民户的居住和生产等各项活动。乾隆二十七年（1762）春，迁移的民户陆续到达乌鲁木齐一带的屯垦地点，随即开始屯田耕种。从乾隆二十六年底到乾隆二十九年（1764）初，共从甘肃安西、肃州一带搬迁民户660余户，1400多口到乌鲁木齐一带屯田，拉开了移民屯垦实边的序幕。

其三，自然灾害是推动人口向边疆流动的一个重要因素，带来天山北

[①] 《平定准噶尔方略》续编卷13，乾隆二十六年八月辛未，海南出版社2000年版，第7册，第190页。
[②] 《清高宗实录》卷642，乾隆二十六年八月辛未，中华书局1987年版，第17册，第173—174页。
[③] 《平定准噶尔方略》续编卷14，乾隆二十六年十月辛卯，海南出版社2000年版，第7册，第211页。
[④] 《清高宗实录》卷645，乾隆二十六年九月丁巳，中华书局1987年版，第17册，第218页。

麓地区移民屯垦实边的高潮。与新疆相邻的甘肃省山多土少，素称"土瘠民贫"，农业生产条件较差，"时告偏灾"，旱灾尤为普遍，甘肃省中部流传着"三年两头旱、三年一小旱"的说法。连年的旱灾往往带来大规模的饥荒。

根据袁林的统计，乾隆二十七年至四十五年间，即1762—1780年，甘宁青地区进入了一个旱灾频发期，19年间出现大旱15次，甘肃各地饥民载道，"时灾黎鬻妻子，道馑相望"①。乾隆二十九年（1764），甘肃大部分地区遭受旱灾的影响，夏粮颗粒无收，秋粮收获也很有限，民生拮据，乾隆帝下令对甘肃省十八个受灾州、县、厅"所有本年应征地丁钱粮，概予蠲免"②，并且筹划迁移饥民到近年来屡获丰收、旱涝保收的乌鲁木齐一带就食，"年来新疆屯政屡丰，如乌鲁木齐等处粮储甚为饶裕，且其地泉甘土沃，并无旱潦之虞，如令该省接壤居民，量其道里远近，迁移新屯各处，则腹地资生既广，而边陲旷土愈开，实为一举两得"，并令陕甘总督杨应琚详细筹划此事，杨应琚很快就在甘州、肃州、安西等处一次招募到贫民400余户，1500余口，送往乌鲁木齐一带，并且报告说："河西一带附近新疆之安西、肃州、甘、凉等处，大概招募一二千户，可以不劳而集。"③ 此次一次征募的民人比此前三年招募的人都多。随后，应募前往天山北麓巴里坤、乌鲁木齐一带的民人不断增加。

乾隆三十九年至乾隆四十三年（1774—1778），甘宁青地区又是连年大面积遭受旱灾，灾民遍布于野。此时，乾隆帝又忧心忡忡地提到从甘肃地区向新疆移民的问题。甘肃各地又遭旱灾，"被灾二十九州、县"，"又据奏筹办贫民出口垦种一事，尚未能得要领，因思易与乐成，难与图始，本属常情，总须令其自知新疆一带有自然美利，到彼耕作，即可共享丰饶，如山东百姓之趋赴口外，虽禁之不止，方为妥善，若如所咨行新疆大臣，查明地亩若干，可以安插穷民若干，详细咨覆，一面设防晓谕，再行陆续送往，小民见系官办，尚似驱令迁移，即一时勉强相从，仍不能冀其源源乐赴，此时筹办之始，止可询问贫民，有愿赴新疆垦种，而力量不给者，官为资送，不露强迫情形，向后愿往者多，可不烦资助，方为经久良法"④。

---

① 袁林：《西北灾荒史》，甘肃人民出版社1994年版，第473—487页。
② 《清高宗实录》卷716，乾隆二十九年八月辛巳，中华书局1987年版，第17册，第986—987页。
③ 《清高宗实录》卷716，乾隆二十九年八月辛巳，中华书局1987年版，第17册，第986—987页。
④ 《清高宗实录》卷1012，乾隆四十一年七月辛未，中华书局1987年版，第21册，第582页。

根据王希隆、徐伯夫、张羽新、华立等人对乾嘉时期新疆移民的统计来看[1]，在自然灾害的影响下，到乾隆三十年（1765）前后，由中原向天山北麓的移民开始进入了一个高潮时期。最近的研究显示，与河西走廊地区发生的三年干旱事件相对应，在旱灾发生后的1—2年，出现了乾隆二十九年至三十年（1764—1766）、乾隆三十七年至三十八年（1772—1773）、乾隆四十二年至四十五年（1777—1780）的三次移民高潮。[2]

二　天山北麓州县制的建置及其行政区划

（一）因地制宜的行政管理体制

乾隆二十五年（1760），清政府平定了准噶尔阿睦尔撒纳的降而复叛，以及南疆大小和卓的叛乱后，乾隆帝意识到必须在新疆驻军管理，才能牢固控制新疆。乾隆二十七年（1762），清政府在新疆正式设立军府，任命明瑞为第一任总统伊犁等处将军（简称伊犁将军），驻节伊犁惠远城。《清高宗实录》记载的上谕云："伊犁为新疆都会，现在驻兵屯田，自应设立将军，总管军务。昨已简用明瑞往膺其任，著授为总统伊犁等处将军，所有敕印旗牌，该部照例颁给。"[3]伊犁将军的职掌为："奉旨设立（伊犁）将军，一切管辖地方，调遣官兵，自应酌定成规。臣等谨议，凡乌鲁木齐、巴里坤所有满洲、索伦、察哈尔、绿旗官兵，应听将军总统调遣；至各回部，与伊犁相同，自叶尔羌、喀什噶尔至哈密等处驻扎官兵，一归将军兼管，其他地方事务，仍令各处驻扎大臣照旧办理"[4]；"总统伊犁等处将军一员……节制南北两路，统辖外夷部落，操阅营伍，广辟屯田"[5]，根据以上规定，伊犁将军即为清政府在新疆的最高军事、行政长官，受权代表清朝中央政府总揽全疆各项军政事务。

伊犁将军之下，设都统、参赞大臣、办事大臣、领队大臣等职，分别驻扎在天山南北各城，管理当地军政事务，其各级军政机构的建置层次见表2-1。

---

[1] 王希隆：《清代实边新疆述略》，《西北史地》1985年第4期；华立：《清代新疆农业开发史》，黑龙江教育出版社1998年修订版，第61—64页。
[2] 李屹凯、张莉：《1761—1780年极端气候事件影响下的天山北麓移民活动研究》，《陕西师范大学学报》（自然科学版）2015年第5期。
[3] 《清高宗实录》卷673，乾隆二十七年十月乙巳，中华书局1987年版，第17册，第519页。
[4] 《清高宗实录》卷673，乾隆二十七年十月壬子，中华书局1987年版，第17册，第525页。
[5] （清）松筠：《新疆识略》卷五《官制兵额》，北京大学藏道光元年（1821）武英殿刊刻本。

表 2-1　　　　　　　　　　伊犁将军统辖职官

伊犁将军	北路	伊犁	参赞大臣一		
			领队大臣五		
		塔城	参赞大臣一		
			办事兼领队大臣五		
	南路	喀什噶尔	参赞大臣	英吉沙	领队大臣一
				叶尔羌	办事大臣一、协办大臣一
				和田	办事大臣一、领队大臣一
				乌什	办事大臣一
			参赞大臣	阿克苏	办事大臣一
				库车	办事大臣一
				喀喇沙尔	办事大臣一
	东路	乌鲁木齐	都统	吐鲁番	领队大臣一
				哈密	办事大臣一
				镇西	领队大臣一
				古城	领队大臣一
				库尔喀喇乌苏	领队大臣一

资料来源：《西域图志》卷29《官制一》、卷30《官制二》。

在军府制之下，乌鲁木齐地方于乾隆二十九年（1764）设提督，驻迪化，管辖乌鲁木齐、喀喇巴尔噶逊（今达坂城）、巴里坤、玛纳斯、库尔喀喇乌苏等地绿营官兵的驻防和屯田事务。乾隆三十六年（1771），设参赞大臣、理事、通判。乾隆三十八年（1773），改乌鲁木齐参赞大臣为乌鲁木齐都统，"嗣后作为乌鲁木齐都统缺，仍属伊犁将军节制，听其调遣，所有应办之事，一面奏闻，一面知会伊犁将军"[1]，下辖乌鲁木齐本地领队大臣、古城领队大臣、巴里坤领队大臣、哈密办事大臣、吐鲁番领队大臣、库尔喀喇乌苏领队大臣等，兼辖镇迪道。

在新疆的军府制度之下，地方民政实行因地制宜的行政管理体制，建立了三种不同的地方民政管理制度，即札萨克制、州县制、伯克制。新疆社会制度呈现出一种多元格局。

---

[1]《清高宗实录》卷935，乾隆三十八年五月丁丑，中华书局1987年版，第20册，第582—583页。

第二章　建州立县、移民垦荒：1757—1864年天山北麓的土地开发　43

　　札萨克制度是清政府在漠南、漠北蒙古各部中广泛实行的行政管理体制。札萨克可以世袭，对所辖本部事务有较充分的自主权，但必须经过清政府的任命，并服从理藩院的管理。这种体制适合于游牧部落的社会特点，因此，在清政府控制了新疆地区以后，就在以游牧为主的卫拉特蒙古和哈萨克等部落中实行札萨克制度。同时，由于哈密王和吐鲁番王在清进军新疆的过程中建立了军功，哈密回王额贝都拉在康熙三十六年（1697）就被封为札萨克一等达尔汗，并编入旗队①；吐鲁番回王额敏和卓在雍正十年（1732）被封为札萨克辅国公，编入旗队②。因此，属于农业地区的哈密、吐鲁番地区也实行札萨克制度。

　　伯克制度是新疆南部地区固有的政治制度。伯克一词的维吾尔语含义为"首领"，即地方首领。南疆地区的伯克原来为世袭，为了加强中央集权，清政府改变了伯克世袭制度，由朝廷任免升调，并且颁定伯克的等级。除了蒙古人游牧的裕勒都斯草原地区外，南疆地区大小城镇皆实行伯克管理体制。

　　州县制度主要实行于新疆东部、天山北麓移民较多的地区。由于清、准战争的破坏，乾隆统一新疆以后，自然条件本来较为优越的天山北麓一带成为人烟稀少的地带，为新的制度的建立提供了可能性。在清政府"屯垦开发、以边养边"政策及"移民实边"政策的引导下，中原民人陆续迁往天山北麓的乌鲁木齐、巴里坤一带，为管理上的方便，陆续设立文员管理这些民人，以后逐渐完善。到乾隆三十八年（1773），天山北麓逐步建立府州县行政管理体制。这里需要说明的一点是，清代此时所指巴里坤、乌鲁木齐不是一个行政概念，而是一个泛指的地域概念，大致指今天东起伊吾县，西至沙湾县的天山北麓地区。

　　（二）天山北麓各州县建置沿革

　　清代地方行政区划，以省为第一级，府、直隶厅、直隶州为第二级，隶属于府的散厅、散州和隶属于府、直隶州、直隶厅的县为第三级。府置知府、州置知州、县置知县，称为"正印官"，对整个州县行政负全责。此外，针对地区特点还设有一些负责独特政务的州同、州判、县丞、主簿等佐贰官。

　　天山北麓行政管理的设置随着人口的逐渐增加而逐步完善。统一之

---

① 《清圣祖实录》卷185，康熙三十六年十月己酉，中华书局1987年版，第5册，第978页。
② 《清世宗实录》卷125，雍正十年年十一月乙未，中华书局1987年版，第8册，第643—644页。

初，天山北麓人口稀少，行政体制简单，仅仅派驻同知、通判、巡检等辅佐性的佐贰官管理，隶属于安西府之下"管理粮饷，兼办地方事务"①。之后，随着人口的逐渐增加，行政建置逐渐升格，到乾隆三十八年（1773），天山北麓的州县体制大体完备，兹详述如下。

乾隆二十一年（1756），很多准噶尔厄鲁特人逃到巴里坤地区要求保护，"厄鲁特等人生计甚艰，所有前赴巴里坤人等，请酌给口粮赡养，俟明春给予籽种，令赴廋集、额卜齐布拉克等处及巴里坤淖尔附近地方种地，秋收后仍令各回游牧"②。由于管理这些厄鲁特人的需要，陕甘总督黄廷桂提出在巴里坤设立同知的建议，"黄廷桂奏言，查巴里坤地最紧要，现在兵民混杂，明年又派满洲兵丁驻扎，请设立理事同知一员，专管旗民事务……上从之"③。黄廷桂的建议得到了乾隆皇帝的首肯，即于当年十月，设立巴里坤同知。这是天山北麓最早设立的行政官员。

由于清政府很早就控制了哈密、巴里坤地区，在乾隆二十四年（1759）统一新疆以后，哈密、巴里坤已然成为清政府观念中的"内地"，"哈密、巴里坤已成内地"④，与甘肃一带无异。乌鲁木齐一带则被视为附近内地之处，其行政管理方式也自应与新疆其他地方不同，"至附近内地等处，如乌鲁木齐以至昌吉、罗克伦，一切管辖地方收支钱粮，自应添设文职"⑤。次年，在乌鲁木齐"仿哈密、巴里坤之例"，设立道员，总办各屯粮饷；同时添设同知一员，管理地方，监放兵饷；通判一员，收支粮储；仓大吏一员；在昌吉和罗克伦两处设立巡检。⑥ 十月，定巴里坤、哈密为直隶厅，"巴里坤同知、哈密通判均管理地方"，其职责明确规定为

---

① 《清高宗实录》卷595，乾隆二十四年八月丙午，中华书局1987年版，第16册，第632页。
② 《平定准噶尔方略》正编卷32，乾隆二十一年十月癸酉，海南出版社2000年版，第4册，第202页。
③ 《平定准噶尔方略》正编卷33，乾隆二十一年十月庚寅，海南出版社2000年版，第4册，第214页。
④ 《清高宗实录》卷614，乾隆二十五年六月辛巳，中华书局1987年版，第16册，第909—910页。
⑤ 《平定准噶尔方略》续编卷2，乾隆二十五年五月丙午，海南出版社2000年版，第7册，第26页。
⑥ 《平定准噶尔方略》正编卷84，乾隆二十五年正月庚戌，海南出版社2000年版，第6册，第325页；《清高宗实录》卷604，乾隆二十五年正月庚戌，中华书局1987年版，第16册，第781页；《平定准噶尔方略》续编卷2，乾隆二十五年五月丙午，海南出版社2000年版，第7册，第26页；《清高宗实录》卷612，乾隆二十五年五月丙午，中华书局1987年版，第16册，第784—875页。

"管理地方",有关事宜"均照内地办理"。① 此后,随着人口的增加,地方建置逐渐升格。

乾隆二十六年(1761)开始,清政府从河西、陇东各府、州、县招募无业贫民,官费资送至乌鲁木齐、巴里坤等地进行安插。随着屯兵和移民的增加,乾隆二十七年,在昌吉设管粮通判②,次年将罗克伦巡检移驻特纳尔格(今阜康),归乌鲁木齐同知管辖,昌吉巡检移驻呼图壁,归昌吉宁边通判管辖③。乾隆三十三年(1768),设立绥来县丞;特纳格尔,改设县丞。④ 乾隆三十七年(1772),奇台设立粮饷通判⑤,在东吉尔玛台设立管粮巡检⑥。

随着民户的陆续增加,设立州县的条件逐渐成熟。从乾隆二十六年到乾隆三十八年(1761—1773),从中原迁往巴里坤、乌鲁木齐一带的民人达到4170户,共计2万余口⑦,天山北麓一带"民人等移居以来,伐木采煤,养育鸡豚,竟成村落,与内地无异"⑧,巴里坤地区"居民稠密,闾井殷繁……实为边陲一大都会也"⑨。乾隆三十八年(1773),改巴里坤直隶厅为镇西府,设知府,附府设立宜禾县,同时,奇台通判隶属镇西府;改乌鲁木齐同知为迪化直隶州,改宁边通判为昌吉县,特纳格尔县丞改为州判,均隶属于迪化直隶州。⑩ 镇西府与迪化直隶州属于甘肃省统辖。至此,天山北麓地区初步建立了州县体制。

乾隆四十一年(1776),改奇台通判为知县,设立奇台县,东济尔玛

---

① 《清高宗实录》卷622,乾隆二十五年十月丁丑,中华书局1987年版,第16册,第993—994页。
② 《嘉庆重修一统志》卷280《迪化直隶州》,上海古籍出版社2008年版,第6册,第629—638页。
③ 《平定准噶尔方略》续编卷23,乾隆二十八年十一月庚辰,海南出版社2000年版,第7册,第355页;《清高宗实录》卷699,乾隆二十八年十一月庚辰,中华书局1987年版,第17册,第828页。
④ 《嘉庆重修一统志》卷280《迪化直隶州》,上海古籍出版社2008年版,第6册,第629—638页。
⑤ 《嘉庆重修一统志》卷271《镇西府》,上海古籍出版社2008年版,第6册,第500—507页。
⑥ 《清高宗实录》卷904,乾隆三十七年三月戊戌,中华书局1987年版,第20册,第71页。
⑦ 华立:《清代新疆农业开发史》,黑龙江教育出版社1998年修订版,第61—63页。
⑧ 《平定准噶尔方略》续编卷27,乾隆二十九年十二月癸卯,海南出版社2000年版,第7册,第421页。
⑨ 《清高宗实录》卷926,乾隆三十八年二月癸亥,中华书局1987年版,第20册,第443—444页。
⑩ 《清高宗实录》卷926,乾隆三十八年二月癸亥,中华书局1987年版,第20册,第443—444页。

台巡检移驻古城,均隶属于镇西府;特纳格尔州判改为知县,设立阜康县;济木萨巡检改为县丞,均隶属于迪化州;又于迪化旧城添设巡检一员,管理鼠窃等。① 同年,巴里坤粮务道移驻乌鲁木齐巩宁城,全称"分巡镇迪粮务兵备道",管理镇西府和迪化州的官员及相关事务。② 乾隆四十四年(1779),设立绥来县,隶属于迪化州。③ 至此,天山北麓的州县制初步完善:在甘肃布政司下设立一府一直隶州,镇西府直接管辖宜禾县和奇台县,同时还署理伊犁同知、吐鲁番同知、乌鲁木齐通判、哈密通判、辟展巡检、呼图壁巡检、哈密巡检、惠宁城巡检、惠远城巡检、吐鲁番巡检、古城巡检等事宜;迪化直隶州下辖昌吉、阜康、绥来三县,同时署理济木萨县丞。

至此,清代中期,天山北麓的行政区划格局基本设定,以后很少变动。只是在咸丰七年(1857),降镇西府为镇西厅,设同知,划奇台县入迪化州。④

天山北麓的行政管理上还有一个独特的地方需要指出,即属于军事建置的乌鲁木齐都统同时兼管地方民政事务。乾隆三十八年(1773),由于乌鲁木齐一带距伊犁较远,事务繁多,伊犁将军无暇兼顾,改参赞大臣为乌鲁木齐都统,"从前因乌鲁木齐驻防满洲、绿营兵丁,曾放参赞大臣管辖,俱听伊犁将军调遣,今乌鲁木齐所属地方宽阔,而距伊犁遥远,兵民辐辏,应办事件甚繁,将参赞大臣一缺改为都统一员,于管辖兵丁、办理诸事尤为有益,而于体制亦属相符。索诺木策凌在乌鲁木齐办事以来,尚属尽心妥协,竭力奋勉,即著补授乌鲁木齐都统。嗣后作为乌鲁木齐都统缺,仍属伊犁将军节制,听其调遣,所有应办之事,一面奏闻,一面知会伊犁将军"⑤。乌鲁木齐都统在设立之初被赋予了很大的权力,即有关地方的军政事务,可以直接上朝廷具奏,同时知会伊犁将军。乾隆四十年

---

① 《清高宗实录》卷1023,乾隆四十一年十二月丁巳,中华书局1987年版,第22册,第708—709页;(清)索诺木策凌:《乌鲁木齐政略》"文员",载王希隆《新疆文献四种辑注考述》,甘肃文化出版社1995年版,第11页。

② (清)傅恒等纂:《西域图志》卷29《官制一》,北京大学图书馆藏乾隆四十七年(1782)武英殿聚珍本。

③ 《嘉庆重修一统志》卷280《迪化直隶州》,上海古籍出版社2008年版,第6册,第629—638页。乾隆四十四年八月十九日,"乌鲁木齐都统索诺木策凌、陕甘总督勒尔谨奏请以瑚图里调署新设绥来县知县事",中国第一历史档案馆藏乾隆朝朱批奏折,档号:04-01-12-0181-035。

④ 《清文宗实录》卷231,咸丰七年七月癸未,中华书局1987年版,第50册,第597页。

⑤ 《清高宗实录》卷935,乾隆三十八年五月丁丑,中华书局1987年版,第20册,第582—583页。

第二章　建州立县、移民垦荒：1757—1864年天山北麓的土地开发　47

（1775），乌鲁木齐都统被赋予管理地方行政事务的权力。《三州辑略》卷二《官制门》记载："乾隆四十年，军机处议覆都统索诺木策凌具奏乌鲁木齐所属地方命、盗、钱、谷一切案件，由该道转呈都统办理，其巴里坤地方一切事件向由该道径报总督办理。查该处距兰州省城四千余里，鞭长莫及，难免贻误，且现在巴里坤、古城、吐鲁番满营事务俱属乌鲁木齐都统总理，应将巴里坤、奇台、古城地方事务全归乌鲁木齐都统办理。"因此，乌鲁木齐都统成为管理乌鲁木齐一带地方军政事务的最高官员，"统辖满汉文武官员，督理八旗、绿营军务，办理地方刑钱事件"[①]。

（三）天山北麓行政区划

镇西府。乾隆三十八年（1773）设置，以巴尔库勒城（又名镇西城）为府治。下辖宜禾、奇台两县，管辖天山北麓东起今伊吾县东界，西至干沟接阜康市东界的范围。宜禾县，为镇西府的附郭县，乾隆三十八年设立，辖境南界天山，北至北山，东包括今天的伊吾县，西至今天木垒县的噶顺沟地方与奇台县分界。奇台县，县治靖宁城，乾隆二十四年（1759）设奇台堡，三十七年（1772）设粮饷通判，四十一年（1776）裁撤通判，改设知县，置奇台县，管理古城满营理事事务。[②] 其辖境南界天山，北至沙漠，东与宜禾县为邻，西到干沟，与迪化州的阜康县分界。其境内重要的据点有木垒、古城、吉布库等。

迪化直隶州。乾隆三十八年设立，州治迪化城，管辖天山北麓东起阜康县东界之干沟，西至今安集海地方，下辖阜康、昌吉、绥来三县。另外，设济木萨县丞（驻恺安城）、古城巡检（驻古城）、呼图壁巡检（驻景化城）。迪化州属直接管辖的范围是南界天山，北至沙漠，东北至甘泉铺与阜康县相接，西至头屯河与昌吉县为邻，今达坂城地方也属于迪化州直属。

阜康县，旧名特纳格尔，原为准噶尔图古特部游牧地，乾隆二十八年（1763）建立阜康堡，乾隆四十一年升为县制，治阜康城。其县辖境南界天山，北至戈壁沙漠，东至得勒呼苏台与镇西府奇台县为邻，西至甘泉铺与迪化州直属地区为界。

昌吉县，乾隆二十七年（1762）修建宁边城，乾隆三十八年设置昌吉县，驻宁边城。其辖境，南界天山，北至沙漠，东以头屯河与迪化州直属地区为界，西至呼图壁河与绥来县分界。

[①] （清）和宁：《三州辑略》卷2《官制门》，台北：成文出版社1968年版，第32—33页。
[②] 《嘉庆重修一统志》卷271《镇西府》，上海古籍出版社2008年版，第6册，第500—507页。

绥来县，旧名玛纳斯，为准噶尔呼拉玛部落游牧地，纳木齐之昂吉。乾隆二十八年（1763）修建绥来堡。乾隆四十一年（1776）年设县丞，驻康吉城。其辖境南界天山，北至沙漠，东以呼图壁河与昌吉县分界，西至安济哈雅（今安集海）与库尔喀喇乌苏分界。

　　由以上的论述可见，清代中期天山北麓的县级行政区划表现出几个特征：其一，东部稀少，西部稠密：占区域总面积一半以上的东部地区仅有宜禾县、奇台县两个县级区划，而西部地区有四个县级区划。这主要是由于天山北麓水土资源分布的区域差异造成的，由第一章第一节的论述可知，西部地区水土资源较东部地区丰富。其二，基本上以河流水系的分布作为县级行政区划的基础，即每个县域范围内至少包括一条大河流。这一点在西部地区的县级区划中表现十分明显，如迪化州州属主要包括乌鲁木齐河流域、昌吉县主要包括三屯河与呼图壁河、绥来县则主要包括玛纳斯河水系，这深刻反映出当时人类活动及人口分布以水资源为核心区域的人地关系特征。

　　需要重点指出的是，与现代行政区划相比，清代中期天山北麓的区域总面积及范围与现代各县市相似，不同之处在于今吉木萨尔县、阜康市、乌鲁木齐市的北界更向北推了一些；清代中期绥来县的西北部分包括了今天玛纳斯湖及其周围地区，但是在现代的行政区划中一部分被划出成立了克拉玛依市；另一部分划入了和布克赛尔县。上述行政界限发生变化的区域，大部分都属于沙漠或戈壁地区，在本书研究的时间范围内几乎属于无人区。此外，清代中期最初的这六个县在绿洲地带的界限基本固定下来，此后新增行政区划只是在其中分割，而荒漠地带的区划界限变动对本书的研究主题来说意义不大。因此，可以根据现代的数据推测清代中期行政区划的土地面积，并据此讨论区域人口密度及土地垦殖率等更加深刻的问题。

三　天山北麓州县制设立的意义及其区划特点

　　在乾隆三十八年（1773）之前，天山北麓地区的行政管理主要是由甘肃省安西府下派出的佐贰官管理。到乾隆三十八年，正式成立迪化直隶州和镇西府，隶属于甘肃省。乾嘉时期，从天山北麓行政管理的设立过程，以及乾隆四十四年（1779）行政区划格局的最后形成，可以看出如下一些特点：

　　其一，天山北麓的行政管理制度是随着地区人口的增加而逐步完善的。经过了清、准之间多年的拉锯战，天山北麓地区人口损失严重。在战争结束后，为了巩固在这一地区的统治，清政府首先在这里驻扎军队，围绕着供应士兵口粮的问题，开始了农业屯田活动。

其二，这一带位于蒙古草原、河西走廊与伊犁将军驻扎地伊犁河谷的交通必经之地上，其通道作用十分重要，为了保住和巩固在这一地区的控制力量，就需在天山北麓沿线布置军事据点，派军驻扎。之后出现人口生存的粮食需求问题，于是开始屯田，招募更多的人屯田来供养军队。

其三，人口真空地区加上粮食供需的需要，为移民提供了可能，而从贫瘠的甘肃向新疆移民又成为解决甘肃人口压力的一个主要途径，于是移民成为政府的有计划有组织的行为。

其四，该区原本人口真空的地区逐渐被填充，人口越来越多，而且是中原迁移来的农业人口，故而这一地区实行州县制度就成为理所当然的事情。天山北麓设置的州县隶属于陕甘总督管辖，其境内布防军队则隶属于乌鲁木齐都统统辖，差异之处在于"内地之仓以济民食为主，而新疆之仓以裕军需为要"，州县民户交纳的税粮用于供给布防军队。① 因此，天山北麓的州县又与新疆军府之间保持着极其紧密的联系，管辖州、县的镇迪道加"粮务兵备"衔，全称为"镇迪粮务兵备道"。

第二节　1757—1864年天山北麓的人口规模

清、准之间的战争结束后，天山北麓地区耕牧俱废，"千里空虚，渺无人烟"②。人们再次来到天山北麓地区，首先选择地理位置优越、自然条件最适宜的地区来定居开发，此后随着人口的增加和生产发展的需要，不断扩大活动区域，或分散或聚集，引起人口的迁移和重新分布，这对生产力的发展和区域的开发有着巨大的推动作用。本节主要探讨人口迁入天山北麓的过程、方式及人口规模的变迁。其中"人口（户口）"数据的统计、分析的研究是难点，同时也是重点。

何炳棣指出，要复原以往"人口（户口）"数据的真相，首先必须从研究相关的制度入手。③ 这一观点得到了大多数中国人口史研究者的认同。人口调查制度和统计制度成为人口数量重建工作的第一步。那么，乾隆至

---

① （清）和宁：《三州辑略》卷3《仓储门》，台北：成文出版社1968年版，第89页。
② （清）椿园：《西域闻见录》卷1《新疆纪略》，陕西师范大学图书馆藏刻本。
③ 何炳棣：《明初以降人口及其相关问题（1368—1953）》，葛剑雄译，生活·读书·新知三联书店2000年版。

嘉庆年间天山北麓的户民管理及户口统计制度是怎样的呢？

一 清朝中期天山北麓人口规模研究综述

目前可见到的研究成果，主要从以下几个方面讨论了乾隆到同治年间天山北麓的人口变化。其一，讨论屯田人口的变化。华立的《清代新疆农业开发史》可以说是研究清代农业开发较为成功的一部著作，其中讨论了与农业有关的人口数量的增减，如兵屯人数、民屯人数、遣犯数量等的变化，其中关于区域人口分布变化趋势的研究结论值得重视。[1] 但是《清代新疆农业开发史》的研究主旨在于通过揭示屯田人口的增长概况，反映农业发展的状况，但并未涉及整个区域屯田人口的复原，或者某一类人口的总体增长变化。总之，不属于真正意义上的区域人口变化研究。

其二，利用《清实录》、地方志以及清代档案资料，研究乾隆年间民户的增长。乾隆年间，在清政府的提倡和组织下，大量民户从甘肃一带迁往天山北麓，并且在实录、地方志、档案资料中留下了众多零散的记载。华立在《清代新疆农业开发史》第三章第二节"移民出关与户屯的兴起"中利用档案资料统计了乾隆二十六年到乾隆四十五年（1761—1780）迁移到天山北麓的移民数量；张丕远在《乾隆在新疆施行移民实边政策的探讨》一文中，利用《清实录》《新疆识略》《清朝文献通考》及官员奏折、档案资料等历史文献，统计了乾嘉时期迪化州、镇西府两地历年民屯人口的增加，最后制定了《乌鲁木齐、巴里坤两区移入农民估算表（乾隆嘉庆时代，1766—1820）》，计算了每年的人口数、人口增长率、按各直省人口增长率应有的人口数等，对乾嘉时期民屯人口的增加进行了有益的探讨。[2] 但是，应该指出的是，在无法保证可以完全占有统计资料的情况下，根据分散的资料统计逐年人口数量的增加概况的做法是有待商榷的。此外，《乾隆在新疆实行移民实边政策的探讨》一文中"表1《乌鲁木齐（迪化州）历年移民屯垦统计表》（乾隆嘉庆时代）"统计的户民移入方式有：招募、商民认垦、届年升科、累计（即当年的累计数）、安南迁来厂徒、商民接眷、资送（即政府组织）、新入户、清丈（即通过清丈查出的户数）、本地招募等。这其中最值得质疑的是"届年升科"户的统计，当时清政府规定，迁入新疆人口的户民，在土地耕种六年之后再升科纳税，因

---

[1] 华立：《清代新疆农业开发史》，黑龙江教育出版社1998年修订版，第83—92页。
[2] 张丕远：《乾隆在新疆施行移民实边政策的探讨》，《历史地理》第九辑，上海人民出版社1990年版，第93—113页。

此文献中，特别是《清实录》中经常会记载某年从河西等地招募多少户，又会记载某年有多少户耕种六年届满升科等。显然，这其中有些户数被重复统计了，因此不能将"招募"与"届年升科"并列作为户民的移入方式来统计。

其三，《中国移民史·清代卷》第十章第二节讨论了清代中期新疆的人口，试图复原乌鲁木齐地区（迪化州、镇西府两地）乾隆四十二年（1777）、乾隆四十八年（1783）、嘉庆十一年（1806）三个时间剖面上的总人口变化，得出结论认为这三年的总人口分别为 7.2 万口、10.3 万口、20 万口，从而计算出 1777—1783 年，1783—1806 年的人口年平均增长率分别为 61.5‰和 18.1‰。[①] 在这一研究中，作者主要以载籍民户人口作为研究对象，虽然在 1806 年的总人口中也考虑了绿营兵丁的数量，但还是未将驻防满营士兵及其眷口以及商人计算在内。

综上所述，现有的研究成果主要集中在讨论户民人口的变化，并未将驻防官兵、驻防官兵眷口、商户、遣户、游民等人口计算在内，并未完全恢复和重建出天山北麓区域总人口数量并且进行深入的研究。本节试图在分析政策制度变迁的基础上，尽量检索可用的历史文献，研究乾隆到同治时期天山北麓人口规模及其变化过程，重建三个时间剖面上的人口规模。

二 天山北麓地区户口统计制度

（一）全国户口统计制度概况

清代初期，采用编审制度统计人口。顺治八年（1651），仿照明代旧例，三年一次编审天下户口［顺治十三年（1656）又改为五年一编审］，其诏旨曰："责成州县印官照旧例造册。以百有十户为里，推丁多者十户人为长，余百户为十甲。城中曰坊，近城曰厢，在乡曰里，各有长。凡造册人户，各登其丁口之数而授之甲长，甲长授之坊、厢、里各长。坊、厢、里长上之州县，州县合而上之府，府别造一总册上之布政司。民年六十以上开除，十六以上增注。凡籍有四：曰军、曰民、曰匠、曰灶，各分上、中、下三等；丁有民丁、站丁、土军丁、卫丁、屯丁。总其丁之数而登黄册。督抚据布政司所上各属之册达之户部，户部受直省之册汇疏以闻，以周知天下生民之数。"[②] 由此可见，清政府通过编审制度掌握的"天

[①] 曹树基：《中国人口史第五卷清时期》，复旦大学出版社 2001 年版，第 433—436 页。
[②] 《清朝文献通考》卷 19《户口考一》，《景印文渊阁四库全书》第 632 册，台湾商务印书馆 1986 年版，第 398—399 页。

下生民之数"并不是全部人口数,而仅仅是"人丁"数,即16岁到60岁的成年男子的状况。通过研究,何炳棣进一步指出,顺治八年至乾隆五年(1651—1740)的丁数并不代表人口,也不是户数或纳税的成年男子数,只不过是赋税单位。①

由于通过编审制度得到的人丁户口并不能反映实际的人口数量,乾隆五年(1740),在乾隆皇帝的推动下,户部讨论后议奏曰:"查定例,五年编审人丁,每年奏销仓谷。今特降谕旨,欲周知其数,以通计熟筹而为之备,请嗣后编审奏销仍照旧办理外,应令各督抚即于辛酉年编审后,将各府州县人丁按户清查,及户内大小各口一并造报,毋漏毋隐。……俱于每岁十一月缮写黄册奏闻。倘各该省奉行不善,致有吏役滋扰科派里民,立即严参究治。从之。"②同时又规定"每岁造报民数,若照编审之法,未免烦扰,直省各州县设立保甲门牌,土著流寓原有册籍可稽。若除去流寓,将土著造报,即可得其实数。应令各督抚于每年十一月将户口数与谷数一并造报,番疆苗界不入编审者不在此例"③。也就是说,自乾隆五年之后,清政府人口统计的对象由只统计承担赋税的"丁"转变为"户内大小各口",即全体人口;同时,户口统计制度也出现了新的变化,即出现依靠保甲制度的一年一次汇报户口的制度。因此,何炳棣、姜涛、葛剑雄等著名人口史学家都认为,乾隆六年(1741)以后,才开始出现真正意义上的人口统计④。

此后,保甲制度在全国各地逐渐建立,"绅衿之家""旗民杂处""吏民杂处""客民在内地贸易、或置有产业者",都与齐民一起编入保甲;对"边外蒙古地方种地民人"、盐厂井灶、矿厂、煤窑乃至山居棚民、寮民、商船、渔只、寺观僧道、流丐等也都一起编入保甲。同时,全国各地摊丁入亩逐步实现,编审制被逐渐废止,而越来越多地依靠保甲制度来统计户口。乾隆三十七年(1772),皇帝下令永停编审制度:"编审人丁旧例,原因生齿繁滋,恐有漏户避差之弊,是以每届五年查编造册,以备考核。今

---

① 何炳棣:《明初以降人口及其相关问题(1368—1953)》,葛剑雄译,生活·读书·新知三联书店2000年版,第41页。
② 《清高宗实录》卷131,乾隆五年十一月乙酉,中华书局1985年版,第10册,第911页。
③ 《清朝文献通考》卷19《户口考一》,《景印文渊阁四库全书》第632册,台湾商务印书馆1986年版,第410页。
④ 何炳棣:《明初以降人口及其相关问题(1368—1953)》,葛剑雄译,生活·读书·新知三联书店2000年版,第42—54页;姜涛:《中国近代人口史》,浙江人民出版社1993年版,第28—38页;葛剑雄:《中国人口史第一卷导论、先秦至南北朝时期》,复旦大学出版社2002年版,第123页。

第二章　建州立县、移民垦荒：1757—1864 年天山北麓的土地开发　53

丁银既皆摊入地粮，而滋生人户又钦遵康熙五十二年皇祖恩旨，永不加赋。则五年编审，不过沿袭虚文，无裨实政。况各省民谷细数，俱经该督抚于年底专折奏报，户部核实具题，付之史馆纪载。是户口之岁增繁盛，俱可按籍而稽，更无籍五年一次之另行查办，徒滋纷扰。此折毋庸交议，嗣后编审之例，著永行停止。"①五年一次的编审制度被停止后，开始全面施行每年年底在各省汇奏谷数的同时奏报户口数的制度。在全国各地保甲制度逐渐建立和完善的基础上，乾隆四十年（1775），乾隆又进一步下令"直省民数，令各督抚统饬所属各州县查具实在民数，于每岁十一月内同谷数一并造册奏报，仍将奏明书名咨部汇奏。若造报不实，予以议处。凡州县造报每岁名数，令各按现行保甲门牌底册核计汇总，无庸挨户细查花名。若籍端滋扰或科派者参究，若奏报逾限者，即行查参。从前五年一次编审增益人丁造册奏报之处，永行停止"②。这一命令明确而有力，第一次将户口登记列为保甲系统的一项重要职能，要求各地方官员根据保甲门牌底册核计汇总户口数，据实奏报，否则予以议处。因此，乾隆四十年至道光三十年（1775—1850）户口的统计也被认为更加接近实际人口，大致可以作为登记区实际人口数来使用的（道光三十年由于太平天国起义打乱了清政府的户口统计系统，从而使得其后各地的人口统计错误百出）。③

（二）天山北麓的户口制度及其人口构成

1. 天山北麓的户口制度

清朝统一新疆时，天山北麓巴里坤、乌鲁木齐一带几无人烟，乾隆二十四年（1759）以后，"爰为屯兵驻守，招集回部及甘州户民，分地而居，而于乌鲁木齐、昌吉、罗克伦、伊犁诸处，计亩耕作，盖屯垦之丁男，即西域之户籍也"④。随着屯田的扩大，人民生活的丰实，吸引了大批商人前来开铺交易，中原贫民也自发地前往天山北麓一带佣工、卖艺谋生。因此，天山北麓的区域总人口应该包括驻防州县赋役人口、驻防官兵及其眷口、商人佣工、军流遣犯等。

乾隆二十四年清廷将新疆纳入版图之后，随即开始布设军队，部分驻

---

① 《清高宗实录》卷 911，乾隆三十七年六月壬午，中华书局 1987 年版，第 20 册，第 195 页。
② （乾隆）《户部则例》卷 3《户口》，海南出版社 2000 年版，第 61 页。
③ 何炳棣：《明初以降人口及其相关问题（1368—1953）》，葛剑雄译，生活·读书·新知三联书店 2000 年版，第 55—64、77—86 页；姜涛《中国近代人口史》，浙江人民出版社 1993 年版，第 28—46、62—80 页；葛剑雄：《中国人口史第一卷导论、先秦至魏晋南北朝时期》，复旦大学出版社 2002 年版，第 123 页。
④ （清）傅恒等纂：《西域图志》卷 33《屯政二·户口附》，北京大学图书馆藏乾隆四十七年（1782）武英殿聚珍本。

守，部分屯田。乾隆二十七年（1762），首批由河西走廊迁移而来的户民到达乌鲁木齐地方。从此以后，户民源源不断由陕甘河西走廊一带迁入新疆，清政府随即在天山北麓一带设立文员管理这些户民。到乾隆三十八年（1773），天山北麓的州县体制初步形成，东部为镇西府，下辖宜禾县、奇台通判；乌鲁木齐附近为迪化直隶州，下设昌吉县、特纳格尔（后来的阜康）州判、绥来县丞。镇西府和迪化直隶州在行政上划入甘肃省，归陕甘总督辖制。所以，从最开始阶段，天山北麓在行政管理的各个方面都是与甘肃省息息相关的。

按照移民认垦六年之后开始升科纳粮的定例，乾隆三十二年（1767），天山北麓地区首批户民开始升科纳粮，成为正式的赋役人口。此后，天山北麓地区与甘肃省其他地区一样，遵照乾隆五年（1740）的旨令，由地方官于每年年底将所辖境内的民数、谷数一并造册，上报户部。

根据档案资料的记载，乾隆四十二年（1777）之前，乌鲁木齐都统于每年底将所辖府、州、县民数、谷数报送陕甘总督，陕甘总督将其汇入甘肃省民数、谷数之后再上报给户部。因此，在各种资料中未能见到天山北麓府、州、县的人口数。随着乌鲁木齐地区移民人口逐渐增多，地区重要性逐渐增强，为了更好地了解乌鲁木齐一带的情况，清政府决定，自乾隆四十二年开始，哈密以西的民数、谷数由乌鲁木齐都统直接汇报给户部，其具体的写法是"实在户民男女大小共……"[①]。

此外，天山北麓州县以下的基层组织经历了里甲制和保甲制两个时期。乾隆四十一年（1776）之前，为里甲制时期，户口的编查主要依靠里甲制度来进行；乾隆四十一年之后，天山北麓各府、州、县开始编排保甲，并且使用循环册稽查和登记户口，到乾隆四十九年（1784）保甲制度得到了进一步的加强。因此，乾隆四十一年之后，天山北麓的户口造报应该是按照乾隆的谕旨"凡州县造报每岁民数，令各按现行保甲门牌底册核计汇总，无庸挨户细查花名"[②]来执行的。也就是说，乾隆四十一年之后天山北麓的户民人口数字才比较全面可信的。

综上所述，乾隆四十一年以后，天山北麓户民户口的造报才开始依靠较为可信的保甲制度来编查，而且只有在乾隆四十二年以后，天山北麓巴里坤、乌鲁木齐等地的户民户口数才单独出现在清朝户部的档案中。这也

---

① 乾隆四十三年三月初三日"乌鲁木齐都统索诺木策凌奏报新疆民数谷数事"，中国第一历史档案馆藏乾隆朝朱批奏折，档号：04-01-35-1175-048。

② （乾隆）《户部则例》卷3《户口》，海南出版社2000年版，第61页。

就是说，天山北麓的户民户口数在1777年之后才是可能被研究的，而且是比较可信的。

2. 天山北麓的人口构成

天山北麓的区域总人口，除了户民人口（即编户）之外，各地驻防满营、绿营官兵及其家眷人口也是主要的人口构成之一。《西域图志》曰：新疆地区"防守则取诸满洲，暨蒙古、索伦诸部，屯种则兼用绿营。咸有额设，以资捍卫，而又为之随宜定制，因地分营，或更番以均劳逸，或永驻以安家室"①。清朝在新疆的驻军，分为满营兵和绿营兵两种。满营兵主要由满洲人组成，还有蒙古人、锡伯人和索伦人等。他们在武器装备和军事训练等方面，享有特殊的待遇，有较强的战斗力，是清军早期战争中的中坚力量。按照清代的户籍制度，八旗与各直省人丁分别编审，且与直省州县人丁户口五年编审一次不同，八旗人丁三年编审一次，无分长幼男女，皆注籍于旗，"设官分职，以养以教，而兵寓其中"②。因此，八旗及其旗下所属参将、佐领共同构成了军政合一、兵民合一的八旗人丁户口的独立体系。驻防新疆地区的满营兵即属于八旗兵。

根据清朝的兵制和户籍制度，绿营兵是以世业为原则的兵制，属于兵籍。绿营兵有定额，分为马兵、战兵、守兵，各注于册，叫作"兵籍"，定制各省督、抚每年造具兵册，按实际正额马、步、守兵数登记为一册，屯防移驻各兵为一册，分别于年终造报，兵籍掌于中央兵部。绿营士兵一旦列入兵籍，便终身不能更改。兵丁遇有事故，即开除注册，按名募补。此外，绿营驻防采取入籍土著的原则，所有移调兵士，都必须携带家口前赴军营所在地居住，成为本地土著的人。③ 新疆的绿营驻防官兵系从甘肃各标、营调拨而来，至乾隆二十七年（1762）便基本完成了绿营官兵在天山北麓的布防，乾隆三十三年（1768）各地的绿营官兵已经基本完成了由换防向携眷驻防的转变。因此，绿营官兵及其眷口也构成了天山北麓总人口中很重要的一部分。

在天山北麓开发的初期，驻防官兵的人口分布和数量对区域发展的差异影响重大。研究乾隆年间天山北麓的区域人口总数时，应该考虑驻防官兵的数量，其原因有三：其一，在清准战争的影响下，天山北麓地区几乎

---

① （清）傅恒等纂：《西域图志》卷31《兵防》，北京大学图书馆藏乾隆四十七年（1782）武英殿聚珍本。
② （乾隆）《大清会典》卷95《八旗都统·旗制·户口》，《景印文渊阁四库全书》第619册，台湾商务印书馆1986年版，第917页。
③ 罗尔纲：《绿营兵志》，中华书局1984年版，第229—235页。

千里空虚，人烟更加稀少。乾隆统一新疆之后，驻防天山北麓的官兵是进入这一地区的第一批外来人口，而且在户民移入之前，其人口比例无疑占当地人口的绝大多数，其中屯田兵的分布和数量的多寡影响着开发初期天山北麓区域发展差异。其二，驻防官兵是这里最早的生产者和消费者，其人口的分布和数量的多少也是开发初期天山北麓区域发展的重要影响因素。其三，驻防满营与绿营官兵逐渐由换防改为携眷驻防之后，其家眷人口的增加对天山北麓地区总人口的影响不可忽略。

商人也是天山北麓重要的人口构成之一。乾隆二十七年（1762），旌额理奏称"乌鲁木齐携眷屯田民人陆续前来，其贸易人等亦接踵而至，计开设市肆五百余间，开垦菜圃三百余亩"①。到乾隆中后期，巴里坤"城关内外烟户铺面比栉而居，商人毕集，晋民尤多"，乌鲁木齐迪化城内"字号店铺鳞次栉比，市衢宽广，人民辐辏，茶寮酒肆，优伶歌童，工艺技巧之人，无一不备"②。天山北麓的商民人口逐渐增多，至乾隆六十年（1795），迪化州、镇西府两地户民共有20662户，男女老幼共计129642口，而商民保甲达到了11545户，男女老幼共计43791口。③商民与户民人口的比例约为1∶3。由此可见，到乾隆六十年，商民的人口已经成为当地总人口的重要组成部分之一。

流遣人犯是清代中期天山北麓人口构成之一。清代刑律沿袭明代之制，分笞、杖、徒、流、死五等，是为正律，在流刑和死刑之间，又加入非正律的军（充军）、遣（外遣）二罪。流刑分2000里、2500里、3000里三等，充军则分附近（2000里）、近边（2500里）、远边（3000里）、极边、烟瘴（俱4000里）五等。遣罪较军罪更重，"军罪虽发极边烟瘴，仍为内地；遣罪则发于边外极苦之地"④。清初，流遣人犯多发往东北尚阳堡、宁古塔、三姓等地。康熙年间，漠北喀尔喀、科布多军营兴办屯田，一部分遣犯被发往北路军营为奴役使。乾隆二十三年（1758），配合新疆兴垦的需要，清政府决定将军流人犯改发新疆。此外，军流人犯中还有一类是原官吏或有功名身份的人"犯军流徒罪"，"情节较重者"，他们或是

---

① 《平定准噶尔方略》续编卷19，乾隆二十七年十一月戊辰，海南出版社2000年版，第7册，第288页。
② （清）椿园：《西域闻见录》卷1《新疆纪略》，陕西师范大学图书馆藏刻本。
③ （清）永保：《乌鲁木齐事宜》"民户户口"，载王希隆《新疆文献四种辑注考述》，甘肃文化出版社1995年版，第126—127页。
④ 《清朝续文献通考》卷250《刑九》，《十通第十种》第4册，商务印书馆1955年版，第9955页。

因为贪赃，或是因为渎职，也有人因为官场的倾轧等原因，以各种罪名被清政府革职罢官，"若文武职官犯徒以上，轻则军台效力，重者新疆当差，成案相沿，遂为定例"①。因为新疆地处边缘，与中原交通不便，发往新疆安置的废员含有明显的流放性质，因此在清代的汉文文献中，这些废员往往又被称作遣员、戍员、流人等。早在清朝统一新疆的过程中，就有不少废员在军前效力。乾隆二十四年（1759）清朝统一新疆后，清政府开始把新疆作为安置流人的重要地点之一。

遣犯是兵屯的重要劳动力补充，而流人对当地经济、文化的建设和发展也起到了重要的推动作用，其重要性不可忽视。清代中期的不同阶段，流遣人犯的数量变化较大。总体来看，某个时段天山北麓的流遣人犯数量并不是很多，由于这部分人未被列入正式户口统计之中，其统计数字非常不完整，因此在下文复原区域总人口时并未将其计入在内。

此外，佣工、游民、园户等也是天山北麓总人口中不可忽略的一部分，这些人由于居无定所，不在户籍统计之内。如纪昀《户籍题名五种分》诗中，对园户的注释说明为"又有所谓园户者，租官地以种瓜菜，每亩纳银一钱，时来时去，不在户籍之数"②。佣工游民及园户人口流动性较大。

综上所述，天山北麓的总人口数主要由驻防满营官兵及其眷口、绿营官兵及其眷口、户民和商民构成。乾隆四十一年（1776），大学士舒赫德的奏言很好地概括了天山北麓的人口组成："乌鲁木齐、巴里坤一带，地方颇为宽广，自二十六年移驻户民至今，已有一万余户，兼之满洲、绿营俱系携眷驻防，商民、遣犯人烟聚集，已至数万，实为边疆繁盛之区。"③

三 天山北麓各类人口的迁入过程

（一）绿营屯田兵及其驻防格局的形成

1. 绿营屯田兵屯驻天山北麓各地

绿营官兵分为屯田兵和操兵。屯田兵就是专事屯田的士兵。操兵负责操练防守，以及台、站、塘的驻守等事务。

为供应在新疆前线作战士兵的口粮，早在乾隆二十一年（1756）、二

---

① 《清史稿》卷143《刑法志二》，中华书局1976年版，第15册，第4195页。
② （清）纪昀：《乌鲁木齐杂诗》"典制之九"，载王希隆《新疆文献四种辑注考述》，甘肃文化出版社1995年版，第167页。
③ 乾隆四十一年十一月二十三日"大学士舒赫德等为遵旨议复备办移驻新疆户民事奏折"，中国第一历史档案馆：《乾隆年间徙民屯垦新疆史料》，《历史档案》2002年第3期。

十二年（1757），清政府便陆续从甘、凉、肃等标营抽调绿营兵丁前往巴里坤、乌鲁木齐一带开垦屯田。① 乾隆二十三年（1758），这些绿营兵丁正式开始屯田耕种，巴里坤开设朴城子、奎苏两屯，共有屯田官兵1000名；乌鲁木齐附近开设五屯，共有屯兵800名，次年增至980名。② 这近2000名屯田官兵是清代天山北麓最早的专门从事农业开发的人口。这些屯田士兵均是只身前往巴里坤、乌鲁木齐一带，定期由陕甘绿营内派拨更换，最初是三年一更换③，大约到乾隆三十一年（1766），新疆各地换班绿营官兵均由三年换防延长到五年④。

屯田兵的携眷。乾隆二十六年（1761）十月，由于乌鲁木齐一带屯田获得丰收，粮食足够供应驻防官兵的食用，清政府开始讨论准许屯田兵丁携带眷口前往乌鲁木齐一带屯田的问题，最后议定，由官兵自愿选择是否携眷到乌鲁木齐一带驻防屯田。⑤ 乾隆二十七年（1762），首批自愿携眷的1800余屯田兵到达乌鲁木齐。⑥ 随后，搬眷到屯者陆续增多，"其未及携家者，得请费为官，为之津送，岁岁有之"⑦。大约在乾隆三十三年（1768），乌鲁木齐提标各营已基本改为携眷官兵。⑧ 乾隆四十年（1775），

---

① 《平定准噶尔方略》正编卷45，乾隆二十二年十月庚午，海南出版社2000年版，第5册，第3—4页；陕甘总督黄廷桂奏请派拨绿营官兵前往巴里坤一带开垦试种，以济兵食，"先派种地官兵一千名，于来年正月前往疏浚水泉，开引渠道……至二、三月间土膏萌动，即分布各兵于可垦之地，翻犁试种"。《平定准噶尔方略》正编卷74，乾隆二十四年闰六月乙未，海南出版社2000年版，第6册，第166—167页；陕甘总督杨应琚奏请从凯旋回师的绿营兵中久留部分兵丁，分驻在乌鲁木齐到伊犁一带屯田："臣奉旨豫筹驻兵屯田事宜，俟大兵捷音一奏，臣即遵行与将军等会商驻兵事宜。至办理屯田，必须事先筹划，方可无误春耕，查特纳格尔、昌吉、罗克伦等处，地气和暖，且与乌鲁木齐相近，可迳行军送伊犁，增兵屯田为善策，臣拟于凯旋绿营官兵内截留五千名，以四千分垦地亩，以一千预备差遣，明年即可供伊犁粮饷。"
② （清）傅恒等纂：《西域图志》卷32《屯政》，北京大学图书馆藏乾隆四十七年（1782）武英殿聚珍本。
③ 《清高宗实录》卷524，乾隆二十一年十月乙亥，中华书局1987年版，第15册，第606—607页；（清）索诺木策凌：《乌鲁木齐政略》"换防"，载王希隆《新疆文献四种辑注考述》，甘肃文化出版社1995年版，第5—6页。
④ 《清高宗实录》卷765，乾隆三十一年七月丙申，中华书局1987年版，第18册，第408页。
⑤ 《平定准噶尔方略》续编卷14，乾隆二十六年十月丁卯，海南出版社2000年版，第7册，第204—205页。
⑥ 《平定准噶尔方略》续编卷18，乾隆二十七年八月丙辰，海南出版社2000年版，第7册，第270页。
⑦ （清）纪昀：《乌鲁木齐杂诗》"典志之六"，载王希隆《新疆文献四种辑注考述》，甘肃文化出版社1995年版，第166—167页。
⑧ 王希隆：《清代西北屯田研究》，兰州大学出版社1990年版，第64页。

第二章　建州立县、移民垦荒：1757—1864年天山北麓的土地开发

为避免换防兵丁往返跋涉，劳民伤财，定议将乌鲁木齐与巴里坤的屯田官兵一律改为携眷常驻。① 乾隆四十二年（1777），玛纳斯屯区屯田官兵亦改为携眷永驻。② 携眷永驻的制度固定以后，绿营屯田官兵及其眷口构成了天山北麓的主要人口类别之一。

2. 天山北麓绿营兵布防格局的形成

乾隆二十四年（1759），清政府平定了准噶尔阿睦尔撒纳的叛乱以及南疆大小和卓的叛乱后，在乌鲁木齐、巴里坤一带地方正式布防绿营官兵。以安西提标五营移驻巴里坤巴尔库勒城（即今巴里坤满城遗址），驻防马步兵共3500名，由提督管辖；乌鲁木齐地方由河西等地派拨，无常额。乾隆二十七年（1762），分驻巴里坤安西提标前后二营移驻乌鲁木齐，设立协标，马步兵共1492名，设副将管辖。次年，改乌鲁木齐协标为镇标，副将改为总兵。乾隆二十九年（1764），将巴里坤提督移驻乌鲁木齐，乌鲁木齐总兵移驻巴里坤，巴里坤改为镇标，乌鲁木齐改为提标。至此，天山北麓地区的绿营兵驻防形成了乌鲁木齐提督总管，节制驻防巴里坤镇总兵的模式。乌鲁木齐提督，"总理屯田、马政、台站事务，仍受都统节制"③，具体"管理乌鲁木齐提标四营并玛纳斯、济木萨、库尔喀喇乌苏、精河、巩宁城守、喀喇巴尔噶逊营。巴里坤总兵管理镇标四营及哈密、古城、木垒等营事务"④。到乾隆三十年（1765），巴里坤镇标左、中、右三营共马步兵1941名；乌鲁木齐提标左、中、右三营，马步兵共4000名。⑤

到乾隆三十年，天山北麓各地的绿营布防已经基本完成，形成一提一镇的格局，即乌鲁木齐提标三营和巴里坤镇标三营的布防格局；乾隆三十五年（1770），绿营的兵屯地点也基本固定下来，形成巴里坤、古城、木垒、奇台、乌鲁木齐附近五堡、昌吉、罗克伦、济木萨、玛纳斯等兵屯中心。

3. 乾隆四十二年之后绿营兵丁的增减

乾嘉时期，绿营驻防官兵数量的变化主要是随着屯田兵人数的增减而

---

① 乾隆五十八年四月初七日阿桂奏折，《乾隆朝上谕档》第17册，档案出版社1991年版，第726—728页。
② （清）索诺木策凌：《乌鲁木齐政略》"玛纳斯眷营"，载王希隆《新疆文献四种辑注考述》，甘肃文化出版社1995年版，第32—34页。
③ （清）和宁：《三州辑略》卷2《官制门》，台北：成文出版社1968年版，第63页。
④ （清）永保：《乌鲁木齐事宜》"绿营官制兵额"，载王希隆《新疆文献四种辑注考述》，甘肃文化出版社1995年版，第115页。
⑤ （清）傅恒等纂：《西域图志》卷31《兵防》，北京大学图书馆藏乾隆四十七年（1782）武英殿聚珍本。

变化。早在乾隆三十四年（1769），由于木垒地方计划迁移的民户"招募齐全"，清政府将木垒的屯兵人数由原来的500人裁减到150人，将空出的兵屯耕地7000亩移交给次年安插到这里的民户耕种。① 这是裁撤屯田兵人数的初步尝试。乾隆四十年（1775）以后，乌鲁木齐的户屯及伊犁的回屯都得以稳定并初具规模，"交粮充裕"，大规模裁撤兵屯的条件基本具备。乾隆四十七年（1782），伊犁将军伊勒图以伊犁屯粮"积贮过多，或致霉变"为由，奏明于25屯内减10屯兵1000名，以后一度恢复到22屯，复因积贮粮石盈余再裁，从此保持在15屯至18屯之间。② 乾隆五十一年（1786），玛纳斯左右营兵屯地共27300亩"全行裁撤"，五年后，济木萨营屯地13490亩亦"全行裁撤"③，自此不复增设兵屯。嘉庆四年（1799），乌鲁木齐左、中、右三营皆将屯兵人数裁减到500人，共计裁兵1158名。④ 裁屯以后，屯兵"归营差操"，所遗地亩，交给民户耕种，依照熟地例，次年升科。

乾隆四十二年（1777），乌鲁木齐设立巩宁城城守营。⑤ 乾隆四十七年，设喀喇巴尔噶逊营，额设兵302名。⑥

总之，自嘉庆四年之后，绿营驻防官兵额数基本成为定制，直至同治之乱前没有什么大的变化。

（二）天山北麓驻防满营官兵的布防

乾隆二十四年（1759），清廷即派驻"乌鲁木齐马兵三百名，绿营兵五千名"⑦，设办事大臣管理。这500名马兵就是八旗满营兵丁，为换防兵，定期从中原等地选派换防。乾隆二十六年（1761），乌鲁木齐驻防满营兵丁由原来的300名增加到500名，其中京师满洲兵300名为换防兵，张家口察哈尔蒙古兵200名为携眷兵。⑧ 这200名察哈尔蒙古兵，于乾隆

---

① 《清高宗实录》卷847，乾隆三十四年十一月戊申，中华书局1987年版，第19册，第350页。
② （清）松筠：《新疆识略》卷6《屯务》，北京大学藏道光元年（1821）武英殿刊刻本。
③ （清）松筠：《新疆识略》卷3《北路舆图》，北京大学藏道光元年（1821）武英殿刊刻本；《清高宗实录》卷1382，乾隆五十六年七月戊寅，中华书局1987年版，第26册，第539—540页。
④ （清）和宁：《三州辑略》卷4《屯田门》，台北：成文出版社1968年版，第126页。
⑤ （清）和宁：《三州辑略》卷2《官制门》，台北：成文出版社1968年版，第63页。
⑥ （清）永保：《乌鲁木齐事宜》"绿营官制兵额"，载王希隆《新疆文献四种辑注考述》，甘肃文化出版社1995年版，第114—115页。
⑦ 第一历史档案馆藏军机处满文议复档860-1，转引自吴元丰《清代乌鲁木齐满营述论》，《中国边疆史地研究》2004年第3期。
⑧ 第一历史档案馆藏军机处满文议复档860-1，转引自吴元丰《清代乌鲁木齐满营述论》，《中国边疆史地研究》2004年第3期。

第二章　建州立县、移民垦荒：1757—1864年天山北麓的土地开发

二十八年（1763）携眷移驻乌鲁木齐，属于永久性驻防兵。不久，其中50名移驻库尔喀喇乌苏，150名仍驻防乌鲁木齐。乾隆三十年（1765），又将乌鲁木齐察哈尔蒙古携眷兵及换防的八旗兵全部移驻塔尔巴哈台。至此，乌鲁木齐地方没有八旗驻防兵了。

乾隆三十六年（1771）初，清政府在天山南北安置了从伏尔加河迁回故土的蒙古土尔扈特部，同时开始重新考虑新疆天山北部的驻防布局和防务力量。经过多次奏议，决定从抽调满营官兵携眷驻防在乌鲁木齐附近地方。从乾隆三十七年至乾隆三十九年（1772—1773），先后从凉州、庄浪、西安、宁夏、热河五处调取满洲官兵驻防乌鲁木齐、巴里坤、古城等地。

乌鲁木齐满营系乾隆三十七年至乾隆三十八年（1772—1773）从凉州、庄浪满营调取，额设驻防满营兵3000名，设立领队大臣管理，驻守巩宁城。① 巴里坤满营系乾隆三十七年（1772）由西安驻防调取，额设驻防满营兵1000名，设立领队大臣，驻会宁城。② 乾隆三十九年（1774）又将宁夏官兵全部移驻古城，额设驻防满营兵1000名，设立古城领队大臣，驻孚远城。到乾隆四十二年（1777），乌鲁木齐满营、巴里坤满营、古城满营驻防官兵数分别为3646人、1028人、1028人，共计5700余人。③ 直到嘉庆、同治年间，乌鲁木齐、巴里坤一带驻防的满营官兵数量都无太大的变化。

满营官兵在最初移往乌鲁木齐、巴里坤地区驻防时便是携带家眷的，"并令携家迁往，有戍守之利，无更番之忧"④。到乾隆六十年（1795），满营官兵眷口人数就达到了25183口，是满营官兵人口的六倍有余。⑤ 由此可见，满营官兵及其眷口数也是天山北麓的主要人口构成之一。

---

① （清）索诺木策凌：《乌鲁木齐政略》"满营"，载王希隆《新疆文献四种辑注考述》，甘肃文化出版社1995年版，第1—3页。
② 《清高宗实录》卷919，乾隆三十七年十月丁丑，中华书局1987年版，第20册，第316—317页。
③ （清）索诺木策凌：《乌鲁木齐政略》"满营""巴里坤满营""古城满营"，载王希隆《新疆文献四种辑注考述》，甘肃文化出版社1995年版，第1—5页。
④ （清）傅恒等纂：《西域图志》卷31《兵防》，北京大学图书馆藏乾隆四十七年（1782）武英殿聚珍本。此外，《清高宗实录》卷914，乾隆三十七年八月甲子，中华书局1987年版，第20册，第243页：军机大臣的一条议覆奏文中讨论向新疆移驻满营官兵时，提到"兼有世职养育兵在内，眷口繁重，糜费较多，该处兵房恐不敷居住，请挑西安一千，宁夏一千，分派前往，应如所请"。
⑤ （清）永保：《乌鲁木齐事宜》"满营官制兵额"，载王希隆《新疆文献四种辑注考述》，甘肃文化出版社1995年版，第106—110页。

(三) 流遣人犯

乾隆二十三年（1758），配合新疆兴垦的需要，清政府决定将军流人犯发遣地由以往的东北地区改为新疆地区。《清高宗实录》卷556乾隆二十三年二月己巳条记载：

> 军机大臣等议奏，御史刘宗魏奏请，嗣后盗贼、抢夺、挖坟及应拟军流人犯，不分有无妻室，盖发巴里坤，于新辟夷疆，并安西回目扎萨克公额敏和卓部落迁空沙地等处，指一屯垦地亩，另行圈卡，令其耕种。共前已配到各处军流等犯，除年久安静有业者照常安插外，无业少壮，曾有过犯者，一并改发种地，交驻防将军管辖。应如所请，并将此外情罪重大军流各犯一体办理。从之。

这是清政府向新疆地区发遣罪犯并利用罪犯屯田的最早决定。随即，刑部迅速拟定了发遣新疆条例，开始向新疆地区发遣罪犯。乾隆二十三年，天山北麓的乌鲁木齐、巴里坤等地相继被定为罪犯的发遣地，令遣犯协助屯兵进行屯田耕种。并且规定，"凡老弱残疾不能耕种之人，毋庸发往新疆"，发遣人犯的年龄不得超过50岁，情节恶劣从重惩罚者亦不得超过60岁。[①] 从而使得发配到新疆的遣犯都是年轻力壮的劳动力。此外，为了使这批人安定在边疆地区，规定"凡例应发往乌鲁木齐等处人犯，除伊妻实系残废笃疾，或年逾六十及该犯父母老病应留侍养者，取具地方官切实印结，准其免金外，余一概金妻发配，如有情愿携带子女，及军流犯内改发乌鲁木齐等处人犯有情愿携带妻子者，一并官为资送"[②]。在清代开发天山北麓的初期，遣犯及其眷口的到来充实了当地的人口，在短期内极大地改善了当地农业劳动力不足的情况。

到乾隆三十二年（1767）"定例以来，每年各省改发不下六七百名，积尔愈多"[③]。乾隆四十二年（1777）巴里坤朴城子屯区屯兵500名，而从事屯种的遣犯就达到350名。[④] 由此可见，遣犯是天山北麓屯田开发中

[①] （清）吴翼先：《新疆则例说略》，清抄本，《四库未收书辑刊》第三辑第19卷，北京出版社2000年影印本，第383—416页。

[②] （清）吴翼先：《新疆则例说略》，清抄本，《四库未收书辑刊》第三辑第19卷，北京出版社2000年影印本，第383—416页。

[③] 《清高宗实录》卷782，乾隆三十二年四月乙巳，中华书局1987年版，第18册，第619页。

[④] （清）索诺木策凌：《乌鲁木齐政略》"屯田"，载王希隆《新疆文献四种辑注考述》，甘肃文化出版社1995年版，第55页。

不可忽视的一支力量。

乾隆二十四年（1759）清朝统一新疆后，清政府也开始把新疆作为安置流人的重要地点之一。自此之后天山北麓流人人数逐渐增加，至乾隆五十四年（1789），据伊犁将军保宁、乌鲁木齐都统尚安奏报，伊犁、乌鲁木齐两地的流放官员，除已返回者外，还有270余人。[①]《乌鲁木齐政略》"废员"门记载了自乾隆二十六年到四十三年（1716—1778）发遣到乌鲁木齐的各类废员共计101人。《三州辑略》"流寓"门记载了自乾隆二十五年到嘉庆十二年（1760—1807）流放乌鲁木齐的372名各级官员的名单。这些具有一定文化修养、政治见地的流人对当地的经济和文化的发展起到了很大的推动作用。但其在人口数量上是相当少的。

（四）商人

商人历来在中原与边疆地区的经济、文化交流中占有十分重要的地位。商人在新疆地区的活跃首先是与边陲军兴联系在一起的。在清与准噶尔汗国的战争中，早在康熙年间就有商人直接参与帮办清军军需后勤工作，"往年西路军营所需牛、羊多资于北路商办"，乾隆与准噶尔汗国的战争中，商人一面将粮秣运往前线出售，一面利用军事缓和的时机同边地的少数民族进行贸易。乾隆二十一年（1756），在对准战争取得初步胜利之后，"行文军营大臣，即速晓谕两路官民商贩，凡有载运牛羊货物往来交易者，许向该管大臣请给印票，照验放行"[②]。乾隆二十四年，清朝统一新疆之后，在天山北麓的巴里坤、乌鲁木齐、伊犁等地广开屯田，为解决屯田兵民的日常生活用品，乾隆帝认识到"新疆驻兵屯田，商贩流通所关最要"[③]，并大力支持商贩来新疆经商贸易，"贸易一事，坐听商民自便，未便官为勒派……若有愿往者，即办给照票，听其贸易"[④]。乾隆二十七年（1762），旌额理奏称"乌鲁木齐携眷屯田民人陆续前来，其贸易人等亦接踵而至，计开设市肆五百余间，开垦菜圃三百余亩"[⑤]。到乾隆中后期，巴里坤"城关内外烟户铺面比栉而居，商人毕集，晋民尤多"，乌鲁木齐迪化城内"字号店铺鳞次栉比，市衢宽广，人民辐辏，茶寮酒肆，优伶歌

[①]《清高宗实录》卷1332，乾隆五十四年六月乙卯，中华书局1987年版，第25册，1027页。
[②]《平定准噶尔方略》正编卷28，乾隆二十一年五月丙申，海南出版社2000年版，第4册，第120页。
[③]《清高宗实录》卷610，乾隆二十五年四月己卯，中华书局1987年版，第16册，第856页。
[④]《清高宗实录》卷656，乾隆二十七年三月甲午，中华书局1987年版，第17册，第337—338页。
[⑤]《平定准噶尔方略》续编卷19，乾隆二十七年十月戊辰，海南出版社2000年版，第7册，第288页。

童，工艺技巧之人，无一不备"①。财力雄厚的商人可以向当地政府申请拨给土地，进行耕种，从而纳入商户一类（后文将详细讨论）。乾隆六十年（1795），天山北麓商民人口众多，迪化州、镇西府两地户民共有20662户，男女老幼共计129642口，而商民保甲达到了11545户，男女老幼共计43791口。② 商民与户民人口的比例约为1:3。由此可见，到乾隆六十年，商民的人口已经成为当地总人口的重要组成部分之一。

（五）户民的迁入及其多种来源

户民即载入当地普通民籍的人口，也就是赋役人口。根据人口来源的不同，户民可以分为民户、商户、军户、安插户、遣户等五种。纪昀对此的描述是：

> 户籍题名五种分，虽然同住不同群。
> 就中多赖乡三老，雀鼠时时与解纷。
>
> 乌鲁木齐之民凡五种：由内地募往耕种，及自塞外认垦者，谓之民户；因行贾而认垦者，谓之商户；由军士子弟认垦者，谓之兵户；原拟边外为民者，谓之安插户；发往种地为奴当差，年满为民者，谓之遣户。各以乡约统之，官衙有事，亦多问之户头乡约，故充是役者，事权颇重。又有所谓园户者，租官地以种瓜菜，每亩纳银一钱，时来时去，不在户籍之数。③

从纪昀这首写于乾隆三十四年（1769）前后的诗中可以看出，天山北麓的赋役人口主要分为五种：由清政府招募而来此地的民户；贸易商人认垦而入籍的商户；驻防官兵子弟分户认垦而入民籍的兵户；因犯罪而被清政府发配到边地为民的安插户；以及发遣到当地的罪犯，在一定年限内无过者被批准入民籍的遣户。此外，还有大部分未入民籍的园户。以下是各种人口的来源及其迁入过程的情况。

1. 民户

民户的来源分为两类，一类是由清政府组织迁移而到天山北麓定居的人口；另一类是自发组织来到天山北麓一带，起初作为游民，后来由政府

---

① （清）椿园：《西域闻见录》卷1《新疆纪略》，陕西师范大学图书馆藏刻本。
② （清）索诺木策凌：《乌鲁木齐事宜》"民户户口"，载王希隆《新疆文献四种辑注考述》，甘肃文化出版社1995年版，第126—127页。
③ （清）纪昀：《乌鲁木齐杂诗》"典制之九"，载王希隆《新疆文献四种辑注考述》，甘肃文化出版社1995年版，第167页。

第二章 建州立县、移民垦荒：1757—1864 年天山北麓的土地开发　65

在当地招募垦种成为民户的人口。

第一类民户来源——迁移而来的民户。如前所述（第二章第一节），在乾隆二十六年（1761），清政府决定向天山北麓一带移民实边的政策已经形成，并且开始实施。乾隆二十七年（1762），第一批由甘肃一带迁移来的户民陆续到达巴里坤、乌鲁木齐一带。自此以后，几乎每年都有大量甘肃贫民在清政府的组织下举家移居天山北麓各地，为天山北麓人口的最主要来源。表 2－2 为乾隆二十六年到乾隆四十五年（1761—1780）间清政府组织的历次向天山北麓移民的概况，说明了历次移民的来源、数量与分布的情况。

由表 2－2 可见，移民的迁出地主要是毗邻天山北麓的河西地区，后期扩大到甘肃中部和东部的部分府县；迁入地则以乌鲁木齐为中心，东起巴里坤，西至玛纳斯地区。

但根据天山北麓的具体条件，不同时期，移民的安置地点略有侧重，大体分为三个阶段：乾隆二十六年至乾隆三十年（1761—1765），安置地以迪化及其附近的乌鲁木齐地区为主，包括昌吉、罗克伦、阜康（即特纳格尔）等地；乾隆三十一年至乾隆三十七年（1766—1772），移民安置重心东移到巴里坤所辖的木垒地区，以奇台为中心，包括木垒河、东西济尔玛台、东西葛根、吉布库、更格尔等地；乾隆四十二年（1777）以后，在全面安置的同时，着重充实乌鲁木齐以西的玛纳斯、呼图壁、图古里克等地。

政府组织的移民带来人口快速机械增长，使得天山北麓由人烟稀少之地迅速变为繁华之所，俨然一片乐土。乾隆三十四年（1769），流放乌鲁木齐的纪昀形容：

> 到处歌楼到处花，塞垣此处擅繁华。
> 军邮岁岁飞官牒，只为游人不忆家。
>
> 商民流寓往往不归，询之则曰此地"红花"。红花者，土语繁华也。其父母乏养者，或呈请内地移牒拘归，乃官为解送，岁恒不一其人。①

从纪昀的诗中可以看出，乌鲁木齐一带地方的繁荣带来了无限商机，

---

① （清）纪昀：《乌鲁木齐杂诗》"民俗之十四"，载王希隆《新疆文献四种辑注考述》，甘肃文化出版社 1995 年版，第 170 页。

表2-2 乾隆二十六年至乾隆四十五年（1761—1780）天山北麓历次移入甘肃贫民情况表

时间		迁出地	移民数量		移民身份	迁入地	备注	资料来源
出关	抵达		户	口				
乾隆二十六年十月	同年十二月	安西、肃州、高台、武威	228	730	无业贫民、寄籍客民	乌鲁木齐		朱批屯垦，乾隆二十六年十一月六日杨应琚奏
乾隆二十七年	同年三月	甘州府属张掖及山丹及东乐	204	780	无业贫民	乌鲁木齐		朱批屯垦，乾隆二十七年正月十二日奏
乾隆二十九年		敦煌等3县	180		无业贫民	巴里坤		《清朝文献通考》卷11
乾隆二十九年十月		肃州、张掖、敦煌	708		沿边将土民人	乌鲁木齐		《清高宗实录》卷721
乾隆三十年八月	同年十一月	肃州、高台	1300		无业贫民	迪化、阜康、昌吉、罗克伦		《清高宗实录》卷748；《清朝文献通考》卷11；《地丁题本》甘肃4
乾隆三十二年一月		肃州、安西	200	889	无业贫民	东吉尔玛台、奇台、西葛根	大口718 小口171	朱批屯垦，乾隆三十二年二月十九日吴达善奏
乾隆三十三年		甘州	300		无业贫民	木垒		朱批屯垦，乾隆三十年正月十一日明山奏

第二章 建州立县、移民垦荒：1757—1864年天山北麓的土地开发　67

续表

时间		迁出地	移民数量		移民身份	迁入地	备注	资料来源
出关	抵达		户	口				
乾隆三十四年十二月		肃州、张掖	300	1149	无业贫民	奇台、吉布库、格尔更		朱批屯垦，乾隆三十四年正月十一日明山奏
乾隆三十四年十二月	次年	肃州、高台、张掖	350	1605	无业贫民	木垒、奇台、东葛根		朱批屯垦，乾隆三十五年正月二十一日明山奏
乾隆三十六年十二月	次年初	凉州、肃州、甘州	400	2430	无业贫民	济木萨	安置东北旧城处	朱批屯垦，乾隆三十七年正月十九日文绶奏
乾隆四十一年	次年二月	甘肃	642	2609	无业贫民	阜康、呼图壁、玛纳斯		朱批屯垦，乾隆四十二月十二日索诺木策凌奏；《清高宗实录》卷1019、卷1025
乾隆四十二年底	乾隆四十二、三月	甘肃	695		无业贫民	古城、木垒、土古里可		朱批屯垦，乾隆四十三年三月二十二日索诺木策凌奏
乾隆四十二年底	乾隆四十二年冬至次年春	河西等地	1136		只身出关回人回籍搬眷	迪化、昌吉、阜康、济木萨、玛纳斯、呼图壁		朱批屯垦，乾隆四十三年四月十三日索诺木策凌奏
乾隆四十三年底	同年十一月	凉州、肃州、甘州	1255	6206	愿往新疆落户民	昌吉、阜康、奇台、玛纳斯、土古里克、宣禾	原呈报者1540户，实到1136户，陆续撤移	朱批屯垦，乾隆四十三年十二月二十六日索诺木策凌奏

续表

时间		迁出地	移民数量		移民身份	迁入地	备注	资料来源
出关	抵达		户	口				
乾隆四十三年十二月至次年三月	乾隆四十四年二月至四月	武威、永昌、镇番、抚彝厅、靖远、中卫、灵州、环县及其他	1887		民人自请迁移	迪化、昌吉、阜康、呼图壁、济木萨、绥来、奇台、宜禾	包括至口外递呈及在内地呈请愿住人户，实出关1887户，原报1936户	《地丁题本》，甘肃4；朱批屯垦，乾隆四十四年五月二十六日素诺木策凌奏；《清高宗实录》卷1083
乾隆四十四年十二月至次年一月	乾隆四十五年四月以前	镇番、平番、靖宁、中卫	317		口外具呈愿住民人	昌吉、绥来		朱批屯垦，乾隆四十五年正月三十日及同年四月二十五日勒尔谨奏；《清高宗实录》卷1109
乾隆四十五年七月至十月	次年春前	肃州、镇番、平罗	358		口外递呈愿往河西等地具呈愿住	乌鲁木齐等处		朱批屯垦，乾隆四十六年正月九日勒尔谨奏
合计			10460					

第二章 建州立县、移民垦荒：1757—1864年天山北麓的土地开发

商人都对这里流连忘返。乾隆四十二年（1777），迪化州、镇西府的户民达到了11782户[①]，44784口[②]。到乾隆六十年（1795），增长到20662户，129642口。[③] 十几年间天山北麓的户民人口增加了2.9倍有余。

第二类户民来源——本地招募的民户。乾嘉时期，由于天山北麓一带人手短缺，很多行业，特别是商人需要雇佣工人帮助营商或者代为耕作，致使当时雇工的佣金很高，吸引了甘肃一带大量的无业贫民自发组织，迁移到天山北麓一带为人佣工耕种。乾隆三十七年（1772），陕甘总督文绶在途中遇到挑着担子到新疆佣工谋生的劳动者，询问其故，这些人称"新疆地广粮贱，佣工一月可得银一二两，积蓄稍多，即可为屯田资本，故乐于前往"[④]。这些人一般为"只身出口之人，并无根蒂，往来迁移居无定所"[⑤]，所以又被称为游民。但当他们稍有积蓄，即情愿认地垦种，加入当地民籍。乾隆四十一年（1776），大学士舒赫德称乌鲁木齐一带"现有只身佣耕民人向未携带家眷，今闻风之下，禀恳搬接眷口认地垦种者一千五百四十户"[⑥]。前文既称"只身"，后文的"一千五百四十户"也就是1540人想要搬接眷口的意思。一次就有1540人愿意搬眷在乌鲁木齐认垦加入民籍，可见当地游民之多。这些游民一经搬眷来当地认垦落户，便"按照定例添入民籍，拨地垦艺，依限升科"[⑦]。

此外，清政府也在当地有组织地招募游民从事农业耕种，加入当地户籍。《乌鲁木齐政略》记载了乾隆二十八年至乾隆四十三年（1763—1778）乌鲁木齐地方本地无籍游民自愿认垦和相应政府招募加入当地民籍的情况（见表2-3）。

[①] 乾隆四十二年十一月十二日"乌鲁木齐都统索诺木策凌奏报户民收成分数事"，第一历史档案馆藏乾隆朝军机处汉文录副奏折，档号：03-0831-054。

[②] 乾隆四十三年三月初三日"乌鲁木齐都统索诺木策凌奏报上年新疆民数谷数事"，第一历史档案馆藏乾隆朝朱批奏折，档号：04-01-35-1175-048。

[③] （清）永保：《乌鲁木齐事宜》"民户户口"，载王希隆《新疆文献四种辑注考述》，甘肃文化出版社1995年版，第126—127页。

[④] （清）文绶"陈嘉峪关外情形疏"，（清）贺长龄：《清朝经世文编》卷81《兵政》，载沈云龙主编：《近代中国史料丛刊》第一编第74辑，台北：文海出版社1966年版，第2885—2886页。

[⑤] 乾隆四十二年正月初四日"乌鲁木齐都统索诺木策凌为遵旨查明搬眷户民分别办理事奏折"，载中国第一历史档案馆《乾隆年间徙民屯垦新疆史料》，《历史档案》2002年第3期。

[⑥] 乾隆四十二年正月初四日"乌鲁木齐都统索诺木策凌为遵旨查明搬眷户民分别办理事奏折"，载中国第一历史档案馆《乾隆年间徙民屯垦新疆史料》，《历史档案》2002年第3期。

[⑦] 乾隆四十二年正月初四日"乌鲁木齐都统索诺木策凌为遵旨查明搬眷户民分别办理事奏折"，载中国第一历史档案馆《乾隆年间徙民屯垦新疆史料》，《历史档案》2002年第3期。

表2-3　　　　乾隆二十八年至乾隆四十三年（1763—1778）
　　　　　　　　　乌鲁木齐本地入籍户数

时　间	入籍方式	迪化	宁边/昌吉	阜康	济木萨	景化	合计（户）
乾隆二十八年	自愿认垦	134	43				177
乾隆二十九年	自愿认垦	28	89	102			219
乾隆三十年	自愿认垦	不确	不确	不确			297①
乾隆三十一年	自愿认垦	107	73	109			289②
乾隆三十二年	自愿认垦	76	100	179			355
乾隆三十三年	自愿认垦	79	126	66			277③
乾隆三十四年	自愿认垦	22	18	37			77
乾隆三十五年	自愿认垦	10	25	15			50
乾隆三十六年	政府招募	6	19	6			31
乾隆三十八年	自愿认垦	119	31		205	26	381④
乾隆三十九年	自愿认垦	74	48				122

① （清）索诺木策凌：《乌鲁木齐政略》"户民"记载："三十年，内地送来并本处认垦一千六户内，迪化一百二十五户，阜康一十五户，宁边八百六十六户。"（载王希隆《新疆文献四种辑注考述》，甘肃文化出版社1995年版，第57页）另据《清高宗实录》卷721，乾隆二十九年十月丁未，记载：陕甘总督杨应琚奏报，"于肃州并张掖县共招有五百一十八户，敦煌县招有一百九十户，俱于十月内料理起程，一面移咨乌鲁木齐大臣料理安插"。这些人合计708户，当年十月从甘肃出发，应于次年安顿并开始耕垦。所以，乾隆三十年，除去由内地送来的708户外，乌鲁木齐一带本地认垦的户数应该是297户（中华书局1987年版，第17册，第1043页）。
② （清）索诺木策凌：《乌鲁木齐政略》"户民"记载："三十一年，内地送来并本地认垦共一千五百八十九内，迪化一百七户，阜康九百九户，宁边五百七十三户"，其中本地认垦的具体户数不详（载王希隆《新疆文献四种辑注考述》，甘肃文化出版社1995年版，第58页）。另据《清高宗实录》卷748，乾隆三十年十一月丙子记载：当年年底由内地招募到达的民户有1300户，由于阜康县的特纳格尔屯兵裁撤500人，其所遗留的空房在"杨应琚招募遣往一千三百户民内，令分住八百户，由彼处贮谷内借给籽种口粮，余五百户令分住罗克伦等处"（中华书局1987年版，第18册，第231—232页）。罗克伦属于昌吉县。由此可知，乾隆三十年年底到达的内地民户1300户，分居两处，即阜康县的特纳格尔800户，昌吉县的罗克伦500户。迁移的人口当年年底到达，其耕种土地的落实应该在次年，即乾隆三十二年。所以，《乌鲁木齐政略》"民户"中记载的乾隆三十一年，内地送来并本地认垦共1589户中，有1300户是内地送来的，那么本地认垦的就是289户；另外，减去阜康县安置的内地移民800户，昌吉县安置的内地移民500户，乾隆三十一年，本地认垦的户数是：迪化107户，阜康109户，宁边（即昌吉）73户，合计289户。
③ 原文合计271户，但是根据各地户数合计为277户，此处采用各地合计的户数。
④ 原文合计377户，但是各地合计户数为381户，此处采用各地合计户数。

第二章　建州立县、移民垦荒：1757—1864年天山北麓的土地开发　71

续表

时　间	入籍方式	地点及户数（户）					合计（户）
^	^	迪化	宁边/昌吉	阜康	济木萨	景化	^
乾隆四十年	政府招募	118	81	1	2		202
乾隆四十一年	政府招募	110	9	18	13		150
乾隆四十二年	政府招募	319	52		8		379
乾隆四十三年	政府招募	180	29		21		230
合计		1382	743	533	249	26	3236

资料来源：《乌鲁木齐政略》"户民"。

据表2-3的不完全统计，自乾隆二十八年至乾隆四十三年（1763—1778）在乌鲁木齐、巴里坤当地招募加入民籍的游民就达3000余户之多。同时，表2-3反映出乾隆二十八年至乾隆四十三年（1763—1778）乌鲁木齐一带的社会经济特点。

其一，以迪化为中心，其周围的阜康、昌吉、济木萨、景化是乾隆四十三年之前天山北麓社会经济发展较好的核心地区。与政府组织迁移、安置的户民不同，这些自发组织来到边疆地区的游民，为了生存，总是选择经济发展较好、农业和商业能够提供较多佣工机会的地点来居留。游民的流向最能反映经济的发展情况。表2-2统计的情况说明，乾隆年间，以迪化为中心，向东延伸到阜康、济木萨，向西延伸到昌吉、呼图壁的带状地区是天山北麓经济发展的核心地区。

其二，游民加入户籍的方式主要为自愿认垦与政府在当地招募两种，并且可以明显地分为两个阶段，乾隆三十五年（1770）之前，主要为游民自愿认垦加入民籍的，地点集中在以乌鲁木齐为中心的地带，即迪化及其以西的宁边、以东的阜康三地。这说明，在早期，以迪化为中心，迪化、宁边、阜康三地是最吸引游民的地方；乾隆三十六年（1771）之后，由政府招募当地游民加入民籍的情况越来越多，这反映了政府在后期越来越认识到在本地招募户民的重要性，同时也说明，随着当地社会的稳定和经济的发展，迪化—昌吉—阜康中心带向东西扩展，济木萨和景化也成为吸引流民的地区。

《三州辑略》记载了乾隆四十四年至嘉庆七年（1779—1802）巴里坤、乌鲁木齐两地在本地招募游民垦种的情况。与表2-3统计的情况不同，乾隆四十二年（1777）之后，所有在当地加入民籍的游民皆通过政府招募的方式进行。而且，巴里坤所属的宜禾与奇台两县主要招募商户认垦，而没有招募游民认垦的情况（见表2-4）。

表2-4　　乾隆四十四年至嘉庆七年（1779—1802）
天山北麓本地招募户民数

时　间	地点及户数（户）					合计（户）
	迪化州	昌吉县	阜康县	绥来县	呼图壁	
乾隆四十四年	不确	不确	200	不确		200①
乾隆四十五年	200			235		435
乾隆四十六年	37	1				38
乾隆四十七年	8					8
乾隆五十四年				3		3
乾隆五十五年	5			不确	15	20②
乾隆六十年	1				2	3
嘉庆元年					2	2
嘉庆三年					1	1
嘉庆五年	175	185	82	256		698
嘉庆六年		76				76
嘉庆七年					2	2
合计	426	262	282	328	278	1486

数据来源：《三州辑略》卷3"户口门"。

表2-4的统计为不完全统计，从表中可以看出，从乾隆四十四年

---

① （清）和宁：《三州辑略》卷4《赋税门》记载，乾隆四十四年，迪化州"本地招募并由内地迁移来民人七百一十户"、昌吉县"由内地迁移并招徕农民八百六十一户"、绥来县"招徕户民并安插眷兵子弟分户一百七十五户"、呼图壁"安插内地招徕户民并携眷商户四百二十一户"、奇台县"安插内地携眷户民并本地招募子弟分户共垦种地一百四十九顷七十亩"（以每户30亩计，合计499户），合计本地招募与安插内地迁来民户共2666户（台北：成文出版社1968年版，第105—112页）。另据档案记载乾隆四十三年底由内地迁移到天山北麓的民户共计1255户（乾隆四十三年十二月二十六日"索诺木策凌奏为安插内地移来乌鲁木齐户民各事宜事"，中国第一历史档案馆藏乾隆朝朱批奏折，档号：04-01-22-0031-021）。这批人认垦落户应该是在次年的春天。所以，除去由内地迁移而来的1255户，加上阜康本地招募的200户，乾隆四十四年，天山北麓一带在本地招募的户民（包括商户、眷兵子弟分户）合计应该是1611户。由于没有更多的资料，暂时还无法确定这1611户中有多少是由招募本地游民而来。
② （清）和宁：《三州辑略》4《赋税门》记载，乾隆五十五年绥来县"本地招募并有眷商户一百二十一户"，台北：成文出版社1968年版，第108页。

第二章　建州立县、移民垦荒：1757—1864年天山北麓的土地开发　73

（1779）之后，由政府在当地招募的游民户数急剧减少，嘉庆五年（1800）出现一个高峰，当年招募户民达698户，但是随即又降低了。将表2-2与表2-3进行对比可以发现，前期（乾隆四十六年之前），清政府在天山北麓各地招募的游民户数较多，随后逐渐减少。这说明，在乾隆四十六年（1781）之后，户民自发地向天山北麓移民的情况越来越少，该地区的游民数量也越来越少。嘉庆五年招募游民垦种的一个高潮的出现可能与嘉庆四年裁撤乌鲁木齐提标中、左、右三营屯兵共计1158名有关。① 据《三州辑略》记载，裁减屯兵之后，曾在次年于各地招募游民，承垦耕种空闲出的屯地。② 由此可见，乾隆四十六年之后招募游民数量的减少也反映出当时天山北麓易于开垦的地方基本被户民和屯兵垦种了。

2. 商户

前文在论述天山北麓的人口构成时，论述了商人进入天山北麓的过程。到乾隆二十七年（1762），旌额理奏称"乌鲁木齐携眷屯田民人陆续前来，其贸易人等亦接踵而至，计开设市肆五百余间，开垦菜圃三百余亩"③。同时，清政府还鼓励商人在当地认垦土地，加入民籍。乾隆二十六年，陕甘总督杨应琚奏报"除现在屯田外，凡有近水易垦之地，俱听该处商民具呈认垦，给与执照，俟垦种有成，照例分别年限具报升科。如此则凡流寓贸迁之人，俱得乐业安居，渐成土著，而从此户口日增，田土日辟，新疆地方日臻繁庶矣。……朱批：甚好，应广为劝垦者"④。随即，巴里坤一带便有商人67名认垦耕地3700亩。⑤ 商人开始加入当地户籍，成为新疆固定居民的一部分。此后，在天山北麓一带认垦落户的商人越来越多。随着自发流动人口的不断增多，清政府进一步明确了吸引商民就地转营农业的政策。乾隆三十七年（1772），对于商户认垦作出了明确的规定，"凡有商人呈垦者，每户给地三十亩，并给与农具、籽种、马匹，六年升科。如力能多垦，取结给照，永远管业"⑥。当年，迪化和宁边（昌吉城）

---

① （清）和宁：《三州辑略》卷4《屯田门》，台北：成文出版社1968年版，第126页。
② （清）和宁：《三州辑略》卷4《赋税门》，台北：成文出版社1968年版，第104页。
③ 《平定准噶尔方略》续编卷19，乾隆二十七年十月戊辰，海南出版社2000年版，第7册，第288页。
④ 乾隆二十六年九月十三日"陕甘总督杨应琚为报巴里坤豌豆收成并请听民广为劝垦事奏折"，载中国第一历史档案馆《乾隆年间徙民屯垦新疆史料》，《历史档案》2002年第3期。
⑤ 乾隆二十六年十二月二十六日"陕甘总督杨应琚为报巴里坤商民初次认垦地亩数目事奏折"，载中国第一历史档案馆《乾隆年间徙民屯垦新疆史料》，《历史档案》2002年第3期。
⑥ 《清高宗实录》卷909，乾隆三十七年五月戊午，中华书局1987年版，第20册，第173页。

两地便有认垦商民32户,济木萨有126户商民将眷口从家乡迁来。① 不断加入当地民籍的商民成为当地的永久居民的一部分。

3. 兵户

初期,天山北麓的驻防官兵均只身戍边,定期更换。乾隆二十七年(1762)以后,为了增加驻兵的稳定性,充实边疆人口,乌鲁木齐部分官兵首先改为"携眷永驻"。乾隆三十四年(1769),仅携眷屯兵就达3600余名。② 嘉庆十一年(1806),乌鲁木齐、巴里坤"各属绿营眷兵一万一千五百余口,其(眷)口数约有四万数千余口"③。对于数以万计的眷兵家口,清政府鼓励他们在当地落户认垦,改入民籍。乾隆四十二年(1777),索诺木策凌奏称:"如该兵父兄子弟之中堪膺耕作,情愿分户认地承种者,依照户民定例,拨给地亩……在兵丁子弟,力勤耕作,多收粮石,日渐丰盈,于兵丁生计大有裨益;在国家,按额征赋,仍与招徕户民无异,自属两得之举",乾隆帝批复:"甚好,如所议行。"④ 这种由士兵子弟分户认垦而加入民籍的被称为"兵户"。早在乾隆三十七(1772)"兵户"已见诸记载⑤,以后愈见增加。据不完全统计,乾隆四十二年至嘉庆六年(1777—1801),至少有眷兵子弟1000户请求分户垦种,从军籍中分立出来,转为民户人口(见表2-5)。

表2-5　乾隆四十二年至嘉庆六年(1777—1801)
天山北麓眷兵子弟分户统计

分户时间	安置地点	分户户数（户）	资料来源	备注
乾隆四十二年一月	玛纳斯	278	朱批屯垦,乾隆四十二年一月十四日索诺木策凌奏;《乌鲁木齐政略》"户民"	

---

① (清)索诺木策凌:《乌鲁木齐政略》"户民",载王希隆《新疆文献四种辑注考述》,甘肃文化出版社1995年版,第58页。
② 《清高宗实录》卷826,乾隆三十四年正月乙未,中华书局1987年版,第19册,第11—12页。
③ (清)和宁:《三州辑略》卷3《户口门》,台北:成文出版社1968年版,第103页。
④ 乾隆四十二年正月四日"乌鲁木齐都统索诺木策凌奏为筹办眷兵子弟分户垦种事",中国第一历史档案馆藏乾隆朝朱批奏折,档号:04-01-22-0037-001。
⑤ (清)纪昀:《乌鲁木齐杂诗》"典制之九",载王希隆《新疆文献四种辑注考述》,甘肃文化出版社1995年版,第167页。

第二章 建州立县、移民垦荒：1757—1864年天山北麓的土地开发　75

续表

分户时间	安置地点	分户户数（户）	资料来源	备注
乾隆四十二年夏	玛纳斯	103	朱批屯垦，乾隆四十二年十一月二十八日索诺木策凌奏	
乾隆四十二年十一月	古城	46	朱批屯垦，乾隆四十二年十一月二十八日索诺木策凌奏	
乾隆四十三年	奇台县	37	《乌鲁木齐政略》"户民"	
乾隆四十三年	奇台县	不确	《三州辑略》卷3《户口门》	与当年安插户民合计共垦地21390亩
乾隆四十四年	奇台县	不确	《三州辑略》卷3《户口门》	与当年安插户民合计垦地19470亩
乾隆四十四年	玛纳斯	不确	《三州辑略》卷3《户口门》	与当年招徕户数合计175户
乾隆四十五年	奇台县	230	《三州辑略》卷3《户口门》	垦地690亩，以一户垦地30计，约有230户
乾隆四十六年	奇台县	11	《三州辑略》卷3《户口门》	垦地330亩，以一户垦地30亩计，有11户
乾隆四十六年	呼图壁	不确	《三州辑略》卷3《户口门》	与当年招募商民合计233户
乾隆四十八年	奇台县	58	《三州辑略》卷3《户口门》	垦地1740亩，以一户垦地30亩计，有58户
乾隆四十九年	奇台县	26	《三州辑略》卷3《户口门》	垦地800亩，以一户垦地30亩计，约有26户余
乾隆五十二年	奇台县	13	《三州辑略》卷3《户口门》	垦地390亩，以一户垦地30亩计，有13户
乾隆五十三年	玛纳斯	不确	《三州辑略》卷3《户口门》	与当年招募商民数合计44户
乾隆五十六年	玛纳斯	121	《三州辑略》卷3《户口门》	
乾隆五十六年	奇台县	16	《三州辑略》卷3《户口门》	垦地480亩，以一户垦地30亩计，有16户
乾隆五十八年	奇台县	3	《三州辑略》卷3《户口门》	垦地90亩，以一户垦地30亩计，有3户
乾隆六十年	玛纳斯	6	《三州辑略》卷3《户口门》	

续表

分户时间	安置地点	分户户数（户）	资料来源	备注
嘉庆二年	头屯所	不确	《三州辑略》卷3《户口门》	与当年安插户合计44户
嘉庆三年	塔西河	58	《三州辑略》卷3《户口门》	
嘉庆四年	芦草沟	不确	《三州辑略》卷3《户口门》	与当年安插户合计23户
嘉庆五年	头屯所	不确	《三州辑略》卷3《户口门》	与当年安插户合计45户
嘉庆六年	头屯所	不确	《三州辑略》卷3《户口门》	与当年安插户合计78户
嘉庆六年	芦草沟	不确	《三州辑略》卷3《户口门》	与当年安插户合计47户
合计		1006		户数不确切的数据未计算在内

由表2-5可以看出，自乾隆四十二年（1777）之后，有越来越多的眷兵子弟从兵籍中分离出来，转入当地的民籍，其中以玛纳斯和奇台两地安置的兵户最多。

4. 安插户

在发遣新疆的人犯中，有一类人员的情况比较特殊，属于清律"原拟边外为民者"。这类人员触犯刑律较遣犯轻得多，有不少人甚至并未触犯刑律，但是由于种种原因，清政府认为他们继续留在当地，会危害其统治，所以下令发遣边疆，指定地点安置，耕种纳粮。例如，乾隆二十八年（1763），湖北武昌马迹岭的吴姓大族被认为是"盘踞为匪，怙恶不悛……久为地方之害"，其族人"鼠窃狗偷，习惯已成自然"，必须使其"败类析居，羽党四散"，于是其族十余户被分批迁徙边外，安置在乌鲁木齐、巴里坤及甘肃安西府渊泉县等地。[①] 乾隆三十六年（1771），安南莫氏后裔黄公缵率眷属一百余人请求内附，清廷认为黄氏是"非安静之人"，命将其悉数迁至乌鲁木齐头屯河一带安置，后来形成村落曰安南工[②]。这些"边外为民者"的

[①] 《清高宗实录》卷779，乾隆三十二年二月丁巳，中华书局1987年版，第18册，第568—569页。

[②] 《清高宗实录》卷884，乾隆三十六年五月丙午，中华书局1987年版，第19册，第846页。

第二章 建州立县、移民垦荒：1757—1864年天山北麓的土地开发

身份介乎遣犯和一般民人之间，就其强制被迁移来说，与遣犯有相同之处，但在安插地的待遇又参照户民之例，故被称为"安插户"。

5. 遣户

遣犯在服刑期满之后，一般的出路有三种，即充当绿营兵丁、返回原籍为民与落户边地。遣犯只有作出特殊的贡献才被允许充当绿营兵丁或者返回原籍为民，大多数遣犯的出路是落户边地为民。① 清政府对于遣犯落户边地为民作出了具体的规定：

> 发往伊犁、乌鲁木齐为奴遣犯在配安分已逾十年，令其永远种地，不得为民，若发往当差遣犯悔过、悛改，定限五年编入民户册内，给予地亩耕种纳粮，俱不准回籍，其有捐资入铅、铁等厂效力者系当差人犯五年期满，准其为民，再效力十年准其回籍。如系为奴人犯，五年期满只准改入民户册内，不准回籍。②

据此项规定，大部分发遣而来的遣犯在刑满之后都落户边地了。这些转入民籍的遣犯在天山北麓一带生活安定下来，成为当地在籍人口中重要的一部分。纪昀有诗云：

> 鳞鳞小屋似蜂衙，都是新屯遣户家。
> 斜照街山门早掩，晚风时袭一枝花。
> 昌吉头屯及芦草沟屯，皆为民遣犯所居。③

从诗中可以看出，乾隆三十四年（1769）前后，昌吉的头屯所、芦草沟屯所一带是为民遣犯聚集的地方，形成了独特的人文景观。乾隆四十三年（1778），天山北麓乌鲁木齐、巴里坤一带为民遣犯达到了1266户。④

（六）佣工游民及其他人口

乾嘉时期，由于天山北麓一带人手短缺，很多人，特别是商人，需要

---

① 王希隆：《清代西北屯田研究》，兰州大学出版社1990年版，第139—142页。
② （清）吴翼先：《新疆则例说略》，清抄本，载《四库未收书辑刊》第三辑第19卷，北京出版社2000年版，第383—416页。
③ （清）纪昀《乌鲁木齐杂诗》"民俗之十六"，载王希隆《新疆文献四种辑注考述》，甘肃文化出版社1995年版，第170页。
④ （清）和宁：《乌鲁木齐政略》"户民"，载王希隆《新疆文献四种辑注考述》，甘肃文化出版社1995年版，第59页。

雇佣工人帮助营商或者代为耕作，当时雇工的工资很高，吸引了甘肃一带大量的无业贫民自发组织，迁移到天山北麓一带为人佣工耕种。乾隆三十七年（1772），陕甘总督文绶在途中遇到挑着担子到新疆佣工谋生的劳动者，询问其故，这些人称"新疆地广粮贱，佣工一月可得银一二两，积蓄稍多，即可为屯田资本，故乐于前往"①。这些人一般为"只身出口之人，并无根蒂，往来迁移居无定所"②，所以又被称为游民。但当他们稍有积蓄，即情愿认地垦种，加入当地民籍。

园户，是天山北麓比较特殊的一类人口，早在乾隆三十四年（1769）前后，纪昀就记载了乌鲁木齐一带园户的情况，上文引用的"户籍题名五种分"诗中对园户进行了精确地说明："又有所谓园户者，租官地以种瓜菜，每亩纳银一钱，时来时去，不在户籍之数。"③ 可见，园户是租种官地以经营果蔬的人家，他们不属于编入户籍之内的人口。乾隆六十年（1795），迪化、阜康、绥来、昌吉四州县共有租种园地商户355户。④ 嘉庆十二年（1807）天山北麓的镇西府和迪化州两地共有园户394户。⑤ 由此可见，园户的人口数量不多，而且不稳定。

（七）小结

《西域图志》中对乾隆年间天山北麓人口的迁入及其增长情况进行了极好的概括：

> 前者准夷底定，扫穴犁庭，逆者剿之，顺者抚之。袤延万里，疆宇廓清，爰为屯兵驻守，招集回部及甘州民户，分地而居，而于乌鲁木齐、昌吉、罗克伦、伊犁诸处，计亩耕作。盖屯垦之丁男，即西域之户籍也。……休养生息，日以繁滋，计口宜什倍于此。⑥

---

① （清）文绶："陈嘉峪关外情形疏"，载沈云龙主编《近代中国史料丛刊》第一编第74辑，台北：文海出版社1966年版，第2885—2886页。
② 乾隆四十二年正月初四日"乌鲁木齐都统索诺木策凌为遵旨查明搬眷户民分别办理事奏折"，载中国第一历史档案馆《乾隆年间徙民屯垦新疆史料》，《历史档案》2002年第3期。
③ （清）纪昀：《乌鲁木齐杂诗》"典制之九"，载王希隆《新疆文献四种辑注考述》，甘肃文化出版社1995年版，第167页。
④ （清）和宁：《乌鲁木齐事宜》"民户地亩纳粮"，载王希隆《新疆文献四种辑注考述》，甘肃文化出版社1995年版，第128—129页。
⑤ （清）和宁：《三州辑略》卷4《赋税门》，台北：成文出版社1968年版，第120—121页。
⑥ （清）傅恒等纂：《西域图志》卷33《屯政二·户口附》，北京大学图书馆藏乾隆四十七年（1782）武英殿聚珍本。

第二章 建州立县、移民垦荒：1757—1864年天山北麓的土地开发 79

以上引文说明，随着战争的结束，地方社会的安定，天山北麓成为新疆兵屯的重点地区，屯兵最先来到这一地区，紧接着清政府在这一带布防满营官兵、绿营官兵。随着官兵携眷制度的制定，驻防官兵的眷口也随军迁移到天山北麓一带。驻防满营官兵及其眷口、绿营官兵及其眷口成为清代中期天山北麓人口的一个主要构成部分。

在政府的大力组织和鼓励下，陕甘一带的户民一批一批地先后来到天山北麓的乌鲁木齐、昌吉、罗克伦等地从事农业耕种，成为这里首批固定居民。同时，随着社会、经济的发展，商人、佣工等也被吸引到这一地区，在政府的鼓励下，逐渐加入当地民籍，成为当地的固定居民。在自然规律的支配下，绿营眷口数量也日益增多，为了解决口粮问题，清政府允许眷兵子弟分户，承垦土地，加入民籍。此外，天山北麓一带还被清政府定为流遣人犯的发遣地，流人、遣犯构成了当地一部分独特的人口，遣犯刑满后大部分转化为当地居民。以上各类人口，加上被清政府发往边外为民的安插户，一起构成天山北麓地区人口的主体，即户民。

综上所述，天山北麓的总人口数应该包括绿营官兵及其眷口、驻防满营官兵及其眷口、户民和商民。乾隆四十一年（1776），大学士舒赫德的奏言很好地概括了天山北麓的人口组成："乌鲁木齐、巴里坤一带，地方颇为宽广，自二十六年移驻户民至今，已有一万余户，兼之满洲、绿营俱系携眷驻防，商民、遣犯人烟聚集，已至数万，实为边疆繁盛之区。"① 因此，本部分将通过分析和考证历史文献资料，着力复原不同时段的绿营官兵数及其眷口数、满营官兵数及其眷口数、民户人口、商民人口数等，重建不同时段天山北麓地区的人口规模。

四 1757—1864年天山北麓的人口规模及其演变

人口数量的研究与恢复是人口史及历史人口地理研究的主要方面，是研究人口其他方面变化的基础，特别是在现代人口调查进行之前，人口数量具有更加重要，甚至是决定性的意义。② 另外，对于历史时期人地关系的演变来说，人口数量的多寡是影响人地关系演变的重要因素。下文中将致力于恢复清代天山北麓的人口数量，并且努力建立人口规模的时间剖面。

---

① 乾隆四十一年十一月二十三日"大学士舒赫德等为遵旨议复备办移驻新疆户民事奏折"，载中国第一历史档案馆《乾隆年间徙民屯垦新疆史料》，《历史档案》2002年第3期。
② 韩光辉：《北京历史人口地理》，北京大学出版社1996年版，第7—11页；《中国人口史第一卷导论、先秦至魏晋南北朝时期》，复旦大学出版社2002年版，第9页。

(一) 乾嘉道时期天山北麓户口统计资料述评

历史人口资料一般主要见于正史、实录、政书、地理总志、地方志、类书以及其他各类官私书籍中的户口数。但是，涉及1760—1864年间天山北麓镇西府和迪化州两地人口数量的历史文献资料主要包括三大类，即实录类、档案类和方志类。实录类主要为乾隆、嘉庆、道光、咸丰、同治等历朝实录，其中乾隆、嘉庆两朝记载较多，主要可以提供人口迁移方面的数据；档案类资料主要为第一历史档案馆收藏"乾隆朝军机处汉文录副奏折"和"乾隆朱批奏折·农业类屯垦"以及已经整理出版的《宫中档乾隆朝奏折》[①]《乾隆朝上谕档》等。[②] 实录类资料和档案类资料记载比较零散，很难全面而系统地反映天山北麓整个区域的状况，但是这些记载为当时的奏报，资料提供的人口数据的时间和区域范围十分清楚，内容较为真实可靠，可以校补方志类资料记载的错误与遗漏。方志类资料中对各类人口的记载比较全面，除了记载档案资料中经常出现的民户户口数外，还记载当时的军队、商人等人口情况，能够比较全面地提供重建人口时间剖面的大部分数据。另一方面值得注意的是，由于方志类资料中的内容比较庞杂，在编写过程中所据原始资料较多，不同类别人口数据的时空内涵往往出现记录不一致的现象，在使用时需要仔细鉴别和考证。

通过查阅、校订、对比研究历史文献资料，发现《西域图志》《乌鲁木齐政略》《乌鲁木齐事宜》《三州辑略》以及清朝户部历年《汇造各省民数谷数清册》等历史文献中记载了乾嘉道时期天山北麓各州县最基本的人口数字资料（见表2-6）。

通过表2-6的对比可以看出：其一，《乌鲁木齐政略》（1779）、《西域图志》（1782）、《乌鲁木齐事宜》（1795）、《三州辑略》（1807）四部历史文献中记载的人口数字都较为全面，可以作为复原区域总人口数的基本资料。其二，《乌鲁木齐事宜》（1795）中记载的人口类别也较为全面，其中对于满营驻防官兵眷口数量的记载，是唯一可见的历史资料，可以根据满营官兵数与眷口数的比例，推断其他时期的满营官兵眷口数。其三，《三州辑略》（1807）中对于各类人口的记载最为全面，其对于绿营眷口数的记载也成为推断其他时期绿营眷口数的重要依据。其四，清代户部历年《汇造各省名数谷数清册》中记载的1787—1857年户民人口数量的增长一方面可以校补地方志资料的错误或者缺失；另一方面还可以据此单独

[①] 台北"故宫博物院"编：《宫中档乾隆朝奏折》，台北"故宫博物院"1982—1987年版。
[②] 中国第一历史档案馆编：《乾隆朝上谕档》，档案出版社1991年版。

第二章 建州立县、移民垦荒：1757—1864年天山北麓的土地开发 81

探讨1787—1857年间天山北麓户民人口数量的变化规律。

表2-6　　　　　　　天山北麓地区人口类别及其资料分布情况

史料名称	成书时间（年）	满营官兵 官兵数	满营官兵 官兵眷口	绿营官兵 官兵数	绿营官兵 官兵眷口	流遣人犯 流人	流遣人犯 遣犯	民户 户数	民户 口数	商民 户数	商民 口数	其他
《乌鲁木齐政略》	1779	√		√		√	√	√				
《西域图志》	1782	√		√		√		√				
《乌鲁木齐事宜》	1796	√	√	√		√		√				
《三州辑略》	1807	√	√①	√	√②	√	√	√		√		√
清代户部历年《汇造各省民数谷数清册》	1787—1857							√				

以上历史文献中记载的各类人口数字需要进一步考订研究来确定是否可信。这里首先研究探讨清朝户部历年《汇造各省民数谷数清册》的内容和《西域图志》的人口数字。其他资料在后文中陆续论证。

1. 清朝户部历年《汇造各省民数谷数清册》

中国第一历史档案馆藏有1787—1898年间的《汇造各省民数谷数清册》（内嘉庆及道光初年缺失较多）③，这是最基础的资料，是一种按年编纂各地人口数、谷物收获数的统计册，是根据各地官员于每年年底汇报的民数谷数奏折中摘录汇编而成。《汇造各省民数谷数清册》地区列表中"巴里坤、乌鲁木齐"指的就是本书研究的天山北麓地区，在行政区划上指镇西府与迪化州。与其他地区相比，在乾隆五十二年至咸丰七年（1787—1857）间，巴里坤、乌鲁木齐两地仅缺少道光九年（1829）的人口数字；而咸丰八

---

① 仅仅记载了满营官兵眷口中的丁口，即成丁男子的数量。
② 此为唯一一处记载绿营官兵眷口情况的资料，虽然不确切，但是可以为我们提供官兵人口与其眷口的比例，以推断补充其他时段的资料。（清）和宁的《三州辑略》卷3《户口门》记载：绿营眷兵家口并不在民数的统计之内，乌鲁木齐、巴里坤两地"各属绿营眷兵一万一千五百余名，其口数约有四万数千余口"，台北：成文出版社1968年版，第103页。
③ 本书所有引自《汇造各省民数谷数清册》的资料均转引自姜涛《中国近代人口史》附录"1749—1898年分省人口统计"，浙江人民出版社1993年版，第388—435页。

年（1858）之后，由于动乱以及动乱之后的新疆建省等事件的影响，在《汇造各省民数谷数清册》中再未见巴里坤、乌鲁木齐两地的人口统计数字。

《乌鲁木齐事宜》"户民户口"记载了截至乾隆六十年（1795）年底迪化州属、昌吉县、绥来县、阜康县、济木萨县丞、呼图壁巡检、喀喇巴尔噶逊、镇西府宜禾县、奇台县、头屯所、芦草沟所、塔西河所等各地户民户数和人口数，合计户民20662户，男妇子女共计129642口。与清朝户部历年《汇造各省民数谷数清册》所载乾隆六十年人口数对照，两组数字完全相同。因此可以判断，户部《清册》中记载"巴里坤、乌鲁木齐"两地的人口数即是镇西府、迪化州所属各州县的民户人口数，并且是包含了民户"男妇大小"的全部人口数。

《汇造各省民数谷数清册》中的人口数字虽然仅为户民人口数，但其特点是人口数据非常连续，结合当时的社会背景及其他历史资料，可以利用这部分来分析不同历史阶段户民人口的增长规律和特点。同时，也可以校补地方志资料中的人口统计数字。

2. 《西域图志》

《西域图志》，全名《钦定皇舆西域图志》，清乾隆二十一年（1756）刘统勋、何国宗奉旨承办《西域图志》，于乾隆二十六年（1761）六月撰成初稿，交军机处方略馆。乾隆二十七年（1762）十一月，大学士傅恒等奉敕纂辑《西域图志》告成。乾隆四十二年（1777）先后令福隆安、刘墉、于敏中、英廉、钱汝成等为《西域图志》总裁，组织人力加以增纂。乾隆四十七年（1782）五月增纂定为今本，交武英殿刊刻，同时编入《四库全书》中。《西域图志》是根据实地调查和当时的第一手资料编纂而成，是新疆的第一部官修通志，其史料价值极高。[①]

《西域图志》卷三十二"屯政一"中记载，巴里坤镇标的屯田兵主要在朴城子、古城、奇台吉布库三地屯田，共计屯兵1200人；乌鲁木齐提标屯田兵主要在乌鲁木齐五堡、昌吉、罗克伦、玛纳斯、济木萨等地屯田，共计屯兵5350人；卷三十三"屯政二·户口附"中记载了镇西府与迪化州各县的户数和人口数，共计17121户、71814口。这些人口数字在目前研究中被广泛引用，但是对于数据的所属时间看法不一。华立在《清代新疆农业开发史》研究中，认为《西域图志》卷三十二"屯政一"中记载的是乾隆四十二年的屯兵数，而卷三十三"屯政二·户口附"中记载

---

① 吴丰培：《吴丰培边事题跋集》，新疆人民出版社1998年版，第206—207页。

第二章 建州立县、移民垦荒：1757—1864年天山北麓的土地开发

的是乾隆四十（1775）年的户民户口数。① 曹树基在研究清代中期新疆乌鲁木齐一带人口变化时，将《西域图志》卷三十三"屯政二·户口附"中所记载的户民户口数看作乾隆四十二年（1777）的户口数字来讨论。② 对比《乌鲁木齐政略》和乾隆朝档案的记载，《西域图志》中记载的屯兵人数应该是乾隆四十一年（1776）或者乾隆四十二年的。需要考订的是其中所载的户民人口数到底是哪一年。

据档案资料记载，乾隆四十一年，镇西府宜禾县户民为697户，奇台县为1994户；迪化州户数总计为7648户。③ 乾隆四十二年，镇西府的户数总计达到了2823户，而迪化州的户数为8959户。④ 对比表2-7可见，《西域图志》中记载的镇西府户数为乾隆四十一年的数据，而迪化州的户数则远远高于乾隆四十一年和乾隆四十二年的数字。另外一条档案资料记载，乾隆四十六年（1781）迪化州的户数已经达到了15659户。⑤ 结合绥来县设立于乾隆四十四年（1779）的事实判断，《西域图志》中所载迪化州各县户口数很可能是乾隆四十五年（1780）的数据。⑥

表2-7 《西域图志》所载户民人口数据

府州	县别	户数（户）	口数（口）
镇西府	宜禾县	697	2596
	奇台县	1994	6824
迪化州	迪化直隶州	3496	16631
	昌吉县	4332	19734
	绥来县	2252	7624
	阜康县	4350	18405
合计		17121	71814

资料来源：《西域图志》卷33《屯政二·户口附》。

---

① 华立：《清代新疆农业开发史》，黑龙江教育出版社1998年修订版，第86—88页。
② 曹树基：《中国人口史第五卷清时期》，复旦大学出版社2001年版，第434—436页。
③ 乾隆四十一年十月二十六日"乌鲁木齐副都统永庆奏报户民收成分数事"，中国第一历史档案馆藏乾隆朝朱批奏折，档号：04-01-30-0276-010。
④ 乾隆四十二年十一月十二日"乌鲁木齐都统索诺木策凌奏报户民收成分数事"，中国第一历史档案馆藏乾隆朝军机处汉文录副奏折，档号：03-0831-054。
⑤ 乾隆四十六年十二月十三日"乌鲁木齐都统明亮奏报户民收获分数"，中国第一历史档案馆藏乾隆朝军机处录副奏折，档号：03-0833-003。
⑥ 张莉：《〈西域图志〉所载镇西府、迪化州地区户口资料考述》，《中国历史地理论丛》2007年第1辑。

综上所述,《西域图志》中所载屯兵人数、各县户口数并不是同一年数据,因此不能作为重建时间剖面的基本人口数据。但是,应该承认这些数字本不是编造的,而是因《西域图志》经过多次增订后成书,因此目前所见到的人口数字可能是将不同年份的数据未加分辨地抄录在一起而造成的。

(二) 乾隆四十二年(1777)天山北麓地区的人口规模

1. 基本历史资料

《乌鲁木齐政略》,国内两部钞本,一部存于中国国家图书馆,一部收藏于甘肃省图书馆,本书研究所用为王希隆先生整理的本子,收入《新疆文献四种辑注考述》[①]。据王希隆先生考证,《乌鲁木齐政略》系时任乌鲁木齐都统的索诺木策凌组织幕府人员抄录条理官府档册案牍而成。[②]《乌鲁木齐政略》共包括四十一门目,详细记载了乌鲁木齐、巴里坤各地方方面面的信息,其中满营、古城满营、武职、废员、遣犯、玛纳斯眷营、满城城守营、换防官兵、屯田、户民、铁厂、金厂等门目记载了满营官兵数、绿营官兵数、流人遣犯人口、户民人口以及铁厂金厂的矿夫数量。其中所载人口类别较为全面。该书纪事时间起自乾隆二十四年(1759),其时间下限除了户民户数截止时间为乾隆四十三年(1778)外,其他资料的时间下限都为乾隆四十二年,其中所载内容从不同方面反映了清统一新疆最初二十年乌鲁木齐地区的社会情况,史料价值颇高,是清代统辖乌鲁木齐地区的首部志书。因此,《乌鲁木齐政略》中所载人口资料的特点是,记载的人口类别较为全面,资料来源的截止时间大部分都为乾隆四十二年,时间较为统一。

通过与《西域图志》、档案资料等相关内容相对照发现,除了户民户数数字外,《乌鲁木齐政略》中可以提供乾隆四十二年天山北麓各地驻防满营官兵数、绿营官兵数、流人遣犯人数等。因此,由于《乌鲁木齐政略》及同一时期的历史文献记载的缺失,本书选择以《乌鲁木齐政略》为基本史料,并依靠其他资料对天山北麓各地驻防满营官兵眷口和绿营官兵眷口数进行推算。重建乾隆四十二年天山北麓的人口数字。

2. 乾隆四十二年的户民户口数

《乌鲁木齐政略》"户民"中没有记载迪化州和镇西府两地的户民口数,

---

① 载王希隆《新疆文献四种辑注考述》,甘肃文化出版社1995年版。
② 王希隆:《〈乌鲁木齐政略〉考述》,载王希隆《新疆文献四种辑注考述》,甘肃文化出版社1995年版,第146—158页。

第二章 建州立县、移民垦荒：1757—1864 年天山北麓的土地开发

仅记载了两地的户民户数。《乌鲁木齐政略》"户民"中记载了自乾隆二十七年（1762）起迪化州各年的户民户数增加情况，到乾隆四十三年（1778）年底合计为 9293 户。关于镇西府的户民户数，《乌鲁木齐政略》"户民"中仅概况性地记载为"宜禾县户民六百九十七户……奇台县共户民一千六百四十四户……东吉尔玛台户民三百五十户"，合计镇西府户数为 2691 户。这里记载的镇西府的户民户数是否是乾隆四十三年的呢？

根据档案资料的记载，乾隆四十一年（1776），乌鲁木齐所属迪化州、阜康县、昌吉县、玛纳斯、呼图壁、济木萨、昌吉头屯所等处户民共计 7648 户，其中"镇西府所属宜禾县驻扎各城堡户民六百九十七户……奇台、东吉尔玛泰各城堡户民一千九百九十四户"，镇西府合计户数为 2691 户。[①] 将此条记载与《乌鲁木齐政略》"户民"中的记载相比较，可以发现，乾隆四十三年迪化州的户民数较乾隆四十一年增加了 1645 户，而镇西府的户民数却与乾隆四十一年的完全相同。考虑到《乌鲁木齐政略》中对于镇西府户民数的记载较迪化州简略得多的事实，笔者推断，《乌鲁木齐政略》"户民"中有关镇西府的户民数并不是当时上报的最新人口数字，而是乾隆四十一年的户口数字。因此，《乌鲁木齐政略》中并不能提供乾隆四十二年（1777）天山北麓地区的户口数字。

通过翻检历史档案资料，笔者在第一历史档案馆藏的军机处档案中发现了乾隆年间的两条奏折记载了乾隆四十二年的户数和人口数：镇西府户数为 2823 户，迪化州户数为 8959 户，人口合计为 44784 口（见表 2－8）。[②]

此外，需要说明是这里的户民人口数应该包括不断在当地落户的各类人口，如"内地送来户民""本处认垦的游民""本处招募户民""本处认垦商民""搬眷商民""眷兵子弟分户"等。[③]

3. 乾隆四十二年满营眷口人数重建

前文已经述及满营官兵在前往天山北麓驻防时，都是携带眷属的。《乌鲁木齐政略》记载，乾隆四十二年乌鲁木齐、巴里坤、古城三地满营官兵数

[①] 乾隆四十一年十月二十六日"乌鲁木齐副都统永庆奏报户民收成分数事"，中国第一历史档案馆藏乾隆朝朱批奏折，档号：04－01－30－0276－010。

[②] 乾隆四十二年十一月十二日"乌鲁木齐都统索诺木策凌奏报户民收成分数事"，中国第一历史档案馆藏乾隆朝军机处汉文录副奏折，档号：03－0831－054；乾隆四十三年三月初三日"乌鲁木齐都统索诺木策凌奏报上年新疆民数谷数事"，中国第一历史档案馆藏乾隆朝朱批奏折，档号：04－01－35－1175－048；张莉：《〈西域图志〉所载镇西府、迪化州地区户口资料考述》，《中国历史地理论丛》2007 年第 1 辑。

[③] （清）索诺木策凌：《乌鲁木齐政略》"户民"，载王希隆《新疆文献四种辑注考述》，甘肃文化出版社 1995 年版，第 58—59 页。

分别为 3646 人、1028 人、1028 人，其中没有记载满营眷口人数。① 据《乌鲁木齐事宜》记载，截至乾隆六十年（1795）年底，乌鲁木齐满营有官兵 3487 人，其眷口男女老幼共计 15918 口；巴里坤满营有官兵 1105 人、其眷口男妇老幼共计 4890 口；古城满营有官兵 1108 人，其眷口男妇老幼共计 4312 口。② 计算得知，平均每一个满营官兵的眷口多为 4 人左右。对比以上两个文献的记载可以发现，乾隆四十二年到乾隆六十年（1777—1795），天山北麓的满营官兵人数基本没有改变，而满营官兵眷口人数肯定经历了一个人口自然增长的过程。如果以乾隆四十二年至乾隆六十年（1777—1795）间满营眷口年均人口自然增长率 8.0‰来推算③，乾隆四十二年（1777），乌鲁木齐、巴里坤、古城三地的满营官兵眷口人数应当分别为 13791 人、4237 人、3736 人，平均每一个满营官兵有眷口多为 4 人以下（见表 2-7）。

4. 绿营兵丁眷口比例的确定以及乾隆四十二年天山北麓绿营官兵的眷口数

由前文论述可知，到乾隆四十二年，乌鲁木齐、巴里坤的所有绿营官兵都逐渐由换防改成了携眷驻防。但是，目前尚未在历史文献中发现有关乾嘉时期乌鲁木齐、巴里坤等地绿营兵丁眷口总数的记载。因此，只能依据文献中有关绿营官兵与其眷口数的比例，再根据《乌鲁木齐政略》中天山北麓驻防各地的绿营官兵数，来推断乾隆四十二年绿营官兵的眷口数。

乾隆二十七年（1762），乌鲁木齐办事副都统旌额理上奏"请以眷兵子弟挑补绿营兵丁出缺事"，其奏文中提道："乌鲁木齐额设驻防屯田兵四千名，其携眷前来者一千八百有奇"；军机大臣们在对此事讨论后的回复中又提道："乌鲁木齐定议驻兵四千名，除情愿回营携眷兵丁外，其余暂准换班，亦选内地携眷兵丁补充。诚以新疆驻兵四千，合计家口即有万众，人丁繁庶，于差操之暇，亦可耕垦谋生。"④ 据此条文献记载判断，乾

---

① （清）索诺木策凌：《乌鲁木齐政略》"满营""巴里坤满营""古城满营"，载王希隆《新疆文献四种辑注考述》，甘肃文化出版社 1995 年版，第 1—5 页。
② （清）和宁：《乌鲁木齐事宜》"满营官制兵额"，载王希隆《新疆文献四种辑注考述》，甘肃文化出版社 1995 年版，第 106—110 页。
③ 何炳棣研究认为，乾隆四十四年至乾隆五十九年（1779—1794）中国的人口年均自然增长率 8.7‰，[见何炳棣《明初以降人口及其相关问题（1368—1953）》，葛剑雄译，生活·读书·新知三联书店 2000 年版，第 75—76 页]；姜涛研究认为，乾隆年间人口年均自然增长率不超过 9.0‰（见姜涛《中国近代人口史》，浙江人民出版社 1993 年版，第 26 页）。笔者采取保守的态度，以人口年平均自然增长率 8.0‰来计算。
④ 《平定准噶尔方略》续编卷 18，乾隆二十七年八月丙辰，海南出版社 2000 年版，第 7 册，第 270—271 页。

第二章　建州立县、移民垦荒：1757—1864 年天山北麓的土地开发　87

隆二十七年，在最初讨论乌鲁木齐、镇西等地绿营的携眷驻防问题时，决策者估计绿营兵丁与其眷口的比例约为 1∶2.5。次年十月，旌额理在另一份奏折中又提到，当年完成搬迁眷口的绿营兵丁有 522 人，其携带的眷口数共计 1796 人。① 据此可知，在这些已经完成携眷驻防的绿营官兵中，绿营兵丁数与其眷口数的确切比例为 1∶3.4。此外，据《三州辑略》记载，嘉庆十一年（1806），乌鲁木齐、巴里坤"各属绿营眷兵一万一千五百名，其口数约有四万数千余口"②。据此推算，嘉庆十一年，绿营兵丁数与其眷口数的比例约为 1∶3.9。对比以上三组绿营兵丁数与其眷口的比例，第一组比例系当时的预计数字；第二组是真实的比例数，反映了携眷驻防制度实行之初绿营兵丁数与眷口的比例情况；而第三组比例数是嘉庆十一年绿营兵丁数与眷口数的比例，反映了在绿营兵丁数额定不变的情况下，绿营兵丁眷口经过人口自然增长的过程后，比值上升的情况。

由于乾隆四十二年（1777）乌鲁木齐、巴里坤等地的绿营兵丁刚全部完成由换防到携眷驻防的转变，因此这里采用绿营官兵数与其眷口数比为 1∶3.4 这个数值。对比以上关于乾隆四十二年满营官兵眷口的推算，这个数据应比较可信。因此，依据《乌鲁木齐政略》中记载的乾隆四十二年天山北麓各地绿营官兵人数，推算当年乌鲁木齐、巴里坤、古城、木垒、玛纳斯各地绿营官兵、屯田官兵的眷口数（见表 2－8）。

（三）乾隆六十年（1795）天山北麓的人口规模

1. 基本历史资料

《乌鲁木齐事宜》，永保修，达林、龙铎纂。永保，乾隆六十年任乌鲁木齐都统，命达林、龙铎两人仿照他此前主修的《塔尔巴哈台事宜》（1787）、《伊犁事宜》（1790）、《喀什噶尔事宜》为例，利用官府所藏旧档编纂《乌鲁木齐事宜》，"此余向在塔尔巴哈台、伊犁、喀什噶尔将军参赞任内，将各该处事迹考其牍籍，实诸见闻，辑成事宜各一册，使阅者开卷如指诸掌。今莅任兹土，曷仿前集，续成《乌鲁木齐事宜》册，则口外南北两路建制、政令、山川、道路、风土人情可以一览无遗，岂不更成全备哉"③。根据《乌鲁木齐事宜》"序"中所载，该书的编纂是根据《塔尔巴哈台事宜》等书现成的体例，将政府所藏档案等最原始的资料分门别类编辑而成，成书于嘉庆

---

① 《平定准噶尔方略》续编卷 23，乾隆二十八年十一月丁卯，海南出版社 2000 年版，第 7 册，第 349—350 页。
② （清）和宁：《三州辑略》卷 3《户口门》，台北：成文出版社 1968 年版，第 103 页。
③ （清）和宁：《乌鲁木齐事宜》"序"，载王希隆《新疆文献四种辑注考述》，甘肃文化出版社 1995 年版，第 89 页。

表 2-8　　　　乾隆四十二年（1777）天山北麓地区人口规模　　　　单位（人）

地点	满营官兵 官兵数	满营官兵 官兵眷口	绿营官兵 官兵数	绿营官兵 官兵眷口	屯田官兵 官兵数	屯田官兵 官兵眷口	地点	民户 户数	民户 口数	合计 人口数
乌鲁木齐	3646	13791	5418	18421	4073	13848	宜禾县	702		
巴里坤	1028	4237	1780	6052	500	1700	奇台县	2121		
古城	1028	3736	211	717	500	1700	迪化州属		44784	145729
木垒	—	—	305	1037	150	510	昌吉县	8959		
玛纳斯营	—	—	2363	8034	1400	4760	绥来县丞			
							阜康县			
小计	5702	21764	10077	34261	6623	22518		11782	44784	145729

说明：其一，满营、绿营官兵数出自《乌鲁木齐政略》"满营""巴里坤满营""古城满营""玛纳斯眷营""满城城守营""屯田"。其二，满营眷兵人口按人口年均自然增长率8.0‰，由《乌鲁木齐事宜》中记载的乾隆六十年（1795）满营官兵眷口数推算得出。其三，绿营官兵眷口数、屯田官兵眷口数依据官兵数与其眷口数1:3.4的比例推算得出。其四，户民户数出自："乾隆四十二年十一月十二日乌鲁木齐都统索诺木策凌奏报户民收成分数事"（第一历史档案馆藏乾隆朝军机处汉文录副奏折，档号：03-0831-054）；户民人口数出自："乾隆四十三年三月初三日乌鲁木齐都统索诺穆策凌奏报乌鲁木齐地方民数谷数事"（中国第一历史档案馆藏乾隆朝朱批奏折，档号：04-01-35-1175-048）。其五，商人户口为推算得知，见前文论述。

元年（1796），记事止于乾隆六十年。[①]

《乌鲁木齐事宜》的门类虽然较《乌鲁木齐政略》少，内容较为简略，但是其中官制（都统所属满汉官兵总数）、满营官制兵额、绿营官制兵额、民户户口、屯田（屯兵数）等门目详细记载了乾隆六十年乌鲁木齐、巴里坤两地的驻防官兵数量、民户户口、流遣人犯、商民户口等。其中记载，天山北麓镇西府、迪化州各属"民户共二万六百六十二户，男妇子女共十二万九千六百四十二名口"[②]，对比清朝户部历年《汇造各省民数谷数清册》的记载，乾隆六十年巴里坤、乌鲁木齐两地的民数人口为129642口[③]，两组数

---

① （清）和宁：《乌鲁木齐事宜》"序"，载王希隆《新疆文献四种辑注考述》，甘肃文化出版社1995年版，第89页。

② （清）和宁：《乌鲁木齐事宜》"民户户口"，载王希隆《新疆文献四种辑注考述》，甘肃文化出版社1995年版，第126—127页。

③ 清朝户部历年《汇造各省民数谷数清册》，载姜涛《中国近代人口史》附录"1749—1898年分省人口统计"，浙江人民出版社1993年版，第388—435页。

第二章 建州立县、移民垦荒：1757—1864年天山北麓的土地开发

据完全相同。这说明《乌鲁木齐事宜》中的各项人口数字与户部的奏报人口数据是同一来源的。此外，最值得一提的是，《乌鲁木齐事宜》中详细记载了乾隆六十年天山北麓满营官兵眷口"男妇老幼"全部眷口数，这是目前所见文献中唯一确切记载这类人口总数的历史资料。因此，笔者选择以《乌鲁木齐事宜》所记载的各类人口数作为基本资料，复原和重建乾隆六十年（1795）天山北麓的总人口数字，作为研究对比的第二人口时间剖面。

由以上分析可知，《乌鲁木齐事宜》中记载的乾隆六十年各类人口数中，只缺少绿营官兵眷口记载，需要用其他资料来推断复原。

2. 乾隆六十年绿营官兵眷口数的重建

由于乾隆四十二年到乾隆六十年（1777—1795）期间，天山北麓的驻防官兵数有变动，很难依据人口年均自然增长率来推算，而依据官兵数与眷口数的比例推算较为合理。上一节已经详细讨论了绿营官兵数与眷口数之间比例的变化：乾隆二十八年（1763）绿营兵丁与其眷口的比例为1:3.4，反映了绿营官兵移驻乌鲁木齐、巴里坤一带初期绿营兵丁与其眷口数的比例；嘉庆十一年（1806），绿营兵丁与其眷口的比例约为1:3.9，这反映了绿营官兵移驻边地一定时间之后其眷口自然繁衍增长的情况。乾隆六十年距嘉庆十一年仅11年，而且距乌鲁木齐、巴里坤两地绿营兵丁全部由换防转为携眷〔乾隆四十四年（1779）〕也已经16年了，因此这里采用绿营官兵数与其眷口数1:3.8的比例，根据《乌鲁木齐事宜》中记载的乾隆六十年天山北麓各地绿营兵丁数，推算当时绿营官兵的眷口数（见表2-9）。

表2-9　　乾隆六十年（1795）天山北麓地区人口规模　　单位（人）

地点	满营官兵 官兵数	满营官兵 官兵眷口	绿营官兵 官兵数	绿营官兵 官兵眷口	屯田官兵 官兵数	屯田官兵 官兵眷口	民户 地点	民户 户数	民户 口数	合计 人口数
乌鲁木齐	3487	15981	5436	20657	2601	9884	宜禾县	601	6820	
巴里坤	1105	4890	2168	8238	501	1904	奇台县	3426	31125	
古城	1108	4312	409	1554	501	1904	迪化州州属	3526	27820	
木垒	—	—	305	1159	151	574	昌吉县	4316	23292	225308
玛纳斯营			1624	6171			绥来县	2913	11325	
							阜康县	4638	23972	
							三所	1367	4330	

续表

地点	满营官兵		绿营官兵		屯田官兵		民户			合计
^	官兵数	官兵眷口	官兵数	官兵眷口	官兵数	官兵眷口	地点	户数	口数	人口数
小计	5700	25183	9942	37779	3754	14266		20787	128684	
校正数								20662	129642	226266

说明：其一，除绿营官兵眷口数为推算得出以外，其他各项人口皆据《乌鲁木齐事宜》统计。其二，户口的统计中，文献里又分出济木萨县丞、呼图壁县丞、喀喇巴尔噶逊粮员分管人口，这里将济木萨县丞归入阜康县统计，将呼图壁县丞归入昌吉县统计，喀喇巴尔噶逊归入迪化州统计。其三，"三所"指头屯所、芦草沟所、塔西河所；绿营官兵眷口数依据绿营官兵与其眷口数1:3.8 来推算的，具体论证见前文。其四，户民户数和口数的合计数系根据表中各县户数、人口数合计得出。其五，表中户民户口小计数系根据《乌鲁木齐事宜》原文所记各地户口数合计得出，但是原文最后总计各地户口书为 20662 户，129642 口；清朝户部《汇造各省民数谷数清册》中也记载乾隆六十年，乌鲁木齐、巴里坤人口为 129642 口。因此表中最后一栏据此得出了校正数。

（四）嘉庆十一年（1806）天山北麓的人口规模

1. 基本历史资料

《三州辑略》，为时任乌鲁木齐都统的和宁组织人员利用政府档案册籍编纂而成，成书于嘉庆十二年（1807），记事时间大多止于嘉庆十一年。《三州辑略》全书分为九卷，为沿革、疆域、山川、官制、建置、库藏、仓储、户口、赋税、屯田、俸廉、粮饷、营武、马政、台站、礼仪、学校、流寓、艺文、物产等二十门，详细记载了乌鲁木齐、巴里坤、吐鲁番、哈密地区自乾隆年间建制以来迄至嘉庆十二年的地方各项典章制度。其中官制、户口、屯田、营武、流寓等门目详细记载了嘉庆十一年的区域各类人口数，是所有文献中记载人口最为详备的。

清制，地方官员将该地区档案、办事经过以及规章制度编纂成书，以告后人，但未必刊行。前文提及的《乌鲁木齐政略》《乌鲁木齐事宜》均属此类，其纪事往往截至本任结束之时。由于系当时人根据政府档案册籍编纂，此类历史文献所据多为最原始的资料，内容可信度较高。无论从涉及区域、编纂体系、还是体例内容上讲，《三州辑略》都是该地区此类书中最优秀的。著名史地学家吴丰培称《三州辑略》为"著名新疆地方志之一，仅次于《西域图志》和《新疆图志》，与《总统伊犁事略》前后之作，为研究新疆必备之书"[①]。因此，本书以《三州辑略》所载各类人口

---

① 吴丰培：《吴丰培边事题跋集》，新疆人民出版社 1998 年版，第 215 页。

资料为基础,复原和重建嘉庆十一年(1806)天山北麓的总人口数,作为对比研究的第三个人口时间剖面。

《三州辑略》中记载了户民户口数、满营官兵数、绿营官兵数,但是缺少满营官兵眷口数以及绿营官兵眷口数,这需要利用其他资料来推算重建。

2. 嘉庆十一年满营眷口人数推算

《乌鲁木齐事宜》"官制兵额"的记载,乾隆六十年(1795)年底,乌鲁木齐、巴里坤、古城满营官兵眷口数分别为15981口、4890口、4312口。以乾隆年间人口年均自然增长率8.0‰为标准,根据《乌鲁木齐事宜》中记载的乾隆六十年满营官兵眷口数可以推算嘉庆十一年天山北麓各地驻防满营官兵的眷口数。因此,嘉庆十一年,乌鲁木齐、巴里坤、古城三地的满营官兵眷口数分别约为17376人、5338人、4707人(见表2-10)。

根据《三州辑略》"官制门""俸廉门""粮饷门""营伍门"的记载,嘉庆十一年乌鲁木齐、巴里坤、古城三地满营官兵数分别为3470人、1114人、1114人。那么,嘉庆十一年乌鲁木齐、古城、巴里坤三地满营官兵数与其眷口数的比例为1∶5.0、1∶4.8、1∶4.2。这些比例还是比较合理的,可见上文推算出来的满营官兵眷口数是比较可信的。

3. 嘉庆十一年绿营眷口人数推算

《三州辑略》记载,嘉庆十一年,乌鲁木齐、巴里坤"各属绿营眷兵一万一千五百名,其口数约有四万数千余口"[1]。可见,嘉庆十一年,绿营兵丁与其眷口的比例约为1∶3.9。本书即用此比例来推断当年天山北麓各地驻防绿营官兵的眷口人数(具体数字见表2-10)。

总而言之,从乾隆四十二年至乾隆六十年(1777—1795),天山北麓的人口由14.6万增加至22.6万,年平均人口增长率为24.7‰,主要体现了乾隆年间由甘肃迁移而来的户民人口的机械增长;而嘉庆六年至嘉庆十一年(1796—1806)再增加至24.9万人,人口年平均增长率仅为8.6‰,这一人口年均自然增长率与同一时期全国人口年均自然增长率相似,说明乾隆六十年以后天山北麓的人口增长由移民迁入带来的机械增长转变为人口的自然增长,进入一个人口平稳增长的阶段。[2]

---

[1] (清)和宁:《三州辑略》卷3《户口门》,台北:成文出版社1968年版,第103页。
[2] 何炳棣研究认为,乾隆四十四年至五十九年(1779—1794)中国的人口年均自然增长率8.7‰(何炳棣:《明初以降人口及其相关问题(1368—1953)》,葛剑雄译,生活·读书·新知三联书店2000年版,第75—76页);姜涛研究认为,乾隆年间人口年均自然增长率不超过9.0‰(姜涛:《中国近代人口史》,浙江人民出版社1993年版,第26页)。

表2-10　　　　　嘉庆十一年（1806）天山北麓地区人口规模　　　　单位（人）

地点	满营官兵 官兵数	满营官兵 官兵眷口	绿营官兵 官兵数	绿营官兵 官兵眷口	屯田官兵 官兵数	屯田官兵 官兵眷口	民户 地点	民户 口数	合计 人口数
乌鲁木齐	3470	17376	5483	21384	1530	5967	宜禾县	8064	
巴里坤	1114	5338	2216	8642	507	1977	奇台县	31075	
古城	1114	4707	405	1580	506	1973	迪化州州属	38644	
木垒	—	—	304	1186	153	597	昌吉县	29960	248654
玛纳斯营	—	—	1587	6189	—	—	绥来县	12785	
乌鲁木齐满营鳏寡孤独	540						阜康县	29543	
							三所	2738	
小计	6238	27421	9995	38981	2696	10514		152809	

说明：其一，八旗驻防人口根据《三州辑略》卷4《奉廉门》《粮饷门》统计得出，并且以卷2《官制门》、卷5《营伍门》统计的官兵数量进行对比校正；其中分类为领催、前锋、马甲、炮手、步甲、匠役、养育兵、鳏寡孤独等，为了与其他几个年代作对比，这里将"鳏寡孤独"单独列出。其二，户口的统计中，文献里又分出济木萨县丞、呼图壁县丞、喀喇巴尔噶逊粮员分管人口，这里将济木萨县丞归入阜康县统计，将呼图壁县丞归入昌吉县统计，喀喇巴尔噶逊归入迪化州统计。其三，对于古城地区满营官兵数的推算。卷4《粮饷门》记载古城"步甲匠役养育兵二十二名"，另据卷5《营伍门》记载古城"步兵一百四十四名"，前者的记载显然有误。对比《乌鲁木齐事宜》所载乾隆六十年乌鲁木齐、巴里坤满营兵数与《三州辑略》所载嘉庆十一年兵数，各类兵种及总兵数，发现都没有多大变化。《乌鲁木齐事宜》"满营官制兵额"记载古城"步兵一百四十，匠役十六，养育兵六十名"。如果认为匠役和养育兵的数量未变的话，嘉庆十一年古城地区的步甲、匠役、养育兵应该为220名。由此可见，《三州辑略》卷四《粮饷门》记载的古城"步甲匠役养育兵二十二名"是误写，应该为"步甲养育兵二百二十名"。由此计算，当时古城地区满营官兵数量为1114名。其四，满营官兵眷口数、绿营官兵眷口数及商民人口皆为推算得出，见上文详细论述。

其中，天山北麓的户民人口由乾隆四十二年（1777）的4.5万人，增加到乾隆六十年（1795）的12.96万人，户民人口年均增长率高达60.8‰，由此可见人口机械性增长的幅度之大；乾隆六十年至嘉庆十一年（1795—1806）间，户民人口由12.96万人增加到15.3万人，人口年均增长率为15.1‰，亦是较高的人口增长速度，这其中不乏迁移而来的机械性人口增长。其实，从中原而来的人口迁移活动一直持续到道光年间。[①]

---

① 道光二十年七月十一日"乌鲁木齐都统惠吉奏为乌鲁木齐各属开垦地亩情形事"：地方官员敦促垦荒，招户认垦，"招集有眷户民一千一百八十九户半"。这一次就又新入籍1100余户。中国第一历史档案馆藏乾隆朝朱批奏折，档号：04-01-22-0058-032。

第二章 建州立县、移民垦荒：1757—1864 年天山北麓的土地开发

（五）嘉庆十一年至同治二年（1806—1863）天山北麓地区的人口变化

1. 嘉庆十七年至咸丰六年（1812—1856）天山北麓户民人口的增加过程

由于历史资料的缺乏，无法得知嘉庆十一年至同治三年间（1806—1864）天山北麓的区域总人口规模及其变化。但是通过中国第一历史档案馆收藏的清朝户部历年《汇造各省民数谷数清册》可以了解天山北麓登记在册的户民人口（不包括满营官兵及其眷口、绿营官兵及其眷口、商民等）的变化情况（见表2-11）。

表2-11　嘉庆十七年至咸丰六年（1812—1856）天山北麓户民人口统计

时　间	人口数（人）	时　间	人口数（人）
嘉庆十七年（1812）	161750	道光二十一年（1841）	235456
嘉庆二十四年（1819）	181536	道光二十二年（1842）	239363
嘉庆二十五年（1820）	184045	道光二十三年（1843）	241940
道光四年（1824）	196325	道光二十四年（1844）	246342
道光五年（1825）	198420	道光二十五年（1845）	250296
道光十年（1830）	206586	道光二十六年（1846）	254510
道光十一年（1831）	205277	道光二十七年（1847）	252583
道光十二年（1832）	206889	道光二十八年（1848）	256467
道光十三年（1833）	208998	道光二十九年（1849）	264456
道光十四年（1834）	212200	道光三十年（1850）	274233
道光十五年（1835）	216009	咸丰元年（1851）	278349
道光十六年（1836）	218980	咸丰二年（1852）	282919
道光十七年（1837）	221862	咸丰三年（1853）	287643
道光十八年（1838）	224139	咸丰四年（1854）	292454
道光十九年（1839）	228128	咸丰五年（1855）	297362
道光二十年（1840）	232298	咸丰六年（1856）	301719

资料来源：清朝户部历年《汇造各省民数谷数清册》，见姜涛《中国近代人口史》附录"1749—1898年分省人口统计"，浙江人民出版社1993年版，第388—435页。

由表2-11可知，嘉庆十七年至咸丰六年间，只有道光十一年（1831）和道光二十七年（1847）天山北麓的户民人口数较上年稍微减少，其他各年人口都稳定增长，户民人口数由16万人增加到了30万余

人，平均每年增加 3181 人，人口年均增长率为 14.27‰。与乾隆六十年至嘉庆十一年（1795—1806）年间户民人口年均增长率15.8‰相比较可以看出，乾隆六十年之后，向天山北麓的移民活动进程有所减缓，但道光二十年（1840）安置 1100 余户可以看出，移民的迁入一直没有停止过。①14‰—16‰的年均人口增长率应该是天山北麓地区户民人口包括移民迁入在内的机械增长和自然增长的叠加。

2. 同治二年天山北麓总人口的推测

前文的研究表明，乾隆四十二年至嘉庆十一年（1777—1806）间天山北麓总人口年均增长率与户民人口年均增长率基本成正比，乾隆六十年至咸丰六年（1795—1856）间天山北麓的户民人口年均增长率稳定在14‰—16‰左右，而总人口年平均增长率为 8.6‰。因此可以保守地推论，嘉庆十一年（1806）之后，天山北麓的总人口年均增长率也应该与乾隆六十年至嘉庆十一年间的相似，在 8‰左右。

那么，以嘉庆十一年天山北麓总人口 248654 人为基础，以年均人口增长率8‰推算，至同治二年（1863）天山北麓地区的总人口约可达到39.2 万人。

综上所述，乾隆二十一年（1756）清、准之间的战争结束后，在清政府的直接指导和组织下，各种类型的人口大体同时而又有序地逐步进入天山北麓地区。在迁徙过程中，清政府一直坚持由近及远，由难而易的原则，在地域上自东向西推进；在移民类型上，先绿营屯兵，后遣犯和民户，使天山北麓人口在短时间内迅速增长。乾隆年间的大规模移民奠定了清代中期天山北麓的人口增长的基础。乾隆四十二年到乾隆六十年（1777—1795），天山北麓的户民人口年均增长率高达 60.8‰，区域总人口年均增长率为 24.7‰；乾隆六十年到嘉庆十一年，天山北麓的户民人口年均增长率为 15.1‰，区域总人口增长率为 8.6‰。

乾隆年间有组织的移民对清代中期的天山北麓地区土地开垦起到了至关重要的作用。由于清政府的直接参与和组织，使土地开发所需的农业人口在短时间内迅速聚集起来。天山北麓地处中国西北部，高山和戈壁阻隔在新疆和河西走廊之间，当时又在战争刚刚结束，百废待兴的时期，一般人户仅靠个人力量，很难完成由河西走廊向天山北麓地区的长途迁徙并定

---

① 道光二十年七月十一日"乌鲁木齐都统惠吉奏为乌鲁木齐各属开垦地亩情形事"：地方官员敦促垦荒，招户认垦，"招集有眷户民一千一百八十九户半"，中国第一历史档案馆藏道光朝朱批奏折，档号：04－01－22－0058－032。

居下来的活动。即使有少量人口自动流移,在迁徙规模、速度、居留方式上,也都受到种种限制,不能满足发展农业需要。在这种情况下,清政府有针对性地制定了移民政策,妥善办理移民的各个环节,从而较好地保证了人口迁移的成功率和稳定性。

第三节 1757—1864 年天山北麓的土地开发

在清政府的直接参与和组织下,各类农业人口在短时间内先后迁入天山北麓地区,迅速改变了这里地广人稀的状态,各类土地开发方式相继出现,形成了规模空前的土地开垦热潮。垦荒地点由东向西,不断增加,日益密集。到乾隆末年,天山北麓的农业区初步形成一定的规模。

一 天山北麓土地开发的基本思想

(一)屯垦戍边,就地供应兵丁粮饷

《西域图志》在"屯政"的开篇就写到"筹边之策,将使兵食兼足,舍屯政无由"①。清代中期,新疆屯田是在乾隆二十一年(1756)清军进入天山南北路的过程中兴起的。当年十月,负责主持西北军需转输事宜的陕甘总督黄廷桂上奏指出"口外各营兵粮,最关紧要。而新疆距内地较远,需费实繁,惟有相度形势,将设屯田之处,次第举行,庶兵与食俱足,而于国帑亦不致靡费"②。随即,屯田戍边,就近接济兵食的方针就在天山北麓的乌鲁木齐、巴里坤一带实施了。乾隆二十二年(1757)十月的上谕曰:"黄廷桂奏派兵一千名于来春前往巴里坤等处屯田等语,自应及时筹办。但此尚在近地,其乌鲁木齐等处亦需渐次屯种,接济兵食,其如何相度水利、测验土脉及派兵前往、一切口粮、牛具、籽种等项预为办理之处,著传谕黄廷桂详悉具奏。"③ 随即,地方官开始查勘土地,并布置在巴里坤一带的屯田。

在清朝与准噶尔汗国之间的战争结束后,清政府就认识到,要巩固自

---

① (清)傅恒等纂:《西域图志》卷32《屯政一》,北京大学图书馆藏乾隆四十七年(1782)武英殿聚珍本。
② 乾隆二十一年十月二十八日黄廷桂"奏请设立屯田以裕兵食折",台北"故宫博物院"编:《宫中档乾隆朝奏折》,台北"故宫博物院"1985年版,第15辑,第869—868页。
③ 《平定准噶尔方略》正编卷45,乾隆二十二年十月庚午,海南出版社2000年版,第5册,第3—4页。

己的战争成果，必须在当地驻扎重兵，加强控制，而屯田开垦，发展当地农业才是解决驻兵粮饷的最好办法。因此，屯田固边、就近解决驻兵粮饷的思想得到了进一步的深化并付诸实施。乾隆二十三年（1758）四月己未，上谕曰："昨命兆惠擒剿厄鲁特贼众后即著来京，原为商办屯田事务，看来厄鲁特余贼既除，则回部亦易于平定，惟明岁屯田最关紧要……其屯田事宜即留意区划为要。"① 由于士兵屯田主要是为了供应驻防官兵口粮，因此其屯田地点亦选择驻防重地附近。乾隆二十四年（1759），努三奏"查看木垒至乌鲁木齐，若尽开屯田，则所需兵丁太多，而间隔遥远，亦烦运费，惟特纳格尔、昌吉、罗克伦距乌鲁木齐颇近，地亩亦广，将来回部全定，伊犁驻防，以必须防兵若干，与屯兵粮饷合算，量籽种以定兵数，就收获以给军食，既可省内地运之烦，亦不患多兵冗食"②。

兵屯规模的大小依据驻防士兵所需粮饷的多少而定，一旦生产的粮食有余或不足，就考虑是否裁减或增加屯兵。乾隆二十五年（1760），乌鲁木齐、昌吉、罗克伦等地的屯田获得丰收，"计将收获谷数折作米面，可得六万四千九百五十二石九斗有奇，足敷五千三百余人四年零三个月之食"③。因收获粮石充裕而且盈余甚多，乾隆二十六年（1761）八月，安泰建议将乌鲁木齐五处屯田兵由5000名，减少到1000名。④ 乾隆五十六年（1791），因"济木萨旧贮新收粮石，共有二十万石，该处每岁支销，不过一千七八百石，而缺粮需拨之迪化州等处，又距济木萨程途较远，脚费繁多，不能运往，以至该处粮石日积日多，存贮年久，不无霉变损耗"，所以决定裁撤济木萨兵屯。⑤

（二）发展边地经济，使之与中原同

乾隆帝取得了对准噶尔汗国战争的最后胜利，为清帝国西部又增加了广袤的新疆土。清政府在新疆因地制宜地采取了不同的统治和管理方式（见本书第二章第一节）。与新疆其他地区不同，天山北麓地区原本地广人

---

① 《平定准噶尔方略》正编卷53，乾隆二十三年四月己未，海南出版社2000年版，第5册，第144页。
② 《平定准噶尔方略》正编卷74，乾隆二十四年六月丁丑，海南出版社2000年版，第6册，第157页。
③ 《平定准噶尔方略》续编卷7，乾隆二十五年十二月乙酉，海南出版社2000年版，第7册，第104—105页。
④ 《平定准噶尔方略》续编卷13，乾隆二十六年八月辛未，海南出版社2000年版，第7册，第190页。
⑤ 《清高宗实录》卷1382，乾隆五十六年七月戊寅，中华书局1987年版，第26册，第539—540页。

第二章　建州立县、移民垦荒：1757—1864年天山北麓的土地开发　97

稀，在经历了战乱之后，人民逃散，耕牧俱废，"千里空虚，渺无人烟"①。因此，随着新疆局势的进一步稳定，以及鉴于绿营兵丁屯田取得成功，清政府便形成了开发天山北麓，发展农业的思想。

早在乾隆二十三年（1758），乾隆帝在上谕中就谈到了兵丁携带眷口到边疆地区，发展边地经济的重要性："现在派往乌鲁木齐等处屯田兵丁，已至一万数千，所垦地亩，亦必广阔。目前军营事务俱有就绪，此项屯田，如有情愿携带家口者，即行准其带往。伊等既有家口，则份地垦种，各安其业，而生聚畜牧，渐与内地村庄无异。"② 乾隆二十四年（1759），乾隆帝再次提出了发展边地的设想："今准噶尔、回部荡平，屯田驻兵，自伊犁以达叶尔羌，向日之边陲又成内地，则文武员弁均应依次移补，方与舆地官制俱为合宜。"③ 经过廷臣及地方官员的反复讨论、筹划，最后决定仅在乌鲁木齐、巴里坤一带设置了文官："寻议伊犁以迄，回部一切驻兵屯田，自当另为经理。至附近内地等处，如乌鲁木齐以至昌吉、罗克伦一切管辖地方收支钱粮，自应添设文职"，乾隆帝批复"应如所请行"。④其实，由于清政府控制哈密、巴里坤较早，到乾隆二十五年（1760），哈密、巴里坤两地已经被视为"内地"了⑤。

此后，随着移民的迁入，乌鲁木齐、巴里坤一带不断发展繁荣，与中原景象已无多大差异。乾隆二十九年（1764），参赞大臣绰克托对乌鲁木齐一带进行了实地查看后，向乾隆帝汇报道："查民人移居以来，伐木采煤，养育鸡猪，竟成村落，与内地无异。"⑥ 乾隆三十八年（1773），天山北麓正式设置州县，设镇西府和直隶迪化州两府州。至此，完成了乾隆帝使乌鲁木齐、巴里坤设置州县，中原地区相同的设想。乾隆四十二年（1777），乌鲁木齐都统索诺木策凌奏报"乌鲁木齐至巴里坤一带，所属镇西、迪化各州县并济木萨、玛纳斯、库尔喀喇乌苏各处，地亩颇为宽广，

---

① （清）椿园：《西域闻见录》卷1《新疆纪略》，陕西师范大学图书馆藏刻本。
② 《清高宗实录》卷572，乾隆二十三年十月甲子，中华书局1987年版，第16册，第271页。
③ 《平定准噶尔方略》正编卷82，乾隆二十四年十一月甲戌，海南出版社2000年版，第6册，第307页。
④ 《平定准噶尔方略》续编卷2，乾隆二十五年五月丙午，海南出版社2000年版，第7册，第26—27页；《清高宗实录》卷612，乾隆二十五年五月丙午，中华书局1987年版，第16册，第874—875页。
⑤ 《清高宗实录》卷614，乾隆二十五年六月辛巳，中华书局1987年版，第16册，第909—910页。
⑥ 《平定准噶尔方略》续编卷27，乾隆二十九年十二月癸卯，海南出版社2000年版，第7册，第421页。

自二十六年移驻户民至今，已有一万余户，兼之满洲、绿营俱系席卷驻防，又商民、遣犯人烟聚集，已至数万，实为边疆繁盛之区。迩年改设州县，添筑城堡村庄，居然内地"①。

（三）实边开发、解决贫民生计问题

早在乾隆二十五年（1760），乾隆帝就阐述了"实边开发、解决内地贫民生计"的一举两得之计："国家承平日久，生齿繁庶，小民自量本籍生计难以自资，不得不就他处营生糊口，此乃情理之常……今日户口日增，而各省田土不过如此，正宜思所以流通以养无籍贫民……西垂平定，疆宇式廓，辟展、乌鲁木齐等处在屯田，而客民之力作、贸易于彼者日见加增。将来地利愈开，各省之人，将不招自集，其于惠养生民，甚为有益"②。

天山北麓的乌鲁木齐、巴里坤等地农业为灌溉农业，无旱涝之灾，兵屯获得连年丰收。而与之毗邻的甘肃各地经常发生旱涝灾害，被灾贫民需要政府接济，又非长远之计，因此，从甘肃向天山北麓移民，既能起到实边开发的作用，同时又能解决贫民生计问题，作为一种策略很快被提上议事日程。乾隆二十九年（1764），陕甘总督杨应琚上奏："甘省皋兰等三十二州、县、厅均有被灾之处，已降旨查勘赈恤，并加恩蠲免额赋，厚示抚绥。因念该处现在收成歉薄，缘边瘠土之民，生计未免拮据，年来新疆屯政屡丰，如乌鲁木齐等处粮储甚为饶裕，且其地泉甘土沃，并无旱涝之虞，如令该省接壤居民，量其道里近便，迁移新屯各处，则内地资生即广，而边陲旷土愈开，实为一举两得"，乾隆帝令杨应琚"悉心体察，随民情所愿，设法开导，善为经理"。③ 此后，这一策略不断被提到，并且逐步得到实施。④

（四）勿使垦而复荒

在乾嘉时期天山北麓的开发过程中，在垦殖土地利用的问题上有一个非常重要观念，即一般情况下，都尽量避免垦而复荒，从来不会随意放弃已经开垦过的土地。乾隆二十六年（1761），乌鲁木齐兵屯连获丰收，粮

---

① 乾隆四十一年八月十二日"乌鲁木齐都统索诺木策凌为复甘肃被灾贫民移往新疆屯垦事奏折"，中国第一历史档案馆：《乾隆年间徙民屯垦新疆史料》，《历史档案》2002 年第 3 期。
② 《清高宗实录》卷 604，乾隆二十五年正月庚申，中华书局 1987 年版，第 16 册，第 786—787 页。
③ 《平定准噶尔方略》续编卷 26，乾隆二十九年八月辛巳，海南出版社 2000 年版，第 7 册，第 398 页。
④ 《清高宗实录》卷 877，乾隆三十六年正月戊辰，中华书局 1987 年版，第 19 册，第 746—747 页。

第二章 建州立县、移民垦荒：1757—1864年天山北麓的土地开发　99

石积贮较多，因此考虑裁减屯兵人数，陕甘总督杨应琚提出"遵议酌减兵数，则现在垦熟地亩坐致荒废，前功甚属可惜"，因此建议迁移兵丁眷口或迁移游民前来耕种已经开垦的地亩。① 伊犁兵屯减少屯兵数时，也出于同样的考虑"查伊犁及回城共有马兵三千一百余名，绿旗兵一万二千余名，合计屯田之兵居其大半，应量为裁减，所余地亩，即招募回人耕种，庶熟地不致荒芜，请交永贵、旌额理等筹议具奏"②。与伊犁地区做法相同，此后，木垒、奇台、济木萨、玛纳斯等地裁撤兵屯之后，都是将兵屯地亩划拨给民户垦种。③

"勿使垦而复荒"的思想一方面保护了屯田垦荒的成果；另一方面也推动了乾隆年间天山北麓土地屯垦开发的速度和广度。

以上土地开发的思想深刻影响着乾隆直至道光年间天山北麓的土地开发过程，不断地推动着土地开发活动向深度和广度发展。

（五）考虑交通线路的通畅，由东到西逐渐开发

迁移兵丁开屯的第一个地点，最初选在伊犁，但是由于伊犁深居新疆西境，屯兵所需农具及当年屯兵的口粮筹办运送都面临困难。加之乾隆二十三年（1758）春，南疆发生大小和卓兄弟叛乱，形势的变化迫使清政府改变原来首垦伊犁的计划，改为自东向西，渐次发展的策略，"由巴里坤以西之伊勒巴尔和硕、穆垒、特纳格尔、乌鲁木齐、玛纳斯、安济哈雅、济尔哈朗等处以次建堡屯田，派兵驻扎，自近而远，各以就近余粮陆续办理，直达伊犁"④。乾隆二十三年派兵1000名在巴里坤附近的朴城子和奎苏开垦并耕种土地2.09万亩、乾隆二十五年（1760）派兵4374名在迪化城附近的五堡、昌吉、罗克伦等地开垦土地8.7万亩、"玛纳斯、扬巴勒噶逊、

---

① 乾隆二十六年八月初五日"著陕甘总督杨应琚妥议招募甘肃贫民赴新疆屯垦事上谕"，中国第一历史档案馆：《乾隆年间徙民屯垦新疆史料》，《历史档案》2002年第3期；《平定准噶尔方略》续编卷13，乾隆二十六年八月辛未，海南出版社2000年版，第7册，第190—191页。

② 《平定准噶尔方略》续编卷13，乾隆二十六年八月乙丑，海南出版社2000年版，第7册，第203页。

③ （清）傅恒等纂：《西域图志》卷32《屯政一》记载木垒、奇台等地的撤屯，北京大学图书馆藏乾隆四十七年（1782）武英殿聚珍本；（清）松筠：《新疆识略》卷3《北路舆图》[北京大学藏道光元年（1821）武英殿刊刻本]、《清高宗实录》卷1382，乾隆五十六年七月戊寅（中华书局1987年版，第26册，第538—540页）记载了乾隆五十一年玛纳斯撤屯；《清高宗实录》卷1382，乾隆五十六年七月戊寅记载"乾隆五十六年济木萨撤屯"，中华书局1987年版，第26册，第538—540页。

④ 《平定准噶尔方略》正编卷54，乾隆二十三年四月癸未，海南出版社2000年版，第5册，第167页。

安集哈雅、晶河等处酌量驻兵屯田，则地当伊犁、乌鲁木齐之中，声势联络，接济台站亦便"①，乾隆二十七年（1762）派兵180名在玛纳斯屯田1700亩②。沿着天山北麓，由东向西，屯田点逐渐布置展开。到乾隆二十六年（1761），巴里坤附近的朴城子和奎苏两个兵屯点共垦地2.2万亩，乌鲁木齐所属的五堡、昌吉、罗克伦等地共耕种土地8.7万亩。③

二 土地开发的方式

在封建时代，影响一个地区的农业开发的因素，除了必须具备适宜农业耕作的土壤、水利与光热条件外，劳动力数量和质量是最重要的条件。前文已经论述了各类人口迁入天山北麓的过程（第二章第二节），其中直接从事农业开发劳力的是绿营兵中的屯田兵、流遣人犯和户民，其相应的屯垦形式为兵屯和户屯。

（一）兵屯

兵屯，即绿营兵屯田的简称。自乾隆二十二年（1757）始，清政府便开始大规模调遣绿营兵丁赴天山北麓的巴里坤、乌鲁木齐一带屯垦，"于绿营兵内多选善于耕种之人，发往乌鲁木齐，明春即令试种地亩，量力授田，愈多愈善"④。屯兵都是按名拨授份地。乾隆二十三年（1758），陕甘总督黄廷桂奏称"准屯田大臣永贵咨，明岁屯兵，每名种地十五亩外，酌加五亩"⑤，可知每名屯兵的份地原定为15亩，后来增加到20亩。此后，天山北麓各个屯区先后建立，根据各地的实际情况各屯区屯兵的份地亩数也有差别，乌鲁木齐提标各营屯兵每名种地21亩⑥，巴里坤镇标所属朴城子、古城、木垒等屯区每兵种22亩⑦。

1. 屯区的形成与划分

自乾隆二十三年正式开始在巴里坤屯田之后，天山北麓各地逐渐设立

---

① 《平定准噶尔方略》续编卷10，乾隆二十六年三月甲寅，海南出版社2000年版，第7册，第154—155页。
② （清）傅恒等纂：《西域图志》卷32《屯政一》，北京大学图书馆藏乾隆四十七年（1782）武英殿聚珍本。
③ （清）傅恒等纂：《西域图志》卷32《屯政一》，北京大学图书馆藏乾隆四十七年（1782）武英殿聚珍本。
④ 《清高宗实录》卷548，乾隆二十二年十月丙寅，中华书局1987年版，第15册，第982页。
⑤ 《清高宗实录》卷572，乾隆二十三年十月甲子，中华书局1987年版，第16册，第271页。
⑥ （清）松筠：《新疆识略》卷6《屯务》，北京大学藏道光元年（1821）武英殿刊刻本。
⑦ （清）和宁：《乌鲁木齐事宜》"屯田"，载王希隆《新疆文献四种辑注考述》，甘肃文化出版社1995年版，第129—132页。

第二章　建州立县、移民垦荒：1757—1864 年天山北麓的土地开发

兵屯点，屯田管理的制度也逐步完善。按照《乌鲁木齐政略》《西域图志》等书的记载，至乾隆四十二年（1777）天山北麓共划分为八个屯区：

朴城子屯区，属于巴里坤镇标右营，乾隆二十二年总兵丑达督兵试垦，次年，甘、凉、肃等七提、镇千名官兵正式开始屯种。后来额设屯兵 500 名，屯田约 2 万亩，分为天时庄、大有庄、地利庄、人和庄四屯，以游击统领之。①

奎苏屯区，原属于巴里坤镇标，与朴城子同时开垦，乾隆三十六年（1771）十月裁撤屯兵。

古城屯区，属于巴里坤镇标，乾隆三十七年（1772）开设屯田，额设屯兵 500 名，以游击督领，屯田 1.2 万余亩，分为丰盛、太平、安乐三屯。

木垒屯区，属于巴里坤镇标，乾隆三十一年（1766）派兵 200 名开设屯田，分为木垒、东济尔玛台、奇台、西吉尔玛台、吉布库、东格根等六个屯田点，采取轮耕的方式，逐年轮换耕种。乾隆三十五年（1770），裁撤其他屯田点，专于吉布库屯田，额设屯兵 150 名，以都司统领。

乌鲁木齐中营屯区，属乌鲁木齐提标中营（驻迪化城），乾隆二十三年（1758）兴屯，乾隆四十二年设屯兵 1066 名，以参将统领，共屯种 2.2 万亩田地，分为辑怀城、土墩子、怀义堡、屡丰堡、宣仁堡、惠徕堡、阜康城、头道湾头工、头道湾二工等九屯。

乌鲁木齐左营屯区，属乌鲁木齐提标左营（驻昌吉城），乾隆二十三年兴屯，乾隆四十二年设屯兵 1066 名，开垦屯地 2.2 万亩，分为头工、二工、三工、四工、甘标头工、二屯、宝昌堡、乐全堡等八屯，以游击督领。

乌鲁木齐右营屯区，属于乌鲁木齐提标右营（驻景化城），乾隆二十八年（1763）设，乾隆四十二年有屯兵 1066 名，以都司统领，耕种田地 2.2 万亩，分为头工、二工、三工、四工、五工、六工、土古里克等七屯。

济木萨屯区，属于乌鲁木齐提标，乾隆三十三年（1768）设 1000 名屯兵，开垦屯地 2 万亩。乾隆四十二年，额设屯兵 875 名，垦地 1.5 万亩，分为济木萨、双岔河、柳树河、三台、特纳格尔等五屯，以参将督领。

玛纳斯屯区，属于乌鲁木齐提标，乾隆二十七年（1762）设 180 名屯兵，开垦 1700 亩屯地。乾隆四十二年，额设屯兵 1400 名，耕种屯地 2.8

---

① （清）文绶：《陈嘉峪关外情形疏》，（清）贺长龄：《清朝经世文编》卷 81《兵政》，载沈云龙主编《近代中国史料丛刊》第一编第 74 辑，台北：文海出版社 1966 年版，第 2885 页；（清）松筠：《新疆识略》卷 2《北路舆图巴里坤舆图》，北京大学藏道光元年（1821）武英殿刊刻本。

万亩。玛纳斯屯区共分左、右两营，左营有禾丰工、稼茂工、广裕工、瑞成工、亨有工、源兴工、松盛工七屯。右营有丰盈头工、恒裕工、庆稔工、广润工、大有工、千仓工、万储工七屯，以游击、都司统领。

以上各屯区中，乾隆五十一年（1786）裁撤玛纳斯屯区，乾隆五十六年（1791）裁撤济木萨屯区，其余各屯区一直维持到同治三年（1864）。

2. 兵屯制度

兵屯是清廷直接经营的军事化屯田组织。屯兵按军队编制，由各级军官统领，从事农业生产。屯兵的管理体制如下[①]：

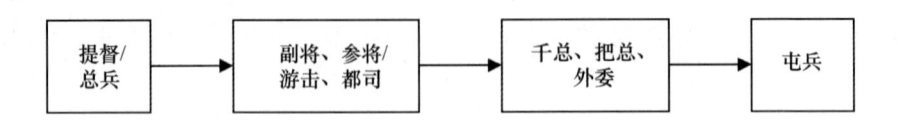

```
提督/总兵 → 副将、参将/游击、都司 → 千总、把总、外委 → 屯兵
```

提督和总兵是绿营最高官员，同时总理屯田事务。巴里坤镇总兵负责巴里坤右营、古城及木垒的屯田兵。乌鲁木齐提督除了管理乌鲁木齐中、左、右营屯及玛纳斯、济木萨、库尔喀喇乌苏、精河等营屯兵外，还统辖巴里坤镇屯田事务。副将、参将、游击、都司等为各屯区的主管官员，具体管理屯田事务。千总、把总、外委直接统带屯田兵，督课耕种。屯兵以"屯"为最基本的生产单位，又称为"工"，每屯（工）规模大小不一，通常有100名左右的屯兵。每屯（工）一般都设有屯堡，屯兵共居于一堡之中，屯堡周围即为该处屯兵耕种之地。

屯兵的生产资料及必需的生活费用由国家供给。除土地之外，生产资料主要包括农具、耕畜和籽种。农具，一般每三名屯兵给一副农具，包括了各式生产工具："犁铧一张，重七斤；铁锹二张，各重二斤；镢头一把，重二斤八两；斧头一把，重二斤八两；镰刀二把，各重九两；锄头一张，重二斤；撇绳一根；搭背二副；缰绳二条；辔头二副；拥脖二副；弓弦五根；马鞯一副；肚带一根。"[②] 耕畜，乌鲁木齐提标各屯区，每屯兵百名给马、牛80匹（只），其中马20匹、牛60只；巴里坤镇标各屯区，每屯兵平均给一马或一牛。[③] 农具和耕畜都允许一定的损耗，如果在正常损耗之

[①] 华立：《清代新疆农业开发史》，黑龙江教育出版社1998年修订版，第93页。

[②] （清）索诺木策凌：《乌鲁木齐政略》"农具"，载王希隆《新疆文献四种辑注考述》，甘肃文化出版社1995年版，第66页。

[③] （清）松筠：《新疆识略》卷10《厂务》，北京大学藏道光元年（1821）武英殿刊刻本；（清）和宁：《乌鲁木齐事宜》"屯田"，载王希隆《新疆文献四种辑注考述》，甘肃文化出版社1995年版，第130页。

第二章　建州立县、移民垦荒：1757—1864年天山北麓的土地开发

内则官为补买，超过正常损耗则屯兵自己负责。籽种，天山北麓兵屯播种的籽种包括小麦、大麦、青稞、粟谷、胡麻、豌豆等。籽种第一年由政府预拨，以后则从每年收获屯粮中扣除留用。《乌鲁木齐政略》记载，乌鲁木齐屯兵"每名种地二十一亩内，小麦十四亩、青稞二亩、粟谷四亩、胡麻一亩，小麦、青稞每亩用籽种一斗，粟谷每亩用籽种二升五合"[1]。

天山北麓的乌鲁木齐、巴里坤等地采取屯地定额劳役租制，即屯兵在份地上的收获物必须依照定额全部上缴官仓，屯兵及其家眷的生活以国家发给的兵饷维持。"收成分数"是督促和调动屯兵生产积极性的评价标准。其计算办法是，"概以亩计，每亩以斗起分，以亩收一石为十分"[2]。起初，没有规定必须达到的收成分数，只要收获量较上年增加，本年就堪称丰收，就分别奖励官兵。[3] 稍后规定，乌鲁木齐屯兵每名收获11石细粮以上，"官员议叙，兵丁奖赏"[4]。乾隆三十一年（1766），伊犁将军明亮、伊勒图等根据新疆各地的不同情况，酌定《屯田赏罚章程》。按此章程，乌鲁木齐提属屯兵、巴里坤朴城子屯兵收获细粮12石，功过相抵，15石以上官员议叙、兵丁嘉赏；古城、吉布库收获细粮15石，功过相抵，18石以上，官员议叙，兵丁奖赏。[5]

表2-12　　　乾隆二十五年至乾隆四十二年（1760—1777）
乌鲁木齐兵屯收成数字

年　份	收获（石）	年　份	收获（石）
乾隆二十五年	14.95	乾隆三十四年	14.8
乾隆二十六年	12.08	乾隆三十五年	13.1
乾隆二十七年	3.4	乾隆三十六年	14.4
乾隆二十八年	16.74	乾隆三十七年	10.78
乾隆二十九年	15.02	乾隆三十八年	11.39
乾隆三十年	13.0	乾隆三十九年	15.68

---

[1] （清）索诺木策凌：《乌鲁木齐政略》"屯田"，载王希隆《新疆文献四种辑注考述》，甘肃文化出版社1995年版，第52页。
[2] （清）傅恒等纂：《西域图志》卷32《屯政一》，北京大学图书馆藏乾隆四十七年（1782）武英殿聚珍本。
[3] 华立：《清代新疆农业开发史》，黑龙江教育出版社1998年修订版，第96页。
[4] （清）索诺木策凌：《乌鲁木齐政略》"屯田"，载王希隆《新疆文献四种辑注考述》，甘肃文化出版社1995年版，第52页。
[5] （清）和宁：《三州辑略》卷4《屯田门》，台北：成文出版社1968年版，第125页。

续表

年　份	收获（石）	年　份	收获（石）
乾隆三十一年	11.27	乾隆四十年	15.02
乾隆三十二年	13.68	乾隆四十一年	16.0
乾隆三十三年	14.9	乾隆四十二年	15.0

资料来源：《乌鲁木齐政略》"屯田"。

由表 2－12 可以看出，在乾隆二十五年至乾隆四十二年（1760—1777）的 18 年间，乌鲁木齐屯田收获达到 12 石以上的有 14 年，占 77.8%，其中有六年的收获数超过了 15 石，占 33.3%，主要集中在后半期的几年；收获不足 12 石的只有四年，占 22.2%。可见，绝大部年份屯兵的收获都可以达到纳粮的标准，少数年份可以获得叙赏。

（二）遣屯

遣屯，是流遣人犯组成的生产单位。遣屯依附兵屯而设，纳入当地的兵屯组织系统，由屯兵及各屯主管官员监督管理，可以视作兵屯的一种补充。乾隆二十六年（1761），乾隆帝在一条关于新疆发遣人犯事宜的上谕中指出"此等罪犯本属去死一间，投畀远方，既不至渐染民俗，而新疆屯垦方兴，又可力耕自给，实为一举两得"[①]。

根据遣犯所犯罪行轻重，屯田的遣犯又分为给屯兵为奴和承种份地两种："其中情节重者，给兵丁为奴"[②]，"令其服耕作之役"[③]；"轻者，补耕屯缺额"[④]，即承种份地。乾隆二十六年，巴里坤有遣犯480余名[⑤]。乾隆四十二年，乌鲁木齐提标各营共有遣犯 38 名，巴里坤镇标各营有遣犯 350 名，其实全都在朴城子屯区。[⑥]

为奴遣犯没有单独分配的土地，承种遣犯制定一定数量的地亩单独垦种，因此这里主要讨论承种遣犯的屯田制度。乌鲁木齐提标各营种地遣

[①] 《平定准噶尔方略》续编卷 10，乾隆二十六年三月辛酉，海南出版社 2000 年版，第 7 册，第 158 页。
[②] 《清高宗实录》卷 1090，乾隆四十四年九月乙未，中华书局 1987 年版，第 22 册，第 646 页。
[③] 《清高宗实录》卷 761，乾隆三十一年五月乙酉，中华书局 1987 年版，第 18 册，第 370—371 页。
[④] 《清高宗实录》卷 1090，乾隆四十四年九月乙未，中华书局 1987 年版，第 22 册，第 646 页。
[⑤] 《平定准噶尔方略》续编卷 13，乾隆二十六年八月辛巳，海南出版社 2000 年版，第 7 册，第 193 页。
[⑥] （清）索诺木策凌：《乌鲁木齐政略》"屯田"，载王希隆《新疆文献四种辑注考述》，甘肃文化出版社 1995 年版，第 55 页。

犯，每名给地12亩，有家眷者，另外给地5亩，"以为伊等贴补衣履之费"①。巴里坤遣犯每名给地22亩，与屯兵相同。②嘉庆四年（1799），巴里坤的遣犯屯种地亩也改为12亩。③遣犯耕种所使用的耕畜、牛具、籽种等具由官府配给，乌鲁木齐提标各属遣犯每3名给牛马1匹（只），农具1副（后减为每6名给农具1全副），巴里坤遣犯承种的土地与当地屯兵相同，所有生产资料的分配也与屯兵相同，"每名给牛马一匹只"④。

承种遣犯也实行定额纳粮奖惩制度。乌鲁木齐承种12亩之遣犯，纳细粮"如至六石六斗者，日加白面半斤……收至十石者，日加白面一斤……如止收四石以上，准其功过相抵，不及者，遣犯重责，该管官员降一级留任"；巴里坤承种遣犯屯地因与屯兵相同，其赏罚条例也相同。⑤根据《乌鲁木齐政略》的记载，乾隆二十七年至乾隆四十二年（1761—1777），乌鲁木齐提标各屯遣犯大部分年份可以完成纳粮的额数。⑥

（三）户民耕垦

从河西走廊等地迁移来的民户、当地认垦的民户、发遣到边地为民的安插户、由遣犯为民转来的遣户、由商民落户当地而出现的商户、由兵丁子弟分户等所进行的开垦耕种活动，通称为户民耕垦。各类户民落户天山北麓之后，即被编入当地民籍，成为编户齐民（见本书第二章第二节）。

清政府规定，户民被安插在各地的同时，按户拨给土地，领种之后即为己业，照水田之例六年升科。由河西走廊等地迁移而来以及当地认垦、招募的民户，一般每户分配30亩土地。但是在垦种之初，由于天山北麓地广人稀，政府对户民的承垦土地同时还执行一个原则，即"空闲地土任其垦种"⑦。因此，就出现"丁多有力之户，自三十亩陆续垦至数十亩；丁少无力之户，亦仅垦十五亩至二十余亩不等"，各户由于丁口的多少不一，

---

① 《平定准噶尔方略》续编卷15，乾隆二十七年正月丙辰，海南出版社2000年版，第7册，第227—228页。
② （清）和宁：《乌鲁木齐事宜》"屯田"，载王希隆《新疆文献四种辑注考述》，甘肃文化出版社1995年版，第130页。
③ （清）和宁：《三州辑略》卷4《屯田门》，台北：成文出版社1968年版，第128—129页。
④ （清）和宁：《乌鲁木齐事宜》"屯田"，载王希隆《新疆文献四种辑注考述》，甘肃文化出版社1995年版，第130页。
⑤ （清）和宁：《乌鲁木齐事宜》"屯田"，载王希隆《新疆文献四种辑注考述》，甘肃文化出版社1995年版，第132页。
⑥ （清）索诺木策凌：《乌鲁木齐政略》"屯田"，载王希隆《新疆文献四种辑注考述》，甘肃文化出版社1995年版，第55—56页。
⑦ 乾隆二十六年九月"陕甘总督杨应琚为遵旨办理甘肃贫民赴新疆屯垦事奏折"，中国第一历史档案馆：《乾隆年间徙民屯垦新疆史料》，《历史档案》2002年第3期。

垦种的地亩也多寡不一。虽然如此，直到乾隆三十二年（1767），整个天山北麓地区户均垦地仍在 30.1 亩左右。①

商户的耕垦。早在乾隆二十六年（1761），清政府就决定在巴里坤地方招募商民认垦土地，"除现在屯田外，凡有近水易垦之地，俱听该处商民具呈认垦，给与执照，俟垦种有年，照例分别年限具报升科"，当年便有 67 名商人认垦地 3700 余亩。② 这些商人皆"携资贸易，系有工本之人"，清政府鼓励他们尽力领地开垦，"如力能多垦，取给结照，永远管业"③。由于这些商民资本雄厚，他们户均垦地面积较一般户民为多。

《乌鲁木齐政略》"户民"记载："乾隆二十七年，陕甘总督杨（应琚）奏准，乌鲁木齐地广水足，请招募内地无业穷民，官为资送，前往开垦。经办事大臣旌（额理）等奏准：每户拨给地三十亩，力能多种者亦听民便，赏给农具一副，籽种小麦八斗、粟谷一斗、青稞三斗外，借给建房银二两，马一匹作价银八两，俟伊等生计充裕之后完交，所垦之田照水田之例六年升科，每亩纳粮八升。"按照以上规定，户民的土地、农具、籽种是清政府无偿授予的，耕畜则折价贷给。这一规定适用于从河西走廊等地招募和本地认垦的户民、商户和兵丁分户子弟，对于安插户和遣户则稍有不同。如乾隆三十六年（1771）安插于迪化州所属土墩子地方的安南王后裔黄公缵等，"每户拨给地三十亩，并借给农具、籽种、马匹、房价"，除土地外，其他生产资料均为政府贷给。④ 遣户的地亩、农具、籽种等皆由政府无偿提供，不同之处在于，携眷遣犯为民，"每六人给农具一副，马二匹每匹作银八两。拨地之次年升科，房价、马价作三年带征"；只身遣犯"每四名给农具一副，马二匹，每马一匹作价八两。为民后三年升科，房、马价摊分作三年带征"⑤。

户民升科之后即取得自耕农身份，"每届升科之年，粮务道率同两厅再行履亩清丈册报，一面具奏，一面移咨陕甘总督、户部"⑥。升科意味着

---

① 乾隆三十二年五月初二日"署甘肃提督温福等为新疆户民垦种地亩照例升科事奏折"，中国第一历史档案馆：《乾隆年间徙民屯垦新疆史料》，《历史档案》2002 年第 3 期。
② 乾隆二十六年九月十三日"陕甘总督杨应琚为报巴里坤豌豆收成并请听民广为劝垦事奏折"；乾隆二十六年十二月二十六日"陕甘总督杨应琚为报巴里坤商民初次垦种地亩数目事奏折"，中国第一历史档案馆：《乾隆年间徙民屯垦新疆史料》，《历史档案》2002 年第 3 期。
③ 《清高宗实录》卷 909，乾隆三十七年五月戊午，中华书局 1987 年版，第 20 册，第 173 页。
④ 《清高宗实录》卷 893，乾隆三十六年九月丁卯，中华书局 1987 年版，第 19 册，第 996 页。
⑤ （清）索诺木策凌：《乌鲁木齐政略》"遣犯"，载王希隆《新疆文献四种辑注考述》，甘肃文化出版社 1995 年版，第 31—32 页。
⑥ （清）索诺木策凌：《乌鲁木齐政略》"户民"，载王希隆《新疆文献四种辑注考述》，甘肃文化出版社 1995 年版，第 57 页。

民户正式成为编户齐民。田赋科因地区而有差异，巴里坤所属宜禾、奇台两县沿用甘肃安西一带的科则，亩征粮及草折粮共七升五合有零。乌鲁木齐所辖迪化、昌吉、绥来、阜康等州县无草束之征，亩征细粮八升，折收小麦九升六合三勺。[①]

综上所述，在清政府的组织下，依照天山北麓各地的水土条件安置户民，一次性地完成了迁徙和定地落户的过程，从而使得农业区的形成比较合理有序，缩短了移民从迁移落户到形成农业生产力的过程。

（四）农业生产中的各项措施

乾隆年间天山北麓的农业开发，是一个从无到有的发展过程，政府对此十分重视，从开始对当地土地、气候的勘查，到兴修水利工程、农作物的选择等都十分谨慎认真，而且从中原带来先进的农业生产工具和生产技术。

1. 依水定屯、兴修水利

天山北麓是干旱农业区，发展农业"要在先兴水利"[②]，因此在决定开垦一处地方之前，清政府一般都事先派员"相度水利，测验土脉"[③]，然后"视其地土肥瘠，水泉多寡，以定耕作"[④]。对于户民的安插，也是"酌择水沃地广处所，勘定地亩，搭盖房屋，并给农具、籽种、口粮、马匹"[⑤]。在依水而置的基础上，组织人员兴修水利，疏导水泉。兵屯的水系工程由国家投资，管屯官员负责。如乾隆二十二年（1757）开垦巴里坤时，对于雍正年间的旧渠，"先派种地官兵一千名，于来年正月前往疏浚水泉，开引渠道，需用工匠、物料、田器、牛只等项，均由内地办理"[⑥]。但是，户民农业的水利设施，一般由户民自行办理。有时也由政府出面，兴修工程量较大的灌溉渠道。乾隆三十六年（1771），巴里坤三道河上游商民与下游民户争水，巴里坤镇臣派员在上游修建分水渠三千余丈，"连接新开之

[①] （清）傅恒等纂：《西域图志》卷34《贡赋》，北京大学图书馆藏乾隆四十七年（1782）武英殿聚珍本。

[②] 《平定准噶尔方略》正编卷63，乾隆二十三年十一月乙酉，海南出版社2000年版，第5册，第321页。

[③] 《平定准噶尔方略》正编卷45，乾隆二十二年十月庚午，海南出版社2000年版，第5册，第4页。

[④] 《清朝文献通考》卷11《屯田·新疆》，《景印文渊阁四库全书》第632册，台湾商务印书馆1986年版，第226—227页。

[⑤] 《清高宗实录》卷1109，乾隆四十五年六月甲子，中华书局1987年版，第22册，第827页。

[⑥] 《平定准噶尔方略》正编卷45，乾隆二十二年十月庚午，海南出版社2000年版，第5册，第3页。

渠，安设木闸一座，每当用水时闸住旧渠引灌认垦之地，新渠引灌承垦之地，庶各引各渠，两无争竞"①。户民中设立渠长，主持用水和对渠道的定期维护。②乾隆四十八年（1783），因移驻户民与安置屯工之间每有因水纷争，互相讦控之案，甚至发生斗殴事件，乌鲁木齐都统海禄特奏严定新疆屯田水利章程，于每年春耕之际，"迪化州属委令该州会同管屯大员公同计亩分水，并派佐杂协同该员弁亲临监视"，引导民众合理用水，减少冲突③。

2. 因地而宜选择农作物，推广作物种植

在最初对天山北麓进行考察时，当地的屯田官员就认识到"巴里坤一带，气寒霜早，惟独宜青稞"④，但是仍令官兵试种豌豆和小麦，均获得成功⑤。乾隆二十九年（1764）陕甘总督杨应琚奏："巴里坤自添种豌豆、小麦等项细粮，递年成熟有收。"⑥与巴里坤相比，乌鲁木齐左右特纳格尔、昌吉、罗克伦一带"地气和暖"⑦，所种作物比较广泛。乌鲁木齐提标各属屯田兵"每名种地二十一亩，内小麦十四亩，青稞二亩，粟谷四亩，胡麻一亩"⑧。由此可见，天山北麓主要的农作物分别为小麦、青稞、豌豆、粟谷、胡麻等。小麦（*Triticum spp.*），是天山北麓的主要粮食作物。粟谷（*Setaria italica*），即小米，也是当地粮食作物之一，喜温暖，耐旱，对土壤要求不高。青稞，即裸大麦（*Hordeum vulgare var. nudum*），是大麦的一个变种，比较耐寒耐旱，生长季较短，在北疆引种的历史较长。纪昀在其咏青稞诗中注云："青稞盖大麦之类，可以酿酒，可以秣马，人亦作面食之。"⑨豌豆（*Pisum sativum*），喜凉爽湿润气候，耐寒，是当地主要

---

① 《清高宗实录》卷739，乾隆三十年六月壬申，中华书局1987年版，第18册，第145页。
② 乾隆三十一年十二月十六日"陕甘总督吴达善为请定木垒安户章程事奏折"，中国第一历史档案馆：《乾隆年间徙民屯垦新疆史料》，《历史档案》2002年第3期。
③ 乾隆四十八年十二月初二日"乌鲁木齐都统海禄为严定新疆屯田水利章程事奏折"，中国第一历史档案馆：《乾隆年间徙民屯垦新疆史料》，《历史档案》2002年第3期。
④ 《平定准噶尔方略》正编卷45，乾隆二十二年十月庚午，海南出版社2000年版，第5册，第3页。
⑤ 《平定准噶尔方略》续编卷13，乾隆二十六年八月辛巳，海南出版社2000年版，第7册，第193页。
⑥ 《清高宗实录》卷707，乾隆二十九年三月辛巳，中华书局1987年版，第17册，第905页。
⑦ 《平定准噶尔方略》正编卷74，乾隆二十四年闰六月乙未，海南出版社2000年版，第6册，第166—167页。
⑧ （清）索诺木策凌：《乌鲁木齐政略》"屯田"，载王希隆《新疆文献四种辑注考述》，甘肃文化出版社1995年版，第52页。
⑨ （清）纪昀：《乌鲁木齐杂诗》"物产之十三"，载王希隆《新疆文献四种辑注考述》，甘肃文化出版社1995年版，第176页。

第二章　建州立县、移民垦荒：1757—1864年天山北麓的土地开发　109

的马饲料。胡麻，即油用亚麻（Linum usitatissimum）[1]，是新疆传统的油料作物，在新疆的种植历史非常悠久，考古工作者在天山阿拉沟、吐鲁番等地的古墓穴中发现过胡麻的籽实[2]。胡麻耐旱、耐寒、耐瘠、抗盐碱性强，在土壤肥力较差的低洼潮湿处及盐碱地上均可种植。

此外，玛纳斯一带水多之处还种植少量的水稻（Oryza sativa）。乾隆三十四年（1769）前后在乌鲁木齐的纪昀有诗云："新稻翻匙香雪流，田家入市趁凉秋。北郊十里高台户，水满陂塘岁岁收"，并且注曰："高台所种稻米，颇类吴粳。"[3] 乾隆四十七年（1782），乌鲁木齐都统明亮奏"今查迪化州、昌吉、绥来二县一带地方，更有膏腴近水之处，经发来遣犯中素种稻谷之人，一切布种插秧事最为熟悉，曾经栽种稻禾，收成丰稔，试有成效"，因此饬令各地方官，劝谕户民自该年起"一体加种，俾得广种多收"[4]。《三州辑略》卷九"物产门"也记载"玛纳斯水田稻米最佳"[5]。

由此可见，经过清政府的推广，天山北麓形成了以小麦为主，由青稞、粟谷、胡麻、豌豆、水稻等作物为辅的丰富的作物结构。

3. 基本的农业耕作技术

耕作技术，也称农作技术，指耕种土地、栽种作物的总的方式，包括土壤耕作方式、施肥及灌溉制度等。

最初，由于天山北麓地广人稀，农田一般不施肥，而采用休耕的方式恢复耕地的肥力，"彼此递年互调耕作，自有余力"[6]。乾隆二十六年（1761），清政府指示"自穆垒至乌鲁木齐，有噶勒藏多济游牧之昌吉、罗克伦等处可耕地亩十六处，视其地土肥瘠，水泉多寡，以定耕作，仍令屯兵等轮替耕种，以息地力，方为有益"[7]。乾隆三十一年（1766）开垦的木垒、奇台屯区，实行的是典型的休耕制："乾隆三十一年屯木垒，兼屯

---

[1] 芝麻和油用亚麻在古代皆称为"胡麻"，此处应该指油用亚麻。杨希义：《胡麻考》，《中国农史》1995年第1期。
[2] 王炳华：《新疆农业考古概述》，《农业考古》1983年第1期。
[3] （清）纪昀：《乌鲁木齐杂诗》"物产之十四"，载王希隆《新疆文献四种辑注考述》，甘肃文化出版社1995年版，第176页。
[4] 乾隆四十七年四月初二日乌鲁木齐都统明亮"奏为劝谕迪化州昌吉绥来二县一带地方户民试种稻谷事"中国第一历史档案馆藏乾隆朝朱批奏折，档号：04-01-22-0038-013。
[5] （清）和宁：《三州辑略》卷9《物产门》，台北：成文出版社1968年版，第344页。
[6] 《平定准噶尔方略》正编卷82，乾隆二十四年十一月甲子，海南出版社2000年版，第6册，第300页。
[7] 《清朝文献通考》卷11《屯田·新疆》，《景印文渊阁四库全书》第632册，台湾商务印书馆1986年版，第226—227页。

东济尔玛台。三十二年屯奇台,兼屯西济尔玛台。三十三年屯奇台,兼吉布库。三十四年屯奇台、木垒,兼东格根,略仿古一易再易之法。"① 由此可见,耕地一般休耕两年到三年不等。因此,纪昀用诗句描述曰:"界画棋枰绿几层,一年一度换新塍。风流都似林和靖,担粪从来谢不能,"注:"塞外之田,更番换种,以息地力,从无粪田之说。"②

后来,随着人口的逐渐增加,慢慢开始采用人工施肥。乾隆五十年(1785)二月初十日,赵钧彤遣戍新疆至绥来县时看到:"近城七八里,村舍络绎,闻叱牛声,有耕田者也。田间积黑灰,厚数寸,皆剉草根,和牛马粪,纵火焚烧以暖土脉,滋肥润。数日来遥望多黑烟起旷野中,率此故耳。"③ 可见,至迟在乾隆五十年,乌鲁木齐一带已经出现采用焚烧植物根茎及牛马粪的方式来增加土壤肥力的做法。

灌溉主要依靠雪融水及泉水。纪昀诗云:"山田龙口引泉浇,泉水惟凭积雪消。头白农夫年八十,不知春雨长禾苗",并且注:"岁或不雨,雨仅一二次,惟资水灌溉。故不患无田,而患无水,水所不至,皆弃地也。其引水出山之处,俗谓之龙口。"④ 可见,兴修水利,引水灌溉是天山北麓农业发展的关键。

纪昀又有诗曰:"辛勤十指拚烟芜,带月何曾解荷锄。怪底将军求手铲,吏人只道旧时无",注曰:"田惟拔草,不知锄治。"⑤ 以此可见,当时一般没有田间除草的习惯,更不用说用锄来为农作物松土了。

纪诗又曰:"十里春畴雪作泥,不须分陇不须畦。珠玑信手纷纷落,一样新秧出水齐",注曰:"布种时以手洒之,疏密了无定则,南插北耩。"⑥ 由此可见,在乾隆三十四年(1769)前后,乌鲁木齐一带播种主要用手洒之,没有规则的陇畦。

总体来说,天山北麓的农业耕作方式还是比较粗放的。由于地广人

---

① (清) 傅恒等纂:《西域图志》卷32《屯政一》,北京大学图书馆藏乾隆四十七年(1782)武英殿聚珍本。
② (清) 纪昀:《乌鲁木齐杂诗》"民俗之二十",载王希隆《新疆文献四种辑注考述》,甘肃文化出版社1995年版,第171页。
③ (清) 赵钧彤:《西行日记》,咸丰六年石印本,载吴丰培整理《丝绸之路资料汇钞(清代部分)》(上),全国图书馆文献缩微复制中心1995年版,第89—170页。
④ (清) 纪昀:《乌鲁木齐杂诗》"风土之七",载王希隆《新疆文献四种辑注考述》,甘肃文化出版社1995年版,第162—163页。
⑤ (清) 纪昀:《乌鲁木齐杂诗》"民俗之二十二",载王希隆《新疆文献四种辑注考述》,甘肃文化出版社1995年版,第171页。
⑥ (清) 纪昀:《乌鲁木齐杂诗》"民俗之二十四",载王希隆《新疆文献四种辑注考述》,甘肃文化出版社1995年版,第171页。

稀，很多中原较为先进的农业技术并没有被采用。

（五）其他土地开发方式

1. 畜牧业

利用天山北麓丰美的水草，清政府将从哈萨克贸易交换得来牲畜以及从中原购买调拨而来的牲畜牧置于官牧厂中，派兵丁牧放。乾隆二十三年（1758），清政府指示，将从哈萨克贸易而来的马匹"其儿骒马，留于屯田处所，加意牧放，将来孳生蕃息，使成好牧群。嗣后贸易马匹，照此处理"①。因此，从乾隆二十四年至嘉庆十二年（1759—1807），天山北麓的乌鲁木齐、巴里坤等地先后设立了五处官牧场。

为了供应当时屯田所需要的耕畜，清政府认为必须设立牧厂，孳生牲口，方为久远之计。从乾隆二十五年（1760）开始，清政府先后在乌鲁木齐、巴里坤设立牧厂。牧厂分为孳生厂和备差厂。孳生厂就是按年限均齐取孳的牧厂，目的是繁殖牲畜，一般是"羊则一年一均齐，马则三年一均齐，牛则四年一均齐，驼则要五年一均齐"②。备差厂则主要是为取孳后的各类牲畜投入使用前的储备之处，"有本城调用者，谓之'拨补'，有南北两路及内地调用者，谓之'拨用'，有官兵请领支价者，谓之'领买'，皆于备差厂取之"③。备差厂的牲畜除了来源于孳生厂外，还有相当一部分是通过与哈萨克贸易得来的。

天山北麓的牧厂，以巴里坤牧厂最大，其次有乌鲁木齐牧厂和济木萨牧厂。

巴里坤牧厂早在康熙五十四年（1715），已在巴里坤设有临时性马厂，雍正十三年（1735）设立防守牧厂。乾隆二十六年（1761）安西、肃州、辟展等处所存剩余马匹解至巴里坤，设立孳生厂，有孳生儿、骒马1500余匹，交由绿营牧兵牧放管理。④ 乾隆三十四年（1769），在古城设立西厂（巴里坤马厂改称东厂），夏秋季节在南山牧马，冬春移至北湖一带。⑤ 乾隆四十年（1775），巴里坤东、西两厂马匹孳生到8000余匹，因此又在木垒添设一马厂，曰三厂，牧地在东北山大红旗沟、小红旗沟一带。到嘉庆

---

① 《清高宗实录》卷572，乾隆二十三年十月壬午，中华书局1987年版，第16册，第269页。
② （清）松筠：《新疆识略》卷10《厂务》，北京大学藏道光元年（1821）武英殿刊刻本。
③ （清）松筠：《新疆识略》卷10《厂务》，北京大学藏道光元年（1821）武英殿刊刻本。
④ （清）和宁：《三州辑略》卷5《马政门》，台北：成文出版社1968年版，第170页。
⑤ （清）和宁：《三州辑略》卷5《马政门》，台北：成文出版社1968年版，第170页；
（清）松筠：《新疆识略》卷10《厂务》，北京大学藏道光元年（1821）武英殿刊刻本。

时期，巴里坤各牧场马匹蕃庶，孳生繁多，呈现出一派兴盛的景象。① 乾隆五十一年（1786），巴里坤各厂孳生马匹共有 1.5 万余匹，因牧场狭小，裁减了 1570 匹；乾隆五十七年（1792），马匹再次孳生到 1.8 万余匹，因此又被裁减 3000 余匹；嘉庆十年（1805）巴里坤马厂马匹达到 3.1 万匹，同年被裁减 3190 匹。② 嘉庆十二年（1807），木垒三厂的马全数拨给济木萨营牧放，即变为济木萨马厂。此时，巴里坤、古城、济木萨三处马厂，各有马 2900 余匹。道光十二年（1832），巴里坤、古城、济木萨三处马厂的马匹增加了四五倍，清政府规定"每厂各选大儿骒马六千匹，作为正数，并带放骟马、马驹，三厂共留二万六千六百二十五匹，挑选口老残疾碎小马一千二百三十匹"，作价出售，并且规定"每厂额设牧兵一百二十名，每兵牧马二十四匹"。③

此外，巴里坤还设立了孳生驼厂以解决粮食等军需物资的运送问题。乾隆三十八年（1773）"于甘州、凉州、西宁三提、镇、营挑拨孳生驼二百三十八只，解交巴里坤镇，在于古城、吉布库、奇台等处挽运粮石，以济满洲兵支食"，同时挑拨孳生驼 148 只，设立孳生驼厂。④ 乾隆四十一年（1776）裁汰运粮驼只，具交孳生厂孳生。乾隆五十七年（1792），巴里坤驼厂共有驼 749 只。⑤ 道光年间南疆张格尔动乱，调巴里坤驼厂驼只运输粮饷，事后存活所剩驼只无几，巴里坤驼厂遂被停止。⑥

巴里坤羊厂　乾隆二十五年（1760），"采买巴里坤商贩羊五千只，以五百只为一群"，选派官兵牧放，年底又"购买巴里坤商贩羊只二千余，此内得牝羊一千三百余只，以五百只为一群"，设立巴里坤羊厂。⑦

乌鲁木齐马厂　乾隆二十五年决定在乌鲁木齐设立马厂，牧放从哈萨

---

① （清）松筠：《新疆识略》卷 2《北疆舆图》"巴里坤""古城""木垒"，北京大学藏道光元年（1821）武英殿刊刻本。
② （清）和宁：《三州辑略》卷 5《马政门》，台北：成文出版社 1968 年版，第 172 页。
③ 《清宣宗实录》卷 218，道光十二年八月辛卯，中华书局 1987 年版，第 36 册，第 238 页。
④ （清）索诺木策凌：《乌鲁木齐政略》"牲畜"，载王希隆《新疆文献四种辑注考述》，甘肃文化出版社 1995 年版，第 84 页。
⑤ （清）和宁：《三州辑略》卷 5《马政门》，台北：成文出版社 1968 年版，第 344 页。
⑥ （清）王树枏：《新疆图志》卷 28《实业一》，朱玉麒等整理，上海古籍出版社 2015 年版，第 551 页。
⑦ 《平定准噶尔方略》续编卷 7，乾隆二十五年十月壬辰，海南出版社 2000 年版，第 7 册，第 97 页；续编卷 8，乾隆二十五年十二月丁酉，海南出版社 2000 年版，第 7 册，第 125 页。

第二章 建州立县、移民垦荒：1757—1864 年天山北麓的土地开发 113

克购买来的马匹，由索伦、察哈尔兵牧放。① 半年后，全数并入伊犁马厂。② 乾隆三十七年（1772），从伊犁移驻额鲁特1000户到乌鲁木齐，专门牧放官马。到乾隆四十二年（1777），乌鲁木齐共有马6859匹，孳生牛1140只，孳生羊66863只，但是由于牧场狭窄，同年全数改拨塔城牧放，乌鲁木齐牧厂被撤销。③

巴里坤各类牧场为乌鲁木齐、巴里坤等地各处农业区提供了耕畜，同时屯田所获得的粮食也由牧厂提供的马、驼等运送至官仓。乾隆三十五年（1770），济木萨三台地方存粮甚多，"将粮石运送特纳格尔官仓，所需拉车马，于巴里坤、哈密孳生厂内拨五十匹应用"④。

2. 矿业

（1）铁　为配合天山北麓大规模的农业开发活动，提供所需农具，最初的采矿业以开采铁矿为主。乾隆二十七年（1762），清政府得知"喀喇巴尔噶逊、昌吉河源等处向曾产铁"，遂派人采铁试铸农具，设立铁厂。⑤ 铁厂在迪化州东北40公里，山内设五炼铁炉。⑥ 自乾隆二十九年（1764）开始，乌鲁木齐铁厂开始负担乌鲁木齐各屯每年补额十分之三的农具损耗。⑦ 乾隆三十二年（1767），额设兵丁82名，由把总一员管理，每日获铁160斤；乾隆三十八年（1773），撤退兵丁72名，补派遣犯200名，其中150名挖铁，50名种地。⑧ 表2-13是乾隆二十九年至乾隆三十八年（1764—1773）乌鲁木齐铁厂采铁数：

---

① 《平定准噶尔方略》续编卷3，乾隆二十五年五月辛巳，海南出版社2000年版，第7册，第43—46页。
② 《平定准噶尔方略》续编卷9，乾隆二十六年正月乙巳，海南出版社2000年版，第7册，第128页。
③ （清）索诺木策凌：《乌鲁木齐政略》"额鲁特"，载王希隆《新疆文献四种辑注考述》，甘肃文化出版社1995年版，第51—52页。
④ 《清高宗实录》卷871，乾隆三十五年十月辛卯，中华书局1987年版，第19册，第677页。
⑤ 《清高宗实录》卷661，乾隆二十七年五月壬子，中华书局1987年版，第17册，第395—396页。
⑥ （清）和宁：《乌鲁木齐事宜》"铁厂"，载王希隆《新疆文献四种辑注考述》，甘肃文化出版社1995年版，第139页。
⑦ （清）索诺木策凌：《乌鲁木齐政略》"铁厂"，载王希隆《新疆文献四种辑注考述》，甘肃文化出版社1995年版，第72页。
⑧ （清）索诺木策凌：《乌鲁木齐政略》"铁厂"，载王希隆《新疆文献四种辑注考述》，甘肃文化出版社1995年版，第74页。

表2-13　　　乾隆二十九年至乾隆三十八年（1764—1773）
乌鲁木齐铁厂采铁数

年　份	采铁数（斤）	盈余数（斤）
乾隆二十九年十一月至三十年十月	61440	8660
乾隆三十年十一月至三十一年十月	76000	31177
乾隆三十一年十一月至三十二年十月	61440	13015
乾隆三十二年十一月至三十三年十月	56480	11540
乾隆三十三年十一月至三十四年四月	23680	4155
乾隆三十四年四月至三十五年三月	56800	11200
乾隆三十五年四月至三十六年三月	61280	12000
乾隆三十六年四月至三十七年三月	56800	22500
乾隆三十八年之后每年平均	108000	30000/40000

资料来源：《乌鲁木齐政略》"铁厂"。

由上表可以看出，乾隆二十九年至乾隆三十七年（1764—1772）间，乌鲁木齐铁厂每年平均采铁6000余斤（其中乾隆三十二年至乾隆三十四年因采铁时间不足一年，未算入平均数）。乾隆三十八年（1773）之后，由于采铁遣犯人数的增加，每年的采铁量也有所提高，达到每年10余万斤。至乾隆六十年（1795），乌鲁木齐铁厂库存荒生铁11.3万斤，州库存熟铁7.8万斤，足够铸造农具之用而且还有盈余，因此，清政府下令拨给各营制造枪炮、炮子。[1] 至嘉庆十二年（1807），乌鲁木齐铁厂实存厂荒生铁五十八万五千八百四十斛三两。[2]

（2）金　乾隆三十六年（1771），乌鲁木齐办事大臣徐绩从伊犁返回途中，在奎屯、呼图壁河源等处拿获私自淘金之人，得知这两处河床中有金子，遂经奏准，派千总两员，兵两百名于奎屯河与呼图壁河两处设立金厂淘金，至次年五月共采得金子61两有余；因清政府认为"兵丁淘获之金较之屯种所收之粮甚少"，乾隆三十七年（1772）年中即裁撤金厂。[3]

乾隆四十七年（1782），经乌鲁木齐都统明亮具奏并获得批准，设立

---

[1] （清）和宁：《乌鲁木齐事宜》"铁厂"，载王希隆《新疆文献四种辑注考述》，甘肃文化出版社1995年版，第138页。

[2] （清）和宁：《三州辑略》卷9《物产门》，台北：成文出版社1968年版，第342页。

[3] （清）索诺木策凌：《乌鲁木齐政略》"金厂"，载王希隆《新疆文献四种辑注考述》，甘肃文化出版社1995年版，第78页。

司金局，拨给民人路票，准许其在乌鲁木齐南山、呼图壁河、玛纳斯河、奎屯河、库尔喀喇乌苏等处依山傍水之间淘洗金砂，交纳金课。① 次年，裁汰司金局，改归镇迪道总理各州县承办。

表2-14　　　　《三州辑略》所载天山北麓各处金厂的分布

所属州县	地　点	金夫人数（人）	金　课
迪化州	东沟口	190	每名每月课金三分
	水西沟	173	
	白杨沟	50	
	绣沙嘴	70	
	头屯厂	55	
	骆驼脖子厂	25	
	大西沟厂	90	
昌吉县	三屯厂	23	每名每月课金三分
	呼图壁厂	23	
绥来县	乌兰乌苏博罗屯古厂	22	每名每月课金三分
	红栅厂	48	
	达子桥厂	34	

（3）煤　《三州辑略》卷九"物产"记载："迪化城附近广产版炭，煤之类也，白烟者为上，黑烟者次之。又巴里坤北亦有煤窑，军民甚便。"纪昀诗云："凿破云根石窦开，朝朝煤户到城来，北山更比西山好，须辨寒炉一夜灰"，注云："城门晓启，则煤户联车入城。北山之煤，可以供薰炉之用，焚之无烟，嗅之无味，易炽而难尽，灰白如雪，每车不过银三星余。西山之煤，但可供炊煮之用，灰色黄赤，煤车不过银三星。其曰二架梁者，石性稍重，往往不燃，价则更减。亦有石炭，每车价止二星，极贫极俭之家用之。"② 由此不但可以了解当时人对于不同种类的煤的认识，而且可知，煤由民人自由开采，其产量之多，最好的煤仅每车价值三钱。

---

① （清）和宁：《三州辑略》卷9《物产门》，台北：成文出版社1968年版，第340—341页。
② （清）纪昀：《乌鲁木齐杂诗》"物产之二十三"，载王希隆《新疆文献四种辑注考述》，甘肃文化出版社1995年版，第177—178页。

（4）硝　乾隆二十六年，令标营兵丁在昌吉破城子熬硝，备办火药[1]。乾隆三十一年（1766），设立玛纳斯硝厂，第三年，破城子因产硝太少而被裁撤。乾隆三十六年（1771），由于玛纳斯产硝较多而暂停熬硝。乾隆四十一年（1776），再次开始设厂熬硝。纪昀的诗形象地描绘了玛纳斯硝厂的生产情况："漉白荒城日不间，采硝人在古阳关。颓垣败堞浑堆遍，错认深冬雪满山。"注云："硝厂在阳巴拉喀逊，古阳关也。役兵二十人采炼，近积至六、七万斤。伊犁、塔尔巴哈台所需，皆取给于此。"[2]

（5）玉　天山北麓的玉石主要产于玛纳斯河上游。《三州辑略》卷九"物产门"记载："乾隆五十四年，封闭玛纳斯绿玉厂，禁止开采。"由于资料缺少，无法得知玛纳斯绿玉厂的设立时间及生产情况。

（6）盐　纪昀诗曰："澄澈戎盐出水涯，分明青玉净无瑕。犹嫌不及交河产，一色轻红似杏花。"注云：乌鲁木齐"土产青盐，味微甘，胜于海盐，每二斗五升，才值制钱二十文。其红盐则由辟展而来"[3]。《三州辑略》卷九"物产门"记载："盐池海子二处，巩宁城南二十里至一百二十里，大小淖尔，产盐如晶，堆积岸上，不需熬淋，味甚佳，军民取食甚便。"这里的盐池即现在的乌鲁木齐东南的盐池。

综上所述，天山北麓的其他土地开发方式中，只有与人类生活极其相关的畜牧业、采铁、采盐、采煤等活动得到了较快的发展，并且具备了一定规模，其他的如采金、采玉、制硝等活动的规模都比较小，发展也十分缓慢。因此可以得出结论，这些土地开发与利用活动仍然与天山北麓的人口数量及农业开发活动相关，并没有成为完全独立的产业。因此，在探讨天山北麓的土地开发时，农业开发仍然是最主要的土地开发方式。

三　1757—1864 年天山北麓地区载籍耕地面积的增长过程

由前文论述可知，清代中期，天山北麓的土地开发方式以农业为主。农业耕地面积的增长反映着天山北麓土地开发的规模及深度。关于载籍耕地面积与实际耕地面积之间的差别及校正将在后文论述（见第五章第二

---

[1] 《清高宗实录》卷639，乾隆二十六年六月癸巳，中华书局1987年版，第17册，第142页；（清）索诺木策凌：《乌鲁木齐政略》"硝厂"，载王希隆《新疆文献四种辑注考述》，甘肃文化出版社1995年版，第50页。

[2] （清）纪昀：《乌鲁木齐杂诗》"物产之二十"，载王希隆《新疆文献四种辑注考述》，甘肃文化出版社1995年版，第177页。

[3] （清）纪昀：《乌鲁木齐杂诗》"物产之二十一"，载王希隆《新疆文献四种辑注考述》，甘肃文化出版社1995年版，第177页。

节），此处仅讨论载籍耕地面积的变化过程。

（一）乾隆三十一年（1766）天山北麓的耕地面积重建

《清朝文献通考》卷十一《田赋十一·屯田·新疆附》中记载了乾隆年间天山北麓兵屯、民屯的发展过程，其中详细记载了乾隆三十一年（1766）天山北麓各地耕地面积数："绿营兵屯田……乌鲁木齐三营五万一千三百二十亩，景化城一万一千三百四十亩……玛纳斯四千亩……巴里坤一万六千五百亩，木垒四千亩……招民承种地，巴里坤四万四千七百二十亩，乌鲁木齐十万三千八十八亩。"由这条记载可知，乾隆三十一年天山北麓的载籍耕地面积达到了 23.5 万亩（见表 2 - 15）。

表 2 - 15　　乾隆三十一年（1766）天山北麓地区载籍耕地面积

地　点		屯田（亩）	民田（亩）
乌鲁木齐	乌鲁木齐三营	51320	103088
	景化城	11340	
	玛纳斯	4000	
巴里坤	朴城子、奎苏	16500	44720
	木垒	4000	
小计		87160	147808
合计		234968	

资料来源：《清朝文献通考》卷 11《田赋十一·屯田·新疆附》。

表 2 - 15 及图 2 - 1 显示，乾隆三十一年，兵屯耕地面积占天山北麓总耕地面积的 37.1%；民田耕地占 62.9%。此外，当时开垦的土地中，有 72.3% 分布在乌鲁木齐地区（即今天吉木萨尔至玛纳斯一带），另外 27.7% 分布在巴里坤地区（即今天巴里坤县至奇台一带）。

（二）乾隆四十二年（1777）天山北麓耕地面积的重建

《乌鲁木齐政略》"屯田"中记载了乾隆四十二年乌鲁木齐提标各营及巴里坤镇标各营的屯兵数及屯田地点。根据乌鲁木齐提标各营每兵垦地 21 亩、随营耕种遣犯每名垦种 12 亩计；同时根据巴里坤镇标各营每兵垦地 22 亩、随营遣犯每名耕种地亩数与屯兵相同的规定，重建乾隆四十二年天山北麓各地的兵屯地亩数。由此可以推算，得出乾隆四十二年天山北麓兵屯地亩数总计约为 14.7 万亩（见表 2 - 16）。

《乌鲁木齐政略》"户民"中记载了乾隆二十七年至乾隆四十三年

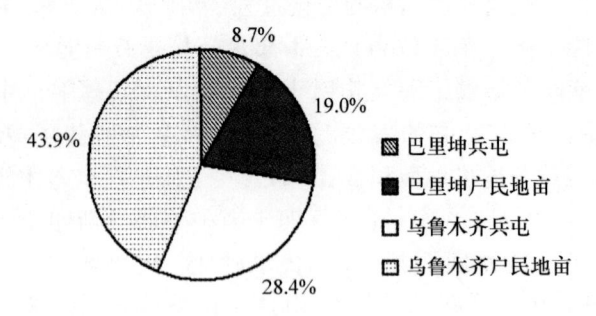

图 2-1 中:
- 8.7% 巴里坤兵屯
- 19.0% 巴里坤户民地亩
- 28.4% 乌鲁木齐兵屯
- 43.9% 乌鲁木齐户民地亩

图 2-1 乾隆三十一年（1766）乌鲁木齐、巴里坤各类耕地面积比例

(1762—1778) 间迪化州各地每年安插的户民数，据此可以得知，乾隆四十二年（1777）迪化州各地户数，并根据每户拨地30亩计，得出迪化州各地田亩面积数（见表2-16）。但是，宜禾县与奇台县两地的田亩面积只能根据《三州辑略》的记载来推测。① 《三州辑略》卷四"赋税门"记载：宜禾县"乾隆二十七年至乾隆三十七年止，招募商民并安插户民湖广、海城等户共垦荒地五百五顷二十一亩，内除逃亡物故户民退出地六十六顷二十亩，实在种地四百三十九顷一亩"，直到乾隆四十三年（1778）之前没有新增地亩；奇台县"乾隆三十二年至四十一年止，安插招募民商各户共种地七百七十顷五亩……乾隆四十二年安插为民遣犯共垦地四顷八十亩"。据《乌鲁木齐政略》记载，到乾隆四十三年，宜禾县民户所垦地亩全部升科。② 由此可知《三州辑略》中记载的宜禾县田亩面积即为乾隆四十二年的实际田亩面积。此外，根据表2-2"乾隆二十六年至乾隆四十

---

① 宜禾、奇台两县的田亩面积不能根据户数来推测。首先，《乌鲁木齐政略》"户民"中没有以同样的方式记载镇西府宜禾、奇台两县户数的逐年增长情况，而且其中所载户民总户数为乾隆四十一年的户口数（见上一节的论述）。其次，巴里坤、奇台一带商人认垦土地的情况较多，而且其认垦地亩数不是按照每户30亩的标准分配的，而是"除现在屯田外，凡有近水易垦之地，俱听该处商民具呈认垦"（乾隆二十六年九月十三日"陕甘总督杨应琚为报巴里坤豌豆收成并请听民广为劝垦事奏折"，中国第一历史档案馆：《乾隆年间徙民屯垦新疆史料》，《历史档案》2002年第3期）。所以一户所种之地往往多于30亩，如乾隆二十六年（1761），巴里坤王玉美等67名商民认垦地3700余亩，人均达到55.2亩（乾隆二十六年十二月二十六日"陕甘总督杨应琚为报巴里坤初次认垦地亩数目事奏折"，中国第一历史档案馆：《乾隆年间徙民屯垦新疆史料》，《历史档案》2002年第3期）。因此，不能根据档案所载的户数以户均30亩的标准来推算乾隆四十二年宜禾县与奇台县的田亩面积。

② （清）索诺木策凌：《乌鲁木齐政略》"户民"，载王希隆《新疆文献四种辑注考述》，甘肃文化出版社1995年版，第59页。

第二章 建州立县、移民垦荒：1757—1864年天山北麓的土地开发 119

五年（1761—1780）天山北麓历次移入甘肃贫民情况表"可知（见第二章第二节），除了乾隆三十二年（1767）、乾隆三十四年（1769）安插户民于奇台地方外，直到乾隆四十三年（1778）才再次将户民大量安插于该地（除了安插迁移而来的户民开垦土地外，其他形式的开垦土地面积一般都不大）。由此可以推断，《三州辑略》中记载的截至乾隆四十一年（1776）的田亩面积，加上乾隆四十二年安插为民遣犯增垦的地亩数的总田亩面积，应该就是奇台县的田亩面积总数了（见表2-16）。

表2-16 乾隆四十二年（1777）天山北麓各地载籍耕地面积推算

屯 田		民 田		分县屯田、民田总计	
地点	田亩面积（亩）	地点	田亩面积（亩）	县别		田亩面积（亩）
巴里坤营	18700	宜禾县	43901	镇西府	宜禾县	62601
古城营	11000	奇台县	77485		奇台县	91785
木垒营	3300					
济木萨营	17325	阜康县	46410	迪化州	阜康县	88635
		济木萨县丞	24900			
乌鲁木齐中营	22566	迪化州	49950		迪化州	89076
		头屯所	16560			
乌鲁木齐左营	22518	昌吉县	68730		昌吉县	136878
		芦草沟所	17820			
乌鲁木齐右营	22530	呼图壁县丞	5280			
玛纳斯营	29496	玛纳斯县丞	22800		玛纳斯县丞	64446
		塔西河所	12150			
合计	147435		385986			533421

表2-16和图2-2显示，乾隆四十二年，天山北麓总耕地面积增长至53.3万亩，其中兵屯耕地面积为14.7万亩，占总田亩面积的27.6%，民田面积为38.6万亩，占总耕地面积的72.4%。与乾隆三十一年（1766）相比，天山北麓的总耕地面积及各类田亩面积都有所增加，其中民田面积增加较快，从而使得户民耕地面积占总耕地面积的比例由62.9%上升到72.4%。

根据兵屯点的地理位置，将兵屯地亩归入各县级单位，得出各县级单

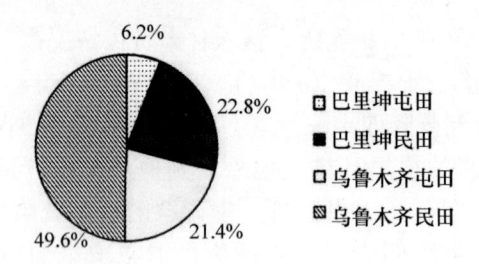

120　天山北麓土地开发与环境变迁研究（1757—1949）

```
        6.2%
   22.8%         □ 巴里坤屯田
                 ■ 巴里坤民田
                 □ 乌鲁木齐屯田
   49.6%  21.4%  ▨ 乌鲁木齐民田
```

图 2-2　乾隆四十二年（1777）乌鲁木齐、巴里坤各类耕地面积比例

资料来源：《乌鲁木齐政略》"屯田"；《三州辑略》卷4《赋税门》。

注：由于玛纳斯县丞管理的地域面积很大，并且在此后第三年就改设县置，为了与后面两个时间剖面对比，此处在"分县总计"一栏中将玛纳斯县丞视为一个县级单位来统计田亩面积。

位上的总耕地面积（见表2-16）。从表2-16可以看出，乾隆四十二年（1777），昌吉县的耕地规模最大，达到了13.7万亩，其次是奇台县和阜康县，都达到了9万亩左右。

（三）乾隆六十年（1795）天山北麓的耕地面积

《乌鲁木齐事宜》"屯田""户民地亩纳粮"中详细记载了乾隆六十年天山北麓各地屯兵与户民的垦地面积数，据此重建乾隆六十年天山北麓耕地面积数（见表2-17）。

表2-17显示，乾隆六十年，天山北麓总耕地面积为108.2万亩，较乾隆四十二年增加了两倍有余。其中屯田面积有所减少，仅为8.2万亩，仅占总田亩面积的7.5%；而民田面积急剧增加，较乾隆四十二年增加了近三倍，达100万亩，占总田亩面积的92.5%。与乾隆三十一年（1766）及乾隆四十二年相比，户民垦地面积的增长是这一时段引人注目的特征，其中仅乌鲁木齐（迪化州）户民田亩面积就占到全部田亩面积的68.4%。

表2-17　乾隆六十年（1795）天山北麓各地载籍耕地面积

屯　田		民　田			府州级屯田、民田总计		
地点	耕地面积（亩）	地点	耕地面积（亩）	园户地亩（亩）	府州别		耕地面积（亩）
巴里坤营屯	13092	宜禾县	259892.4		镇西府	宜禾县	287284.4
古城营屯	11000	奇台县				奇台县	
木垒营屯	3300						

续表

屯 田		民 田			府州级屯田、民田总计	
地点	耕地面积（亩）	地点	耕地面积（亩）	园户地亩（亩）	府州别	耕地面积（亩）
		阜康县		366	阜康县	
		济木萨县丞		1840.81		
乌鲁木齐中营	18086	迪化州		1806	迪化州	
乌鲁木齐左营	18086	昌吉县	683687.2	1036.43	迪化州	750588.1
		喀喇巴尔噶逊粮员				
乌鲁木齐右营	18086	呼图壁县丞		757	昌吉县	
		绥来县		6836.64	绥来县	
		头屯所			头屯所	
		芦草沟所	44210.7		芦草沟所	44210.7
		塔西河所			塔西河所	
合计	81650		1000433.18			1082083.18

资料来源：《乌鲁木齐事宜》"民户地亩纳粮""屯田"。

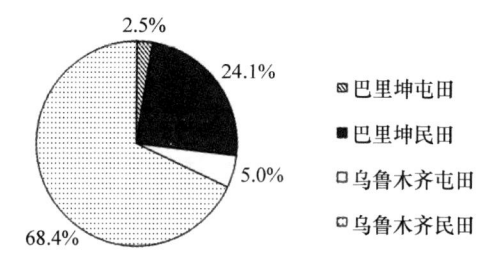

图 2-3 乾隆六十年（1795）天山北麓各类耕地面积比例

（四）嘉庆十一年（1806）天山北麓耕地面积的重建

以《三州辑略》所载内容作为基本历史资料，重建嘉庆十一年天山北麓的耕地面积。《三州辑略》卷四《屯田门》中记载了嘉庆十一年乌鲁木齐提标、巴里坤镇标各营的屯田兵数及遣犯人数，根据乌鲁木齐提标各营屯兵每兵耕种 21 亩、遣犯每名耕种 12 亩；巴里坤镇标各营屯兵及遣犯每名皆耕种 22 亩的标准计算，得出兵屯地亩数（见表 2-18）。户民耕地面积则根据《三州辑略》卷四《赋税门》中记载的迪化州、镇西府各州县截至嘉庆十一年的户民开垦地亩数及商民耕种园地亩数累计得出（见表 2-

18）。但是，应该引起注意的是，《三州辑略》卷四《赋税门》中缺载济木萨县丞地方的田亩面积数。根据《三州辑略》卷三《户口门》记载嘉庆十一年（1806）济木萨县丞男女大小共计18025口，以户均5口人计算，济木萨县丞地方约有户民3605户，以每户垦种田地30亩计，推算济木萨耕地面积约为108150亩（见表2-18）。

表2-18　　嘉庆十一年（1806）天山北麓各地载籍耕地面积

屯　田		民　田			县别总计	
地点	田亩面积（亩）	地点	田亩面积（亩）	园户地亩（亩）	县别	田亩面积（亩）
巴里坤营屯	14036	宜禾县	54577		镇西府 宜禾县	68613
古城营屯	11000	奇台县	208901.7		奇台县	223201.7
木垒营屯	3300					
		阜康县	63678	366	阜康县	174035
		济木萨县丞	108150	1841		
乌鲁木齐中营	11004	迪化州	181886	1806	迪化州 迪化州	210303
		喀喇巴尔噶逊粮员	7384			
		头屯所	8223			
乌鲁木齐左营	10968	昌吉县	165567	1036	昌吉县	246438
		芦草沟所	5313			
乌鲁木齐右营	10956	呼图壁县丞	51841	757		
		绥来县	96625	9106	绥来县	120760
		塔西河所	15029			
合计	61264		982086.7			1043350.7

资料来源：《三州辑略》卷4《赋税门》《屯田门》。

表2-18和图2-4显示，嘉庆十一年天山北麓载籍耕地面积为104.3万亩，其中民田面积为98.2万亩，占总耕地面积的94.2%，兵屯面积6.1万亩，仅占总面积的5.8%。兵屯耕地面积所占比例再次降低。与乾隆六十年（1795）相比，嘉庆十一年天山北麓总耕地面积有所减少。这主要是由兵屯耕地面积减少和民屯面积略有下降造成的。

其实嘉道以后，天山北麓的耕地面积一直有一个逐渐增加的过程。特别是道光年间推广垦荒政策期间。据档案史料记载,道光二十年(1840)镇西府和迪化州载籍耕地面积有 12170 顷有余,合计 121700 亩;又新垦荒 35694 亩,将于三年后纳粮登记在册。① 因此可以推断,至道光二十二年(1842),天山北麓的民田至少在 1252694 亩。

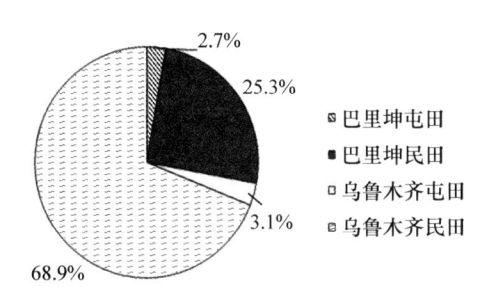

图 2-4 嘉庆十一年(1806)巴里坤、乌鲁木齐各类耕地面积比例

(五)咸丰二年(1852)天山北麓的载籍耕地面积重建

《新疆图志》卷三十《赋税一》记载,"回乱数十年,历道咸同三朝,人多流亡,野皆曝骨,屯田蹂躏,荒熟具不可考。乱平以后始以今镇迪道所辖属地,据道光二十三年间至咸丰二年册报查出的本地各户认已垦地田共一百三十六万六千九百九十余亩"②。由此条记载可知,至咸丰二年,天山北麓的户民耕地面积达到 136.7 万亩。此外,道光之后,乌鲁木齐及巴里坤各地的屯兵数量基本没有变化,所以兵屯耕地面积应该也没有变化。据道光元年(1821)成书的《新疆识略》和《西域水道记》所载内容可知,道光年间乌鲁木齐兵屯耕地为 31500 亩,巴里坤兵屯耕地为 25300 亩(见表 2-19)。③ 到咸丰年间,乌鲁木齐和巴里坤兵屯耕地面积应该变化不大。

表 2-19 显示,咸丰二年天山北麓载籍耕地面积达到 142.4 万亩,其中户民耕地面积占总耕地面积的 96%,兵屯耕地面积占 4%。

---

① 道光二十年七月十一日"乌鲁木齐都统惠吉奏为乌鲁木齐各属开垦地亩情形事",中国第一历史档案馆藏道光朝朱批奏折,档号:04-01-22-0058-032。
② (清)王树枬:《新疆图志》卷 30《赋税一》,朱玉麒等整理,上海古籍出版社 2015 年版,第 587 页。
③ (清)松筠:《新疆识略》卷 2《北疆舆图》,北京大学藏道光元年(1821)武英殿刊刻本;(清)徐松:《西域水道记》卷 3《额彬噶逊淖尔》,北京大学图书馆藏道光三年(1823)刊本。

表2－19　　　　咸丰二年（1852）天山北麓载籍耕地面积

类别及地点	亩数	田亩面积（亩）
屯田	乌鲁木齐	31500
	巴里坤	25300
民田	镇西府	1366990
	迪化州	
合计		1423790

资料来源：《新疆识略》卷2《北疆舆图》、《西域水道记》卷3《额彬噶逊淖尔》、《新疆图志》卷30《赋税一》。

（六）1757—1864年天山北麓载籍耕地面积的增长过程

综上所述，自乾隆二十一年（1756）在天山北麓开始屯田，随后在清政府的组织下，大量农业人口迁入该地区，安置到事先勘查过的有良好农业生产条件的地方。天山北麓耕地面积急剧增加，乾隆三十一年（1766）为23.5万亩；乾隆四十二年（1777）为53.3万亩；乾隆六十年（1795）为108.2万亩；嘉庆十一年（1806）为104.3万亩；咸丰二年（1852）为142.4万亩。其中乾隆年间耕地面积增长速度最快，尤其是乾隆四十二年至乾隆六十年（1777—1795）间，这主要是由乾隆年间的大规模计划性移民垦殖导致的结果。

由表2－15、表2－16、表2－17、表2－18、表2－19和图2－1、图2－2、图2－3、图2－4可知，兵屯耕地面积在天山北麓的总耕地面积的比例逐渐降低，由乾隆三十一年的37.1%降低到嘉庆十一年的5.8%。这一方面是由于户民耕地面积增长较快所致；另一方面主要是因为屯兵人数在不断裁减，致使兵屯耕地面积在总耕地面积中的比例越来越小。道光之后，兵屯耕地面积所占的比例基本固定在4%左右。

第三章　兵燹与复垦：1864—1911 年天山北麓的土地开发

本章所述的清代末期主要指同治三年（1864）"同光之乱"爆发后，至 1912 年清朝统治结束，共计约 48 年时间。其中，同治三年至光绪三年（1864—1877）近 13 年战乱时期，天山北麓的土地开发过程被中断。光绪三年（1877）战乱结束后，天山北麓地区进入土地垦殖恢复时期。因此，清代末期，天山北麓的土地开发除了具有土地垦复时期的共同特点外，还因为与当时政治局势相关，而表现出与其他时代不同的特点。

第一节　天山北麓政治局势的特点及行政区划

19 世纪 70 年代以后，清政府内外交困，列强环伺中国周边，出现了极端严重的边疆危机。农民起义、割据势力的争战、沙俄与阿古柏的侵略等战乱极大地破坏了天山北麓的社会秩序和经济基础。左宗棠收复新疆之后，在重建社会秩序、恢复经济的同时，也对新疆的行政管理进行了重大调整。

一　19 世纪中叶西北边疆危机与天山北麓土地开发过程的中断

早在 19 世纪 30 年代，沙俄就加紧了对我国巴尔喀什湖以东以南地区的蚕食，组织武装移民，构筑堡垒，测量地形，修筑公路，不断向内深入。咸丰元年（1851），沙俄迫使清政府签订了不平等的《中俄伊犁塔尔巴哈台通商章程》，其中规定将伊犁和塔城辟为商埠，给予俄国免税通商和领事裁判等特权。从此，沙俄经济势力深入北疆地区。与此同时，得到英国支持的中亚浩罕统治者不断在南疆挑起事端。继张格尔、玉素甫之乱后，道光二十七年（1847），张格尔之侄迈买的明、倭里罕等七和卓又在浩罕的支持下攻入喀什噶尔。咸丰初年，铁完库里和卓、倭里罕等四次入侵喀什噶尔、乌什等地。咸丰七年（1857）倭里罕再度入侵，攻陷喀什噶尔、英吉沙尔、巴楚等城，一度阻断阿克苏至喀什噶尔至叶尔羌的交通。咸丰十年（1860），第二次鸦片战争后，沙俄用武力威胁和外交权术等手段，又迫使清政府签订了《中俄北京条约》和《中俄勘分西北界约记》，强行割去中国斋桑湖至图尔淖尔（伊塞克湖）以西44万平方千米土地，其军事行动进一步逼近伊犁。

　　道光、咸丰之交，清政府在新疆的财政也陷入空前的困境。新疆的兵饷、经费历来依靠中原各省。鸦片战争之后，由于财源重地东南沿海地区门户洞开，以及为支付各种不平等条约规定的赔款等原因，致使国家财政十分紧张，各省调拨新疆的协饷便时断时续，难以为继，西北边防空虚。与此同时，新疆的吏治也更加腐败，剥削苛重，各种矛盾日益尖锐。[①] 咸丰年间，各种小规模的反抗斗争不断。咸丰四年（1854），奇台县因加征官粮，"致激民变"[②]。南疆各种斗争更是不断。在太平天国运动及陕甘回民起义的影响下，反抗斗争愈演愈烈，到同治初年，从各地零星起义发展成为席卷天山南北的武装起义浪潮。同治三年（1864）五月，库车人民发动起义，攻入城内，杀死清朝官吏和伯克。几天后，喀喇沙尔及其所属布古尔、库尔勒，阿克拉所属拜城、赛里木等地相继起义。六月，乌鲁木齐回民起义，攻占汉城，包围满城。同时，昌吉回民起义，绥来、库尔喀喇乌苏、古城、济木萨等城民众纷纷响应，塔城、哈密、巴里坤等地民众也曾一度举事。同治五年（1866）三月，伊犁惠远、惠宁、绥定诸城被维吾尔族、回族等农民起义军攻占，伊犁将军明绪自缢。次年，清政府在新疆的统治基本上被推翻，只有新疆东部的哈密、巴里坤及北部的塔尔巴哈台还处于清政府的控制之下。[③]

　　农民起义的领导权很快被各地封建贵族及宗教上层控制。热西丁和卓控制库车地区，喀喇沙尔的汉族农民和商人控制西起乌什、阿克苏，东至吐鲁番、鲁克沁的广大地域，甘肃河州回民妥明在乌鲁木齐自立为"清真王"等，他们各自为政，相互混战。同治三年（1864）十二月，浩罕军官阿古柏挟张格尔之子布素鲁克侵入南疆，很快消灭了各地的割据势力，控制了喀什噶尔、英吉沙尔、叶尔羌、和阗、阿克苏、库车等城，同治六年（1867）夏建立了所谓的"哲德沙尔汗国"。其后，阿古柏向北进犯，攻

[①] 华立：《清代新疆农业开发史》，黑龙江教育出版社1998年修订版，第209—211页。
[②] （清）乐斌：《行乌文稿》，转引自新疆社会科学院民族研究所编著《新疆简史》第2册，新疆人民出版社1980年版，第97、101页。
[③] 余太山主编：《西域通史》，中州古籍出版社1996年版，第475页。

取吐鲁番和乌鲁木齐,又将势力向西扩展到玛纳斯一带。同治十年(1871),沙俄军队兵分两路悍然攻入伊犁,并且占领伊犁。

农民起义、割据势力的争战、沙俄与阿古柏的侵略等,给新疆人民造成了深重的灾难,直到光绪三年(1877),左宗棠西征之师收复除伊犁之外的天山南北各地,这场持续了十数年之久的全疆范围的动乱才基本结束,史称"同光之乱"。连绵不绝的战乱严重摧毁了新疆的社会经济,不仅以农业为主的土地开发进程完全中断,而且自乾隆以来历经百余年的建设开发成果也损失殆尽。

天山北麓的乌鲁木齐、巴里坤是乾隆以来移民开发的重点区域,嘉庆十一年(1806)已聚集了29.2万人(见第二章第二节),而经过十余年的战乱,天山北麓的社会经济遭到了毁灭性的破坏。在这场浩劫中,割据势力和侵略者都利用了民族情绪,引发民族仇杀,天山北麓移民区"户口伤亡最多,汉民被祸尤酷"[1]。在动乱之前,奇台县"闾阎相望,比户可封,阡陌纵横,余粮栖亩,最称富庶之区",兵燹之后"民房官舍均被焚毁,荡然无存"[2]。阜康县至道光年间"县境殆少荒田",战乱之后"负耒秉耜之氓散亡尽也"[3],阜康城被毁后"榛莽丛杂,不便行走"[4]。呼图壁、绥来等处人口死散,几至"靡有孑遗"[5]。同治年间的动乱使得天山北麓的土地开发过程完全中断,人民死伤逃散,农田废弃,城市凋敝,社会、经济各方面遭到了毁灭性的破坏。

二 新疆设立行省及清末政治局势对天山北麓土地开发的影响

(一)新疆设立行省

对于新疆设立行省的讨论由来已久。龚自珍早在道光、咸丰年间就已经写下了《西域置行省议》和《御试安边绥远疏》,全面阐述了设立行省

---

[1] (清)王树枏:《新疆图志》卷96《奏议六》,朱玉麒等整理,上海古籍出版社2015年版,第1818页。

[2] (清)杨方炽:《奇台县乡土志·历史》,载马大正、黄国政、苏凤兰整理《新疆乡土志稿》,新疆人民出版社2010年版,第31页。

[3] (清)巨国柱:《阜康县乡土志·政绩录》,载马大正、黄国政、苏凤兰整理《新疆乡土志稿》,新疆人民出版社2010年版,第15页。

[4] (清)奕訢等:《平定陕甘新疆回匪方略》卷300,光绪元年七月二十日戊寅,张羽新、张双志整理编纂:《清朝治理新疆方略汇编》第15册,学苑出版社2006年版,第60页。

[5] (清)杨存蔚:《绥来县乡土志·耆旧录》,载马大正、黄国政、苏凤兰整理《新疆乡土志稿》,新疆人民出版社2010年版,第76页;(清)佚名:《呼图壁乡土志·兵事录》,载马大正、黄国政、苏凤兰整理《新疆乡土志稿》,新疆人民出版社2010年版,第88页。

的必要性及促进新疆经济发展的重要性。① 其后，魏源等人也再次论述了新疆建省的重要性。光绪三年（1877）春，在清军尚未完全平定阿古柏势力之前，左宗棠即指出"为新疆画久安治之策，纾朝廷西顾之忧，则设行省，改郡县，事有不容已者"，建议在新疆设立行省，划一行政体制。② 后来，经过左宗棠、谭钟麟、刘锦棠等人的多次筹划，各方人士的激烈争论后，清政府最后决定采纳新疆建省的意见，于光绪十年（1884）正式设立新疆省，刘锦棠为首任巡抚，驻迪化城。

新疆建省后，对天山北麓的土地开发主要产生了三个方面的影响。其一，新疆省设立前后，全疆各地遍设州县，天山北麓地区失去了其在清代中期时作为新疆唯一一处实行州县制地区的独特性，区域的相对完整性消失。同时，晚清政府对天山北麓的关注程度和经营力度也远不如清代中期，这都深刻地影响了此后天山北麓土地开发的各个方面。其二，天山北麓地区在行政区划上与全国其他地区一致后，促进了周边地区的人口向该地区的自由流动。在清末没有向天山北麓实行计划移民的背景下，这种自由流动加快了天山北麓的人口聚集。其三，迪化城被确定为新疆省省会，使得迪化城社会经济迅速发展，并且带动了周边城市的土地开发进程。总之，新疆建省后，增大了天山北麓土地开发的内部差异。

（二）清末政治局势对天山北麓土地开发的影响

清朝末年，中国的内外形势发生了剧烈变化。在外部，俄国已经完成了对中亚诸汗国的吞并。由于《中俄勘分西北界约记》和《中俄伊犁条约》的签订，中俄边界早已越过巴尔喀什湖，向东推进到霍尔果斯河一线，昔日新疆的军政中心——伊犁将军驻所惠远城，离中俄边界只有几十千米，沙俄对西北地区的威胁加重。同时，经过"同光之乱"后，清政府更加注重稳定南疆的局势。因此，清朝末年，新疆边防的重点地区在西北边境和南疆西四城（喀什、和阗、英吉沙尔、莎车）地区。随着中国半殖民地化程度不断加深，清政府统治危机加重，政府无力达到乾嘉时期经营新疆的力度。同时，原来天山北麓移民的主要来源地——甘肃地区，在"同光之乱"中人口损失也十分严重，社会经济也亟待恢复和发展。因此，清朝末年，清政府再没有组织实施向新疆的计划性移民活动。

---

① （清）龚自珍：《西域置行省议》，（清）贺长龄：《清朝经世文编》卷81《兵政》，沈云龙主编：《近代中国史料丛刊》第一编第74辑，台北：文海出版社1966年版，第2888—2893页。

② 光绪三年六月十六日左宗棠"遵旨统筹全局折"，（清）左宗棠：《左宗棠全集·奏稿6》，罗文华校点，岳麓书社1992年版，第701—702页。

新疆面临的周边国内外形势的变化，以及清朝末年经营新疆策略的转变等现实情况，使得天山北麓地区的劳动力人口恢复较慢，土地垦复的过程较长，深刻地影响了这一时期天山北麓地区土地开发的速度和进程。

三 天山北麓地区行政区划的变迁

新疆设立行省之后，新疆省下辖镇迪道、阿克苏道、喀什噶尔道和伊塔道四道，全疆行政区划为道、府/直隶厅/直隶州、县/散州/分防厅/分县三级。

本书研究的天山北麓地区，大致相当于清朝末年行政区划上的镇迪道的迪化府、镇西厅两地的范围。镇迪道沿用了乾隆年间"道"的名称，但是已经由监督区划转变为真正的行政区划范围。镇迪道领迪化一府、哈密、吐鲁番、镇西、库尔喀喇乌苏四直隶厅。建省之初，镇西厅与清代中期的设置一样；迪化直隶州改为迪化县，并且添设迪化府为省治，辖迪化县以及乾隆中期设立的昌吉、绥来、阜康、奇台四县。[①]

清朝末年，天山北麓地区各行政区划的变化如下：

奇台县县治于光绪九年（1883）即已由今老奇台迁移至古城地方，光绪十五年（1890）将巡检迁至旧奇台县治。[②]

光绪二十九年（1903），将济木萨县丞从阜康县中析出，改设为县，称为孚远县。[③] 同年，升呼图壁巡检为县丞。[④]

至此，天山北麓地区形成了一府六县一县丞、一个直隶厅的行政区划格局。

第二节 1864—1911年天山北麓的人口规模

同治三年至光绪三年（1864—1877）的战乱期间，天山北麓地区的人口非死即散，战后社会经济恢复的先决条件就是重新聚集人口。

[①] （清）王树枏：《新疆图志》卷1《建置一》，朱玉麒等整理，上海古籍出版社2015年版，第14—20页。

[②] （清）杨方炽：《奇台县乡土志·历史》，载马大正、黄国政、苏凤兰整理《新疆乡土志稿》，新疆人民出版社2010年版，第31页。

[③] （清）佚名：《孚远县乡土志·历史》，载马大正、黄国政、苏凤兰整理《新疆乡土志稿》，新疆人民出版社2010年版，第23页。

[④] （清）佚名：《呼图壁乡土志·历史》，载马大正、黄国政、苏凤兰整理《新疆乡土志稿》，新疆人民出版社2010年版，第87页。

一　人口的再聚集及其人口构成

光绪三年（1877），清军收复新疆之后，采取了一系列恢复和发展社会经济的措施及政策。其中召集流亡人口是恢复社会经济的首要任务。

（一）驻防官兵的变化

光绪三年新疆各地肃清以后，即开始裁汰湘籍兵勇，新疆建省以后，开始全面统筹，在新疆各地布防军队，确定驻防人数。天山北麓地区驻防官兵的数量虽然远较清代中期为少，但也是其人口构成中不可忽视的一部分。

首先，八旗兵丁的安置。战乱结束后，刘锦棠收集乌鲁木齐、古城、巴里坤等各地残余八旗兵丁，约1000人。光绪十一年（1885），决定安置在古城驻防，设置城守尉督领。后又将古城旗兵城守尉归置在新疆巡抚下管辖。[①] 清代末期，古城满营驻防官兵额数为1009人。与清代中期相比，天山北麓的满营官兵人数大大减少。

其次，绿营兵驻防的重新布置。战争结束后，经过刘锦棠的奏请，对留防新疆的湘军、楚军、土勇等进行重新整编，伊犁、塔城两地恢复清代中期的八旗、绿营军队建置，其他地区重新设立以提督、总兵为统领的绿营官制，分别以"抚标""提标""镇标"为名驻防新疆各地。[②] 本书研究的天山北麓地区为迪化抚标和巴里坤镇标驻防范围。光绪十二年（1886）十月，刘锦棠与魏光焘奏定新疆巡抚、提镇额饷兵制，步队以498人为一营，367人为一旗，马队以250人为一营，126人为一旗。迪化抚标（原乌鲁木齐镇标改）下设中、左、右三营、城守协、玛纳斯协、济木萨营、库尔喀喇乌苏营、精河营、吐鲁番营等，共计官员131人，步队8营3旗、马队15旗，除火勇外，正勇6404人。巴里坤镇标设中、左、右三营、哈密协、古城营共计官员73人，步队5营1旗1哨，马队7旗，除火勇外，共正勇3517人。[③] 光绪二十九年、三十年（1903、1904），新疆巡抚潘效苏"以新疆标营欠饷过巨"，两次奏请裁减兵数，步队以207人为1营，165人为1旗，马队以54人为1旗；亲军卫队步队以367人为1旗，马队

[①]（清）王树枏：《新疆图志》卷50《军制二》，朱玉麒等整理，上海古籍出版社2015年版，第890页。

[②] 齐清顺：《论近代新疆军队发展的历史进程》，《新疆大学学报》（社会科学版）2000年第3期。

[③]（清）王树枏：《新疆图志》卷50《军制二》，朱玉麒等整理，上海古籍出版社2015年版，第892页。

第三章　兵燹与复垦：1864—1911年天山北麓的土地开发　131

126人为1旗；练军马队以227人为1旗，亲军炮队以92人为1哨；巡营步队以410人为1营；续备步队以410人为1营；抚标过山炮队、城守协炮队二哨以62人为1哨，迪化抚标各营共计官员165人，正勇4556人，巴里坤镇标共计官员56人，正勇1439人①。此时，迪化抚标和巴里坤镇标的总兵数较光绪十二年（1886）减少了27.8%和58.4%。光绪三十三年（1907），新疆巡抚联魁与布政使王树枏合议筹划再次改编标营，裁汰孱弱，将新疆驻军划分为中、前、左、右、后五路，共计马步53营，其中中路抚标（驻防乌鲁木齐左右）设步队7营，马队6营，共计官兵2146人，后路巴里坤镇标设步队3营，马队4营，共计官兵995人。②同时，新疆也改练新军，将原驻迪化、阿克苏、喀什、巴里坤、伊犁等城的续备步队左营、驻迪化的练军左右翼马队六旗调集省城，改编为新军，分为步营、马营陆路炮营、工程队，共计官兵1723人，称为新疆陆军。光绪三十年（1904），天山北麓驻军人数为6043人，到光绪三十三年裁至5040人（见表3-1）。

表3-1　光绪三十年（1904）和光绪三十三年（1907）天山北麓驻军分布及其变化

驻防地点	光绪三十年 营制	光绪三十年 驻军人数（人）	光绪三十三年 营制	光绪三十三年 驻军人数（人）
镇西厅	巴里坤镇标	1070	后路巴里坤镇标	570
奇台县	古城满营	1009	古城满营	1009
孚远县		200		123
阜康县	迪化抚标		中路迪化抚标	
迪化县		3264		1285
昌吉县		250		
绥来县		250		330
			新军	1723
合计		6043		5040

资料来源：（清）王树枏：《新疆图志》卷51《军制三》，朱玉麒等整理，上海古籍出版社2015年版，第894—909页。

---

① （清）王树枏：《新疆图志》卷51《军制三》，朱玉麒等整理，上海古籍出版社2015年版，第895—898页。
② （清）王树枏：《新疆图志》卷51《军制三》，朱玉麒等整理，上海古籍出版社2015年版，第899—904页。

清朝末年，天山北麓的驻防士兵中有一部分是客勇，即部分湘军在战后留驻此地；一部分是在本地招募的土勇。无疑，其中的土勇是有眷口的，而客勇是否携眷，由于资料的缺乏而无法判断。光绪二十九年（1903），新疆巡抚潘效苏奏请"遣散内地客勇，改练土著世袭兵"，并且拨地令士兵耕种，步兵一名给上地10亩，牛马各5只，羊10只，"马兵加倍，营、旗、哨官、营书、哨书、差弁、亲兵、护兵、长人等层递加倍，令其家属耕牧"①。后因兵饷不足而废弃。但是，从这条记载可以看出，清朝末年天山北麓的绿营官兵应该是携眷驻防的。

（二）户民人口的再次聚集

光绪三年（1877）收复新疆以后，重新聚集人口，恢复农业生产成为当务之急。左宗棠、刘锦棠等人审时度势，确立了就地聚集农业人口，培植发展民间农业生产能力的主要方针。在具体方式上着重采取了当地农民复归本业、改造兵屯汰勇归农、鼓励中原户民出关承垦、助垦人犯携眷实边及本地人户区内迁移等五种办法。

1. 就地招募户民

战乱期间，天山北麓原来的户民除了死伤之外，一部分被争战者裹胁而去，一部分逃亡隐匿于山林之中。光绪二年（1876），天山北麓地区初步收复时，左宗棠、金顺即着手安置流寓农民归业，以期来春耕种。次年，清政府补授英翰为乌鲁木齐都统，令其"即行广为招徕，设法开垦，俾无业穷民各安生计，不致流而为匪"②。经过招募，不少户民陆续返回原籍认垦耕种。

左宗棠于光绪六年（1880）奏报的迪化等处认垦的4000余户民人大多属于这种情况（见表3-2）。这些人口数虽然仅及原额的五分之一，但户口招募工作已有了一定的成效。③ 新疆建省之后，仍有不少这种散失的人口应募认垦。

2. 改造兵屯，裁勇归农

左宗棠很早就有"划兵民为二"的思想。他认为，在战乱之时兴办兵屯以解决军粮问题是必要的，但到全疆安定之后，再利用兵屯方式发展农业已不符合新的社会条件了。首先，在饷源匮乏、边防吃紧的情况下，利

---

① （清）王树枏：《新疆图志》卷51《军制三》，朱玉麒等整理，上海古籍出版社2015年版，第894页。
② 《清德宗实录》卷59，光绪三年十月壬午，中华书局1987年版，第52册，第809页。
③ 原额，应指同治三年（1864）动乱之前各地册载的人口数字。

用士兵屯种来发展农业,在财政上和军事上都是很大的浪费;其次,士兵名隶伍籍而又令其从事耕耘,无法兼顾,"譬犹左手画圆,右手画方,两手相兼,必致一无所就",结果只能是"且战之兵不能战,且耕之兵不能耕",因此必须"分别兵农,责兵以战,课农以耕",将屯兵中精壮、能充步兵者挑选出来,"束以营制,一如内地军营",其余"弱不任战者"散之为农,既可精兵节饷,又可为急需劳力的农业输送人手。①

表3-2　光绪六年(1880)天山北麓各地就地招募户民统计

地　点	原额户数或亩数	招募户数或亩数	占原额百分比(%)
迪化州	4200 户	2000 户	48
昌吉县	3900 户	450 户	12
阜康县	3090 户	210 户	7
绥来县	3700 户	850 户	23
奇台县	4360 户	570 户	13
济木萨	2800 户	350 户	13
呼图壁	1730 户	280 户	16
镇西厅	6 万亩	3.6 万亩	60

资料来源:光绪四年十月二十二日左宗棠"复陈新疆情形折",(清)左宗棠:《左宗棠全集·奏稿7》,罗文华校点,岳麓书社1992年版,第190—198页;(清)王树枏:《新疆图志》卷96《奏议六》,朱玉麒等整理,上海古籍出版社2015年版,第1818页。

光绪元年(1875)开始裁汰新疆各地的兵勇。光绪二年(1876),在天山北麓乌鲁木齐一带作战的金顺所部征军开始实行裁汰,凡"娶有妻室,愿留口外者,准其酌借牛力籽种,拨荒绝无主地亩令其承垦,秋后以粮抵还,仿古徙民实边之意,而无其劳费",而且,在此之前,古城、巴里坤使用汰遣客军屯垦已经证明成效较好:"适值岁稔价平,屯丁获利比薪粮倍蓰,人情乐趋,即其明验。"②光绪三年(1877),裁汰的范围扩大到由民团改编的孔定才的定西营和徐学功的振武营。这两个营驻扎昌吉、绥来一带,其团丁均系天山北麓的土著,有家口者居多,平时就自屯自

---

① 光绪元年六月二十八日左宗棠"督办新疆军务敬陈筹划情形折",(清)左宗棠:《左宗棠全集·奏稿6》,罗文华校点,岳麓书社1992年版,第286—291页。
② 光绪二年十一月十一日左宗棠"请裁汰北路征军折",(清)左宗棠:《左宗棠全集·奏稿6》,罗文华校点,岳麓书社1992年版,第577—579页。

守，自耕自食，"聚则为勇，散则为农"，裁汰后他们正式归农。① 光绪四年（1878），新疆战事结束以后，各军全面整顿裁汰，被裁汰的大部分兵勇返回家乡，也有不少人自愿留在新疆，其原因各异，"有籍隶陕甘，去新疆较近，风土相似者；有虽籍隶东南各省，幼被贼掠，辗转投营，里居氏族不能自知者；有原籍遭兵，田庐已空，亲属已尽，不可复归者；有寇乱之日树冤于乡，以异地为乐土，故里为畏途者"②。这些人均以户民认垦之例对待，拨给地亩，垦种落户。

3. 鼓励中原地区户民出关承垦

战乱结束后，清政府仍然采取鼓励户民向新疆迁移的方式来促进农业开发的发展，但是，与乾隆年间政府组织大规模的移民活动不同，光绪之后再未有政府组织移民的活动，而是采取听户民挟眷携友，自行流迁的方针，鼓励中原地区户民移民新疆。为了吸引户民出关，清政府制定了较以前更为优惠的政策。光绪十三年（1887），刘锦棠奏定《新疆屯垦章程》，其要如下：第一，不论父子共作，兄弟同居或雇伙结伴，均以两人为一户，每户给地60亩；第二，官借籽种三石，置办农具银六两，修盖房屋银八两，耕牛两头合计银二十四两，每户月给盐菜银一两八钱，口粮面九十斤，自春耕至秋收，按八个月计算。以上合计借给成本银七十三两一钱；第三，成本银当年还半，次年全缴，遇歉酌缓。缴本之后，按亩升科启征额粮。自第三年始，初年征半，次年全征；第四，十户设一屯长，五十户设一屯正，每屯正五名派一委员，负责请领成本，督察农工。各户出具连环保结，相互纠察，以免领本后潜逃。③ 相比之下，新的屯垦章程在拨给土地数额、安置待遇上都比乾隆年间的规定优厚，因此对进一步招徕本地流失人口及吸引农民来新疆屯垦起到了积极的作用。当年即在迪化、奇台、昌吉、阜康、绥来、济木萨、呼图壁等地安插流民1000余户。④ 其

---

① 光绪三年十一月二十二日左宗棠"借拨英翰饷项及归并定西振武各营情形折"，（清）左宗棠：《左宗棠全集·奏稿6》，罗文华校点，岳麓书社1992年版，第786—788页。
② （清）奕䜣等：《平定陕甘新疆回匪方略》卷315，光绪四年七月二十二日丙午，张羽新、张双志整理编纂：《清朝治理新疆方略汇编》第15册，学苑出版社2006年版，第167页。
③ 光绪十三年二月十二日刘锦棠"兴办屯垦并安插户口查报隐粮折"，（清）刘锦棠、李续宾：《湖湘文库·刘锦棠奏稿·李续宾奏疏》，杨云辉校点，岳麓书社2013年版，第394—395页。
④ 光绪十三年二月十二日刘锦棠"兴办屯垦并安插户口查报隐粮折"，（清）刘锦棠、李续宾：《湖湘文库·刘锦棠奏稿·李续宾奏疏》，杨云辉校点，岳麓书社2013年版，第394—395页。

后,"土、客生息蕃庶,岁屡有秋,关内汉、回携眷承垦络绎相属"①。至光绪末年,阜康县汉人来自"十八行省",而以"北五省人为较多",回民则"自陇右、西宁、狄河迁徙二来者盖十之七八"②。奇台回民在战乱中逃散死伤,"几无噍类",新疆肃清后"始复渐次聚集,有从关内来者,有从他境来者"③。

4. 助垦人犯携眷实边

将免死减等罪犯发遣新疆种地当差,原是乾隆以来的定例。"同光之乱"期间被迫停止。光绪十年(1884),清政府以"新疆平靖已久,正在招募屯垦",决定恢复发遣制度,经过刘锦棠等大臣的商讨,是年九月议定发配遣犯到新疆助垦的规定:第一,遣犯到配,凡年力精壮能种地者,皆尽兵屯役使耕种,不能耕种者再交配各衙门充当杂役;第二,缩短遣犯为民年限,原例为奴遣犯再配安分,十年永远种地不准为民,当差遣犯五年无过可以为民,现在改为原犯为奴定限五年,原犯当差定限三年,如安分出力,即编入本地民籍,给地垦种纳粮;第三,要求遣犯尽可能携眷赴发遣之所,而且对遣犯家眷量为资送;第四,发遣地点首先选择民户稀少或荒地较多而又距边境较远的地方,北路主要发往镇迪道辖境。④ 光绪十二年(1886),第一批助垦人犯1064名被安置在迪化、昌吉、阜康、奇台等县,光绪十五年(1889)即升科完粮,并且转入民籍。⑤

5. 区内人口迁移认垦

由于裁汰兵勇务农及遣犯助垦的不稳定性,因此新疆巡抚陶模提议"就地另行招垦",特别是迁移缺少土地的贫苦维吾尔族人户到北疆及其他人口稀少的地区垦荒落户。⑥ 这一提议得到了清朝统治者的赞同。光绪初年,南疆维吾尔族人户便自发地向地广人稀的天山北麓迁移,此时迁移人数更多,分布也越来越广。光绪年间修订的各厅县乡土志中处处可见维吾

---

① 《清史稿》卷120《食货一》,中华书局1977年版,第13册,第3512页。
② (清)巨国柱:《阜康县乡土志·人类》,载马大正、黄国政、苏凤兰整理《新疆乡土志稿》,新疆人民出版社2010年版,第17页。
③ (清)杨方炳:《奇台县乡土志·人类》,载马大正、黄国政、苏凤兰整理《新疆乡土志稿》,新疆人民出版社2010年版,第36页。
④ 光绪十年九月二十四日刘锦棠"复陈新疆遣犯酌量变通折",(清)刘锦棠、李续宾:《湖湘文库·刘锦棠奏稿·李续宾奏疏》,杨云辉校点,岳麓书社2013年版,第249—252页。
⑤ 光绪十五年十二月初九日魏光焘"奏发新助屯人犯恳施恩折",台北"故宫博物院"编:《宫中档光绪朝奏折》,台北"故宫博物院"1973年版,第4册,第844—845页。
⑥ 光绪十年八月二十一日刘锦棠"遵旨密陈新疆西路边防情形折",(清)刘锦棠、李续宾:《湖湘文库·刘锦棠奏稿·李续宾奏疏》,杨云辉校点,岳麓书社2013年版,第24—27页。

尔族迁入天山北麓的记载。如咸丰、同治年间的绥来县，维吾尔族"无寄籍于本境者，间有也。或吐鲁番，或塔城，为商者来此，官家有一定之限期，不能任其久留。迄光绪年间克城后，南北路缠民始源源而来，以今日商、农、工三项考之，约四、五百家"①。迪化、阜康、呼图壁、奇台等地的情况与此相似。维吾尔族人户落户天山北麓地区，一方面增加了当地的人口数量，同时也使天山北麓的人口构成发生了重大的变化。

各种形式的招徕聚集，使得天山北麓的农业人口逐渐回升，社会经济状况等也逐渐稳定发展。

（三）其他人口的迁入

其他人口主要指非本地户籍的商人、佣工、游民等。同光年间，左宗棠奉旨率军西征叛乱，其营幕被称为"西大营"。清代兵制没有后勤部队，军需供应困难，在清军西北用兵的十余年间，天津杨柳青货郎担随军西进，紧跟军队后面销货，贩卖士兵所需日用物品，军行则行，军住则住，跟着军队营盘跑，被时人称为"赶大营"。清军收复新疆后，不少赶大营的货郎担在迪化、奇台搭棚设摊继续经商。新疆建省后，清政府广招商贾，并治邮驿以通道路，于是关内各省商民蜂拥而至，至清末，各地商人荟萃迪化、古城，形成著名的八大商帮，即燕、晋、湘、秦、陇、蜀、豫、鄂，其分号遍布新疆各地。② 这些商人除却少部分加入当地户籍外，大部分属于客籍。如，绥来县有商民300余家，"多客籍，而天津人为多"③。据《新疆图志》记载，清末迪化县、奇台县、绥来县外省寄居人口分别达到了总人口的55.2%、60.3%和37.9%。④

除了商人之外，从陕、甘、豫等地自发来到天山北麓一带从事手艺、佣工谋生者也颇多，乌鲁木齐一带多"秦、晋、蜀三省无业游民来关外佣耕谋食者"⑤，"秦陇之人亦无虑数千户，惰游失业捕负者半之"⑥。各地客

---

① （清）杨存蔚：《绥来县乡土志·人类》，载马大正、黄国政、苏凤兰整理《新疆乡土志稿》，新疆人民出版社2010年版，第76页。
② 潘志平：《清季新疆商业贸易》，《西域研究》1995年第3期；袁澍：《新疆会馆探幽》，《西域研究》2001年第1期；阎东凯：《移民社会的物质交流与中心市场建立——以晚清民国时期奇台为中心》，《中国历史地理论丛》2014年第3辑。
③ （清）王树枏：《新疆图志》卷1《建置一》，朱玉麒等整理，上海古籍出版社2015年版，第18页。
④ （清）王树枏：《新疆图志》卷43《民政四》，朱玉麒等整理，上海古籍出版社2015年版，第792—796页。
⑤ （清）方希孟：《西征续录》，李正宇、王志鹏点校，甘肃人民出版社2002年版，第145页。
⑥ （清）王树枏：《新疆图志》卷1《建置一》，朱玉麒等整理，上海古籍出版社2015年版，第13页。

回（即"同光之乱"后从甘肃等地迁移而来者）较多，如光绪末年奇台县"客回十之八九散处于古城、木垒及就县治城关内外，其中贸易者一百三四十家，作匠者四五十家，余系佣工作苦，并没有恒业，男女大小共一千七八百丁口"[①]。

综上所述，清朝末年，各种方式的募民政策以及更加开放的吸纳各类人口的态度，使得天山北麓人口很快重新聚集，其人口的来源地较清代中期更加广泛。人口的类别主要分为驻防官兵人口、户民人口（又称本籍）、商人及游民佣工（多为客籍）等。

二 清代末期天山北麓的人口规模

（一）清末的人口调查制度

同治三年（1864）以后，天山北麓各州县的保甲调查制度已经全面崩溃，户口册报制度亦中断。新疆建省之后，随着各项制度的制定和实施，急需了解当时各地的户口情况，光绪十三年（1887），刘锦棠饬造新疆全省户口清册。经调查，镇迪、阿克苏、喀什噶尔三道汉、回、维及入籍安集延人户共有266959户，1238583口。[②] 此次册报的各类人口数字载入光绪《大清会典》。遗憾的是，在目前可见的历史资料中，未见到这次人口册报中新疆各地府、州、县一级的户口数。对天山以北的人口状况，刘锦棠概括地描述为，新疆人口，"以北路户口为最稀，尚须极力招徕"[③]。由此可见，到光绪十三年，天山以北的人口还远未恢复到同治以前的规模。

光绪二十八年（1902），新疆开始正式编立保甲，稽查户口，"户给口牌，注明丁口生业，店设号簿，循环调查"[④]。次年九月，新疆巡抚吴引孙将省城保甲改为巡警。至光绪三十四年（1908），新疆各府、厅、州、县、县丞都设置了巡警，列"编订门牌、调查户口"为其重要的任务之一[⑤]。

清末《辛丑条约》签订以后，清朝政府为了适应新的形势变化，在全

[①] （清）杨方炽：《奇台县乡土志·人类》，载马大正、黄国政、苏凤兰整理《新疆乡土志稿》，新疆人民出版社2010年版，第36页。

[②] 光绪十三年三月初五日刘锦棠"新疆田赋户籍造册咨部立案折"，（清）刘锦棠、李续宾：《湖湘文库·刘锦棠奏稿·李续宾奏疏》，杨云辉校点，岳麓书社2013年版，第405页。

[③] 光绪十三年三月初五日刘锦棠"新疆田赋户籍造册咨部立案折"，（清）刘锦棠、李续宾：《湖湘文库·刘锦棠奏稿·李续宾奏疏》，杨云辉校点，岳麓书社2013年版，第405页。

[④] （清）王树枏：《新疆图志》卷40《民政一》，朱玉麒等整理，上海古籍出版社2015年版，第738页。

[⑤] （清）王树枏：《新疆图志》卷40《民政一》，朱玉麒等整理，上海古籍出版社2015年版，第740页。

国设立巡警制度取代保甲制。光绪三十四年，清政府在民政部设立统计处，并且制订了"六年调查户口计划"和《调查户口章程》，下令各地依据《调查户口章程》调查各地户口。宣统元年（1909）民政部汇奏全国各地调查的户数，并且下令开始普查全国各地的人口数。后来由于宣统三年（1911）辛亥革命的爆发，人口普查中断，全国各地人口普查完成情况不一。新疆省于宣统元年三月设立全省调查户口所，"即将调查户口章程暨门牌调查、登查口票、报部表式并颁布告示，通发各属遵章调查。又各道派委员二员循环督催，认真清查"，并且制定调查户口细则十七条，督促各地认真清查户口。① 新疆地区由于地方辽阔，所以规定户数与口数并查，宣统二年（1910）十月，新疆省将此次普查的结果列表报民政部。② 因此，新疆地区的户口调查的执行与完成情况是较好的。

由于此次户口调查包括的空间范围最广、调查对象较全面、调查时间较长、调查得到了切实有效的执行，因此，侯杨方研究认为，宣统年间的户口调查结果可信度较高，其中户数调查的质量较口数调查为好。③

（二）宣统元年天山北麓的人口规模

1.《新疆图志》所载人口资料分析

根据《新疆图志》的编纂背景分析及其所载户口的类别，笔者判断《新疆图志》中的户口数即为宣统年间的户口调查成果。

《新疆图志》是清末由新疆通志局修纂的一部较完备的通志，由王树枏主编，始于宣统元年三月，成于宣统三年。《新疆图志》全书一百一十六卷，分为建置、国界、天章、藩部、职官、实业、赋税、食货、祀典、学校、民政、礼俗、军制、物候、交涉、山脉、土壤、水道、沟渠、道路、古迹、金石、艺文、奏议、名宦、武功、忠节、人物、兵事等二十九卷，可谓门类齐全，资料丰富。吴丰培称其为"问世以后得到好评"，是"一部新疆省规格化的志书"。④

《新疆图志》卷四十三《民政四》中记载的户口门类非常丰富：按区域统计（分为城厢、乡村、市镇、商埠），按宗教统计（道教、回教、天主教等），按籍贯统计（本籍、本省寄居、外省寄居、外国人居住），按职

---

① （清）王树枏：《新疆图志》卷45《民政六》，朱玉麒等整理，上海古籍出版社2015年版，第825—826页。
② 侯杨方：《中国人口史·第六卷·1910—1953》，复旦大学出版社2001年版，第36页。
③ 侯杨方：《宣统年间的人口调查——兼评米红等人论文及其他有关研究》，《历史研究》1998年第6期。
④ 吴丰培：《吴丰培边事题跋集》，新疆人民出版社1998年版，第212—213页。

业统计（官、士、农、工、商、兵、书吏、差役、杂业、无业、乞丐、外国人等）。与传统地方志中仅按民户、商户等类别记载各地户口的形式相比较，《新疆图志》中的户口资料显然来源于一种新的户口统计体系，即宣统年间的户口普查。第一，应该注意到《新疆图志》的编纂时间正值宣统年间全国进行新的户口调查之际，而且在《新疆图志》最后完成之前，新疆地区新的户口调查已经完成。第二，根据《调查户口章程》的规定，宣统年间的普查方法是先划定不同级别的普查区域，然后按照属地原则分段普查各类人口户数、口数（包括非本籍人口及外籍户口），普查口数应查明姓名、年岁、职业、籍贯、住所等。[①] 所以，只有宣统年间如此详细的户口调查才能提供《新疆图志》中所载的各种门类的户口数。第三，虽然《新疆图志》在记载户口数的时候并没有明确交代其所载户口数的来源，但是在《新疆图志》卷四十五《民政六》中，记载了宣统元年（1909）三月设立新疆全省调查户口所，同时颁布《新疆调查户口细则十七条》等情况，这些都是按照中央民政部《调查户口章程》的要求实施的。根据以上理由，可以判断《新疆图志》中记载的户口数来源于宣统年间的户口调查。

《新疆调查户口细则十七条》中提道，"调查户口定章应分二次办理，然新省地处极边，地方辽阔，若遵照定章，不惟耗财过多，且恐愆报部之期。拟即户口并查，以归简易，而期迅速"[②]。由此可见，与全国其他地方不同，新疆是一次性完成户数和口数的调查的。宣统二年（1910）十月新疆省将其辖境内的户口普查结果上报中央民政部。根据《新疆图志》卷一《建置志》记载，迪化府"宣统元年，户二万三千八百一十三户，口十万二百五十六"，镇西厅"宣统元年，户一千八百一十八，口八千五十八"。因此判断，《新疆图志》中记载的户口数截止时间为宣统元年（1909），户口数字质量较高。

2. 宣统元年（1909）天山北麓人口数重建

根据前文的论述可知，清末天山北麓的区域总人口应该包括驻防官兵数、户民人口及商人、游民、佣工等。

《新疆图志》卷一《建置志》记载了宣统元年，迪化府总计有23813户，100256口，镇西厅有1818户，8058口。对比《新疆图志》卷四十三

[①] （清）民政部：《民政部奏调查户口章程折》，上海商务印书馆编译所编纂：《大清新法令（1901—1911）》第1卷，李秀清等点校，商务印书馆2010年版，第130—132页。

[②] （清）王树枏：《新疆图志》卷45《民政六》，朱玉麒等整理，上海古籍出版社2015年版，第827页。

《民政四》的记载可知，迪化府与镇西厅的这些户口数是本地在籍户口数与寄居之户户口数（包括了商人、游民、佣工等全部未加入当地户籍的人口）的总和，即各地一般居民的户口数（表3-3）。也就是说，《新疆图志》中记载的户口数，除了驻防官兵数之外，按照属地原则，包括了天山北麓各地的户民、商户、游民、佣工等全部人口。

宣统元年天山北麓驻防官兵数量。本书研究的天山北麓地区清末在军事上分属于绿营迪化抚标及巴里坤镇标驻防[1]，同时在古城还有满营六旗驻防。根据《新疆图志》卷五十《军制二》、卷五十一《军制三》记载，清末新疆各地军制的最后一次改编整顿是在光绪三十三、光绪三十四年间（1907、1908）。根据《新疆图志》的记载，按照抚、镇标各营驻防地所属州县，复原重建宣统元年天山北麓驻防官兵、一般居民人口数及其分布（表3-3）。

表3-3　　　　宣统元年（1909）天山北麓地区人口规模

地方	本籍户口 户数（户）	本籍户口 口数（人）	本省寄居 户数（户）	本省寄居 口数（人）	外省寄居 户数（户）	外省寄居 口数（人）	户数总计（户）	口数总计（人）	户均人口	驻防官兵人数（人）	合计人口数（人）
镇西厅	1486	7391	189	376	143	291	1818	8058	4.4	570	8628
奇台县	3760	4928	273	779	1759	8883	5792	14590	2.5	1009	15599
孚远县	1339	6135	118	622	559	1478	2016	8235	4.1	123	8358
阜康县	608	2975	165	705	297	924	1070	4604	4.3	0	4604
迪化县	2698	13585	446	3798	4198	21610	7342	38993	5.3	3008	42001
昌吉县	1410	7820	118	417	240	1564	1768	9801	5.5	0	9801
呼图壁县丞	1116	7244	94	388	251	938	1461	8570	5.9	0	8570
绥来县	1753	8510	309	1224	1402	5978	3464	15712	4.5	330	16042
合计	14170	58588	1712	8309	8849	41666	24731	108563	4.4	5040	113603

资料来源：（清）王树枏：《新疆图志》卷43《民政四》，朱玉麒等整理，上海古籍出版社2015年版，第792—800页。

---

[1] （清）王树枏：《新疆图志》卷50《军制二》，朱玉麒等整理，上海古籍出版社2015年版，第891页载：迪化抚标各营驻防迪化、济木萨、昌吉、玛纳斯、喀喇巴尔噶逊、吐鲁番、精河、库尔喀喇乌苏等地；第892页载：巴里坤镇标各营驻防巴里坤、木垒、哈密等地。

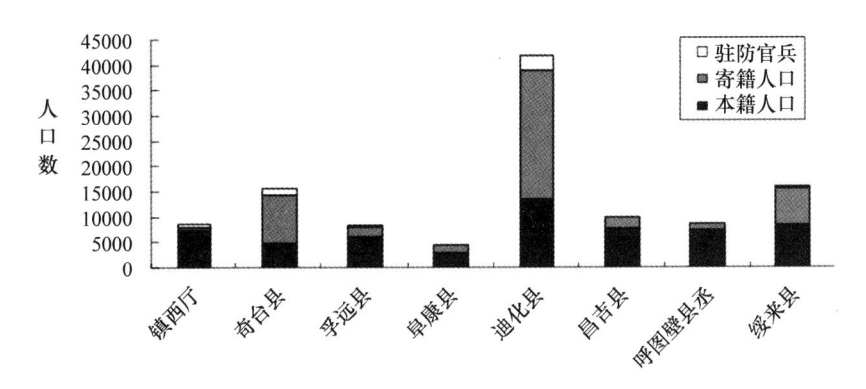

图 3-1 宣统元年（1909）天山北麓各县人口规模柱状图

表 3-3 和图 3-1 显示，宣统元年（1909），天山北麓的总人口为 11.3 万人，户均 4.4 口，较一般户均 5 口的数量稍低。其中，迪化县人口最多，达到 4.2 万人，占天山北麓总人口的 37.0%，其次为绥来县和奇台县，人口规模都达到了 1.6 万，而以阜康县人口最少，仅有 0.4 万人。

此外，表 3-3 和图 3-1 还显示了清朝末年天山北麓的人口构成特点。第一，宣统元年，天山北麓本籍人口数占总人口数的比例较少，据统计，只占总人口数的 54.0%，其余近一半的人口多为暂时寄籍在此地的人口，这些人随时都有可能离去，这说明天山北麓的人口规模还十分不稳定。因此，到宣统元年，天山北麓的人口不但其规模远未恢复到"同光之乱"前的水平，而且其人口的稳定性也不能与同治之前相比。第二，与清代中期相比，天山北麓的人口构成中，驻防官兵的数量大为减少，而且占天山北麓总人口的比例也大大减少，据统计仅占总人口的 4.4%。

与清代中期相比，清代末期天山北麓的人口来源更加复杂，来源地更加广泛，人口流动较以前自由，其效果是两方面的：一方面，在政府无力组织计划性移民的情况下，这种更加开放的人口政策促进了天山北麓人口的再集聚，在短时间内解决了战乱之后劳动力稀缺的状况；另一方面，由于客籍人口众多，其居留的稳定性较差，这严重影响到土地开发的持续性。《新疆图志》中概况称之为"北疆农民多客籍……转徙无常……其所耕地时赢时缩，不可为常额"，"客民伎巧诚非土著所及，然自开省迄今二十余载而田野未加辟，货财未加聚者，则以关内细氓奔走万里，大都觊近利，竞锥末，不肯轻弃其乡，苟积赢蓄，即挈囊橐返故里，无殖田园长子孙之计"。① 由此可见，清代末年的人口政策，一方面促进了天山北麓人口再聚集的速度；另一方面影响到了天山北麓土地开发的效果。因此可以说，宣统年间的人口规模，不但在数量上，而且在质量上都远没有恢复到同治之前的水平。

第三节 1864—1911年天山北麓的土地开发

由于清代末期天山北麓的政治局势、人口聚集及人口构成的特点等都与清代中期不同，因此此时天山北麓的土地开发也呈现出与以往不同的方式与特点。

一 兴地利而裕兵食——天山北麓土地开发思想

经过"同光之乱"，天山北麓人民离散，水利湮废，大片农田沦为榛莽，社会经济一蹶不振。光绪三年（1877），乌鲁木齐都统英翰奏报称："乌垣最为西陲繁剧之区，北路适中之地，纵横五千里，统属十余城。寇乱以来，汉城仅剩颓垣，满城已同平地。……至于所辖各境，巴里坤虽未残破，兵额尚不及半，其古城、奇台、阜康、昌吉、吐鲁番等处，或城隍已毁，或楼橹仅存，均无一兵防守。天山南北沃野居多，乌垣附近亦多水草，自经兵燹，并就荒芜，即间有二三客民力事耕作，亦不过垦数十亩，食三五人而已，通境合计，尚不足十分之一。"② 由此可见，战乱给天山北麓造成了毁灭性的破坏，这种局面决定了天山北麓的土地开发不可能在动乱之前的基础上继续向前推进，而是重新垦殖抛荒土地，恢复农业生产，重建经济。

由于此时的社会历史条件和农业生产条件与清代中期大不相同，与清代中期相比，清代末期并没有形成针对天山北麓的特色鲜明、内涵丰富的土地开发思想。与这一时期新疆其他地区一样，清朝末年天山北麓土地开发思想主要为体现在"兴地利而裕兵食"和"培植发展民间农业生产能力"两个方面。

---

① （清）王树枏：《新疆图志》卷28《实业一》，朱玉麒等整理，上海古籍出版社2015年版，第542—543页。

② （清）奕䜣等：《平定陕甘新疆回匪方略》卷305，光绪三年十月初一日壬午，张羽新、张双志整理编纂：《清朝治理新疆方略汇编》第15册，学苑出版社2006年版，第92页。

第三章 兵燹与复垦：1864—1911年天山北麓的土地开发 143

（一）兴地利而裕兵食

光绪元年（1875），景廉大军进驻天山北麓时，由于"哈密、巴里坤、古城、济木萨等处皆系兵燹之余，户口凋敝，田地荒芜"，仅在古城能够买到7000余石粮食，远远不敷兵食。① 因此，当时主政新疆的左宗棠等人认识到，天山北麓乌鲁木齐一带"土沃泉甘，物产殷阜，旧为各部腴疆"，筹划在新疆全部肃清以后，以乌鲁木齐为中心，南北驻扎重兵，"以张犄角"，同时"兴办兵屯、民屯，招徕客、土以实边塞"。②

光绪四年（1878），清政府明确提出了"兴地利而裕兵食"的土地开发策略："谕军机大臣等，金顺奏筹办屯田营制及整顿库尔喀喇乌苏城垣一折。新疆南北各城，次第克复，自应及时兴利举废，渐复旧规，金顺以屯田为筹边要务，勘明博勒塔拉及车牌子地方，勘以屯垦，拟分拨察哈尔、锡伯营应补放各官缺。著金顺于军营内挑选差战出力及田熟悉员弁，酌量请补，所有察哈尔领队大臣一缺，准以总管喀尔蟒阿调署，其锡伯营领队大臣兵准以协领果权署理，以期得力。金顺当饬令该员等，随时督率官弁，认真垦种，以兴地利而裕兵食。"③ 由此可见，在光绪初年，无论是采用兵屯，还是鼓励民屯，其基本的目的是"兴地利而裕兵食"，解决当地驻兵的粮食供应问题。战乱结束后，天山北麓初期的土地垦复，主要是在这种思想的指导下展开的。

（二）培植发展民间农业生产能力

"培植发展民间农业生产能力"是清朝末年政府关于天山北麓土地开发思想的核心。

前文已经述（见第三章第一节），在清代末期的社会历史条件下，政府已无力采取更多的措施发展天山北麓的土地开发，因此将培植发展民间农业生产能力作为恢复社会经济的首要方式。首先，这一土地开发思想表现在重新聚集劳动力的相关政策方面。如前文所述（第三章第二节），清朝末年，由于政府无力组织计划性移民，所以采取了听其挟眷携友，自行流迁进入天山北麓地区的态度。因此，天山北麓土地垦复阶段所需的劳动力的重新聚集速度及其稳定性都远不如乾隆年间。其次，表现在农田水

---

① 光绪元年正月二十五日左宗棠"附录上谕：谕左宗棠实力筹办后路粮运景廉、金顺妥商调军迅复乌城"，（清）左宗棠：《左宗棠全集·奏稿6》，罗文华校点，岳麓书社1992年版，第153页。
② 光绪元年三月初七日左宗棠"复陈海防塞防及关外剿抚粮运情形折"，（清）左宗棠：《左宗棠全集·奏稿6》，罗文华校点，岳麓书社1992年版，第188—195页。
③ 《清德宗实录》卷65，光绪四年正月乙丑，中华书局1987年版，第53册，第9—10页。

利的修建方面。清朝末年，天山北麓修建水利工程的主要方式有：官筹资金，募民兴修，给以工食；调拨兵勇独立修筑，或兵民合力修筑渠工；以及民间集资自修水利工程等。① 在各种水利兴修形式中都注意民间的参与，而且越到后期，民间集资自修的情况越多。

总之，清代末期，在当时的社会历史背景的影响下，对天山北麓土地开发没有形成明确指导思想，因此呈现出土地垦复速度缓慢，社会经济恢复缓慢的状况。

二 天山北麓土地开发的方式

（一）天山北麓土地垦复的主要方式

1. 古城满营屯田

同光年间，左宗棠在督师征战西北军队时提倡，军队"于驻营地方尽力开垦"②，"且耕且战"③，随地招徕难民，居住耕种，战争结束以后，应该"分兵、农为二"，"责兵以战，课农以耕"，取消兵屯制度。收复新疆以后，左宗棠分兵、农为二的主张得到了实施。除了科布多、伊犁等局部地区以外，新疆的绿营屯田制度被完全取消了。④

光绪十年（1884），刘锦棠收集乌鲁木齐等处散逸旗丁1000余人归并于古城，设古城守尉统领。清廷令拨奇台县东湾、中渠、大坂河、西岔等处两万余亩土地给这些旗丁，使其屯种自给。⑤ 光绪十四年（1888），新疆巡抚刘锦棠奏请"满营归并古城，遵拨官兵随缺地亩，并恳暂缓屯垦，以纾兵力"⑥。由此可见，在拨给满营地亩的同时，并没有令其立即耕种。至于古城满营兵丁具体于何时开始屯垦，不见历史记载。光绪二十九年（1903），新疆巡抚潘效苏奏请"古城满营地亩，不暇屯种，请招民承垦"，此奏被清廷驳回，令其"仍著督饬该城守尉责令兵丁，迅往屯种，

---

① （清）王树枏：《新疆图志》卷73《沟渠一》，朱玉麒等整理，上海古籍出版社2015年版，第1334—1347页。
② 同治十三年十一月初三日左宗棠"附陈开屯实在情形片"，（清）左宗棠：《左宗棠全集·奏稿6》，罗文华校点，岳麓书社1992年版，第122页。
③ 同治十三年十一月初三日左宗棠"嵩武军进驻哈密垦荒片"，（清）左宗棠：《左宗棠全集·奏稿6》，罗文华校点，岳麓书社1992年版，第123—125页。
④ 王希隆：《清代西北屯田研究》，兰州大学出版社1990年版，第84页。
⑤ （清）王树枏：《新疆图志》卷105《奏议十五》，朱玉麒等整理，上海古籍出版社2015年版，第1959—1960页。
⑥ 《清德宗实录》卷261，光绪十四年十一月庚申，中华书局1987年版，第55册，第507页。

毋使偷惰，坐享粮料，以尽地力而免久荒"①。可见，大约在光绪中期，古城满营一直在从事着屯田活动。

尽管如此，关于清朝末年古城满营兵丁屯田的制度方面的内容至今尚未见有资料记载。根据同一时期伊犁满营屯田的制度来看，与乾隆年间利用满营闲散余丁屯种的情况不同，清末新疆满营的马甲、匠役等兵都直接从事屯种，担任屯种和驻防双重任务，每兵额种地20亩，纳粮细粮12石以上功过相抵②。根据伊犁满营屯田情况推断，清朝末年古城满营兵丁屯田的情况也应该大致与此相仿。

2. 户民开垦耕种

清末，由于绿营兵屯制度的取消，户民开垦耕种成为天山北麓农业开发的主要形式。

在清军收复各地的过程中，就奉行军队"于驻营地方尽力耕垦，随时招徕户民，杂居耕获，师过则已开荒成熟"，交于户民耕种的宗旨。③ 19世纪末20世纪初供职于俄国驻中国领事馆十余年的尼·维·鲍戈亚夫连斯基描述了军队开荒，然后将土地交给户民耕种的情形：

> 首先由政府有关部门派出技术官吏去查看可耕土地，由他圈好地，把土地情况详细记载下来，按土地优劣分为三等，同时也考虑承担赋税能力，并决定分配次序，然后呈报知府（州级行政长官）。知府再呈报巡抚，由巡抚批准，然后下令派兵进驻，屯垦。军队派去后，先修碉堡，汉族人叫营盘，然后开始垦荒。主要工程是：在这些缺水地带，由于自然灌溉不足，需要安排人工灌溉，就是挖渠引水。当这一最困难最重要的工程完成后，往往耕地的准备工作即告结束。这样，已经开发的耕地便可移交给移民私人使用。有时开出的土地先由军队耕种。官方发给牲口、种子和农具，他们便开始耕作，打下的粮食作为军队的粮饷。一块地有时可能由军队种一年、二年甚至三年，直到有足够的移民愿意来耕种这块土地时，才转交给他们。如果地方当局从布防或者其他方面考虑，认为军队不必在该地驻扎时，有

---

① 《清德宗实录》卷503，光绪二十九年十一月辛巳，中华书局1987年版，第58册，第912页。
② 光绪二十九年十二月二十七日"奏为恭报伊犁特古斯塔柳屯兵光绪二十九年分收粮分数缮具清单"，全国图书馆文献缩微复制中心编：《伊犁将军马亮、广福奏稿》，全国图书馆文献缩微复制中心2005年，第2册，第744—763页。
③ 同治十三年十一月初三日左宗棠"附陈开屯实在情形片"，（清）左宗棠：《左宗棠全集·奏稿6》，罗文华校点，岳麓书社1992年版，第122页。

时便连同军队的建筑都转交给移民,那些迁来的人便在原有的碉堡附近盖起新房,定居下来。①

从以上详细的描述可以了解到,19世纪末20世纪初,户民最初定居天山北麓时,军队在开荒、兴修水利等方面都起到了很大的作用,给予他们很多帮助。

光绪十三年(1887)制定的《新疆屯垦章程》规定,凡是来应募承垦之人,不论父子共作、兄弟同居或雇伙结伴,均以两人为一户,每户给地60亩;政府借给户民籽种及购买农具、耕牛、修盖房屋的银两;土地耕种后,自第三年开始升科,初年征半,次年全征。②这些规定较乾隆年间招民开垦的办法更为优厚,所拨耕地由每户30亩增加到了60亩,并且借给户民籽种、银两,为开始进行农业生产提供足够的生产资料和生产工具。同年,在清丈全疆土地的基础上,将耕地分为上、中、下三等。天山北麓的迪化府各县上地每亩征粮七升、中地四升、下地三升,皆不征草。镇西厅仍按照旧章办理,即征正粮与耗草,折合每亩征"京斗粮七升合六抄三撮六圭",光绪二十九年(1903)又改为"每亩科正粮七升,加收耗羡一升五合"③。至光绪三十一年(1905)再次清丈地亩,天山北麓镇西厅和迪化府各地户民的田亩面积已经增加到了78.4万亩(见表3-8)。

(二)农田水利的兴修

同治年间的大乱使得天山北麓原有水利设施遭到严重的破坏,如迪化城西长胜渠"自兵燹后,编户流离,坝口被河水刷毁,纵横数十里中膏腴之壤尽化污莱"④,收复之初,如此情形比比皆是。天山北麓肃清以后,结合人口的招徕聚集,水利设施也得到了逐步的修复和兴建。光绪六年(1880),政府组织兵民修复了镇西厅大泉东渠和迪化州的永丰渠、太平

---

① 〔俄〕尼·维·鲍戈亚夫连斯基:《长城外的中国西部地区》,新疆大学外语系俄语教研室译,商务印书馆1980年版,第31—32页。
② 光绪十三年二月二十二日刘锦棠"兴办屯垦并安插户口查报隐粮折",(清)刘锦棠、李续宾:《湖湘文库·刘锦棠奏稿·李续宾奏疏》,杨云辉校点,岳麓书社2013年版,第394—395页。
③ (清)阎绪昌、高耀南:《镇西厅乡土志·田赋》,载马大正、黄国政、苏凤兰整理《新疆乡土志稿》,新疆人民出版社2010年版,第101页。
④ (清)王树枏:《新疆图志》卷73《沟渠一》,朱玉麒等整理,上海古籍出版社2015年版,第1335页。

渠、安顺渠，绥来的长渠及奇台各渠。① 新疆建省后，随着农户的逐渐聚集和发展，农田水利的兴修更加迫切，进入全面修治阶段，镇西厅及迪化府各县出现了一个修复水利工程的高潮（表 3-4）。水利的兴修由厅县地方官负责，通过官方借银，督令户民修理，或者官方雇工，议给工食等办法组织兴修。

表 3-4　　　　　清朝末年天山北麓各地水利工程修复概况

政 区	渠 名	方 位	修治时间（光绪朝）
迪化县	公胜上、中、下三渠	城西南 90 里	八年堵筑决堤，二十年修治理决堤
	永丰东、中、西三渠	城西南 90、80 里	六年初步修复，二十年疏浚整理、堵筑堤防
	太平三渠	城西南 50—60 里	六年初步修复，十二年创修坝口、筑修斜坝护堤，二十年浚修埋塞渠身
	长胜渠	城西南 60 里	十一年修复旧渠，筑斜坝护堤，新开分渠引水
	安宁渠	城西南 70 里	十一年初步修复，十四年砌宽坝口、加广渠道，修复木枧，疏浚下游沙洲、筑埽堤一道，新开小土渠一道
	三十五户渠	城西 60 里	十二年疏浚
	新南渠	城西 80 里	三十二年创修
	六十户渠	城西北 70 里	十二年全面修治，疏渠尾为三支
	水西沟渠	城东南 90 里	八年修复后山旧渠，内垫毛毡防渗，十二年改用木枧节节引水
	大地窝铺	城西 40 里	十一年修复、增建水闸、疏渠引水
	宣仁东渠	城西北 50 里	十四年疏导修复
	吉三泉渠	城北 80 里	疏导、建坝
	蒋家湾渠	城北 150 里	十二年筑坝、疏通渠道
	下黑沟渠	城东北 100 里	修旧闸门，疏通渠道及开新支渠
	下胡桐渠	城北 150 里	十三年疏导修复旧渠
奇台县	下开垦渠	城东南 110 里	十二年修浚

---

① 光绪六年四月十七日左宗棠"办理新疆善后事宜折"，（清）左宗棠：《左宗棠全集·奏稿 7》，罗文华校点，岳麓书社 1992 年版，第 464 页。

续表

政　区	渠　名	方　位	修治时间（光绪朝）
阜康县	商户沟渠	城东85里	十一年修复干渠，后疏通支渠
	黄土梁渠	城西	二十三年修复
	大西渠	城西	十二年修复
	其他渠道多处		十二年修复
孚远县	太平渠	城南70里	十一年修复渠口
	双岔河渠	城西40里	十一年修复，渠底垫毛毡、树枝防渗
	大马圈渠	城西60里	十一年修复旧渠
	大东沟渠	城西南100里	十一年疏浚支渠
	老三台渠	城西70里	十一年修复
	西地渠	城西110里	十一年疏浚
镇西厅	大泉东渠	城东南35里	六年兴修
	大泉西渠	城东南25里	十二年疏浚修复渠道
	东西北三向各渠		六年至十一年一律修浚

资料来源：（清）王树枏：《新疆图志》卷73《沟渠一》、卷74《沟渠二》，朱玉麒等整理，上海古籍出版社2015年版，第1334—1379页。

表3-4中整理的只是部分渠道的修复情况，可以看出，清末时期天山北麓的兴修水利，不仅是对旧时水利设施的恢复，还包括改造改建，渠网调整，拓展新渠等一系列工程。在技术上综合吸收以往行之有效的治水手段和治水经验，总结提高，加以运用。首先，在渠道系统中实行坝口、斜堰、埽堤工程配套修筑，以提高渠道的工程质量。如迪化县长胜渠，战乱期间被毁，光绪十一年（1885）重修时，旧渠坝口荒废已久，无法修复，不得不借太平渠坝口导水合流。由于太平渠坝口以北的地势险峻，遂自该坝口增修堤岸50余丈，又在河中筑斜堰四道以减水势，再从头坪接引8里长的新渠一道，作为分水口，使水田枧槽直下，接入旧渠。再如迪化州（建省后改为迪化县）的安宁渠，由于战乱湮废，光绪十一年知州潘效苏组织人力在渠口山腰上开凿十余丈的水道，引水入渠，但因渠岸质地结构疏松，"岸善崩圮，又横石中扼，不能畅流无阻"，光绪十四年（1888），属知县陈希洛组织人工再次兴修，采用依河筑土堤、加宽坝口、加宽渠道等办法控制水势，又修复旧木枧以泻山洪，筑埽堤一道，内垫土石外植护堤椿树加固堤坝，使安宁渠灌区

"旧日汙莱，顿成腴壤"①。其二，防止渗漏的各项措施。为了减少渠道水量的渗漏，常用的办法是用毛毡铺垫渠底，或架木槽引水（用木槽把雪融水从山坡下引出，越过渗漏严重的砾石带，进入灌溉渠道）。光绪八年（1882）提督金运昌修复迪化水西沟渠源头后山旧渠一道，因经过流沙之地10余里，遂"用毛毡内垫，外涂灰土，以通水道"，时间一久，毛毡腐烂，"水仍漏伏于沙"，后山水源断绝；光绪十二年（1886），潘效苏改用木枧架空，节节引水，"其流始畅"，为防腐朽，木枧数年一换，保证了水西沟渠的水源。②孚远县双岔河经过戈壁一二十余里，光绪十一年（1885），县丞旷琦组织修复，"用毛毡树枝铺底，筑土其上"，有效地防止了渗漏，"其流始畅"。③其三，疏导旧渠增加水量后，增开新的坝口、引水渠，扩大灌溉面积。如迪化县六十户渠，光绪十二年疏浚修复后，又"疏渠尾为三小枝"。迪化县吉三泉渠，知县陈希洛组织兵民一起疏通以后，"复添凿头道、二道、三道三坝，每坝溉及十二里"④。

经过全面的修整，天山北麓水渠的灌溉能力大大提高。如阜康县的商户渠，光绪十一年修复干渠，灌溉地亩599亩，后又疏浚旧有支渠一，灌溉面积增加到1965亩。⑤光绪二十年（1894）前后，天山北麓已经基本形成了完整的水利灌溉系统，其主体是由三级或两级干支渠体系连接起来的人工引水灌溉渠网。据《新疆图志·沟渠志》的记载，现将清末天山北麓干支渠数及灌溉亩数整理如下（见表3-5）。

（三）主要农作物及其分布

至清代末期，天山北麓的农作物种类更加丰富，农作物的地域分布也发生一些变化。根据光绪末年各地所修的乡土志和《新疆图志》卷二十八《实业一》的记载，现整理清末天山北麓农作物种类及其地域分布如下（见表3-6）。

---

① （清）王树枏：《新疆图志》卷73《沟渠一》，朱玉麒等整理，上海古籍出版社2015年版，第1336页。
② （清）王树枏：《新疆图志》卷73《沟渠一》，朱玉麒等整理，上海古籍出版社2015年版，第1338页。
③ （清）王树枏：《新疆图志》卷74《沟渠二》，朱玉麒等整理，上海古籍出版社2015年版，第1367页。
④ （清）王树枏：《新疆图志》卷73《沟渠一》，朱玉麒等整理，上海古籍出版社2015年版，第1342页。
⑤ （清）王树枏：《新疆图志》卷74《沟渠二》，朱玉麒等整理，上海古籍出版社2015年版，第1356页。

表3-5 《新疆图志》所载天山北麓各地灌溉渠道及其灌溉能力

地区		干渠数（道）	支渠数（道）	渠道总长（里）	总灌溉能力（亩）
迪化府	绥来县	51	163	3209	110856
	呼图壁分县	38	64	1735	53900
	昌吉县	13	96	1632	97684
	迪化县	44	66	2245	186737
	阜康县	6	24	723	51760
	孚远县	7	21	1210	121048
	奇台县	20	30	1440	311329
镇西厅		34	24	1131	41175
合计		213	488	13325	974489

资料来源：（清）王树枬：《新疆图志》卷73《沟渠一》、卷74《沟渠二》，朱玉麒等整理，上海古籍出版社2015年版，第1334—1379页。

表3-6 清朝末年天山北麓农作物种类及其分布

	地区 作物	迪化县	昌吉县	呼图壁县丞	绥来县	阜康县	孚远县	奇台县	镇西厅
粮食作物	小麦	▲	▲	▲	▲	▲		▲	▲
	稻谷	▲	▲	▲	▲				
	高粱	▲	▲					▲	
	黍谷			▲	▲	▲		▲	
	糜子	▲	▲		▲			▲	
	大麦								
	豌豆		▲	▲	▲	▲		▲	
	小米							▲	
	绿豆		▲						
	青稞	▲						▲	▲
	蔹	▲	▲						
经济作物	棉花		▲						
	胡麻		▲	▲	▲	▲			▲
	罂粟				▲	▲		▲	
	烟叶		▲		▲				
	芝麻				▲				
	菜籽		▲						▲
	大豆							▲	

第三章　兵燹与复垦：1864—1911年天山北麓的土地开发　151

续表

作物	地区	迪化县	昌吉县	呼图壁县丞	绥来县	阜康县	孚远县	奇台县	镇西厅
瓜果蔬菜	葡萄		▲		▲				
	梨		▲		▲				
	甜瓜			▲	▲				
	西瓜			▲	▲				
	苹果		▲		▲				
	桃		▲	▲					
	葫芦					▲			
	葱					▲			▲
	韭菜					▲			▲
	蒜					▲			▲
	莴笋								▲
瓜果蔬菜	芋					▲			▲
	萝卜			▲	▲				
	扁豆		▲						
	白菜			▲		▲			▲
	辣椒				▲				
	南瓜			▲					
	冬瓜				▲				
	黄瓜					▲			
	刀豆					▲			

说明：《孚远县乡土志》"物产"记载："孚属动物植物，皆系随处所有，并无著名特别物产，无事笔之于书"，因此无法得知孚远县各类农作物的具体品类。

资料来源：（清）王树枏：《新疆图志》卷28《实业一》，朱玉麒等整理，上海古籍出版社2015年版，第539—558页；《迪化县乡土志·物产》、《迪化县乡土志·商务》，《新疆乡土志稿》，新疆人民出版社2010年版，第13页；《昌吉县乡土志·物产》，《新疆乡土志稿》，新疆人民出版社2010年版，第50页；《昌吉县乡土图志·物产》，《新疆乡土志稿》，新疆人民出版社2010年版，第67页；《呼图壁乡土志·物产》，《新疆乡土志稿》，新疆人民出版社2010年版，第93页；《绥来县乡土志·物产》、《绥来县乡土志·商务》，《新疆乡土志稿》，新疆人民出版社2010年版，第84—86页；《阜康县乡土志·物产》，《新疆乡土志稿》，新疆人民出版社2010年版，第21页；《孚远县乡土志·物产》，《新疆乡土志稿》，新疆人民出版社2010年版，第27页；《奇台县乡土志·物产》、《奇台县乡土志·商务》，《新疆乡土志稿》，新疆人民出版社2010年版，第44—45页；《镇西厅乡土志·土产》，《新疆乡土志稿》，新疆人民出版社2010年版，第124页。

粮食作物　由表3-6可以看出，清末天山北麓的主要粮食作物构成还是小麦（*Triticum spp.*）、稻谷（*Oryza sativa*）、高粱（*Sorghum vulgare*）及各种豆类作物。小麦依然是日常食用的主要细粮，是最主要的粮食作物。奇台县"小麦每岁约出一万一二千石"[①]。与此同时，稻谷和高粱的种植比重和分布范围较同治以前有所提高和扩大。乾隆、嘉庆时期，天山北麓的水稻产地主要在绥来、昌吉一带，种植面积较小，而此时绥来的水稻的种植面积大为扩展，迪化的三个泉地方也成为著名的水稻产区。绥来县"本境多系水田，每岁产米约出八、九千石"[②]。迪化县三个泉"省城谷米半仰给焉"[③]。水稻种植的扩展，与中原人口向新疆的迁移密切相关。大米是南方各省居民的主要粮食品种。新疆战乱结束后，被裁减下来的湘军、淮军士兵在天山北麓一带定居，从而推动了水稻种植面积的扩大。如《新疆图志》记载，迪化县三个泉地方是北疆著名的水稻产区，其出现的原因是"光绪十三年，湘人从征者散，无所归，屯聚开垦"，引乌鲁木齐水灌溉，开地数千顷，使"省城谷米半仰给焉"[④]。

经济作物　清末天山北麓的主要经济作物还是胡麻（*Linum usitatissimum*），各地均大量种植，各地均产销大量的胡麻籽、胡麻油等，如奇台县每年自产自销胡麻籽又多达二十余万斤[⑤]，昌吉县年产胡麻二千余石[⑥]。罂粟的人工种植是清末天山北麓经济作物中新的变化。罂粟（*Glaucium*）是天山北麓的地带性植被，种类繁多，分布在海拔750—2600米的荒漠、山坡、河滩上[⑦]。乾隆年间，纪昀描述罂粟花"罂粟花团六寸围，雪泥渍

[①]（清）杨方炽：《奇台县乡土志·物产》，载马大正、黄国政、苏凤兰整理《新疆乡土志稿》，新疆人民出版社2010年版，第44页。

[②]（清）杨存蔚：《绥来县乡土志·物产》，载马大正、黄国政、苏凤兰整理《新疆乡土志稿》，新疆人民出版社2010年版，第84页。

[③]（清）王树枏：《新疆图志》卷28《实业一》，朱玉麒等整理，上海古籍出版社2015年版，第541页。

[④]（清）王树枏：《新疆图志》卷28《实业一》，朱玉麒等整理，上海古籍出版社2015年版，第541页。

[⑤]（清）杨存蔚：《绥来县乡土志·物产》，载马大正、黄国政、苏凤兰整理《新疆乡土志稿》，新疆人民出版社2010年版，第85页。

[⑥]（清）佚名：《昌吉县乡土志·物产》，载马大正、黄国政、苏凤兰整理《新疆乡土志稿》，新疆人民出版社2010年版，第50页。

[⑦]葛学军、刘国钧：《新疆罂粟属的研究》，《干旱区研究》1990年第1期；中国科学院新疆综合考察队、中国科学院植物研究所主编：《新疆植被及其利用》，科学出版社1978年版，第246页；中国科学院中国植物编辑委员会编：《中国植物志》第32卷《罂粟科、山柑科》，科学出版社1999年版，第65—67页。

出胜浇肥。阶除开遍无人惜，小吏时时插帽归"①。可见，罂粟当时仅仅是作为寻常花草来欣赏的。到清末时期，随着鸦片制作方法的传入，当地人认识到种植罂粟的巨大经济利益，于是开始人工种植罂粟。天山北麓地广人稀，土地肥沃，陕甘许多客民租赁乡民土地，不务本业而以种罂粟为生，每年以此谋生者不下三四万人，"相沿成俗，舍是而外不复知有正业"②。后来经过清政府的几次禁烟活动，鸦片在天山北麓地区的种植才有一定的收敛，至宣统三年（1911），"已多改植嘉谷"③。

瓜果蔬菜　与"粮食作物""经济作物"类情况不同，由于清末各地乡土志中对"瓜果蔬菜"类农作物的记载并不十分重视，因此记载大多较为简略，并不能真实地反映当时"瓜果蔬菜"的种类及其分别情况。如《奇台县乡土志》中详细记载了粮食作物和经济作物的种植、产出等情况，但是却用"瓜果足供城乡之食"概括了瓜果蔬菜类作物。④再如，《新疆图志》记载，迪化城"为全疆一大都会，五方之民辐辏，时时仰谷他邑，惟蔬菜品汇特繁"，有湘人、津人等专门从事蔬菜种植，"园圃之利富于农十倍"⑤。但是，《迪化县乡土志》"物产"却只字未提其境内瓜果蔬菜的种类情况。

总体而言，清末时期，天山北麓的瓜果蔬菜品类已经十分丰富，省城迪化人口众多，"五方之民"辐辏，蔬菜种植已经成为一大产业，"园圃之利，富于农十倍"⑥。除了利用自然条件种植之外，还采用温室在冬季培育蔬菜。⑦

（四）其他土地开发方式

1. 官办牧场

"同光之乱"中，除了巴里坤以外，新疆的官办牧场皆荡然无存。新

---

① （清）纪昀：《乌鲁木齐杂诗》，"物产之二十八"，载王希隆《新疆文献四种辑注考述》，甘肃文化出版社1995年版，第178页。
② （清）王树枏：《新疆图志》卷28《实业一》，朱玉麒等整理，上海古籍出版社2015年版，第542页。
③ （清）王树枏：《新疆图志》卷28《实业一》，朱玉麒等整理，上海古籍出版社2015年版，第542页。
④ （清）杨方炬：《奇台县乡土志·物产》，载马大正、黄国政、苏凤兰整理《新疆乡土志稿》，新疆人民出版社2010年版，第44页。
⑤ （清）王树枏：《新疆图志》卷28《实业一》，朱玉麒等整理，上海古籍出版社2015年版，第542页。
⑥ （清）王树枏：《新疆图志》卷28《实业一》，朱玉麒等整理，上海古籍出版社2015年版，第542页。
⑦ （清）王树枏：《新疆图志》卷28《实业一》，朱玉麒等整理，上海古籍出版社2015年版，第542页。

疆肃清后，首先恢复了巴里坤的马政。光绪十四年（1888），分巴里坤东厂马为五群，每群"设牧长一，牧副一，牧兵十四，以左营游击领之"，后来由于裁撤标兵，东厂马群归后路巴里坤巡防队第一营兼管，光绪三十二年（1906），东厂共有马4528匹。① 分巴里坤东厂马五百匹到古城，恢复了古城马厂。同时，又组建了济木萨马厂，分为五群，分别放牧于叶家湖、营马台、小栓湖、四厂湖、五厂湖等地，至宣统初年，马厂归中路迪化抚标巡防步队第四营兼管，共有马823匹。②

光绪十一年（1885）迪化抚标设牧场于南山，其经费不请于公帑，凡考核功过及盈虚良驽之数，皆不向部报告，其所繁殖的马匹，交官厩，设邮驿，羊以给岁时祭犒劳之用，再有盈余则分赡营中将士，故人人乐于尽力，颇著成绩。③

2. 采矿业

铁厂　乾嘉之际，商人崔占元在水西沟开设铁厂，生意兴旺，远近流通。同光大乱，铁厂遭受破坏。自俄商引入洋铁，价钱比地方产铁便宜三分之二，于是水西沟铁厂之利，尽为其所夺。光绪十年（1885），刘锦棠利用水西沟铁厂旧址，派员设厂经理，岁产农器数万件，又铸造抬枪、土炮、子弹、刀箭等兵器，工费虽然贵于俄国生铁，但是有官价相抵，冶铁业有所发展。④ 光绪二十三年（1897）新疆巡抚饶应祺在乌鲁木齐筹办新疆机械局，设厂于乌鲁木齐三屯碑下乌鲁木齐河狭口东侧，利用河水为动力，推动机床修理枪炮。次年，因乌鲁木齐河水流量不稳定而搬迁到水磨沟。

其他矿藏的开采。根据《新疆图志》及各县乡土志的记载，现将清朝末年天山北麓地区的矿藏开发情况整理如下（见表3-7）。

表3-7显示，清代末期，对天山北麓大部分矿藏的分布都有了初步的了解和认识，其中金、银、玉、铜、铁等矿藏的开发规模都较同治之前缩小，与现实生活密切相关的煤、石油、盐、石蜡得到了较为充分的开发利用，尤其是人口密集的迪化城及其周围地区每年消耗煤炭近2000万斤。⑤

---

① （清）王树枏：《新疆图志》卷28《实业一》，朱玉麒等整理，上海古籍出版社2015年版，第552页。
② （清）王树枏：《新疆图志》卷28《实业一》，朱玉麒等整理，上海古籍出版社2015年版，第552页。
③ （清）王树枏：《新疆图志》卷28《实业一》，朱玉麒等整理，上海古籍出版社2015年版，第552页。
④ 钟兴麒：《新疆建省与社会经济的发展》，《西域研究》1994年第4期。
⑤ （清）佚名：《迪化县乡土志·商务》，载马大正、黄国政、苏凤兰整理《新疆乡土志稿》，新疆人民出版社2010年版，第46页。

第三章　兵燹与复垦：1864—1911年天山北麓的土地开发　155

表3-7　　　　　　　　清朝末年天山北麓矿藏开发概况

矿种	所属州县	地　点	对矿藏的认识	开发情况
金	迪化县、阜康县、孚远县	东沟、水西沟、白杨河、锈沙沟、头屯、骆驼脖子	各占面积约100方里	乾隆年间开采，刘锦棠欲复兴，后以工费浩繁而不果
	昌吉县	昌吉城西2里		设罗克伦金厂，乾隆年间开矿，现产金较盛
	昌吉县	昌吉南山煤窑沟	产砂金	土人淘采
	绥来县	县治西南120里金沟河	产粉片、豆瓣、石滚诸金，金苗散漫，忽隐忽现	难于开采，乾隆年间开采，现土人淘采
	镇西厅	厅治西200里乌兔水	金苗时隐时现	昔年开采，乱后荒废
	奇台县	县治北之金山沟、西北之苏吉地	产金	曾经开采，现停
金等	绥来县	县治西北大拐、小拐	金、银、铜、铁、锡五矿皆产	咸丰初年开采者数千人，兵燹后封闭
	迪化县	县治东南180里三角山	金、铜、铁三矿均产	旧有缠回300人淘挖，后以不敷工本而止
银	绥来县	县治南130里之沟山	不易开采	同治年间曾挖取，现废
	迪化县	县治东南180里七个达坂	银矿在山阳，面积100方里	昔年有商民开采，今废
铅	奇台县	县治东北与镇西厅接壤处之羊圈湾	矿线自西而东，隐约难辨	乾隆年间开采，现无人开采
玉	绥来县	玛纳斯河上游清水河	玉质上等，色黝碧，大者重百数十斤	开采
		乌兰乌苏河	多碧玉	旧设绿玉厂
		库克河	绿玉	
		绥来城西百余里后沟、大沟	产绿玉	开采
铁	绥来县	塔西河沟		铁矿，土民开采
	昌吉县	昌吉河源	产铁矿	乾隆年间曾岁出五六万斛，现停闭
	孚远县	县治西南70里水西沟	铁矿，色赭黑，刚劲可铸宝刀，冶炼得法，远过洋铁	历经开办，现在停闭
	奇台县	木垒河北七个泉		尚未开采
	迪化县	达坂城东南20里	铁矿	乾隆时设厂试铸农具，现停办

续表

矿种	所属州县	地点	对矿藏的认识	开发情况
盐	迪化县	县治东南180里达坂城大小官盐池	色白味纯，类淮盐	光绪三十四年（1908）官督商办，产盐行销天山北麓
	绥来县	县治西北500里东盐池、南盐池	东盐池长四丈广三丈，盐色兼黄白，味纯；南盐池周围约二里，色味稍减	开采，运销蒙古、阿尔泰、奇台、孚远一带
	绥来县	县治北160里沙门驿盐池	盐池长仅及丈，广一尺，碱水盈池，不解颗粒	开采
	镇西厅	厅西北巴里坤湖北岸	产盐色白味苦，不适于食	开采，岁销不过20余车
石油	绥来县	县治西南150里之博罗通古、红沟、卡子湾将军沟	博罗通古石油从磺碳矿中喷涌而出，其色或白或黑，白者质清黑者质稠，若用机器提炼亦堪适用；光绪三十三年（1908）商务总局派员采各处油质，携往俄国工厂考验	头道河、卡子湾、紫泥泉三地，岁可出万余斤
	昌吉县	县治南70里之头屯河	油色黑如漆，系从煤矿中流出，凝结成块，油质不佳	未经开采
石蜡	绥来县	将军沟、旗杆沟	与石油同产，堪称最旺	开采，制洋烛洁白光亮，胜于牛羊油
煤炭	绥来县	县治西北130里塔西沟、石厂、甘沟	甘沟产监炭，质细无气味，较省城炭甚佳；石厂山产烟炭，炭质松散，烟多焰微，出产甚少；石厂山亦产生炭，质坚火力甚厚；塔西沟煤铁兼产	皆开采，甘沟烟炭因在山中，路途遥远，开采较少；石厂山烟炭足供山内户民之用；塔西沟因煤铁兼产，土人以锻铁方便而间有开采
	昌吉县	县治南头屯河	产石煤，苗宽五六丈，透露岩壁间，煤含油质，火力甚劲，烬白无烟	有煤窑3座，岁产数百万斤，获利颇厚
		头屯河以南20里之硫磺沟	产烟炭，中含铁质，灰作红色	开采
	迪化县	县治东之水磨沟，县治南之苍黄沟	产石煤，出产丰富	取运不竭，故省城煤价最廉
	迪化县	迪化西北30西山	内炭窑林立	开采，供省城用

续表

矿种	所属州县	地点	对矿藏的认识	开发情况
煤炭	阜康县	县治东南150里之大黄山	产烟炭，含百分之七八的硫，煅之则成岚炭，焰烈无烟，掘地丈余即间炭苗	有窑户10余家，用土法开采
	阜康县	县治东南80里小黄山	炭，灰烬作红色，质稍逊于大黄山之炭	开采
	奇台县	县治北270里红沙泉至老君庙	烟煤，面积20余方里，煤质中含铁沙，火力甚微	现开矿洞3处，窑户自行挖取
	镇西厅	厅城西北200余里东窑、西窑	东窑产煤，色黑而质坚；西窑炭，色褐而质松脆	两窑产矿供镇西全城之用
硫磺	奇台县	县境西山	不甚多	开采。
石膏	奇台县	县境西山	不甚多	开采
	绥来县	县境西山内及东湾	质洁白	开采，岁出千数百斤
硝	绥来县	县治东三里之破城子	周围10余里碱滩产硝，	禁止开采
铜	迪化县	县治东90里柴俄山之石人子、白杨沟、甘沟、西河沟、东沟、西沟	旧有铜厂六处，各占面积约300方里，翠色浮露，惟矿线纷乱不定	开采

资料来源：（清）王树枏：《新疆图志》卷29《实业二》，朱玉麒等整理，上海古籍出版社2015年版，第561—581页；《迪化县乡土志·物产》，《新疆乡土志稿》，新疆人民出版社2010年版，第13页；《孚远县乡土志·物产》，《新疆乡土志稿》，新疆人民出版社2010年版，第27页；《阜康县乡土志·物产》，《新疆乡土志稿》，新疆人民出版社2010年版，第21页；《奇台县乡土志·物产》，《新疆乡土志稿》，新疆人民出版社2010年版，第44页；《昌吉县乡土志·物产》，《新疆乡土志稿》，新疆人民出版社2010年版，第50页；《昌吉县乡土图志·物产》，《新疆乡土志稿》，新疆人民出版社2010年版，第67页；《绥来县乡土志·商务》，《新疆乡土志稿》，新疆人民出版社2010年版，第84—86页；《镇西厅乡土志·土产》，《新疆乡土志稿》，新疆人民出版社2010年版，第124页。

综上所述，清朝末年天山北麓的土地开发依然以农业开发为主，采矿业缓慢发展。

三 天山北麓载籍耕地面积

（一）天山北麓清丈地亩

光绪三年（1877）收复新疆以后，随着农业生产的逐渐恢复，左宗棠即提出了"清丈地亩，减定科则"的主张。① 天山北麓各地在光绪四年（1878）即进行了第一次田亩清丈，"官为清丈，分九等科赋，旋改为上、中、下三等征收，以趋简易。六年丈量事竣，按亩科赋"②。可见，到光绪六年（1880）天山北麓地区完成了第一次地亩清丈。

光绪十年（1884），新疆建省之后，又再次进行了田亩清丈，至光绪十三年（1887），这次大规模的清丈基本完成，"清丈之后，奏定北路迪化、昌吉、阜康、绥来、奇台、吐鲁番、呼图壁各属均按上、中、下地亩分别升科"③。全疆共丈出各等荒熟1148万亩。宣统三年（1911），清政府再次清丈新疆地亩确数，经核查，全疆垦成熟地为1055万余亩。④ 由此可见，清朝末年新疆的耕地面积增长缓慢。

由于缺少详细的历史资料，无法得知这两次清丈后天山北麓各地的田亩面积数。但是，可以确定的是，与全疆的情况相同，清朝末年，天山北麓各地田亩面积的增长速度也十分缓慢。这从光绪末年编修的各种乡土志中可窥一斑。奇台县"同治三年兵燹以后，户众逃亡殆尽，迄今仍未复元"，阜康县"自建设新省，凡二十二年，而所垦之田尚不及原数之半"。⑤

《新疆图志》卷六十五《土壤一》中记载了光绪三十一年（1905）册报的地亩数，同时还记载了光绪三十一年之后各地新垦地亩数，天山北麓地区共有79.2万亩（见表3－8）。结合以上论述可以判断，这个数字基本上代表了清末天山北麓报垦耕地面积的最高水平。因此，可以将其视为宣统元年（1909）的册载耕地面积，以便与宣统元年的人口相结合研究清朝末年天山北麓的土地开发。

---

① 同治六年正月初十日左宗棠"敬陈筹办情形折"，（清）左宗棠：《左宗棠全集·奏稿3》，罗文华校点，岳麓书社1992年版，第325—328页。
② （清）魏光焘：《戡定新疆记》卷8《善后篇》，清光绪二十五年（1899）刻本，《四库未收书辑刊》第一辑第16卷，北京出版社2000年版，第671—750页。
③ （清）王树枏：《新疆图志》卷30《赋税一》，朱玉麒等整理，上海古籍出版社2015年版，第587页。
④ （清）王树枏：《新疆图志》卷30《赋税一》，朱玉麒等整理，上海古籍出版社2015年版，第588页。
⑤ （清）杨方炽：《奇台县乡土志》"户口"，载马大正、黄国政、苏凤兰整理《新疆乡土志稿》，新疆人民出版社2010年版，第37页；（清）巨国柱：《阜康县乡土志·政绩录》，载马大正、黄国政、苏凤兰整理《新疆乡土志稿》，新疆人民出版社2010年版，第15页。

表3-8　　　　　　　清朝末年天山北麓载籍耕地面积

厅县	光绪三十一年（1905）册报亩数	光绪三十一年之后新垦亩数	合计（亩）
镇西厅	41202.1		41202.1
奇台县	187716.81		187716.81
孚远县	111638.23		111638.23
阜康县	42725.64		42725.64
迪化县	173638.5	5396	179034.5
昌吉县	89029.67		89029.67
呼图壁县丞	52271.7	2800.8	55072.5
绥来县	122463.42		122463.42
合计	820865.47	8196.8	829062.3

资料来源：（清）王树枏：《新疆图志》卷65《土壤一》，朱玉麒等整理，上海古籍出版社2015年版，第1190—1200页。

表3-8和图3-2显示，宣统元年（1909），天山北麓的载籍耕地面积达到了82.9万亩。其中，奇台县和迪化县耕地面积最多，分别达到18.8万亩和17.9万亩；其次为绥来县和孚远县，分别为12.3万亩和11.2万亩，而以镇西县和阜康县耕地最少，仅4万余亩。

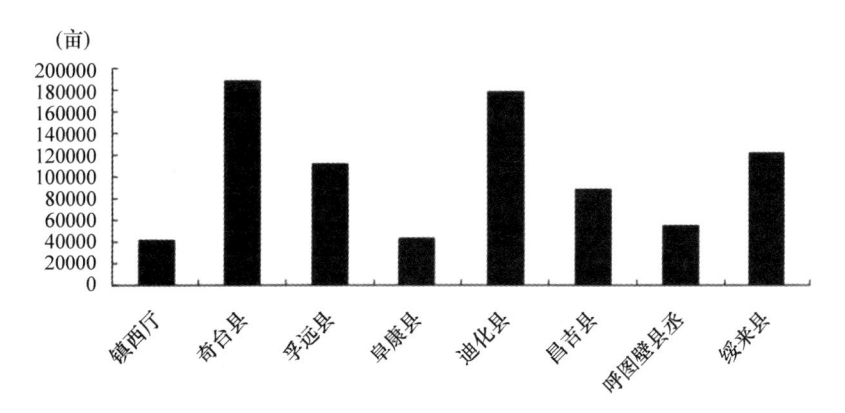

图3-2　宣统元年（1909）天山北麓各县耕地分布情况

第四章 修渠引水、复垦土地：1912—1949年天山北麓的土地开发

宣统三年（1911）八月，武昌起义爆发，随后全国14个省相继宣布脱离清政府，新疆的革命党人在迪化、伊犁、喀什噶尔等地也组织了起义，民国元年（1912）一月十日，伊犁成立新伊大都督府，宣布共和，与新疆巡抚袁大化带领的清军对抗。一月下旬，双方在精河、沙泉子、固尔图一带激战。三月，袁大化也不得不宣布遵奉中华民国临时政府的电令，改新疆巡抚为新疆都督，并且推荐镇迪道兼提法使杨增新为新疆都督，主持与伊犁的议和。七月八日，杨增新与伊犁军政府签订《新伊议和条件》，双方承认民主共和，公认杨增新为都督，取消伊犁临时革命政府，新疆地区宣布光复后，新疆省巡抚衙门变为民国新疆都督府政权，新疆近代历史进入民国时期。

第一节 民国时期天山北麓行政区划

民国时期，新疆主政者更迭频繁，加之1928年以后战乱不断，极大地影响了天山北麓的社会稳定和经济发展，土地开发活动深受影响。与此同时，天山北麓的行政区域出现了较大的调整。

一 新疆政局的特点及其对天山北麓土地开发的影响

民国时期，新疆的历史可以分为四个阶段：杨增新主政时期（1912年5月—1928年7月）、金树仁主政时期（1928年7月—1933年4月）、盛世才主政时期（1933年4月—1944年9月）、国民党时期（1944年9月—1949年9月）。杨增新主政新疆十七年，与北洋军阀的统治相始终。北京中央政府频繁更换，政局不稳，根本无暇顾及边远的新疆地区。杨增新主政时期推行闭关自守的政策，努力维持新疆的稳定。当时在新疆考察的林

第四章 修渠引水、复垦土地：1912—1949年天山北麓的土地开发

竞描述道："数年前，（杨增新）对于新省交通颇为冷淡，盖以交通便利，则内地不安之徒，来者颇多，而新省亦将投入漩涡。故不如暂抱闭关，使其无法前来，同时又将不安分者驱逐出境，庶几乱源减少，治安始易实现。此法行之数年，颇著成效。"[①] 在其后的金树仁主政时期，以及盛世才主政前期大都奉行这种政策。民国三十一年（1942），盛世才接受南京国民党政府的政治势力进入新疆，改变了新疆与中央政权的关系。

1. 相对稳定社会经济环境下的开发

与清代及中华人民共和国成立后高度中央集权的时期相比，民国时期新疆政权与中央政权的关系相对疏远，这深刻地影响了民国时期天山北麓土地开发的各个层面，从而使得这一时期的土地开发具有其时代特点。首先，民国时期新疆相对封闭的状态为新疆的土地开发提供了稳定的社会环境。杨增新主政时期，北洋政府政局动荡，而由于杨增新奉行闭关自守的态度，战火和动荡并没有波及新疆地区，新疆社会相对比较稳定。在此情况下，天山北麓的土地开发，在清朝末年的基础上继续发展。盛世才主政时期，由于日本的入侵，战火迅速燃遍大半个中国，而新疆地处战争大后方，盛世才又依靠苏联的力量，继续发展新疆经济。因此，天山北麓地区的社会经济在杨增新时期持续发展，而在盛世才时期发展速度较快，与中原地区经济的凋零形成鲜明的对比。因此，可以将民国元年至民国十七年（1912—1928）、民国二十三年至民国三十三年（1934—1944）称为是民国时期天山北麓土地开发的两个黄金时期。

其次，天山北麓人口的补充主要为当地流民和自发性移民。无论是之前的清乾隆时期还是之后的中华人民共和国初期，天山北麓人口的迅速补充主要依靠政府的计划性移民迁入。但是，由于民国新疆地方政权与中央政权的相对疏远，使计划性移民不可能实现。这一时期，天山北麓土地开发所需的劳动力主要来源于招募当地流民，而这些流民多是自发性迁入天山北麓地区的。

民国三十一年，盛世才政府表示归附中央国民政府，在接受国民党进入新疆之后，盛世才与南京国民政府制订了一个向新疆大批移民的计划，截至民国三十三年（1944）年底共迁移1万余人，大部分被安置到天山北麓地区（见第四章第二节），后来由于新疆政局发生动荡等原因而中止。这一方面说明天山北麓地区依然需要补充劳动力；另外也从反面说明了民国时期新疆与中央政权的疏远关系制约了外部劳动力向天山北麓地区的

---

① 林竞：《蒙新甘宁考察记》，甘肃人民出版社2003年版，第172页。

输入。

2. 地方政权频繁更迭的影响

在民国时期短短的三十七年间，新疆政权几度更迭，使得天山北麓土地开发政策不能持续进行，影响了土地开发的深度发展。

民国三年（1914），杨增新才基本平息新疆各地的动乱，次年便开始着手经济建设。民国四年到民国十七年（1915—1928）是民国时期天山北麓土地开发的第一个黄金时期。民国十七年（1928），杨增新被刺身亡，金树仁接任新疆都督，金树仁不但在经济开发上毫无建树，而且政治腐败，社会混乱。民国二十三年（1934）七月，在苏联的帮助下，盛世才基本平定了新疆各地的战乱及割据势力，次年开始建设新疆。天山北麓的土地开发进入了民国时期的第二个黄金时期。民国三十三年（1944），国民党掌握新疆政权后不久，伊犁、塔城、阿山（即后来的阿勒泰）三地区各族人民武装反抗国民党政府，直至 1949 年 9 月，以玛纳斯河为界与迪化的国民党政权对立割据，史称"三区革命"。国民党统治新疆期间，盛世才时期发展经济的政策被放弃，又由于忙于对付"三区革命"，天山北麓的土地开发活动基本停滞不前。

3. 马仲英之战对天山北麓的影响

民国二十年至民国二十三年（1931—1934），甘肃军事势力马仲英进入新疆，与新疆政权激战四年，战火波及天山北麓地区，使天山北麓土地开发过程中断，杨增新时期的土地开发成果毁于一旦。

民国二十年（1931）二月，哈密农民武装反抗金树仁政权，并且邀请当时割据玉门、安西一带的马仲英部队进入新疆。马仲英带兵进入新疆以后，与金树仁部队在新疆东部展开激战。七月，马仲英在攻占哈密回城后，向北翻越天山又占领了巴里坤城，随后又在七角井、嘹墩一带战胜金树仁的军队，之后返回肃州整顿部队。次年八月，马仲英再次派遣团长马世明率军进入新疆，与哈密的和加尼牙孜、尧乐博斯领导的军队联合，向东攻占了鄯善和吐鲁番两地，直接威胁迪化。民国二十二年（1933）初，马仲英命马全禄带领一支精干骑兵围攻迪化，战火波及附近的乾德、阜康、昌吉、呼图壁、绥来等地。同年三月，马仲英与和加尼牙孜、尧乐博斯等合议，以哈密为根据地，兵分两路进攻迪化，一路出哈密，向西进取鄯善、吐鲁番，逼近迪化；一路从镇西沿木垒河、奇台一线向西挺进，在迪化与第一路军及马全禄军会合后，共同围攻迪化。四月初，马仲英攻占了天山北麓的奇台及其以东地区，直接威胁到迪化城。四月十二日，迪化城内的归化军（由苏联十月革命后，兵败逃入新疆的白俄士兵组成的军

第四章　修渠引水、复垦土地：1912—1949年天山北麓的土地开发

队）发动兵变，金树仁仓皇出逃，原教育厅长刘文龙被推举为临时省主席（八月一日被南京国民政府正式任命为新疆省政府主席）。随后，手握重兵的盛世才被推举为临时督办（八月一日被南京国民政府正式任命为新疆省政府委员兼边防督办）。五月，盛世才首先收买马全禄的部下马德祥暗杀了马全禄，并且收编了其军队2000多人，从而解除了迪化的直接威胁。同时，盛世才又收买和加尼牙孜，使其与马仲英脱离，使马仲英从此失去了新疆当地势力的支持。五月二十六日，盛世才率领7000余人与马仲英大战于阜康县东的滋泥泉。马仲英大败，随即逃往吐鲁番。

马仲英以吐鲁番、鄯善为根据地，将势力向南延伸到焉耆，另外其弟马赫英的势力从镇西向北沿外蒙国境直达阿山南部，而其将领马世明的势力则越过达坂城渗透到柴窝堡一带。九月二十一日，马仲英与盛世才再次开战，在天山北麓马仲英又重新占领木垒。十月初，马赫英从阿山出发，攻占了塔城，不久又从额敏窜出，攻打沙湾、绥来等地。十月十三日，盛世才军队在达坂城惨败，马仲英再次率兵围攻迪化。在此危机情形之下，盛世才一面派人到苏联请求军事援助，一面整顿迪化城内异己势力。十一月，盛世才的军队在呼图壁的石梯子击毙马赫英并且全歼其部队，进而乘机收复了塔城。民国二十二年（1933）十二月，割据伊犁的张元培因不满盛世才的所作所为，声称要联合马仲英，消灭盛世才的统治。次年一月，张元培率兵从伊犁出发，攻陷了塔城。在此危机时刻，盛世才同意苏联红军以"塔尔巴哈台军"（意即从塔尔巴哈台调来的归化军）的名义进入新疆帮助盛世才。"塔尔巴哈台军"很快攻占了张元培的根据地伊宁城，随后苏联红军与刘斌率领的省军东西夹击张培元，在呼图壁三道河子全歼张元培将领杨正中率领的军队，迫使走投无路的张元培开枪自杀。刘斌率兵进驻伊犁。苏联红军全部撤回国内。一月十二日，马仲英率7000人围攻迪化。在盛世才的请求下，一月中旬，苏联红军以"阿尔泰军"（意即从阿勒泰调来的归化军）的名义再次进入新疆。"阿尔泰军"与盛世才联军，与马仲英在昌吉头屯河展开大战，最后，在苏联地空联合作战的配合下，马仲英一败头屯河，再败达坂城，最后逃往焉耆，并继续向西逃至喀什。至此，盛世才基本控制了北疆全部地区，结束了北疆境内的动乱和战争。到民国二十三年（1934）八月，盛世才利用谈判、收买等手段，收服了南疆的几个敌对势力，基本上结束了战乱，统一了新疆。

综上所述，马仲英与新疆政府军的争战在天山北麓地区持续了四年，战火波及天山北麓东西各地，民国二十二年（1933）、民国二十三年（1934），双方在迪化周围展开的激战，对当地的社会经济破坏最严重。仅

从全疆耕地的减少就可以想象这次战乱对天山北麓的影响：民国十九年至民国二十二年（1930—1933），全疆耕地从1143.5万亩减少到463.5万亩，近60%的耕地抛荒。①

二　天山北麓行政区划的变迁

民国时期，天山北麓的行政区划基本仍沿袭清代，分为道、府州、县三级。在县之下还设有县佐协助知县管理地方，县佐之设"系承知县之命，掌巡徼弹压暨其他赈灾、捕蝗、催科、堤防、水利并知县委托各项事务"，"设于该县辖境内之要津地方"。②

到民国九年（1920），新疆共划分为八个道，即北疆的迪化道、塔城道、伊犁道、阿山道，南疆的阿拉克道、焉耆道、喀什道、和阗道。本书研究的天山北麓地区一直属于迪化道的管辖范围内。

民国二年（1913）四月，杨增新政府裁撤了清代末年在天山北麓设置的迪化府以及其他直隶厅，将迪化府附郭首县迪化县，裁府留县，同时将镇西直隶厅、哈密直隶厅、吐鲁番直隶厅均改为县，库尔喀喇乌苏直隶厅改为乌苏县，镇迪道下共辖11个县，分别是迪化县、绥来县、昌吉县、阜康县、孚远县、奇台县、镇西县、哈密县、吐鲁番县、乌苏县。民国三年（1914），镇迪道改称迪化道。民国四年（1915）三月，从绥来县中析出沙湾县，同时在昌吉县增设呼图壁县佐。③ 民国六年（1917）将沙湾、乌苏二县划入塔城道，升呼图壁县佐为三等县。民国七年（1918）二月设立七角井县佐、次年（1919）十二月设立木垒河县佐。民国十年（1921）八月在迪化县属设立三道坝县佐。④

民国十六年（1927）春，南京国民政府成立。民国十七年（1928）春南京政府继续北伐，攻克北京，随后至少在表面上完成了统一，开始了"训政"时期。依照《建国大纲》第十八条规定，以县为自治单位，省立于中央与县之间，以联络有效为原则制定地方制度，即推定省、县两级行政区划。但是，新疆由于地方辽阔，交通不便，政令难以迅速下达各地；又由于地处边境，外交事宜较多，司法机构十分不完善。因此，在民国十

---

① 晋庸：《四月革命以来的新疆建设》，《新新疆》1943年创刊号。
② 张大军：《新疆风暴七十年》，台北：兰溪出版社1980年版，第2册，第587页。
③ 《呈请于绥来县北境增设沙湾县治文》《呈拟派队开渠以便筹设沙湾县治文》《电呈拟设县治于小拐仍名沙湾县并筹办情形文》，(民国)杨增新：《补过斋文牍》，阿地力·艾尼点校，黑龙江教育出版社2016年版，第300—304页。
④ 张大军：《新疆风暴七十年》，台北：兰溪出版社1980年版，第2册，第589页。

六年（1927）四月十二日国民政府第二十四次国务会议中，新疆省政府主席金树仁呈请暂缓裁撤新疆各区行政长。① 中央政治会议于民国十八年（1929）五月五日第一八一次会议决议："新疆各区行政长暂准存留"②。因此，新疆仍沿袭旧制度，保留三级行政区划，只是道一级行政区划的名称由"道"改成"行政区"，行政区的界线并没有改变。此时，全疆分为八个行政区：迪化、塔城、阿山、伊犁、阿克苏、焉耆、喀什、和阗。

民国十七年（1928）七月，三道坝县佐升为县，改名乾德县。民国十九年（1930）二月，木垒河县佐升为县，"主要因为该县地面辽阔，种族庞杂，原设县佐职责太轻，不易控制，故宜改设县治"③。民国二十四年（1935）七月，在镇西县东部设立伊吾设治局，民国三十二年（1943）升为三等县。

本书研究的天山北麓地区包括了民国时期迪化行政区的大部分县（不包括七角井设治局、鄯善县、哈密县、托克逊县）、塔城行政区的沙湾县，由东到西主要是伊吾县、镇西县、木垒河县、奇台县、孚远县、阜康县、乾德县、迪化县、昌吉县、呼图壁县、绥来县和沙湾县，共计12个县。

综上所述，天山北麓的县一级行政区划，由民国初年的7个增置到民国末年的12个，其中1912—1930年间增置了4个，1931—1949年间仅增置了1个。

第二节 天山北麓的人口发展过程

前已论及，新疆由清政权到民国政权的改变是通过和平的方式实现的，避免了政权转变时的战争，也避免了战争引起的人口损失。天山北麓地区继承了清末以来形成的人口规模，在政局稳定的杨增新主政新疆时期，天山北麓的人口继续稳定地发展。

由于杨增新、金树仁、盛世才主政（前期）新疆时期，都奉行"嘉峪关外，惟我独尊"，自称"新疆王"的政策和态度，新疆处于相对封闭的状态中。所以，天山北麓一直没有大规模的移民迁入。1942年，盛世才接受了南京国民政府的统治后，才出现了一次计划性移民活动。

---

① 张大军：《新疆风暴七十年》，台北：兰溪出版社1980年版，第5册，第2814页。
② 张大军：《新疆风暴七十年》，台北：兰溪出版社1980年版，第5册，第2814页。
③ "内政部呈新疆省木垒河县佐改升县治"。转引自张大军《新疆风暴七十年》，台北：兰溪出版社1980年版，第5册，第2818页。

一 民国时期天山北麓的人口增长来源

（一）招募当地游民

在传统农业社会，人口的聚集和增长总是与土地垦殖息息相关。民国元年至民国三十一年（1912—1942）间，由于新疆与中央政权的疏远，天山北麓地区与中原农地是相对隔绝的，不断发展的土地开发所需人口主要采用招募游民的方式实现。

清末民初，天山北麓各地有大量未正式加入户籍的游民，还有退伍士兵、逃犯、失业手工业者、逃荒而来的贫民等，他们是社会不安定的重要因素。杨增新认为"新疆游兵、游民遍地皆是，惟有开渠垦荒，安插游闲，为新疆一大要政"[1]。这种招募游民进行土地开发的措施，实现了一举两得的效果，既解决了游民影响社会安定的问题，又解决了土地垦殖缺乏劳动力的问题。因此，杨增新下令"自民国五年为始，各该县每年至少须招垦新地六十户，以定知事考成。能招垦有效者准其留任，否则随时撤换"[2]。与土地垦复活动相互作用，天山北麓的人口不断增加。

由上述可知，杨增新时期，通过不断招募游民，补充了天山北麓土地开发的劳动力。在民国元年至民国三十一年（1912—1942）间新疆的相对隔绝，统治者限制其他地区的人民进入新疆，更没有组织计划性的移民活动，那么，这些游民是从哪里来的呢？民国前期，天山北麓地区大量游民的存在，一方面是继承了清末的人口基础，另一方面也是由民间的自发性移民不断补充的。2003年，笔者在天山北麓东部吉木萨尔、奇台、巴里坤等地区调查的时候了解到，当地很多人都是祖父一辈或者更早的时候从甘肃迁移而来的。被调查人年龄多在30—40岁之间，其父辈即在当地出生。依此推算，其祖父一辈至少在19世纪40年代前后就迁居到天山北麓地区了。由此可见，民国年间，虽然仅仅出现过一次向天山北麓的计划性移民（1942—1944），但是，从甘肃向天山北麓的民间自发性移民从来就没有完全阻断过。

（二）民国三十一年至民国三十三年（1942—1944）的移民垦殖

"九一八"事变之后，一向沉寂的大西北开始引起国人的关注，开发大西北的呼声盛极一时，社会各界将西北视为中国未来命运之所系，纷纷

---

[1]《咨财政部免收垦荒地价文》，（民国）杨增新：《补过斋文牍》，阿地力·艾尼点校，黑龙江教育出版社2016年版，第1055页。

[2]《指令阜康县知事王度洋报不能开垦情形仍饬查勘办理文》，（民国）杨增新：《补过斋文牍》，阿地力·艾尼点校，黑龙江教育出版社2016年版，第340页。

第四章 修渠引水、复垦土地：1912—1949年天山北麓的土地开发

呼吁开发边疆，用大西北作为长期抗日的根据地。学术界对于如何经营和开发新疆也进行了讨论和研究，其中以蒋君章的《新疆经营论》为代表，阐述了移民开发新疆的可能性。第一，新疆地广人稀，可以容纳大量移民。第二，交通状况的改善，决定了移民的规模和进度。民国初年，新疆与中原的交通状况十分落后，这给来自河南、河北、山东等人口大省的移民赴新疆造成了极大的困难。20世纪30年代，新疆的交通状况有了较大的改观。蒋君章记载："绥新汽车路业已完成，自绥远至新疆两星期到达，陇海铁路至今延至西安，今更积极西展，不久，可至宝鸡；自西安至兰州之公路，亦已通车，自兰州至星星峡之公路，亦可通车，故自陕西至新疆至多不过两星期内外，亦可到达。"[1] 然而，新疆的政治状况却令南京国民政府无可奈何，盛世才主政的新疆政权，对中央政府只是名义上表示归附。

民国三十一年（1942）初，盛世才与苏联的友好关系破裂，他转而投靠蒋介石。七月，盛世才与第八战区司令长官朱绍良联名向蒋介石提出了新疆今后外交、政治、军事、移民等方面的一系列行动方案，其中，针对新疆地广人稀的状况，提出"希望在今年雪前移来难民三五万人，来新需共移百万以上方能有济"[2]。对此，蒋介石批示"输送难民五千人可照办"，"移民意见可着手筹备，先设移民局，核定经费，预定十年之内移足百万人"。[3]

在这一新的局面下，首先，大批党政干部涌进新疆。国民党在"开发大西北"，"立国之基在西北"的口号下，鼓动大批知识青年献身新疆建设。为此，国民党行政院颁布了《赴新工作人员登记办法》和《待遇办法》，对赴新人员予以种种优待，一时之间，仅重庆一地登记报名到新疆的就达五千人之多。

其次，迁移难民来新疆垦殖。民国三十一年，农林部长沈鸿烈至迪化，与盛世才协商从河南移民到新疆屯垦的问题。盛世才要求迁移七千人，分到迪化和附近的十多个县。沈鸿烈表示，新疆移民可以利用国际运输的回程车，运送河南灾民到新疆，并由西北公路局负责运输。

民国三十二年（1943）十月，首批垦民共计1500人抵达迪化。是年十月二十三日《时事新报》载："中央社迪化廿二日电，首批豫籍垦民

---

[1] 蒋君章：《新疆经营论》，正中书局1936年版，第37页。
[2] 蔡锦松：《盛世才在新疆》，河南人民出版社1998年版，第354—356页。
[3] 公安部档案馆编著：《在蒋介石身边八年——侍从室高级幕僚唐纵日记》，群众出版社1991年版，第322—324页。

1500 人截至十月八日，已先后抵达本省。此为三十年来内地正式垦民前来新疆之首次。"① 到当年年底，共迁移 7040 人抵达迪化。②

民国三十三年（1944），本来计划移民两万人，从当年二月开始起运，预计七月底前全部运送完毕。③ 但是，据《中华民国国民政府公报》公布的数字，截至民国三十三年底向新疆"共移垦民四三六三人，其中三八二人因天寒，无法运新，改移农林部甘肃河西永昌垦区，移到新者共三九八一人"④。另外，民国三十三年冬，中国赈济委员会就所属长安、平陆、洛阳、济源选送的难童实际到达吐鲁番者 477 名。⑤ 民国三十三年九月新疆爆发了"三区革命"，1945 年二月政府下令缓行所有移民工作，自三月起暂行停顿。⑥ 因此原先计划民国三十三年迁移 2 万人的数量并未完成，实际仅运送了 4000 余人。这次移民活动也结束了。

民国三十一年至民国三十三年（1942—1944），从计划、组织到实际运送，共移送到新疆的垦民约计 1.1 万人。

这些移民主要来自河南，其次为山东、甘肃、河北等地，到达新疆之后，多数被安置在天山北麓各县。民国三十三年出版的《现代西北》杂志记载了民国三十二年运送到达新疆的 7040 人的具体安置情况：迪化县 2000 人，孚远县 500 人，木垒河 300 人，乾德县 600 人，绥来县 450 人，昌吉县 400 人，阜康县 1100 人，奇台县 1200 人，呼图壁县 400 人，共计 6950 人。⑦ 1944 年，移送新疆的垦民也多被安置在迪化县、阜康县。

截至民国三十三年底，移入新疆的垦民和难民共计 11366 人，拨给可耕熟地 32000 亩。⑧

二 天山北麓的人口规模及其演变

民国初年，政府取消了清代户口以籍为定的编审调查制度，而是以现

---

① 《时事新报》1943 年 10 月 23 日，万仁庆、方庆秋主编：《中华民国史史料长编》第 62 辑，第 477 页。
② 《时事新报》1944 年 1 月 8 日，万仁庆、方庆秋主编：《中华民国史史料长编》第 63 辑，第 100 页。
③ 《中央日报》1944 年 2 月 2 日；《时事新报》1944 年 2 月 10 日，万仁庆、方庆秋主编：《中华民国史史料长编》第 63 辑，第 234、281 页。
④ 《中华民国国民政府公报》渝字 873 号，1945 年 10 月 4 日公布。
⑤ 《中华民国国民政府公报》渝字 925 号，1945 年 12 月 6 日公布。
⑥ 《中华民国国民政府公报》渝字 873 号，1945 年 10 月 4 日公布。
⑦ 陈希平：《西北问题研究——西北之垦殖事业》，《现代西北》1944 年第 2 期。
⑧ 蔡锦松：《盛世才在新疆》，河南人民出版社 1998 年版，第 364 页；方英楷：《新疆屯垦史》（下），新疆青少年出版社 1989 年版，第 976 页。

第四章 修渠引水、复垦土地：1912—1949年天山北麓的土地开发　169

住人口作为调查对象。各县户口由该县巡警（后改称警察）编审统计。民国四年（1915），杨增新开始整顿新疆警察制度，在省会设警察厅，以下划分为四个区，设立警察署，各县均设置警员。① 民国十七年（1928），按照中央政府的政令，在各县设立公安局。② 此后，管理、调查户口成为地方公安局的主要任务之一。

民国时期，新疆户口统计标准和做法比较纷杂，目前可以看到的户口统计资料中，地区范围包括天山北麓各县，又较为可靠的户口统计数字是民国五年（1916）、民国十七年和民国三十三年（1944）的统计。

（一）民国五年（1916）天山北麓的人口规模

民国元年（1912），民国政府成立后，内务部即举行了一次全国性的人口普查，这是中国有史以来人口统计项目最为详细的一次，也是整个民国时期人口统计项目最为详细的一次。③ 新疆也按照规定完成了这次人口普查，而且依照成例，自民国元年至民国五年（1912—1916）均按年赓续造报。《内务统计》民国六年（1917）第11期上公布了民国五年新疆各县的人口统计数字（见表4-1、图4-1）。

表4-1　　　民国五年（1916）天山北麓各地区人口规模

地　区	户数（户）	男（人）	女（人）	合计人口（人）	户均人口（人/户）	男女性别比（%）
镇西	2144	5353	3813	9166	4.28	140.4
奇台	4229	10389	6671	17060	4.03	155.7
孚远	1993	8401	4303	12704	6.37	195.2
阜康	951	2696	1722	4418	4.65	156.6
迪化	3180	24878	12994	37872	11.91	191.5
昌吉	2228	5949	3238	9187	4.12	183.7
呼图壁	596	3990	3977	7967	13.37	100.3
绥来	5810	18167	11034	29201	5.01	164.7
沙湾	645	1807	1204	3011	4.67	150.1
合计	21776	81630	48956	130586	6.0	166.7

---

① 张大军：《新疆风暴七十年》，台北：兰溪出版社1980年版，第2册，第831页。
② 张大军：《新疆风暴七十年》，台北：兰溪出版社1980年版，第5册，第2849页。
③ 侯杨方：《中国人口史第六卷1910—1953》，复旦大学出版社2001年版，第56—57页。

表4-1和图4-1显示，民国五年（1916），天山北麓地区共有2.2万户，13.1万人，户均人口为6人。其中以迪化县人口最多，达到3.8万人，占天山北麓总人口的29.0%；其次为绥来县，共计2.9万人，占总人口的22.4%。

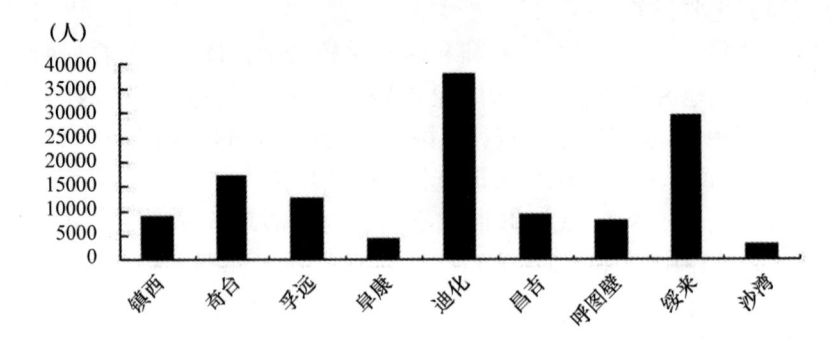

图4-1　民国五年（1916）天山北麓分县人口分布柱状图

资料来源：内务部统计科编制：《民国五年新疆人口之部》，《内务统计》1917年第11期。

一般来说，一个国家或地区男女性别比正常的范围是104%—107%。表4-1显示，民国五年，孚远县、迪化县、昌吉县三地男女比例严重失调，男女性别比达到180%以上。其他各县男性也普遍多于女性，男女性别比大多数都达到了150%左右。这一方面反映出此时天山北麓的人口发展并没有达到一种平稳的状态；另一方面说明这里依然是人口不断迁入的地区。由表4-2可见，天山北麓的农业总人口仅占到总人口的42.4%，有47.9%的人职业未详。这些职业未详的人口应该多数为自发性迁入天山北麓地区的流民，尚未谋得固定职业。因此，这必定加重了男女性别比的不平衡。

表4-2　　　　民国五年（1916）天山北麓各类职业人口百分比

地 区	总人口（人）	农业人口（%）	商业人口（%）	工业人口（%）	渔业人口（%）	其他各业（%）	职业未详（%）
镇西	9166	25.09	3.80	4.54			66.57
奇台	17060	45.84	0.41	3.84		0.70	49.22
孚远	12704	41.13	8.48	1.71		0.12	48.58
阜康	4418	48.51	3.26	1.09		2.08	45.07

第四章　修渠引水、复垦土地：1912—1949 年天山北麓的土地开发　171

续表

地　区	总人口（人）	农业人口（%）	商业人口（%）	工业人口（%）	渔业人口（%）	其他各业（%）	职业未详（%）
迪化	37872	32.83	7.13	5.12		1.55	53.38
昌吉	9187	82.52	10.12	1.33			6.03
呼图壁	7967	48.43	11.28	7.67			32.62
绥来	29201	40.74	2.85	1.01	0.03	0.12	55.24
沙湾	3011	68.25	12.62	4.32			14.81
合计	130586	42.35	5.65	3.40		0.65	47.94

资料来源：内务部统计科编制：《民国五年新疆人口之部》，《内务统计》1917 年第 11 期。说明：其他各业主要指官吏、公吏、教员、生徒、僧侣教徒、律师、新闻记者、医士、矿业等。

（二）民国十七年（1928）天山北麓的人口规模

民国十六年（1927）春，国民政府于南京成立。国民政府内政部"以一切政策实施标准，均有赖于户口统计始可确定"，拟定《户口编查条例》及《人事登记条例》。随后，依照民国四年（1915）颁布的《县治户口编查规则》《警察厅户口调查规则》以及各项表式，拟定人口普查报告规则和普查表式四种、统计表三种，于民国十七年（1928）七月十八日以部令公布后，即通令各省民政厅遵照办理，并限于民国十七年十二月前一律办竣呈报。[1]

依据民国内政部统计司编的《民国时期年各省市户口调查统计报告》，民国十七年新疆的户口统计主要分为三大类，即普通户、寺庙户、公共处所三类。其中"普通户，指各地民众、住宅、商店而言。凡寺院、庵庙、宫观、禅林、洞刹等，皆属于寺庙项内。凡公署、兵营、监狱、习艺所学校、工厂、医院、祠堂、公馆等皆属公共处所项内"[2]。新疆于民国十八年（1929）六月十八日将普查结果呈报内政部（表 4-3）。由此可见，此次户口统计有章可循，统计分类详细，包括了各地的全部现住人口，也是比较全面可信的统计资料。

---

[1] 民国内政部统计司：《民国十七年各省市户口调查统计报告》，南京京华印书馆 1931 年版，第 1—35 页。
[2] 民国内政部统计司：《民国十七年各省市户口调查统计报告》，南京京华印书馆 1931 年版，第 1—35 页。

表4-3　　　　　　民国十七年（1928）天山北麓各县户口统计

地区	总户口数 户数	人口数（人）男	人口数（人）女	人口数（人）总计	户均人口（人/户）	男女性别比（%）	普通户人口数 人口数（人）	占总人口比例（%）
镇西	2165	7189	3410	10599	4.90	210.8	7941	74.9
木垒河	1153	5186	3699	8885	7.71	140.2	8531	96.0
奇台	5049	17283	8753	26036	5.16	197.5	25131	96.5
孚远	1949	7378	4587	11965	6.14	160.9	11048	92.3
阜康	941	3540	2068	5608	5.96	181.2	5201	92.8
乾德	1035	3809	1916	5725	5.53	198.8	5538	96.7
迪化	9983	32085	13153	45238	4.53	243.9	37991	83.9
昌吉	2078	6961	4527	11488	5.53	153.8	11127	96.9
呼图壁	2556	8461	6508	14969	5.86	130.0	14762	98.6
绥来	3617	13094	8399	21493	5.94	155.9	20736	96.5
沙湾	1401	4401	2847	7248	5.17	154.8	7041	97.1
合计	31927	109387	59867	169254	5.30	182.7	155047	91.6

资料来源：民国内政部统计司：《民国十七年各省市户口调查统计报告》，南京京华印书馆1931年版，第1—35页。

图4-2　民国十七年（1928）天山北麓分县人口分布柱状图

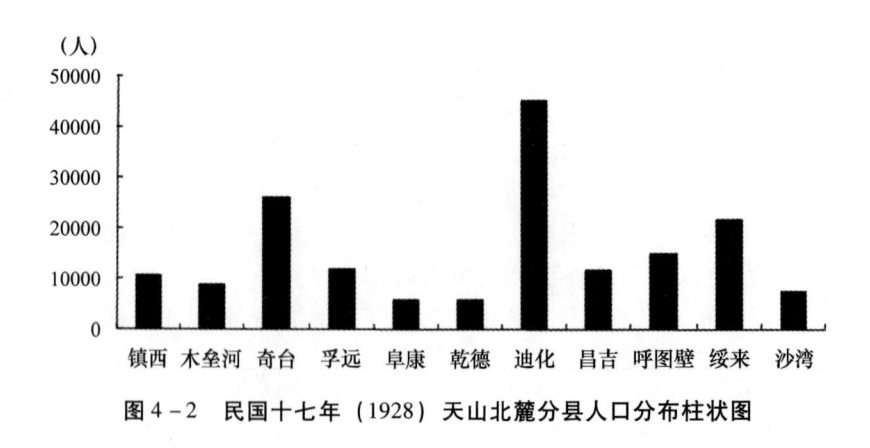

表4-3和图4-2显示，1928年，天山北麓地区共有3.2万户，16.9万人，户均人口为5.3人。其中以迪化县人口最多，达到4.5万人，占天山北麓总人口的26.7%；其次为奇台县，共计2.6万人，占总人口的

15.4%。与1916年相比，天山北麓的区域总人口由13.1万人增加到16.9万人，人口年均增长率为21.9‰。人口增长速度较快。

表4-3还显示，民国十七年（1928），天山北麓各地男女性别比依然十分不平衡，其中迪化、镇西两地男女性别比达到200%以上，其他地区也多在150%—190%左右。与民国五年（1916）相比，男女性别比的不平衡性更加严重。这主要反映出两个方面的问题：一方面民国十七年天山北麓地区的人口构成十分不稳定，依然属于典型的移民迁入区；另一方面，民国五年到民国十七年（1916—1928）天山北麓总人口的增长中，人口迁移造成的机械增长依然占有十分重要的地位。

此外，由表4-3中可以看出，1928年天山北麓各地男女性别比的差别与普通户占总人口的比例有一定的关系。迪化县和镇西县男女性别比例失调最严重，而其普通户人口数占总人口的比例也较其他地区小，分别占总人口的83.9%和74.9%。由以上论述可知，普通户之外的人口主要是指寺庙人口和政府机关、兵营、工厂、医院、学校、公馆等公共处所人口。显然，在民国时期，寺庙人口和公共处所人口以男性居多，因此其在总人口中所占比例越高，区域男女性别比就会越不平衡。

（三）民国三十三年（1944）天山北麓的人口规模

民国二十三年（1934）四月二十七日，国民政府公布了《户籍法》，并决定于是年七月一日起施行。当时各地同时进行了保甲户口编查。[①] 实际上，各地是依据保甲制度进行户口登记的。当年十一月七日，国民党中央政治会议第432次会议决议"地方保甲工作，关系地方警卫，为地方自治之基础，应由行政院通令各省市政府提前切实办理"，随后行政院通饬各省市提前办理，保甲制度遂成全国性的制度[②]。民国三十二年（1943）七月，国民政府开始推行户籍及人事登记，但该年开始执行户籍人事登记的县市为数甚少。民国三十三年一月，奉军事委员会委员长的电令，各县市必须限期完成户籍人事登记。

民国二十三年，盛世才主政下的新疆局势和平之后，就开始了积极建设新疆的计划，户政建设是其主要内容之一。在第一个三年计划（1937—1939）和第二个三年计划（1940—1942）中，都提出了"调查户籍，确定人口"的任务，并且明确将户口调查列为公安警察的主要任务之一，组

[①] 侯杨方：《中国人口史第六卷1910—1953》，复旦大学出版社2001年版，第67—68页。
[②] 侯杨方：《中国人口史第六卷1910—1953》，复旦大学出版社2001年版，第68页。

织调查户籍训练班、印发调查户籍各种小册子、登记人口、颁发公民证等。①

民国二十八年（1939）九月十九日，南京国民政府颁布《县各级组织纲要》，开始推行新县制。为了推行新县制，使行政机构组织合理化，新疆省政府在第三期三年计划（1943—1944）中提出了调查乡镇保甲户口的任务。民国二十三年（1934）七月二十四日，新疆省政府委员会通过并公布施行《新疆省编查户口实施办法》，计划于民国三十三年（1944）底完成新疆各行政区的保甲户口编查工作。② 根据《新疆省编查户口实施办法》的规定，这次保甲户口编查由省民政厅会同警务处总负责，以下由各级行政区警察局办理，"挨户编查，填注户口调查表"③，并且将"本期编查乡（镇）保甲户口之工作，列为各区政警机关及添加工作人员本年度考绩项目之一"④。由此可见新疆省政府对这次户口调查的重视程度。

保甲户口编查工作分为三期进行：第一期为民国三十二年（1943）十一月一日至十二月三十日，完成了全疆十个行政区公署所在的十大城市的户口编查⑤；第二期为民国三十三年一月十五日至四月三十日，除了完成各市各县局之城市编查工作外，并将沿新疆省边区重要县份之乡村亦一并编查完成；第三期为民国三十三年五月十五日至十一月三十一日，完成全省乡村及游牧之编查工作。同时于民国三十三年六月一日开始普查全省户口。截至民国三十三年底，全省完成保甲户口的编查工作。⑥ 由此可见，此次人口普查工作程序详细，调查细致，可以说这次普查的人口数字是民国年间新疆地区最接近真实的人口数字。

民国三十三年的新疆人口调查数字被当时的报纸、杂志、研究论著等多处引用，如1947年出版的《新甘肃》杂志第一卷第二期上刊载的《新疆省各县市局宗族人口统计表》（注明来源于"新疆省警务处三十三年统计"）、1947年出版的《天山月刊》第一期上刊载的《以经济建设求新疆永久和平》，以及1970年出版的张大军的研究著作《新疆风暴七十年》第七册（注明来源于"新疆省民政厅调查人口数"）中都引用了民国三十三年

---

① 张大军：《新疆风暴七十年》，台北：兰溪出版社1980年版，第8册，第4359页。
② 张大军：《新疆风暴七十年》，台北：兰溪出版社1980年版，第9册，第5246—5247页。
③ 张大军：《新疆风暴七十年》，台北：兰溪出版社1980年版，第9册，第5252页。
④ 张大军：《新疆风暴七十年》，台北：兰溪出版社1980年版，第9册，第5256页。
⑤ 张大军：《新疆风暴七十年》，台北：兰溪出版社1980年版，第9册，第5255、5288页。
⑥ 张大军：《新疆风暴七十年》，台北：兰溪出版社1980年版，第9册，第5292页。

第四章　修渠引水、复垦土地：1912—1949年天山北麓的土地开发　175

(1944)的人口调查数字。① 这三个出处的人口统计，各县的总人口数完全一致。由此可见，这次人口调查的可信度较高，其影响也是较大的。

民国三十三年，天山北麓各县市的总人口数达到31.4万人（见表4－4、图4－3）。其中，迪化市人口远远高于其他各地，达到6.9万人，占总人口的22.1%，迪化市不但是天山北麓规模最大的城市，而且是天山北麓人口最密集的地区。

表4－4　　　　　民国三十三年（1944）天山北麓人口

县　别	总人口	县　别	总人口
伊吾县	4817	迪化县	32053
镇西县	16961	迪化市	69275
木垒河县	10804	昌吉县	17957
奇台县	35356	呼图壁县	24201
孚远县	20773	绥来县	35889
阜康县	13097	沙湾县	20327
乾德县	12565	合计	314075

出处：《新疆省各县市局宗族人口统计表》，《新甘肃》1947年第2期。

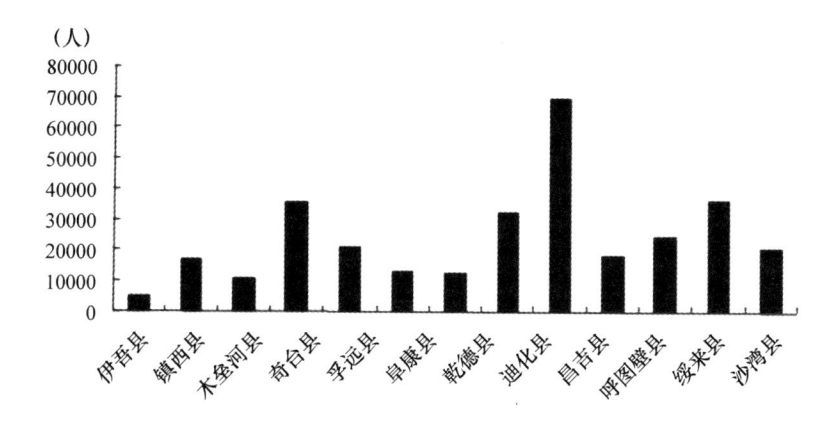

图4－3　民国三十三年（1944）天山北麓分县人口分布柱状图

---

① （民国）新疆警务处：《新疆省各县市局宗族人口统计表》，《新甘肃》1947年第2期；余凌云：《以经济建设求新疆永久和平》，《天山月刊》1947年第1期；张大军：《新疆风暴七十年》，台北：兰溪出版社1980年版，第9册，第5366—5374页。

从民国十七年到民国三十三年（1928—1944），天山北麓总人口由 16.9 万人增加到 31.4 万人，人口年均增加 39.4‰。

（四）民国年间天山北麓各地人口规模对比

综上所述，将民国年间天山北麓各地的人口规模及其增长对比绘制成图（图 4-4）。图 4-4 显示，民国时期，迪化县的人口规模一直居天山北麓之首，其次为奇台县和绥来县。到民国三十三年底，人口规模最小的地区是伊吾县，仅有 4817 人。

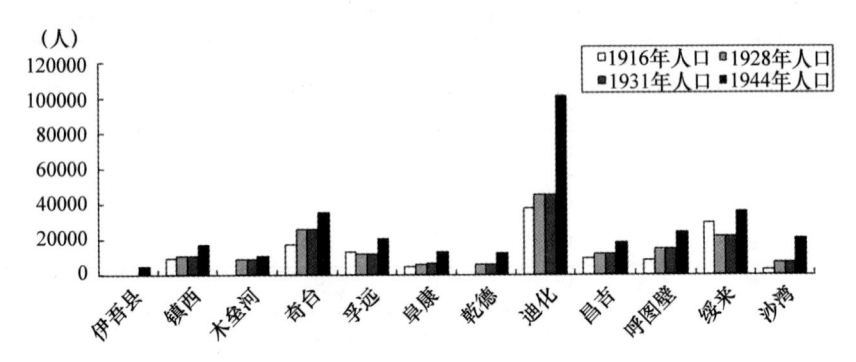

图 4-4　民国年间天山北麓分县人口数对比柱状图

第三节　民国时期天山北麓的土地开发

民国时期，天山北麓的土地开发方式依然以农业开发为主，主要的发展时期是在杨增新主政时期（1912—1928 年）和盛世才主政时期（1933—1944 年）。

一　杨增新主政时期的土地开发政策与措施

杨增新主政时期，从民国元年（1912）五月至民国十七年七月，沿承清末以来的开发政策，鼓励开渠垦荒，安置省内无业游民，新疆境内的农业稳定发展。宣统三年至民国七年（1911—1918），新疆耕地面积由 10554705 亩增加到 12026787 亩，基本上解决了全疆军民的衣食问题。此时，天山北麓的土地开发活动和规模也在继续发展扩大。

杨增新重视农业垦殖在恢复经济、解决当地财政问题上的重要作用，鼓励开荒垦殖。他认为"修渠垦荒，事属要政"，"窃以新省财政困难，游民众多,非从垦荒殖民入手,别无良策"。① 从民国四年(1915)开始,他把发展农垦事业当成"当务之急",将招民垦荒视为考核地方官政绩的主要标准:"拟先从北路入手,自民国五年为始,各该县每年至少须招垦新地六十户,以定知事考成。能招垦有效者准其留任,否则随时撤换。"②杨增新时期的主要开发政策和措施有以下几个方面:

(一) 派遣军队开荒垦殖

杨增新认为"若听其(穷民)陆续开垦,虽三四年亦不能全垦成熟,难期速效。若派兵屯垦,则一年内即可开竣","今派兵先行开垦,伺成熟后待人佃种熟地。所费资本无多,则无业穷民皆可为之租户,可以实行安插流民"③。民国四年四月至八月,派遣军队到迪化县北三十千米处的青格达湖(今乌鲁木齐县青格达湖乡)开渠垦荒。军队修建了从青格达湖至高家湖的大渠一道,长 16 里,面宽 5 丈,底深 4—5 尺,又开长 16 里的支渠两道。④ 渠开好之后,开始派兵屯田。民国五年(1916)春,杨增新又派军前往迪化县东南 90 里的柴窝铺修复旧渠 30 多里,开垦荒地 1.5 万亩。⑤

军队垦荒后,为了解决军粮,杨增新经常"拨兵屯田"。这种屯兵,多数是暂时的,一般以一年为期进行轮换。在土地垦熟后,就招民屯垦,而让军队回营或另开新荒。

(二) 鼓励民众开渠垦荒

杨增新政府积极招揽普通民众进行垦荒。垦荒的费用,一般先由省府垫支,然后靠收地价弥补。如民国六年(1917),镇西县知事陈汝彬,派军修建乔家渠,开荒 2000 余亩,招民垦种,规定三年之内归还全部开渠费用。⑥ 为了鼓励开荒,还对新开荒地的升科年限给予优惠,规定"三年

---

① 《呈请青格达湖渠工经费及招垦安户情形文》,(民国)杨增新:《补过斋文牍》,阿地力·艾尼点校,黑龙江教育出版社 2016 年版,第 363 页。
② 《指令阜康县知事王度洋报不能开垦情形仍饬查勘办理文》,(民国)杨增新:《补过斋文牍》,阿地力·艾尼点校,黑龙江教育出版社 2016 年版,第 340 页。
③ 《指令昌吉县知事张馨督修渠工委员马毓乾详周进发等争领三十户荒地文》,(民国)杨增新:《补过斋文牍》,阿地力·艾尼点校,黑龙江教育出版社 2016 年版,第 384—385 页。
④ 《呈请青格达湖渠工经费及招垦安户情形文》,(民国)杨增新:《补过斋文牍》,阿地力·艾尼点校,黑龙江教育出版社 2016 年版,第 363 页。
⑤ 《呈请青格达湖渠工经费及招垦安户情形文》,(民国)杨增新:《补过斋文牍》,阿地力·艾尼点校,黑龙江教育出版社 2016 年版,第 363 页。
⑥ 《训令镇西县知事陈汝彬另拟乔家沟地亩租办法文》,(民国)杨增新:《补过斋文牍》,阿地力·艾尼点校,黑龙江教育出版社 2016 年版,第 402 页。

征半,四年全征",有的甚至延长为八年征半,九年全征。① 同时,还鼓励农民承垦或租种军队已经垦熟的土地。

(三) 安置游民

杨增新主政时期,天山北麓有大量的无业游民,他们多是退伍士兵、逃犯、地痞流氓、失业手工业者,还有不少逃荒来的贫民等。这些游民,是社会的不安定因素。杨增新认为"今欲补救之法,惟有将各县流民用之垦荒,则旷土可以渐辟,而游民亦可得食","辟荒芜为膏腴,化游惰为善良,计无有善于此",地方秩序可以长治久安。② 因此他筹款开荒,鼓励这些游民承垦荒地,以收安定社会和增加财政收入两方面的效果。

(四) 大兴水利

杨增新对于水利事业极为重视,他说,"近年来,人民日益加多,粮食日益加贵,自非开辟土地不足以安流氓而裕民食。但新疆幅员辽阔,不患无地而患无水"③。民国四年(1915)二月,他在巡按使署内设立水利委员会,以刘文龙为主席,制定水利章程,规划全疆水利建设方案,指导各地疏浚旧渠,创修新渠。其具体办法是:首先,令知县就其所辖地方进行水利调查,然后提出开挖、重修等水利工程计划书,然后再派军队或招募民工进行施工。通过多种方式筹集开渠经费,用官办、民办、官民合办等方式兴修水利。到民国十年(1921),天山北麓各地兴修了大批的水利工程,开垦了大量的荒地。

天山北麓各县在全面修复旧渠的基础上,重点修建沙湾县的大拐、小拐、迪化县青格达湖等水利工程(见表4-5)。

表4-5　　　　　　　　杨增新时期兴修的水利工程

县 别	地 点	时 间	工程概况及其受益
迪化县	青格达湖开渠	1915年4月25日派军队前往开渠,至8月4日完工	由青格达湖起至高家户地方止,开大渠一道,长2000丈,面宽5丈,底深4—5尺不等,又开支渠两道,长2400丈,宽深稍小于大渠

---

① 《指令镇西县知事李澍荣呈赍七年分招民认垦荒地开科年限名册文》,(民国)杨增新:《补过斋文牍》,阿地力·艾尼点校,黑龙江教育出版社2016年版,第425页。
② 《训令各县开渠垦荒安插游民文》,(民国)杨增新:《补过斋文牍》,阿地力·艾尼点校,黑龙江教育出版社2016年版,第391页。
③ 《呈报组设水利委员会及办理大概情形文》,(民国)杨增新:《补过斋文牍》,阿地力·艾尼点校,黑龙江教育出版社2016年版,第333—334页。

第四章 修渠引水、复垦土地：1912—1949年天山北麓的土地开发

续表

县　别	地　点	时　间	工程概况及其受益
	六道湾水渠	1915年7月间，派兵修理	修复1915年4月被大雨冲毁之民渠100丈
	白杨沟水渠	1915年10月间筹划，次年春动工	渠长30里，修浚可引水灌溉柴俄堡荒地15000余亩
	沙山子	1918—1919年	派军开挖大渠两道，一道自头屯河起，长30里，宽1.2丈，深1.8丈；一道自老龙河起，长10余里，宽2—3丈，深4—5尺，两渠在百家海子相接，灌溉沙山子荒地
昌吉县	阿苇滩开渠	地方请派兵修，杨增新主张民办	计划修渠二，一长30里，一长40里，但未见动工期
	三十户渠修复	1915年12月，地方官雇佣缠回60名开掘	修复旧渠一道，长130余里，安插200余户，开垦旧荒15000余亩
	二十二户村堤坝及渠	1918年，地方官招民重修	重修北乡二十二户村淤废的蓄山海子引水渠，东西干渠长4400余丈；又修蓄山海子堤360余丈，高和底宽各1.5丈；又在上游十三户村，疏浚旧渠3600余丈。开垦下地3660亩，能安30户
呼图壁县	芳草湖	1916年8月，地方官招民开渠	在县北芳草园开渠垦荒，招无业游民垦种
绥来县	新顺渠	1915年地方官组织民工修复	在新顺渠上游压坝，修渠20余里，开地6000余亩，安民100余户
沙湾县	沙湾小拐之移户渠	1915年4—8月，军队与民工共同修筑	开挖小拐移户渠，干渠长30里，面宽1.8丈，底宽7尺，深1丈。垦地20余万亩，安户600家
	沙湾马家龙口	移户渠完工后，继续开挖	
	沙湾大拐决口	1915年8月，派新军士兵修理	该决口有10余丈宽，12余丈深
	沙湾新盛渠龙口	1915年11月，有民工修筑	因河水暴涨，冲决新盛渠龙口，长30丈，宽15丈，深6尺有余
	新顺渠筑坝与修渠	有民工自行修复	在新顺渠上游压坝，修渠，渠长20余里，渠成可以安插100余户

续表

县 别	地 点	时 间	工程概况及其受益
	大拐处玛纳斯河决口	派兵两哨修筑，	决口宽10余丈，横流数十里，阻碍交通
阜康县	六运湖	1915年，地方官招民开完西渠	渠长8000丈，渠成后安插户民50余户，开垦地亩4000—5000亩
孚远县	四、五厂湖水渠	1916年4月，地方官派军修复	由四厂湖齐家庄地方开干渠一道，北行10余里之天生圈，西行30里，至五厂湖，均挖宽1丈，深6尺，再由天生圈北行约20里至青格达湖已垦之地相接。开垦出中地8100亩，安插户民90余户
	小霜湖	1918年6月，地方官招民修复	开垦出旧荒地
奇台县	董子沟渠、中渠、西渠、吉布库渠、永丰渠	1914年，地方官主持修复董子沟渠、中渠、西渠、吉布库渠、永丰渠等旧渠	重垦就荒10000余亩
镇西县	乔家龙口、蒋家龙口	1917年，地方官主持修建乔家沟渠	开荒2000余亩

资料来源：（民国）杨增新：《补过斋文牍》，阿地力·艾尼点校，黑龙江教育出版社2016年版，第333—374页。

总之，杨增新时期的各项土地开发政策和措施，使天山北麓的耕地面积在清末的基础上不断增加。

二 盛世才主政时期的土地开发政策和措施

继杨增新统治结束之后，民国十七年（1928）七月，金树仁上任新疆省主席，直至民国十九年（1930），新疆的政治、经济等各方面基本维持着杨增新时期的状态。1931—1933年，新疆战火连绵，人民离散，耕地荒芜，粮食减产，农牧业遭到严重破坏。就全疆而言，1930—1933年，耕地面积从1140万余亩减少到463万余亩，近60%的耕地因战火而被荒弃；牧畜从400余万头减少到300余万头。农村饱受战乱的摧残，生产工具也损失严重，北疆被害尤重，90%的农村地区成为一片焦土。

民国二十二年（1933）四月盛世才开始任新疆督办后，依靠苏联的帮助，于民国二十三年（1934）基本平定全疆的战乱。次年开始大规模的经济建设。此后，又提出了"反帝、亲苏、民平、清廉、和平、建设"的"六大政策"。在"六大政策"的指导下，盛世才政府制定了一系列具体的经济建设政策和计划。

（一）"实施农村救济"政策，号召"全省总动员努力春耕"

民国二十三年，盛世才政府号召"全省总动员努力春耕"，发动群众，让机关人员，法团、教职员工和学生组成春耕宣传队，下乡动员农民抓紧耕作；县政工作亦以督促扩大春耕，招抚安插难民为首要任务。同年，盛世才在其发表的"八大宣言"中提出"实施农村救济"，给农村以具有实效和力度的政府投入，以"恢复农村和发展经济"[①]。同时，省府开办农业救济银行（后改为农业救济部，附设于省银行内，成为永久机构），由省库筹拨巨款，以轻息贷给农民，供其购买籽种、耕牛、马匹，以图农村之复兴，其直接效益是"粮价较前低落，社会状况日趋安定"[②]。

民国二十三年、民国二十四年（1935）春耕宣传和农村救济计划主要在北疆各县市实施，收效甚为显著，许多逃亡的农民都回乡生产[③]。据统计，民国二十三年度，新疆省政府向农村贷籽种约23000石，发放补助费1亿两省票（1万两折合国币5元），贷耕牛600头，马900匹。民国二十五年度（1936），贷款80万元，籽种4万石，耕牛200头，马100匹。民国二十六年度（1937）贷款32万元，籽种3万石，耕牛200头，马100匹。[④] 天山北麓的播种耕地面积逐渐增加。民国二十四年的春耕面积较民国二十二年（1933）的增加了近一倍，"许多县份，如孚远、奇台、木垒河等县的民食问题基本解决"[⑤]。随着农业生产的恢复和社会秩序的趋向安定，北疆各牧区的生产也逐渐恢复了。

此后，政府对天山北麓各地农民继续实行春耕贷款及春耕宣传，鼓励扩大耕地。如民国三十一年（1942），盛世才政府给天山北麓各县的贷款是：迪化县3万元、绥来县5.5万元、呼图壁县1万元、阜康县4.5万元、

---

① 盛世才：《政府目前主要任务》，1938年11月出版，第4—5页，转引自张大军《新疆风暴七十年》，台北：兰溪出版社1980年版，第6册，第3478页。
② 1935年3月李溶：《关于新疆省政府最近八个月实施各要政情况致国民政府行政院呈》，中国第二历史档案馆藏蒙藏委员会档案，转引自蔡锦松《盛世才在新疆》，河南人民出版社1998年版，第200页。
③ 包尔汉：《新疆五十年——包尔汉回忆录》，中国文史出版社1994年第二版，第234页。
④ 李溥林：《十年来新疆的经济建设》，《新新疆》1943年创刊号。
⑤ 包尔汉：《新疆五十年》，文史资料出版社1984年版，第234页。

孚远县1.5万元、奇台县6万元、木垒河县1.5万元、乾德县4万元、昌吉县2万元，共计31万余元。① 民国三十三年（1944）的春耕宣传内容包括：按期播种的意义、施肥及利用粪肥、选种的意义，兴办水利，扩大植树造林等。

（二）实施计划发展

民国二十四年（1935），盛世才政府在斯瓦尼兹等苏联专家的帮助下，制定了第一个三年发展计划［民国二十五年（1936）七月至民国二十年（1939）六月］，开始有计划地发展新疆农业经济。计划规定，在省建设厅内设置农业局，负责恢复发展农牧业生产，在各地广设农牧场和试验场，建立农科所和气象测候所，在农牧场购置并且使用农业机器，实行科学种田；宣传农科知识，指导农业技术，目的是扩大耕地，增加产量，促进农业发展。最终，整个计划顺利完成，耕地和农产品大量增加，各族农牧民生活大有改善。

1939年7月—1942年6月，盛世才政府在新疆实行了第二个三年计划。农业建设的主要任务是，提高主要农作物产量的15%—30%，扩大北疆地区的农业生产，迅速发展南疆的棉业和丝织业；训练农业技术员，使全省农具机械化达到6%；继续发展省营农场，使之成为农业机械化的模范农场。结果各地农场大量使用机械，全省耕地和农业产量空前增加。

民国三十一年（1942）下半年，盛世才开始接受国民党的统治，建设计划暂时停顿。民国三十二年（1943），制订了第三个三年计划，规定从民国三十二年做准备时期；1944—1946年实行第三个三年计划，但在"三区革命"的打击下，这个计划仅实施了一年，最终未能完成。

（三）建立屯垦委员会

民国二十三年（1934）冬，盛世才基本统一新疆以后，在省政府内建立了新疆屯垦委员会，其主要任务是：领导现役和退伍军人参加屯垦，组织屯垦军民发展农业生产，筹办屯垦所需要的物资和工具，帮助购买和使用农业机器，改良农牧业生产技术。同时，盛世才把全疆的军队，从战时的2.5万人减少到1.2万人，其中部分军官充实到政府部门任职，绝大部分官兵由屯垦委员会安排到所属农场，参加农业生产。

民国二十四年三月，新疆屯垦委员会颁布《现役军人种地办法》，规定自民国二十四年起，新疆各部队现役军人应挑选十分之三的人数轮

---

① 慧儒：《本年春耕贷款迪区各县分配完竣》，《新疆日报》1942年2月21日第三版。

流换班耕种，增加部队给养，其生产所用籽种、牛马、农具和补助费等由屯垦委员会及省财政厅协办，于秋收后归还籽种，其牛马、农具作为各部队公用，同时对屯垦成绩还规定了具体的赏罚条例。同年三月，新疆屯垦委员会还颁布了《预备编余军民屯垦办法》规定：（1）安置编余官兵，应充分供给生产资料，无论是开矿、筑路，还是农垦，都给予相应的矿山、资本、土地等；（2）拨给编余官兵每人六十亩土地，按二十人编一组，到指定地点屯垦。屯垦三年之后，土地成为官兵私有财产；（3）屯垦所需籽种、牛马、犁铧、车辆、农具等辅助费银，由屯垦委员会同财政厅协办；（4）各队官兵给养，照旧章每天发给大小米或面粉一斤半，至新粮收获后的九月底停发；同时，政府酌量发给薪饷、免费发给旧军服装；（5）要求各区、县长协助，乡民支持；要求屯垦官兵不能扰乱地方，刁难乡民。

民国二十四年（1935），盛世才把省城的编余退伍官兵，编为两个屯垦大队，直属省屯垦委员会管辖。第一屯垦大队驻迪化南山，下分五个分队27个组，共有屯垦队员500人。当年，五个分队共收获小麦900余石。第二屯垦大队驻在迪化北郊，共有退伍官兵3005人，主要种植水稻。民国二十六年（1937）春，由于南疆发生叛乱，屯垦大队解散。之后，盛世才政府曾组织省城公务员参加屯垦，但屯垦范围大大缩小。

（四）兴办近代农场，使用农业机械

新疆第一个三年计划规定，广设农牧场和实验场，从民国二十五年（1936）开始，盛世才政府正式建立公营农牧场，其中近一半分布在天山北麓地区的迪化、奇台、昌吉、绥来等地。民国二十六年七月开始执行第二个三年计划，全疆重点发展的七个农场（迪化晋庸农场、迪化反帝军农场、阜康农场、乌苏独山子农场、伊宁农场、阿山农场、吐鲁番农场）中有三个属于天山北麓地区。迪化晋庸农场在迪化北郊青格达湖一带，建场时要求耕地扩大到4000公顷，即60000亩，产谷物2000石，压种冬麦15000亩。迪化反帝军农场在迪化南郊水西沟，建场时要求耕地扩大到15000亩，产谷物3000石，压种冬麦7500亩。阜康农场，在阜康六运湖，要求耕地扩大到75000亩，建成迪化地区重要的粮食供应基地之一。到民国三十年（1941），这些模范农场先后兴办，在这些农场中，大量使用农业机器，培训农业技术人员，选用优良品种，进行农科试验，采用合理的灌水和施肥，防治病虫害，因此不仅提高了生产效率，而且大大提高了农作物的产量。这些农业技术先进的农场，在当时天山北麓的农业生产中，确实起到了示范作用。

此外，从民国二十五年（1936）起，盛世才政府从苏联大规模地购买农业机器，以供应新疆各农场和农业试验场使用，同时也为民众代购一部分农机具。到民国二十七年（1938），迪化区有各种钢铁农机具2087架。当时，新疆使用的农业机器共有48种，主要有单体犁、双体犁、培垄犁、之字耙、马耙、园亢耙、拖拉机、选种机、播种机、播棉机、中耕机、除草机、收割机、转动机、粉碎机、打粮机、打玉米机、清花机、喷药器、喷水器、风车、割草机、铡草机、磨刀机等。到民国三十一年（1942）末，全疆统计已有各种农机105000架，但是全疆机械化远未达到6%的计划，各地仍然以畜力为主。①

在推广机械化的同时，新疆政府积极推广农业技术。此时，新疆已经开始使用福尔马林药品，实行科学拌种和消毒。在各县宣传农田生产技术，讲究布种要稠密得宜，并且随时除草、施肥，改变以前粗放的农业耕种方式。②

总之，这些现代化农场的兴建及先进农业工具与技术的引进，大大提高了劳动效率，为天山北麓的土地开发带来了新的气象，在当时起到了一定的效果。但是，在民国三十一年盛世才与苏联的关系恶化之后，苏联停止供应农业机械的零件，由于新疆本地不能生产，这些机器大都废置了，农场也因此荒废。

（五）增设农业机构，培训农业技术人员

为了加强农业科技的管理，民国二十七年新疆各地增设农业局、棉种交换站、气象测候所，广泛建立农业技术指导站。同时，大力培养农业科技人员。民国二十八年（1939）之前，苏联派五名农业专家到新疆，其中迪化两人，伊犁、塔城、阿山各一人，他们负责农业技术指导，培训农业科技人员，同时，全疆各地农牧局，也利用冬闲，开办农业技术训练班，除培训局内工作人员外，各乡村农民有730多人也参加了培训。另外，民国二十四年（1935）和民国二十六年（1937）在省城迪化举办了两期农牧讲习所。

第一期三年计划期间（1936年7月—1939年6月），每年冬天，各个地区农牧局利用农暇之际，开设农业训练班，除了训练内部工作人员之外，还训练各乡农民730余人。同时在新疆学院增设农业系，从民国二十八年开始招生，每届80人。新疆省政府选派人员参观苏联农业展览会，

---

① 张大军：《新疆风暴七十年》，台北：兰溪出版社1980年版，第8册，第4527页。
② 张大军：《新疆风暴七十年》，台北：兰溪出版社1980年版，第10册，第5522—5523页。

并且聘请苏联农业专家指导农业生产技术,迪化区有二人,伊犁、塔城、阿山各一人,这些人担任农业技术指导,兼任训练人才①。

第二期三年计划期间(1939年7月—1942年6月),各地增设农业机构及技术指导机构。迪化区在阜康、孚远、呼图壁、乾德等地设技术指导站。塔城区增设沙湾技术指导站。②

(六)兴建水利工程

盛世才统治时期,也非常重视水利的兴修和维护。据方英凯研究,此时修建的水利工程主要有以下几个。③

民国二十八年(1939),修建呼图壁县梧桐窝子灌溉渠道。

民国二十九年(1940)四月至民国三十年(1941)七月,兴修绥来县清水河子渠,灌溉荒地7580亩。

民国三十年九月至三十一年(1941—1942)七月,兴建了迪化县红雁池水库工程。民国二十八年,由苏联工程师勘测设计,引用乌鲁木齐河水,在红雁池修建水库。民国三十年九月开工兴建,设计最大库容量是3600万立方米,有效排水量1900万立方米,灌溉面积10万亩。民国三十一年八月至民国三十二年(1943)秋,又修建了红雁池水库的放水渠,长3.5千米,将水引入晋庸渠(今和平渠中段),灌溉迪化北郊的晋庸农场。直到1949年,红雁池水库工程一直没有完全结束。

民国三十一年八月至三十二年五月,修建阜康天池水库。民国二十八年即已经开始测量水文。民国三十一年又聘请苏联专家勘测。八月正式开工修建,计划修建一道拦水坝、一个泄水涵洞、进水和出水闸门、四道溢洪道。民国三十二年五月完工放水。民国三十三年(1944)八月,又进行修整,增大排洪道。民国三十四年(1945)以后,由于维护管理无力,此工程逐渐荒废。

民国三十三年九月至十一月,扩建沙湾县新盛渠工程,干渠共长34千米,引玛纳斯河水,灌溉沙湾县城西8万多亩荒地。后因"三区革命"的爆发而一度停工,民国三十五年(1946)又继续修建,完工后,灌溉面积增加到15万亩。

(七)移民垦殖

前文已经论述了民国三十一年到三十三年(1942—1944)间的移民活

---

① 张大军:《新疆风暴七十年》,台北:兰溪出版社1980年版,第7册,第3860页。
② 张大军:《新疆风暴七十年》,台北:兰溪出版社1980年版,第8册,第4511页。
③ 方英凯:《新疆屯垦史》(下),新疆青少年出版社1989年版,第979—981页。

动（第四章第二节），三年间共向天山北麓迁移垦民1万余人，这些人大多被安置在迪化周围各县。对这批垦民的土地分配政策是无偿授予土地，3口算1户，每户20亩至40亩不等（按耕地肥瘠而定，上地授20亩，中地授地30亩，下地授40亩）；并且由政府贷给耕牛、籽种，以及建筑房屋、置办生产工具的钱款，帮助垦民尽快开始农业生产。① 按每户授田30亩计算，这批垦民至少承种了10万余亩耕地。

（八）发展畜牧业

在盛世才的发展计划中，积极提倡发展畜牧业。盛世才在其工作计划中提到了发展畜牧业的五个必要条件：第一，要使牧民获得适于放牧的良好牧场；第二，要改良牛、马、羊、驴、骡、骆驼的品种；第三，要预防牲畜的传染病；第四，要置备冬季饲养的草料和修盖冬季御寒的房厩；第五，培养善于放养各种牲畜的牧夫，造就各种兽医人才。② 在第一期和第二期三年计划的实行期间，新疆省贯彻了以上五个关于畜牧业发展的指导思想。截至民国二十八年（1939）底，迪化设立畜牧局一，绥来、奇台、南山、镇西各设畜牧分局一，南山设种马场、种羊场各一；迪化区马匹增加了47350匹、骆驼增加了4500只，羊增加807000只，牛增加525000头，合计911350头；迪化区设立兽医院一处，奇台、木垒河、绥来、沙湾各设一个兽医分院。此外，迪化还设立一个化验所。③

同时，从外国购买种牛、种马、种羊等，积极推进改良畜种的工作。民国三十一年（1942），省建设厅在迪化燕儿窝设立畜种场一处，其内养了阿拉伯、美国、英国种马数匹，瑞士、蒙古种牛数头，波兰种羊、本地优良乳牛40余只，种猪100余只，种鸡800只，以及优良鸭、鹅等，专为改良繁殖品质。④ 此外，还成立训练班，训练畜牧技术人员。

以上措施在一定程度上改善了天山北麓地区的畜牧业状况。到民国三十三年（1944）底，天山北麓各县共有马、牛、羊、骆驼、驴等牲畜182.6万头（只）。⑤

综上所述，盛世才时期实行的土地开发政策和措施，使天山北麓社会经济迅速从战乱的凋零中恢复过来，而且较杨增新时期有了进一步的发展。

---

① 新疆维吾尔自治区档案局馆藏档案，档案号：政2-6-75。
② 盛世才：《政府目前主要任务》第二部，1941年新疆民众反帝联合会出版，转引自张大军《新疆风暴七十年》，台北：兰溪出版社1980年版，第7册，第3866页。
③ 张大军：《新疆风暴七十年》，台北：兰溪出版社1980年版，第7册，第3867—3870页。
④ 张大军：《新疆风暴七十年》，台北：兰溪出版社1980年版，第8册，第4581页。
⑤ 佘凌云：《以经济建设求新疆永久和平》，《天山月刊》1947年第1期。

三 民国时期天山北麓的载籍耕地面积

（一）民国时期载籍耕地数字及其考证

民国年间，新疆的载籍耕地面积统计数字分布比较分散，主要来源于新疆省政府的统计报告、各种统计年鉴、灌溉调查报告以及当时的期刊。涉及天山北麓各县耕地数字的较全面的资料仅有：张大军《新疆风暴七十年》转引自日本东亚同文会编《支那年鉴》记载的民国三年（1914）各县农田面积数、民国四年（1915）农田面积数[①]；新青海正闻社调查的民国二十年（1931）各县灌溉面积数[②]；民国三十三年（1944）的《新疆日报》刊载民国三十二年（1943）各县耕地面积数[③]；民国三十六年（1947）《天山月刊》刊载的民国三十三年各县耕地面积数（见表4－6）[④]。

表4－6　　　1912—1949年间天山北麓各县田亩面积统计　　　单位：亩

县　别	1914年	1916年	1931年	1943年	1944年
伊吾县				1369	10295
镇西县	43259	42101.00	41175	37200	51368
木垒河县				54640.5	88031
奇台县	221173	222000	316280	183783	191285
孚远县	123420	120409	121039	118267	193856
阜康县	58170	57637	51759	91363	82160
迪化县	173618	173618.48	186637	163622	261845
乾德县				45459	70071
昌吉县	113144	89704.67	96674	187103	116773
呼图壁县		53315	53800	156899.5	59000
绥来县	122477	122463.42	109748	76884	167654

---

① 1916年日本东亚同文社调查编纂：《支那年鉴》，天一出版社影印日文，第463页。转引自张大军《新疆风暴七十年》，台北：兰溪出版社1980年版，第4册，第2017—2023页。
② 新青海正闻社调查：《新疆水渠灌溉概况》，《新青海月刊》1934年第3期。
③ 桑亚飞：《三十二年度农业概况》，《新疆日报》1944年5月4日第三版。
④ 佘凌云：《以经济建设求新疆永久和平》，《天山月刊》1947年第1期。

续表

县　别	1914年	1916年	1931年	1943年	1944年
沙湾县		56562	30000	53943	43105
合计	855261	937810.57	1007112	1170528	1335443

数据来源：1914年农田面积数来源于1916年日本东亚同文社调查编纂：《支那年鉴》（天一出版社影印日文，第463页。转引自张大军《新疆风暴七十年》，兰溪出版社1980年版，第4册，第2017—2020页）；1916年垦地面积数来源于中央财政部统计表（转引自《新疆大记补编》）；1931年灌溉面积数来源于新青海正闻社调查"新疆水渠灌溉概况"，《新青海月刊》1934年第3期；1943年耕地面积数来源于桑亚飞《三十二年度农业概况》，《新疆日报》1944年5月4日第3版；1944年耕地面积数来源于佘凌云《以经济建设求新疆永久和平》，《天山月刊》1947年第1期。

　　由前文的论述可知（见第四章第一节），民国年间天山北麓行政区划的变化是：民国四年（1915），从绥来县析出设立沙湾县；民国十七年（1928），乾德县佐升为乾德县；民国十九年（1930）木垒河县佐升为木垒河县，呼图壁县佐也升为呼图壁县；民国三十二年（1943），从镇西县析出设立伊吾县。所以，表4-6中各个年代的耕地面积数基本是全面的。

　　表4-6中，民国三年（1914）的农田面积数来源于民国五年（1916）日本东亚同文社调查编纂的《支那年鉴》，其原始数据来源于中国农商工部"各省农田及农产品统计"①。笔者认为，民国三年的农田面积数比较可信，有以下两条史料可以证明。首先，民国二年（1913）十二月，阜康县主计（管理地方财政，计算出入之官员）周元治呈请清查粮册，将"逃亡之绝户则从而删除，新招垦种则从而添注。请通饬各县属照办"。杨增新因此下令各地清查粮册，查报各地新增垦户，但是不许将逃亡之户从粮册中删除，因为"若将逃亡之户准其删除，此端一开，势必至未逃者亦报逃，未绝者亦报绝，流弊将不堪言"②。由此可见，杨增新在民国二年（1913）底下令各地查报地亩，清查粮册，其执行势必在民国三年。其次，民国四年，新疆省财政厅长潘震呈报中称："上年曾丰钧署，饬行查出隐垦地亩……"这再一次说明，民国三年，新疆各县曾经查报地亩，从而出现了表4-6中所见的民国三年各县农田面积数。虽然这次查报并不是彻底的清丈地亩，但是其所得各地农田面积数应该还是相对比较接近实际数量的。

---

① 张大军：《新疆风暴七十年》，台北：兰溪出版社1980年版，第4册，第2026页。
② 《指令阜康县主计员周元治呈请清丈欠粮文》，（民国）杨增新：《补过斋文牍》，阿地力·艾尼点校，黑龙江教育出版社2016年版，第1012页。

第四章 修渠引水、复垦土地：1912—1949 年天山北麓的土地开发　189

表 4-6 中民国五年（1916）垦地面积数来源于中央财政部统计表，转引自《新疆大记补编》。其中，缺失奇台县的垦殖面积数，这里根据民国三年（1914）的数据，保守地估计为 222000 亩。另外，原文记载孚远县的耕地面积为 210409 亩，对比民国三年的数据，这个数据明显偏大，可能是统计的错误，也很有可能是笔误导致的，这里校正为 120409 亩。

表 4-6 中民国二十年（1931）的灌溉面积数来源于民国二十三年（1934）的《新青海月刊》，为新青海正闻社调查而得，"兹将民国二十年以前各方面调查，关于该省各地水渠及灌田数目，兹探志如此"①。这组数据被当时各种介绍新疆情况的报纸杂志引用。由于其也是根据调查数字得出的灌溉面积数，因此也应该是比较可信的，并且与前后数据对比的结果也比较合理。唯一遗憾的是，这里缺载沙湾县的灌溉面积数。根据民国四年（1915）和民国三十二年（1943）、民国三十三年（1944）沙湾县的耕地面积数，这里保守地将民国二十年沙湾县的耕地面积数估计为 30000 亩。

表 4-6 中民国三十二年的耕地面积来源于民国三十三年（1944 年 5 月 4 日）出版的《新疆日报》，为当时政府公报公布的数字。经过与其他年代的数字对比，这组耕地数字还是比较可信的。需要说明的是，原文题为"三十二年新疆农业概况"，主要统计了两项内容，一栏为"耕地面积"；另一栏为"收获量"，由此判断，这里的耕地面积实际指的是播种面积。

表 4-6 中民国三十三年的耕地面积数来源于民国三十六年（1947）出版的《天山月刊》杂志，作者在统计表前注明为"兹抄附三十三年主要农产统计如下"，其统计栏目为总耕地面积、各种农作物的收获量及收获量合计等项。由此可见，这组耕地面积数应该仍然指的是播种面积数。

（二）民国时期载籍耕地规模的变化过程

关于这些载籍耕地数字的分析与校正将在后文详细论述。但是，首先应该承认的是，尽管这些载籍耕地数字并不是实际的耕地面积，但是它们依然可以反映出耕地变化的趋势以及各地区间耕地规模的比例（见图 4-5）。

由表 4-6 和图 4-5 可知，民国年间，天山北麓的载籍耕地面积从民国三年的 85.6 万亩增加到民国三十三年的 133.5 万亩，三十年间增加了 48 万亩。其中，民国三年至民国五年（1914—1916）间和民国三十一年

---

① 新青海正闻社调查：《新疆水渠灌溉概况》，《新青海月刊》1934 年第 3 期。

至民国三十三年（1943—1944）间耕地面积增长速度最快，前一阶段内的耕地增长主要是由于民国四年（1915）开始的水利建设和土地垦复所致，后一阶段里耕地面积的急剧增长与移民垦殖密切相关。

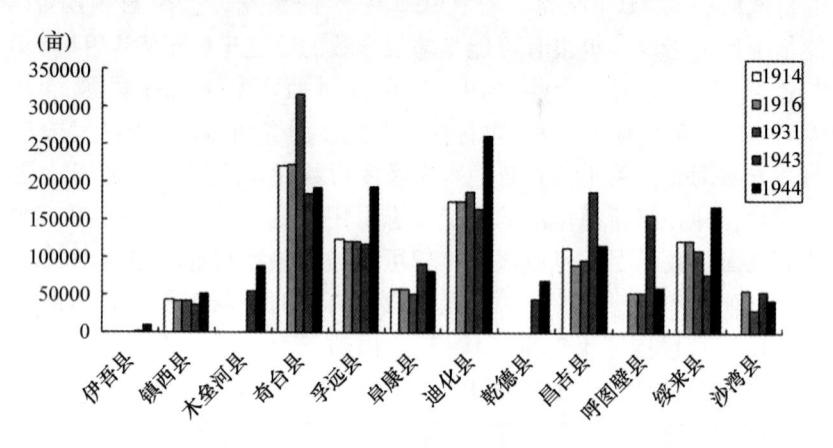

图 4-5　民国时期天山北麓各地载籍耕地规模对比柱状图

第五章　清至民国时期天山北麓土地开发的区域差异

历史地理研究的最终目的之一是要揭示出地理事物的时空规律，一是时间上的发展规律；二是空间上的分布规律。因此，在以上章节恢复历史发展过程、重建历史时期人口数量和耕地面积的基础上，还需要进一步探求研究区人口、耕地的发展规律和分布规律，深入分析由此而形成的土地开发的区域差异。

第一节　行政区划变化的特点

从清代中期到民国时期，天山北麓的府州厅县的行政建置发生了很大的变化，表现为以下特点。

一　政区变化的时间特点

（一）乾隆二十一年到乾隆四十四年（1756—1779）——创立阶段

在此段时间里，天山北麓的行政建置从无到有，由简渐繁，逐步建立了府州县体制，属于行政设置的开拓阶段。从乾隆二十一年（1756）在巴里坤设置同知开始，后又在天山北麓逐渐设立同知、通判、巡检、县丞等，到乾隆三十八年（1773）正式设立行政府州县体系。天山北麓划分为镇西府和迪化州两个府州级政区，镇西府下辖宜禾县、奇台通判；迪化直隶州下辖迪化州州属、昌吉县、特纳格尔州判。乾隆四十一年（1776），改奇台通判为奇台县，特纳格尔州判为阜康县，济木萨尔巡检改为县丞。乾隆四十四年（1779），绥来县丞改为绥来县。自此形成了清代中期天山北麓最基本的六个县级区划，即宜禾县、奇台县、阜康县、迪化州州属、昌吉县和绥来县。在二十三年间，天山北麓地区州县制体系的建立和完善是与当时人口的急剧增加、社会经济的快速发展相适应的。

（二）乾隆四十五年至同治二年（1780—1863）——区划相对稳定阶段

乾隆以后，天山北麓的社会经济稳定发展，行政区划增置不多，这八十三年间，仅仅将镇西府降为镇西厅，奇台县归入迪化州管辖。镇西府行政设置的降级，反映出嘉庆、道光以后，镇西府在天山北麓地区社会经济地位的下降。

（三）同治三年到宣统三年（1864—1911）——沿袭清中期阶段

同治三年至光绪三年（1864—1877）间的战乱，使得天山北麓地区人口逃亡，土地抛荒。战乱平息之后，在恢复社会经济的同时，晚清政府基本沿袭了清代中期在天山北麓的县级行政区划，只不过将迪化直隶州改为迪化县。此后，随着社会的长期安定，人口和耕地也逐渐恢复。光绪二十九年（1903），将济木萨县丞升为知县，称孚远县；升呼图壁巡检为县丞。这是清朝末年第一次增设县级行政单位，表明天山北麓的社会经济得到了一定的恢复和发展。

（四）民国年间（1912—1949）——发展开拓阶段

在此期间，天山北麓地区新置的县级行政单位和升置的县佐是清末以来最多的。其中尤其以1912年到1930年间最为频繁，增置了四个县级行政区（沙湾县、呼图壁县、乾德县、木垒河县）。1930年以后仅增置了一个县级单位（伊吾县）。虽然行政区的增加与经济发展不是平行的直线关系，但还是可以看出，民国前期是天山北麓经济发展的一个重要时期。

总之，天山北麓政区的初步形成主要发生在乾隆中期，政区的变化主要发生在民国前期，其他时期处于经济稳定发展或者经济停滞时期，政区无大的变化。

二 政区变化的空间特点

清代中期至民国时期，天山北麓的政区沿革不仅具有上述阶段性特点，而且在空间分布上也存在着很大的差异。一个新的行政区的设置，在区域经济发展史上或者标志着一个地区的经济繁盛已经倍徙于前，或者标志着大规模土地开发的开始。

乾隆二十一年到乾隆四十四年（1756—1779），在天山北麓基本行政区划的创立发展阶段，最初的行政管理官员是从东向西先后设立的，县级行政区也是东部地区设置较早，西部的绥来县最晚设置。这表明，乾隆年间天山北麓的土地开发是由东向西逐渐开展的。

清代末期以后，天山北麓中部地区新增县级区划较多，西部地区次之，东部地区最晚。这表明，清代末期以后，天山北麓中部地区经济发展迅速，西部地区成为土地开发的对象，而东部地区的发展则逐渐缓慢、落后。

综上所述，清代末期以来，新增县级行政区划主要分布在天山北麓中部地区，这些县的设置一方面是经济发展的结果；另一方面也是进一步深化土地开发的需要。最为典型的如西部沙湾县的设置主要是开发土地的需要。到民国末年，天山北麓西部地区（吉木萨尔县以西）45.5%的土地面积上划分设立了八个县级区划，而东部地区（奇台以东至伊吾）近54.5%的土地面积上仅形成了四个县级区划，最后形成天山北麓西部地区县级区划稠密，东部地区稀疏的格局。

第二节 天山北麓地区人口增长过程及其机制

人口增长是指一定时期内一个地区或国家人口增加或减少的状况。人口的增加与减少构成了区域人口的过程。探讨区域人口过程及其形成机制是研究人口变化的核心内容之一。人口过程是一个动态的概念，具有丰富的内涵，如人口数量、人口迁移、人口分布、人口再生产等。根据本书研究主题的特点，这里只探讨区域人口数量的变动过程和区域人口分布变化两个方面。一般来说，影响区域人口增长的因素或称人口增长机制主要包括两个方面，即人口迁移造成的机械增长和人口的自然增长。其中自然增长又受到社会、经济、文化及政策行为等因素的作用，表现了正反两个方面的效果。人口增长率是研究人口动态过程的有效指标。但是，受到历史上人口统计项目的单一性和各时期文献记录的一次性及相关资料的缺乏的限制，在大部分情况下，区域历史地理研究仅能根据有限的条件，进行人口增长和人口增长率这种一般性指标的探索。[1]

一 人口增长过程及其特点

自乾隆二十一年（1756）开始在天山北麓地区布设军队、迁移户民，下迄民国时期的二百余年间，天山北麓的区域人口经历了一个漫长而复杂的变化过程（见表5-1，图5-1）。总体上看来，天山北麓的总人口伴随着区域社会经济的稳定而呈现出阶梯式增长的特点，又伴随着区域社会动荡、战乱频发而出现短期内人口锐减的特点，呈现出两起一伏的增长曲

---

[1] 韩光辉：《北京历史人口地理》，北京大学出版社1996年版，第135页。

线。天山北麓的总人口数量变化较大，同治二年（1863）达到了人口的峰值，随后由于战乱的破坏，人口迅速减少，直到民国三十三年（1944）才超过嘉庆十一年（1806）的人口规模。

表5-1　　　清朝中期至民国时期天山北麓地区人口规模之变迁

分类户口数 年代	驻防官兵及其眷口 官兵数（人）	驻防官兵及其眷口 官兵眷口数（人）	民户 户数（户）	民户 口数（人）	合计 人口数（人）
乾隆四十二年（1777）	22402	78543	11782	44784	145729
乾隆六十年（1795）	19396	77228	20662	129642	226266
嘉庆十一年（1806）	18929	76916		152809	248654
同治二年（1863）					392000
宣统元年（1909）	5040		24731	108563	113603
民国七年（1916）			21776	130586	130586
民国十七年（1928）			31927	169254	169254
民国三十三年（1944）					314075

资料来源：本书表2-8、表2-9、表2-10、第二章第二节、表3-3、表4-1、表4-2、表4-3、表4-4。

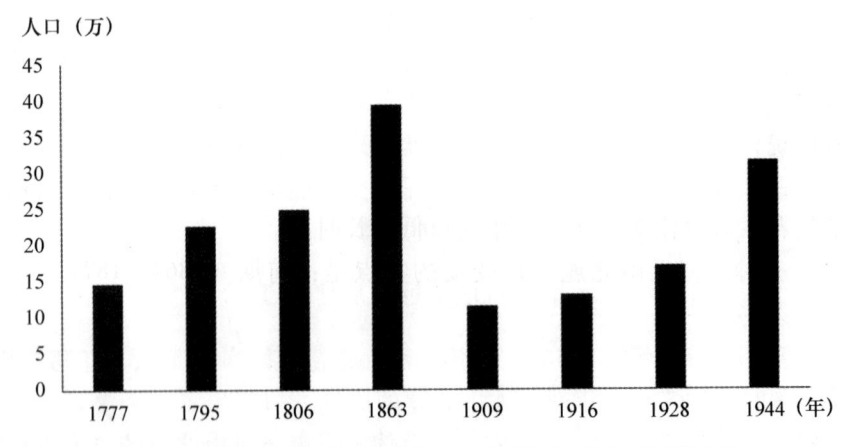

图5-1　清代中期至民国时期天山北麓地区总人口规模变化

（一）清代中期（1759—1863）

在清代中期（1759—1863）的104年间，自乾隆四十二年至同治二年

(1777—1863) 的八十六年间，天山北麓的总人口由 14.6 万增加到 39.2 万人，增长了 2.7 倍，年均人口增长率为 11.6‰。与其他时期相比，清代中期无疑是天山北麓人口最为繁盛的时期，也是人口增长最为迅速的时期之一。

由表 5-1 可以看出，自乾隆四十二年至乾隆六十年 (1777—1795)，天山北麓的总人口由 14.6 万人增加到 22.6 万人，增长了 1.6 倍，年均人口增长率为 24.7‰，其中户民人口年均增长率高达 60.8‰；自乾隆六十年至嘉庆十一年 (1795—1806)，天山北麓的人口由 22.6 万人增加到 24.9 万人，增长了 2.3 万人，年均人口增长率为 8.6‰，其中户民人口年均增长率为 15.1‰。

根据大量史料记载并结合上述人口增长的过程进行分析，清代中期天山北麓的人口增长有以下两个特点：其一，乾隆二十四年至乾隆四十五年 (1759—1780) 的二十一年间，有大量绿营、满营官兵及其眷口迁入，同时还有大量甘肃户民迁入天山北麓地区，人口增长以计划性迁移造成的机械增长为主，使人口在短时间内急剧膨胀，并且造成了其后数十年间人口的高增长率。其二，乾隆六十年 (1795) 以后，天山北麓的人口增长速度逐渐降低，以自然增长为主，年均人口增长率在 8‰ 左右，直至同治二年 (1863)，安定的社会环境和良好的经济基础为人口增殖提供了的基本条件。

(二) 清代末期 (1864—1911)

由表 5-1 可知，宣统元年 (1909) 天山北麓总人口仅有 11.4 万人，与战乱发生之前同治二年的人口相比，人口仅是原来的 29%。结合清代末期新疆的历史背景分析，同治三年至光绪三年 (1864—1877)，天山北麓的人口在战乱中或死或逃，几乎损失殆尽。战后，虽然经过政府的大力召集，但是人口聚集缓慢，是一个人口低增长时期。

这一时期，天山北麓人口变动的特点是：前期 (1864—1877 年) 人口以迁移离散为主，表现为较高的人口递减率和短期内人口的迅速耗减；后期 (1877—1911 年) 人口再次聚集，表现为人口迁入形成的机械人口增长，但是人口增长速度缓慢，到宣统元年天山北麓的人口规模仅恢复到战乱前的 29%。

(三) 民国时期 (1912—1949)

清代最后一任新疆都督袁大化在 1912 年 4 月离任前，推荐杨增新任新疆都督，5 月袁世凯即任命杨增新为新疆都督兼布政史，实现了新疆政权的和平过渡，避免了新疆地区的人口损失。民国时期由于天山北麓地区的人口直接继承了清末的人口基础，同时由于杨增新（1912—1928年任新疆都督）和盛世才（1933—1944年任新疆省政府主席）的致力经营，直接导致民国年间天山北麓地区人口的快速增长。自宣统元年至民国三十三年（1909—1944）的三十五年间，天山北麓地区的总人口由11.4万人增加到31.4万人，增加了20万人，年均人口增长率为29.5‰。

其中，自宣统元年至民国十七年（1909—1928），天山北麓的总人口由11.4万人增加到16.9万人，年均人口增长率为21.2‰；自民国十七年至民国三十三年（1928—1944），天山北麓的总人口由16.9万人增加到31.4万人，增加了1.9倍，年均人口增长率为39.4‰。与历史上的其他时期相比，这是天山北麓地区人口增长速度最快的时期。

与清代中期和末期相比，由于清朝至民国的政权转化以和平的方式实现，避免了天山北麓的人口因政权更替和战乱流离造成的大规模离散迁徙，民国初年天山北麓的人口出现了高速增长。盛世才主政治时期（1933—1944年），天山北麓的人口增长速度达到了历史时期的最高值，达到年均人口增长率达到了48‰。

（四）人口增长的特点

从以上分析可看出，清代中期至民国时期，天山北麓地区的总人口变化过程表现为两个突出的特点：

其一，天山北麓地区社会经济稳定繁盛时期人口呈阶梯式增长。由表5-1和图5-1可见，在清代中期（1759—1863年）、清末至民国前期（1877—1928年）、民国后期（1934—1949年）这三个社会经济稳定时期，天山北麓地区的人口呈现出阶梯式增长的特点：乾隆四十二年（1777）总人口14.6万人；乾隆六十年（1795）总人口22.6万人；嘉庆十一年（1806）总人口24.9万人；民国十七年（1928）总人口16.9万人；民国三十三年（1944）总人口31.4万人。

其二，战乱造成人口大幅度减少或者出现低人口增长率，人口数量呈现波浪式变化。由前文的论述可知，清朝是经过康乾时期与准噶尔汗国的长期作战才将新疆纳入其版图之内的，清准之间的战争也造成了天山北麓地区人口的离散减少。此外，由表5-1可见，清代中期以来，天山北麓地区人口的大幅度减少或者人口低增长率均出现在政局动乱、战乱爆发的时期。如同治三年至光绪三年（1864—1877）的全疆范围内的战乱，使得天山北麓地区人口离散迁徙，或死或逃，人口减少严重。但是，每次人口锐减之后即是人口的迅速回升，而这种增长又都是以周围地区人口向天山北麓地区的迁入为主，其中主要来自甘肃等地，使区域人口在短时期内急剧增加，年均人口增长率高达20‰以上。如乾隆四十二年到乾隆六十年（1777—1795）间天山北麓地区人口年均增长率为24.7‰；宣统元年至民国十七年（1909—1928）间年均增长率为21.2‰。因此，从清代中期至民国时期，天山北麓地区的人口经历了减少、增长、再减少、再增长的大幅度波动变化过程。

二 人口增长机制

（一）人口迁入是导致天山北麓人口短期内迅速膨胀的根本原因

乾隆二十一年（1756）以后，驻防绿营官兵及其眷属、满营官兵及其眷属、政府组织迁入的户民、商人、手工业者、佣工、游民等在短时间内大量迁入天山北麓地区。乾隆四十一年（1776），大学士舒赫德在他的一条奏折中形象地概括了人口迁入对天山北麓人口增长的影响："乌鲁木齐、巴里坤一带，地方颇为宽广，自二十六年移驻户民至今，已有一万余户，兼之满洲、绿营俱系携眷驻防，商民、遣犯人烟聚集，已至数万，实为边疆繁盛之区。"[①] 乾隆二十六年到乾隆四十五年（1761—1780）仅从河西走廊等地迁入天山北麓的户民就至少有10460户（见第二章第二节，表2-2）。由河西走廊等地迁入如此众多的人口，使该地区人口在短时间内迅速膨胀起来，并且维持了天山北麓地区人口在数十年间的迅速增长，使该地区总人口在乾隆六十年（1795）达到了22.6万人。

光绪三年（1877），左宗棠平定了新疆各地的动乱之后，留驻在天山北麓地区的士兵、裁汰士兵归入民籍、鼓励河西走廊等地户民出关承垦、鼓励周边地区居民向天山北麓迁移等因素，使得天山北麓地区的人口在战乱后重新聚集。到光绪六年（1880），三年的时间内天山北麓的人口恢复了20%左右（见第三章第二节表3-2）。到宣统元年（1909），天山北麓地区人口恢复到11.4万人。

新疆地区由清朝政权向民国政权的和平过渡，避免了战争，也避免了天山北麓地区人口的大规模锐减。民国年间，虽然仅有一次政府组织的移民活动，即1942—1944年由河南等省向天山北麓地区迁入人口1万余人（见第四章第二节），但是受天山北麓地区耕地资源相对丰富的吸引及省会城市迪化的影响，天山北麓的人口增长在某种程度上主要依赖各种不断自发迁入的人口。民国三十三年（1944），新疆省首府迪化市人口为69275

[①] 乾隆四十一年十一月二十三日"大学士舒赫德等为遵旨议复备办移驻新疆户民事奏折"，中国第一历史档案馆：《乾隆年间徙民屯垦新疆史料》，《历史档案》2002年第3期。

人，占当时天山北麓总人口的22.1%。①

总之，清代中期至民国时期，迁入天山北麓地区的人口数量很大。受"移民实边"政策的影响，迁入人口是天山北麓地区人口的主要或重要组成部分，是区域人口增长的根本原因。

（二）人口的自然增长是天山北麓地区人口不断增长的决定因素

人口的自然增长以安定的社会环境和繁荣的经济条件为基础。清代中期（1759—1863），虽然新疆其他地区不时出现短时间的动乱，如乌什动乱（1765）、张格尔扰乱南疆西四城（1820—1828）等，但是天山北麓地区一直保持着社会稳定、农业经济持续发展的局面，到乾隆六十年（1795）天山北麓的载籍耕地面积扩展到108.2万亩。② 其后，随着天山北麓农业经济的不断发展，天山北麓人口持续增长，保持着年均人口增长率8‰的速度，直到同治三年（1864）新疆爆发全面动乱为止。

光绪三年（1877）直到1949年，其间仅有1931—1934年马仲英军队与新疆地方政府军的三年战乱，天山北麓再次进入社会稳定、农业经济持续发展的时期。杨增新时期（1912—1928）和盛世才时期（1933—1944）极力稳定地方政权、鼓励开垦、引进新的生产技术等，天山北麓的耕地面积迅速扩展，民国六年（1915）载籍耕地面积恢复到88.2万亩③；民国三十三年（1944）增加到133.5万亩④，29年间耕地面积增加了1.5倍。为天山北麓地区人口的生计和自然增长提供了基本保证。

总之，从清代中期到清代末期，直至民国时期，天山北麓农业的发展既保障了人口增长的粮食供给，同时为地方社会经济的繁荣稳定提供了物质基础。

（三）刺激与影响天山北麓地区人口增长的政策和行为因素

受移民实边和增殖人口思想的影响，各个时期的统治者除了及时采取了稳定社会、发展经济、加强户籍管理等项措施外，还制定了直接影响人口增加的政策——计划性移民，同时某些并非直接针对增殖人口的政策，同样也有力地影响了不同时期天山北麓地区的人口增殖和发展。

其一，计划性移民。乾隆二十六年（1761），清政府开始实施移民实

---

① 《新疆省各县市局宗族人口统计表》，《新甘肃》1947年第2期。
② （清）永保：《乌鲁木齐事宜》"民户地亩纳粮""屯田"，载王希隆《新疆文献四种辑注考述》，甘肃文化出版社1995年版，第127—132页。
③ 1916年日本东亚同文社调查编纂：《支那年鉴》，天一出版社影印日文，第463页，转引自张大军《新疆风暴七十年》，台北：兰溪出版社1980年版，第4册，第2020—2023页。
④ 佘凌云：《以经济建设求新疆永久和平》，《天山月刊》1947年第1期。

边政策，从甘肃各地迁移大批户民安置在天山北麓地区，到乾隆四十一年（1776）年底净迁入户民1万余户①，次年底，天山北麓地区总人口达到14.6万人。计划性移民是天山北麓人口在短期内迅速聚集增加的根本原因，并且为清代中期天山北麓人口的持续增长奠定了基础。与此形成鲜明对比的是，光绪三年（1877）重新收复新疆以后，没有采取大规模的计划性移民活动，因此直到民国十七年（1928），经过了50余年的人口自然聚集和繁衍生息，天山北麓的总人口才达到16.9万人。而清代中期，由于大规模计划性移民迁入天山北麓地区，仅经过了16年时间，其人口就达到了这一规模。

民国三十一年至民国三十三年（1942—1944），南京国民政府与盛世才达成协议，有计划地向新疆迁移人口，最后共计迁入1万余人，主要安置在天山北麓一带（第四章第二节）。这次计划性移民对民国十七年至民国三十三年（1928—1944）间39.4‰的年均人口增长率的影响不可忽视。

其二，鼓励商人、佣工、游民等承垦土地、加入编户。乾隆二十六年（1761），陕甘总督杨应琚的一份奏报很明确地阐述了清政府招集商人、佣工、游民等加入编户齐民的思想："除现在屯田外，凡近水易垦之地，具听该处商民具呈认垦，给与执照，俟垦种有成，照例分别年限具报升科。如此则凡流寓贸迁之人，俱得乐业安居，渐成土著，而从此户口日增，田土日辟，新疆地方日臻繁庶矣。"② 这一提议得到了乾隆帝的赞同，并且在日后得到了推广。乾隆二十八年至乾隆四十三年（1763—1778），据不完全统计，在天山北麓各地招集商人、佣工、游民等共计3000余户加入编户齐民（见第二章第二节，表2-3）。光绪三年战乱平息之后，清政府及其后的杨增新统治时期和盛世才统治时期等也都采取了就地招募各类人口加入编户的政策。这在一定程度上推动了天山北麓地区总人口的增殖和区域社会经济的发展。

其三，受政治形势的影响，不同时期在天山北麓布置的驻防官兵人数发生了很大的变化。清朝中期，天山北麓地区是新疆唯一设置郡县制的地区，也是清政府统治新疆的重要军事基地，因此清政府向这里派驻了众多满营官兵、绿营驻防和屯田官兵。乾隆四十二年（1777），天山北麓驻防官兵共22402人，加上其家眷人口共计10.1万人，占当时天山北麓总人口的59%。

---

① 乾隆四十一年十一月二十三日"大学士舒赫德等为遵旨议复备办移驻新疆户民事奏折"，中国第一历史档案馆：《乾隆年间徙民屯垦新疆史料》，《历史档案》2002年第3期。
② 乾隆二十六年九月十三日"陕甘总督杨应琚为报巴里坤豌豆收成并请听民广为劝垦事奏折"，中国第一历史档案馆：《乾隆年间徙民屯垦新疆史料》，《历史档案》2002年第3期。

清代中期，天山北麓地区的驻防官兵及其眷口数大约共计保持在9万人以上。驻防官兵及其眷口是清代中期天山北麓人口增长的重要因素。

（四）战乱是造成天山北麓地区人口锐减的主要原因

从清代中期到民国时期，天山北麓经历了三次战乱带来的人口锐减事件。第一次是18世纪前期清朝与准噶尔汗国之间的争战，使人口原本就稀疏的天山北麓地区耕牧俱废，"千里空虚，渺无人烟"。战争结束后，在清政府的积极组织下，天山北麓地区的人口迅速恢复，并且很快超过原来的人口规模，到嘉庆十一年（1806），人口规模已经达到了24.9万人。

第二次是同治三年至光绪三年（1864—1877）的战乱，对天山北麓的社会经济造成了毁灭性的破坏，人口死散，"负耒秉耜之氓散亡尽也"[①]。天山北麓的人口发展过程中断，又回到了几近零的起点。战乱结束后，不得不重新进行人口的再聚集。到民国十七年（1928），人口恢复到16.9万人。

民国二十年到民国二十三年（1931—1934）的"马仲英之乱"，又使天山北麓的人口遭到巨大损失，近60%的耕地再次抛荒。但是，与前两次战乱相比，这次战乱持续的时间较短，对人口造成的损失较小。

三　清代中期至民国时期天山北麓人口的空间差异

人口分布，即指人口的地理分布或者称为空间分布，一般指人口的数量过程在空间上的集聚结果和表现形式。它和人口密度同是进行人口静态研究的重要指标。通过对不同历史时期区域人口空间分布继承性和差异性的比较分析，揭示区域人口分布随时间变化的规律，可以有效地反映不同时期人们利用区域自然资源和改造区域地理环境的深度和广度，进一步发掘未来利用和改造自然的潜力等。

区域人口分布的历史继承性和差异性是自然环境、社会经济、政治历史等诸种因素综合作用的结果。揭示上述各种影响与制约区域人口分布的强度与效果，对于指导人口的计划性迁移，改变区域人口分布的不合理状况无疑具有指导意义。

（一）人口增长的空间差异

1. 东、西部地区差异

清代中期，天山北麓主要划分为镇西府和迪化州两个府州一级的行政单位，东部的镇西府范围包括今天的伊吾县、巴里坤县、木垒县和奇台

[①] （清）巨国柱：《阜康县乡土志·政绩录》，载马大正、黄国政、苏凤兰整理《新疆乡土志稿》，新疆人民出版社2010年版，第15页。

县；西部的迪化州范围包括今天的吉木萨尔县、阜康市、乌鲁木齐市、昌吉市、呼图壁县、玛纳斯县、石河子市和沙湾县。因此，清代末期以后的人口数据皆按照镇西府和迪化州的区域范围分类合计，对天山北麓东、西部地区人口增长进行对比。

表 5-2　清至民国时期天山北麓东西部地区年均人口增长率

地　区	乾隆四十二年至乾隆六十年（1777—1795）	乾隆六十年至嘉庆十一年（1795—1806）	嘉庆十一年至宣统元年（1806—1909）	宣统元年至民国十七年（1909—1928）	民国十七年至民国三十三年（1928—1944）
东部地区	36.70‰	3.55‰	-10.45‰	33.75‰	25.34‰
西部地区	19.91‰	11.34‰	-6.63‰	17.27‰	43.92‰

表5-2显示，在乾隆四十二年至嘉庆十一年（1777—1806）和宣统元年至民国三十三年（1909—1944）两个时间段上，东部地区人口快速增长期的出现总是早于西部地区。乾隆四十二年至乾隆六十年（1777—1795）间，东部地区的人口年均增长率高于西部地区约16.8个千分点，此后西部地区人口增长速度加快，乾隆六十年至嘉庆十一年（1795—1806）间，东部地区的人口年均增长率反而低于西部地区约7.8个千分点；宣统元年至民国十七年（1909—1928）间，东部地区人口增长迅速，年均人口增长率高于西部地区约16.5个千分点；民国十七年至民国三十三年（1928—1944），西部地区进入人口快速增长时期，人口年均增长率反而高于东部地区近18.6个千分点。由此可见，天山北麓东、西部地区人口数量差距是从民国末年开始逐渐加大的。

对这种东西差异出现的原因进行探讨，首先应该注意到乾隆四十二年至嘉庆十一年（1777—1806）间和宣统元年至民国三十三年（1909—1944）间都是天山北麓地区经过战乱之后，人口逐渐聚集、恢复的时期，其人口的增长除了当地人口在自然繁衍生息之外，主要得益于由外地迁移而来的人口的补充，形成了人口的大规模机械增长。相比较而言，东部地区更加靠近人口来源区，无论是乾隆年间由政府组织的甘肃户民迁移还是清末以后甘肃民人向天山北麓地区的自由流动，都首先进入东部地区，从而出现乾隆四十二年至嘉庆十一年（1777—1806）间和宣统元年至民国三十三年（1909—1944）间东部地区的人口增长速度高于西部地区的现象，并且其人口快速增长期的出现也早于西部地区。

与乾隆四十二年至嘉庆十一年（1777—1806）间相比，宣统元年至民国三十三年（1909—1944）间，天山北麓东、西部地区的人口增长速度差距缩小，由原来相差 7 个千分点缩小为 0.5 个千分点。究其原因，一方面是由于清代末期以后，迪化成为新疆的首府，迪化城及其周边地区对外来人口产生了极大的吸引力，从而使得该地区人口快速增加；另一方面清代末期以后，天山北麓西端的绥来地区受到重视，其自然资源潜力逐渐得到开发，成为吸引和支持人口增长的重要因素。

2. 天山北麓人口增长的空间差异

由于各地自然和社会条件千差万别，其人口发展速度也参差不齐。不仅各地区之间存在很大差别，而且同一地区在不同时期也有很大变化，用以比较的地区越小，其差别越大，用以比较的时间越长，其差别越复杂。此外，还由于行政区划的变化，人口统计的区域单位变化较大，晚清以来，随着县级行政区的增多，人口统计单位越来越小，因此无法以后期人口统计区域单位为标准探讨前后期人口的增长变化。鉴于这些原因，这里以乾隆年间天山北麓最初的六个行政区划为人口对比研究基本区域单位（见表 5-3），即巴里坤区（相当于清代中期的宜禾县、清代末期的镇西厅、民国时期的镇西县和伊吾县）、奇台区（相当于清代的奇台县、民国时期的奇台县和木垒河县）、阜康区（相当于清代中期的阜康县、清代末期及民国时期的孚远县和阜康县）、乌鲁木齐区（相当于清代中期的迪化州州属地区、清代末期的迪化县、民国时期的乾德县和迪化县）、昌吉区（相当于清代中期的昌吉县、清代末期的昌吉县和呼图壁县、民国时期的昌吉县和呼图壁县）、玛纳斯区（相当于清代中期及清代末期的绥来县、民国时期的绥来县和沙湾县）。

表 5-3　　　清至民国时期以来天山北麓六区域人口发展表　　（单位：人）

地　区	乾隆六十年（1795）	嘉庆十一年（1806）	宣统元年（1909）	民国三十三年（1944）	阶段性年均人口增长率		
					1795—1806	1806—1909	1909—1944
巴里坤区	25626	27858	8628	21778	7.62‰	-11.32‰	26.81‰
奇台区	43102	43600	15599	46160	1.05‰	-9.93‰	31.48‰
阜康区	23972	29543	12962	33870	10.18‰	-7.97‰	27.82‰
乌鲁木齐区	87418	95233	42001	113893	7.82‰	-7.92‰	28.91‰
昌吉区	24726	30823	18371	42158	20.24‰	-5.01‰	24.02‰
玛纳斯区	20464	21666	16042	56216	5.20‰	-2.91‰	36.48‰

资料来源：本书表 2-9、表 2-10、表 3-3、表 4-4。

由表5-3可见，清朝与准噶尔汗国之间的战争结束后，天山北麓人口迅速聚集、增长，到乾隆六十年（1795），玛纳斯区人口最少，巴里坤区、阜康区、昌吉区人口相当，军事重镇乌鲁木齐区人口最多，高达8.7万人，占全区总人口的38.8%。乾隆六十年至嘉庆十一年（1795—1806），人口增长最迅速的地区是昌吉区，其次是阜康区、乌鲁木齐区和巴里坤区。这说明，昌吉区是这段时间内天山北麓人口增长迅速的重点开发区域。

受到同治三年至光绪三年（1864—1877）间战乱的影响，天山北麓各地都有大量人口损失，直到宣统元年（1909）还未恢复到嘉庆十一年的人口规模，所以这一百零三年间的人口变化表现为负增长，其受影响程度由东部向西部递减，其中，受影响最大的是东部的巴里坤区、奇台区、阜康区。

宣统元年至民国三十三年（1909—1944），天山北麓各地人口增长迅速，除了巴里坤区之外，其他各区的人口规模都超过了嘉庆十一年（1806）的水平。值得注意的是，玛纳斯区成为这一时期人口增长最为迅速的地区，其人口规模已经由乾隆六十年（1795）占全区总人口的9.1%上升为民国三十三年（1944）占全区总人口的17.90%。由此可见，清末以来，玛纳斯区已经成为天山北麓地区新的经济开发重点区。1953年至2003年，玛纳斯区的人口增长速度居于全区首位，人口年均增长率为54.9‰，2003年人口占全区的23.0%。[①]

（二）天山北麓人口分布的空间差异

1. 天山北麓东、西部人口分布差异

如表5-4所示，清代中期以来，以行政区划面积作为划分单位，天山北麓西部地区的人口密度一直大于东部地区，这种差异的产生主要是自然地理环境使然。首先，天山北麓西部地区的水土资源较东部地区丰富。其次，无论是自然地理条件，还是清代以来的开发强度，东部地区区域内部间的差异较小，一直是开发的重点区域，清代中期六个县级行

[①] 天山北麓巴里坤区、奇台区、阜康区、乌鲁木齐区、昌吉区、玛纳斯区1953年人口分别为2.9万人、7.2万人、5.6万人、19.0万人、6.1万人、6.9万人，2003年分别为12.1万人、31.5万人、29.0万人、199.8万人、58.9万人、99.1万人；1953年至2003年，人口年均增长率分别为29.4‰、30.0‰、33.6‰、48.2‰、46.2‰、54.9‰，载新疆维吾尔自治区统计局编《新疆维吾尔自治区人口统计资料（1949—1962）》（内部资料），1963年；新疆维吾尔自治区统计局编《新疆统计年鉴·2004年》，中国统计出版社2004年版。

政区中四个都在东部地区。东部地区的人口集中分布在今天的奇台县境内，而西部地区的人口集中分布在今天的乌鲁木齐至昌吉一带。

表5-4还显示，清代末期以后，天山北麓东、西部地区人口分布密度的差距较清代中期大，西部地区的人口密度超过东部地区。这表明，清代末期以后东部地区的发展逐渐落后于西部地区。清代末期以来，东、西部地区人口分布的变化主要表现在乌鲁木齐周围人口分布密度远高于其他地区，同时西部玛纳斯地区在民国以后人口增加迅速。

表5-4　　　　　　清代中期至民国时期天山北麓
东西部地区人口密度　　（单位：人/平方千米）

地 区	土地面积（平方千米）	乾隆四十二年（1777）	乾隆六十年（1795）	嘉庆十一年（1806）	宣统元年（1909）	民国五年（1916）	民国十七年（1928）	民国三十三年（1944）
东部地区	86444.43	0.42	0.80	0.83	0.28	0.30	0.53	0.79
西部地区	72222.53	1.52	2.17	2.45	1.24	1.44	1.71	3.41
区域人口密度	158667	0.92	1.55	1.10	0.46	0.82	1.49	1.86

表5-5　　　　　　清代中期至民国时期天山北麓
六区域人口密度　　（单位：人/平方千米）

地 区	乾隆六十年（1795）	嘉庆十一年（1806）	宣统元年（1909）	民国五年（1916）	民国十七年（1928）	民国三十三年（1944）
巴里坤区	0.45	0.49	0.15	0.16	0.19	0.39
奇台区	1.44	1.45	0.52	0.57	1.17	1.54
阜康区	1.44	1.77	0.78	1.03	1.05	2.03
乌鲁木齐区	5.76	6.28	2.77	2.50	3.36	7.51
昌吉区	1.40	1.75	1.04	0.97	1.50	2.39
玛纳斯区	1.05	1.11	0.82	1.65	1.48	2.88

人口密度的高低是综合衡量一个地区经济水平高低的重要指标。[①] 一般使用单位土地面积上的人口数量来表示人口密度。如果以巴里坤区、奇

---

① 龚胜生：《清代两湖农业地理》，华中师范大学出版社1996年版，第49页。

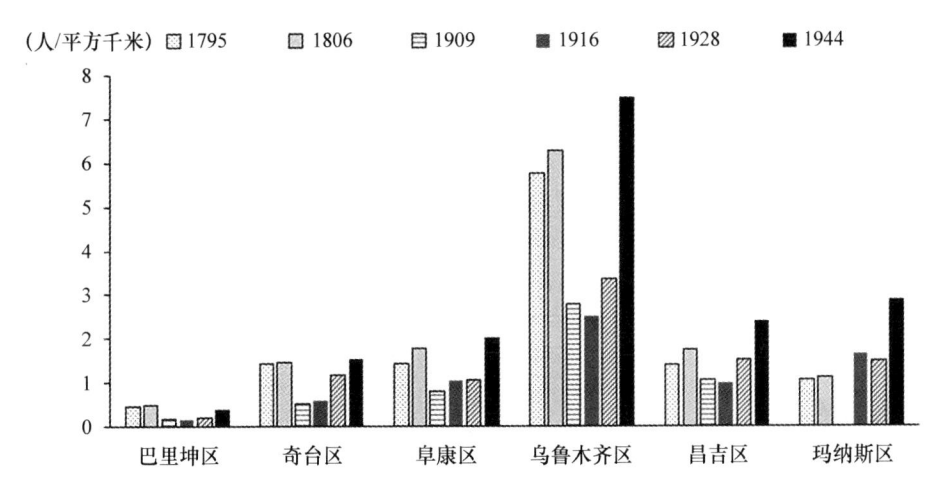

第五章　清至民国时期天山北麓土地开发的区域差异　205

图 5-2　清代中期至民国时期天山北麓区域人口分布密度变化图

台区、阜康区、乌鲁木齐区、昌吉区及玛纳斯区的行政区划面积作为基本的区域单位，其人口分布密度的时空变化如表5-5和图5-2所示。但是，由于天山北麓地区深处西北干旱区，大部分行政区划范围内的土地都是高山和荒漠，所以显得人口密度太低。而单位绿洲面积上的人口分布密度，则更能反映出真实的人口密度。这里引用《新疆人工绿洲》一书中统计的各地人工绿洲和自然绿洲的数据，合计本书关注的天山北麓六个区域的绿洲数据[①]，用单位绿洲面积上的人口数量来表示绿洲人口分布密度。

由表5-6可以看出，清代中期以来，天山北麓各地的人口分布是不平衡的。乌鲁木齐地区一直是这个区域绿洲人口分布密度最大的地区，乾嘉时期达到每平方千米44人左右；在清末战乱之后，由于新疆建省，乌鲁木齐被确定为首府之后，人口增加更快，到1944年绿洲人口密度达到了每平方千米57人左右。奇台区、阜康区和昌吉区绿洲人口密度相当，都是低于乌鲁木齐地区一半左右。而两端的巴里坤区、玛纳斯区总体而言绿洲人口密度更低于临近的奇台区和昌吉区的一半。不过，与乾嘉时期相比，清末民国时期巴里坤区和玛纳斯区的人口增长形成了鲜明的对比，玛纳斯地区的人口增长快于巴里坤地区，由嘉庆时期的人口密度低于巴里坤地区的一半，转变为1944年的绿洲人口密度高于巴里坤地区近一半。

究其原因，主要是因为乌鲁木齐地区一直是天山北麓的政治中心，驻

---

① 韩德林：《新疆人工绿洲》，中国环境科学出版社2001年版，第33—42页。

军和商业人口较多，相较于水土条件差不多的邻近昌吉区、阜康区而言，人口密度较大。而巴里坤地区则由于气温较低，土壤条件相对较差，在乾嘉时期军事驻防期间，绿洲人口密度能够达到每平方千米10人以上。但是，清末以来，随着巴里坤军事交通地位的下降，在有限的农业资源条件下，人口恢复缓慢。而玛纳斯地区，在乾嘉时期属于迪化州的最西端，加上河流宽大，不易引水，所以绿洲人口密度一直较小。到了民国时期，玛纳斯区绿洲的开发潜力逐渐显现出来，绿洲人口密度快速增长。

表5-6　　　　　　清代中期至民国时期天山北麓
　　　　　　　　　六区域绿洲人口密度　　　　（单位：人/平方千米）

地区	绿洲面积（平方千米）	乾隆六十年（1795）	嘉庆十一年（1806）	宣统元年（1909）	民国五年（1916）	民国十七年（1928）	民国三十三年（1944）
巴里坤区	3180.8	8.06	8.76	2.71	2.88	3.33	6.85
奇台区	3010.2	14.32	14.48	5.18	5.67	11.6	15.34
阜康区	2360.2	10.16	12.52	5.49	7.26	7.45	14.35
乌鲁木齐区	1975	44.26	48.23	21.27	19.18	25.8	57.67
昌吉区	2610.3	9.47	11.81	7.04	6.57	10.14	16.15
玛纳斯区	4867.8	4.2	4.45	3.3	6.62	5.9	11.55

由表5-6还可以得知，虽然天山北麓各区域绿洲人口密度有较大的差异，但是相对而言，乾嘉时期天山北麓各区域的绿洲人口密度差异较小。如嘉庆十一年（1806）绿洲人口密度最高的乌鲁木齐区与绿洲人口密度最低的玛纳斯区相差44人/平方千米；与绿洲人口密度第二高的奇台区，相差34人/平方千米。但是，在晚清同光战乱之后，人口重新恢复，天山北麓各地区间的绿洲人口密度差距越来越大。民国三十三年（1944），绿洲人口密度最高的乌鲁木齐区与绿洲人口密度最低的巴里坤区之差增加到51人/平方千米，与绿洲人口密度第二高的昌吉地区相差42人/平方千米。这种差距的扩大，是人口发展不平衡导致的，反映出社会经济发展的不平衡。清末以来，迪化城一直是新疆地区的首府，一方面成为人口迁移的吸引中心；另一方面也促进了周围地区的发展和人口增长，使乌鲁木齐地区人口迅速膨胀。

此外，表5-6还反映出清末以来奇台区的逐渐衰落和玛纳斯区的迅速崛起。乾嘉时期，奇台区的绿洲人口密度一直为每平方千米14人左右，但是在清末以后，其人口恢复缓慢，到民国三十三年（1944）绿洲人口密度才达到嘉庆中期的水平，为每平方千米 15 人。而玛纳斯区，在乾隆六十年（1795），绿洲人口密度仅为 4 人/平方千米，是天山北麓人口分布最为稀少的地区，清代末期以来，玛纳斯区人口增长迅速，到民国三十三年，绿洲人口密度增加到每平方千米 11 人。这主要是由于玛纳斯区的沙湾县在民国以后人口发展迅速，而奇台区木垒县的人口发展速度则远不如沙湾县。因此，出现清末以后玛纳斯区越显崛起的形势。

同时还可以看出，清代末期以来，天山北麓昌吉以西地区绿洲人口分布密度的差距明显缩小。嘉庆十一年（1806），昌吉区绿洲人口密度与玛纳斯区的差距为 7 人/平方千米，清代末期以后，两个地区的绿洲人口密度差距逐渐缩小，到民国三十三年，昌吉区与玛纳斯区的绿洲人口密度仅相差 4 人/平方千米。这反映出乌鲁木齐及其以西地区不但是清代末期以来发展最为迅速的地区，而且逐渐形成了天山北麓的发展重心向乌鲁木齐以西地区偏移的趋势。

综上所述，清至民国时期天山北麓的绿洲人口分布格局总体上呈现出以乌鲁木齐区为高值区，东西两侧绿洲人口密度大幅减少的格局，两端的巴里坤区和玛纳斯区绿洲人口密度呈现出跷跷板式的增长变化趋势，展现了玛纳斯区的资源开发潜力。

经过乾隆二十四年到同治二年（1759—1863）的发展，天山北麓的总人口已经发展到 39.2 万余人。但是，同治三年至光绪三年（1864—1877）的社会动乱使天山北麓地区人口锐减，"元气凋伤"，到光绪末年依然"疮痍未复"[①]，直到民国三十三年天山北麓的总人口才恢复到嘉庆十一年的水平，达到 31.4 万人。

乾隆二十四年到乾隆六十年（1759—1795）是天山北麓地区人口高速发展的时期，人口年均增长率在 24.7‰ 以上，主要是由人口的机械增长造成的；乾隆后期至嘉庆年间人口增长速度放慢，年均人口增长率约为 8.6‰，进入了以人口的自然增长为主的时期，至同治二年（1863）天山北麓地区的总人口至少达到 39.2 万人。

"同光之乱"结束后，天山北麓地区再次进入一个人口快速恢复增长的时期，尤其是民国中期人口增长迅速，天山北麓地区的人口从民国十七

[①] （清）佚名：《孚远县乡土志·兵事录》，载马大正、黄国政、苏凤兰整理《新疆乡土志稿》，新疆人民出版社 2010 年版，第 24 页。

年（1928）的16.9万，激增到民国三十三年（1944）的31.4万，年均人口增长率高达39.4‰。这些人口的增加，除了自然增长外，也有不少机械增长。

清代中期以来，天山北麓各地区间的人口发展有相当大的差异，首先表现为东、西部之间的差异，东部地区（今奇台县以东至伊吾县）的人口增长速度一直高于西部地区，并且东部地区进入人口高速增长的时期总是滞后于西部地区。这些差异的形成既有自然的因素，也有社会的因素。其次，天山北麓六大地区的人口发展也存在较大差异，在乾嘉时期，人口发展最快的地区是乌鲁木齐区和阜康区，而清代末期以后，玛纳斯区由原来发展较慢的地区变成人口发展最迅速的地区，表现出该地经济发展的潜力。

第三节　天山北麓耕地资源数量变化及其驱动因素

耕地发展总是与垦荒联系在一起，而荒地有新荒与老荒之别。所谓"新荒"，是指那些曾经耕种过的废弃土地，主要是由于原主迁走或者死亡而无人耕种，所以又称为"抛荒"。所谓"老荒"，则是指那些从未耕种过的闲旷土地，主要是由于当时的生产力水平条件不能耕种或不必耕种，所以又称为"原荒"。土地的开垦一般总是先垦复新荒，然后才去开拓老荒，因为开垦新荒容易获得收益，而开拓老荒地不仅需要的工本多，而且获益缓慢。清代中期至民国时期，天山北麓的土地开垦大致经历了开辟原荒（乾隆至同治二年）、战争抛荒（同治三年至光绪三年）、垦复抛荒（光绪三年至1949年）三个阶段。

一　载籍耕地数字的分析与处理方法

清代及民国时期，天山北麓的田亩数据反映的耕地数量有失之过低之嫌，主要受以下因素的影响：

其一，册载升科地亩数。为了鼓励和刺激对天山北麓地区的土地开荒和垦复，乾隆年间和清代末期都对新垦土地赋税的征收实行了优惠政策，清代中期规定，一般户民承垦的土地耕种六年之后再升科纳税，为民遣犯认垦后的第二年开始升科纳税；清代末期规定，户民承垦的土地耕种后，自第三年开始升科纳税。土地升科纳税之后才正式载入官方赋役册籍中，乾隆年间"每届升科之年，粮务道率同两厅再行履亩清丈册报，一面具奏，一面移咨陕甘总督、户部"①。因此，册载耕地面积与实际耕地面积之间有一定的差距，土地垦殖速度越快，两组数据间的差距越大，对土地开垦或垦复初期的册载耕地数字影响较大。

其二，田亩统计中时常遇到隐匿、漏报等问题，也加大了统计误差。乾隆年间，鼓励户民承垦国家分配的土地之外尽力开垦荒地，"空闲地土任其垦种"②，鼓励商人尽力领地开垦，"如力能多垦，取给结照，永远管业"③。在这种政策下，户民及商人必定会尽力多垦土地。但是，据《乌鲁木齐政略》记载，乾隆四十三年（1778）迪化州升科户民5133户，共种地153990亩④，这是政府最初分配的户均30亩的标准，而非实际的耕地面积。乾隆五十一年（1786），清政府进行了一次土地清丈，天山北麓各地共清丈出余地26.4万亩⑤，是乾隆六十年（1795）年载籍耕地数（108.2万亩⑥）的24.4%。由此可见，当时的漏报现象十分严重。到嘉庆以后，随着人口的逐渐增加，土地漏报和隐匿现象肯定是存在的，并且一直影响着载籍耕地数的真实性。

其三，为平衡不同等级耕地的田赋而进行的折亩，也会影响实际田亩面积。几乎所有学者都注意到了明清土地折亩制的实行使载籍耕地面积大大低于实际耕地面积。光绪五年（1879）以后，清政府在清丈土地的基础上，将耕地划分为上、中、下三等，"上则一亩科一亩，中则一亩五分科一亩，下则二亩科一亩，均按上地升科"⑦。民国时期仍然没有摆脱传统亩额的影响。

其四，休耕制度的影响。休耕制度，即农田在一定时间内不种作物，借以休养地力的措施。自清代中期到民国末年，天山北麓地区一直都广泛地实行着休耕制度。天山北麓的冲积洪积平原上多为荒漠灰钙土，腐殖质含量一般在0.6%—1%左右，土壤有机质含量少，肥力低。因此，在不采

---

① （清）索诺木策凌：《乌鲁木齐政略》"户民"，载王希隆《新疆文献四种辑注考述》，甘肃文化出版社1995年版，第57—60页。
② 乾隆二十六年九月"陕甘总督杨应琚为遵旨办理甘肃贫民赴新疆屯垦事奏折"，中国第一历史档案馆：《乾隆年间徙民屯垦新疆史料》，《历史档案》2002年第3期。
③ 《清高宗实录》卷909，乾隆三十七年五月戊午，中华书局1987年版，第20册，第173页。
④ （清）索诺木策凌：《乌鲁木齐政略》"户民"，载王希隆《新疆文献四种辑注考述》，甘肃文化出版社1995年版，第57—60页。
⑤ （清）和宁：《三州辑略》卷4《赋税门》，台北：成文出版社1968年版，第122—129页。
⑥ （清）永保：《乌鲁木齐事宜》"民户地亩纳粮""屯田"，载王希隆《新疆文献四种辑注考述》，甘肃文化出版社1995年版，第127—132页。
⑦ （清）阎绪昌、高耀南：《镇西厅乡土志·田赋》，载马大正、黄国政、苏凤兰整理《新疆乡土志稿》，新疆人民出版社2010年版，第101页。

用人工施肥的情况下，一般耕种一两年即需要休耕，以养地力。乾隆二十四年（1759），乌鲁木齐一带的土地耕种两年后即出现了地力不足的情况，"除乌鲁木齐外，其他地亩较之初种时渐觉歉薄等语，次等田亩虽不能如内地人工粪治可以常年耕种，但地颇宽敞，彼此递年互调耕作，自有余力"①。清末，依然是"耕一而休二，岁以为常"②。直到民国后期，"粪肥施肥，播种冬麦等，或因限于人力，或竭于水利，未能普遍，土地贫瘠时，且以轮耕法补救之"③。休耕的耕地一般采用轮休的方式。按地亩面积征收赋税时当然是不把休耕面积计算在内的，因此册载耕地面积并不包括休耕的土地而小于实际耕地面积。

综上所述，由于载籍耕地中存在按限升科、耕地漏报或隐匿、折亩、休耕等因素的影响，清代中期以来天山北麓的载籍耕地面积都远远小于实际耕地面积，需要对其进行校正后才能作为分析和研究区域土地开发规律的基础数据资料。尽管如此，载籍耕地数据仍能比较合理地反映出各地区耕地面积的时空比例关系。④

复原清代中期以来的耕地数量时，首先，承认册载数据基本能够反映耕地面积的总体变化趋势和区域差别，可以利用校正的总耕地面积复原各地区的耕地面积；其次，将嘉庆十一年（1806）载籍耕地总数设为100，计算其他时段总耕地面积的比例，即耕地面积指数。据此得知清代中期至民国时期天山北麓各个年代的耕地面积指数（见表5-7）。再次，以后一周期复原性垦殖结束时的耕地面积替代前一周期拓展性垦殖的最大耕地面积⑤，本书以1949年年底耕地面积替代咸丰二年（1852）的耕地面积。在此基础上，用上文所述的耕地面积指数推导出清代中期以来各年份的耕地面积，即校正以后的实际耕地面积（图5-3）。

最大垦殖面积的确定。据《清仁宗实录》《清宣宗实录》《清文宗实录》记载，嘉庆至咸丰初年，天山北麓各地一直不断有新垦土地上报升

---

① 《平定准噶尔方略》正编卷82，乾隆二十四年十一月甲子，海南出版社2000年版，第6册，第300页。
② （清）王树枏：《新疆图志》卷28《实业一》，朱玉麒等整理，上海古籍出版社2015年版，第541页。
③ 张大军：《新疆风暴七十年》，台北：兰溪出版社1980年版，第10册，第5579页。
④ 周荣：《对清前期耕地面积的综合考察和重新评估》，《中国社会经济史研究》2001年第3期。
⑤ 周荣：《对清前期耕地面积的综合考察和重新评估》，《中国社会经济史研究》2001年第3期；葛全胜、戴君虎、何凡能等：《过去300年中国部分省区耕地资源数量变化及驱动因素分析》，《自然科学进展》2003年第8期。

科，年均增加耕地1000余亩。① 咸丰初年，南疆局势开始动荡，对全疆产生影响，天山北麓的土地垦殖活动基本停止。因此，咸丰初年的耕地面积应该达到了乾隆以来的最高值。根据《新疆图志·赋税一》《西域水道记》《新疆识略》等历史文献记载判断，咸丰二年（1852）天山北麓的耕地面积为142.4万亩（具体讨论见第二章第三节）。由于无法得到其他年代的具体数据，这里将咸丰二年的耕地面积认为是拓展性垦殖时期的最大值，应该与事实没有太大偏差。

选用1949年耕地数据的原因是：其一，据前文研究（第三章第四节），直到民国三十三年（1944）天山北麓的总人口依然没有恢复到同治二年（1863）战乱之前的规模，所以土地垦复一直持续到民国末年；其二，1949年，新疆由国民党政权和平起义过渡为中华人民共和国政权，次年，政府便开始组织新一轮的土地垦荒，进入另一个拓展性垦殖时期。因此，1949年的耕地面积即复原性垦殖时期的最大值。

行政区划问题。清代中期至1949年，天山北麓的行政区划有较大变化，但是其基本特点是，由最初的6个县一级行政区发展为12个行政区，

---

① 《清仁宗实录》卷14，嘉庆二年二月乙酉（第28册，第203—204页）；卷24，嘉庆二年十一月壬辰（第28册，第304页）；卷36，嘉庆三年十二月乙未（第28册，第400页）、嘉庆三年十二月丙申（第28册，第400页）；卷56，嘉庆四年十二月己亥（第28册，第736页）、嘉庆四年十二月辛丑（第28册，第737页）；卷80，嘉庆六年三月辛巳（第29册，第36页）；卷94，嘉庆七年二月丁巳（第29册，第256页）；卷122，嘉庆八年十月乙丑（第29册，第636页）；卷123，嘉庆八年十一月甲辰（第29册，第736页）；卷140，嘉庆十年二月乙亥（第29册，第919页）；卷142，嘉庆十年四月甲寅（第29册，第937页）；卷158，嘉庆十一年三月丙子（第30册，第46页）；卷171，嘉庆十一年十一月甲子（第30册，第228页）、嘉庆十一年十一月丙寅（第30册，第229页）；卷179，嘉庆十二年五月丁未（第30册，第352页）；卷189，嘉庆十二年十一月丁巳（第30册，第483页）；卷195，嘉庆十三年五月乙己（第30册，第580页）；卷202，嘉庆十三年十月庚戌（第30册，第693页）；卷222，嘉庆十四年十二月戊子（第30册，第991页）、嘉庆十二月甲午（第30册，第993页）；卷237，嘉庆十五年十二月乙未（第31册，第199页）；卷241，嘉庆十六年闰三月壬寅（第31册，第253页）；卷249，嘉庆十六年十月丙辰（第31册，第363页）、嘉庆十六年十月乙丑（第31册，第368页）、嘉庆十六年十月丙寅（第31册，第368页）、嘉庆十六年十月壬申（第31册，第371页）、嘉庆十六年十月癸酉（第31册，第371页）；卷250，嘉庆十六年十一月丁丑（第31册，第374页）；《清宣宗实录》卷29，道光二年二月戊寅（第33册，第518页）；卷44，道光二年十月辛未（第33册，第777页）；卷62，道光三年十二月戊戌（第33册，1086页）；卷73，道光四年九月甲辰（第34册，第172页）；卷99，道光六年六月庚辰（第34册，第626页）；《清文宗实录》卷36，咸丰元年六月辛未（第40册，第494页）；卷107，咸丰三年九月乙丑（第41册，第630页）；卷139，咸丰四年闰七月己卯（第42册，第445页）；卷222，咸丰七年三月甲戌（第43册，第474页）等。以上皆为中华书局1987年版。

皆是每个县一分为二成为两个县，基本没有改变最初6个县的区域范围。本文选取乾隆年间的6个县一级行政区范围作为校正研究区域耕地数字的基本单位，即巴里坤区（相当于清代中期的宜禾县、清代末期的镇西厅、民国时期的镇西县和伊吾县）、奇台区（相当于清代的奇台县、民国时期的奇台县和木垒河县）、阜康区（相当于清代中期的阜康县、清代末期及民国时期的孚远县和阜康县）、乌鲁木齐区（相当于清代中期的迪化州州属地区、清代末期的迪化县、民国时期的乾德县和迪化县）、昌吉区（相当于清代中期的昌吉县、清代末期的昌吉县和呼图壁县、民国时期的昌吉县和呼图壁县）、玛纳斯区（相当于清代中期及清代末期的绥来县、民国时期的绥来县和沙湾县）。

表5-7　　清代中期至民国时期天山北麓总耕地面积的校正

地区	乾隆三十一年（1766）	乾隆四十二年（1777）	乾隆六十年（1795）	嘉庆十一年（1806）	咸丰二年（1852）	宣统元年（1909）	民国五年（1916）	民国三十三年（1944）
耕地面积指数	22.52	51.12	103.71	100	136.46	79.44	89.89	128.00

资料来源：本书表2-15、表2-16、表2-17、表2-18、表2-19、表3-8、表4-6。

二　耕地资源数量的总体变化趋势

结合校正的耕地数据，不仅可以进行清代中期以来天山北麓耕地资源的总体变化趋势分析，还可以对区域差异进行深入研究，了解清代中期以来耕地资源数量的时空动态特征（见图5-3）。

图5-3显示，在乾隆二十一年至同治二年（1756—1863）间，属于天山北麓的开辟原荒阶段，耕地面积大规模增加，其中以乾隆年间增速最快，乾隆三十一年至乾隆四十二年（1766—1777）耕地面积年均增长5.1万亩；乾隆四十二年至乾隆六十年（1777—1795）耕地面积仍然保持快速增长的势头，年均增长耕地5.7万亩。此后，耕地面积的增长速度逐渐减慢，乾隆六十年到咸丰二年（1795—1852）耕地面积年均增长1.1万亩。

同治三年至光绪三年（1864—1877）的战乱使天山北麓人民死散，人口急剧减少，大量耕地因无人耕种而抛荒。

光绪三年（1877）战乱结束后，天山北麓各地开始垦复抛荒，这一复原性垦殖阶段一直持续到1949年。其中光绪三年（1877）至宣统年间的

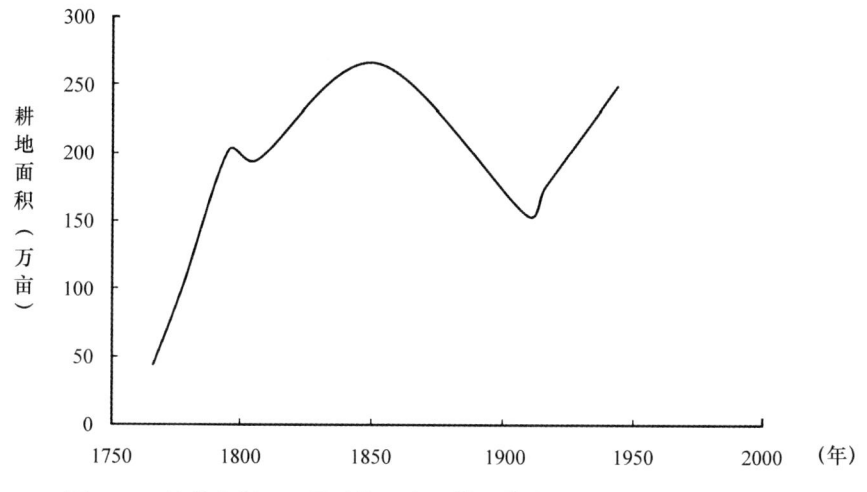

图 5-3 清代中期至民国时期天山北麓总耕地面积（校正后）变化曲线

耕地面积增长速度最快，年均增长速度与乾隆年间大致相当，到宣统元年（1909）耕地面积恢复到 155 万余亩。此后，增长速度稍有下降，宣统元年至民国五年（1909—1916）的耕地面积年均增长 2.9 万亩；民国五年至三十三年（1916—1944）的耕地面积年均增长 2.7 万亩，到民国三十三年（1944）天山北麓总耕地面积约为 266.2 万亩。此后，由于社会经济的原因，直到 1950 年以后开始组织新一轮的土地开荒。

以上分析可见，乾隆年间和光绪三年（1877）至宣统年间是天山北麓总耕地面积增长最快的两个时期。究其原因，乾隆年间耕地面积的快速增长主要是由政策因素导致的，即乾隆政府不但鼓励土地开垦，还积极推行计划性移民，使大量的农业劳动力在短时间内聚集到天山北麓地区，推动了土地垦殖的速度和规模。而光绪三年至宣统年间耕地面积的快速增长在垦复新荒的基础上实现，恢复新荒投资小、收效快，所以战乱结束后耕地面积迅速增长。

综上所述，清代中期至民国时期，天山北麓的土地开垦大致经历了开辟原荒、战争抛荒、垦复抛荒三个阶段，其中乾隆年间和清朝末年耕地面积增长速度最快，并且在民国三十三年以后表现出继续增长的趋势。

三 天山北麓地区耕地的空间差异

（一）耕地增长的空间差异

由于都是从无到有的拓荒垦殖，乾隆四十二年（1777）的耕地数字反映了乾隆二十一年（1756）以来天山北麓各地耕地的增长速度。图 5-4

显示，乾隆四十二年（1777），昌吉区耕地面积增加最快，达 25.6 万余亩，其次为奇台区，再其次乌鲁木齐区与阜康区耕地面积相当，而玛纳斯区与镇西区耕地面积最小。至此，除了昌吉区外，天山北麓其他各地的耕地规模大致相当。乾隆四十二年至嘉庆十一年（1777—1806）间，奇台区、乌鲁木齐区、昌吉区的耕地面积增加速度最快，年均增长量分别为 0.85 万亩、0.78 万亩和 0.71 万亩；其次为阜康区和玛纳斯区，年均增长耕地面积分别为 0.55 万亩和 0.36 万亩；而以镇西区耕地增长速度最慢，年均增长耕地面积仅为 0.04 万亩。

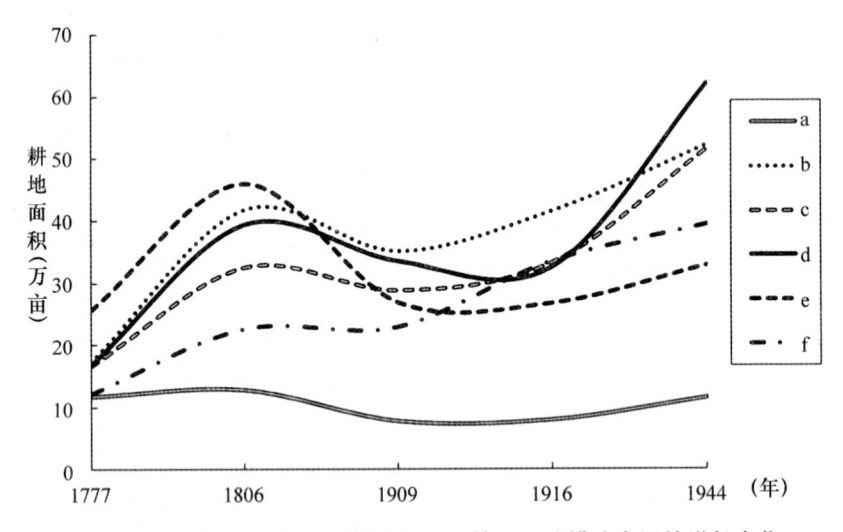

图 5-4 清代中期至民国时期天山北麓六区域耕地资源的增长变化
a 巴里坤区；b 奇台区；c 阜康区；d 乌鲁木齐区；e 昌吉区；f 玛纳斯区

光绪三年（1877）战乱结束以后，开始进入土地垦复阶段。宣统元年（1909）的耕地数字反映了各地自战乱后恢复耕地的速度，其中奇台区最快，其次为乌鲁木齐区、阜康区和昌吉区；土地垦复速度最慢的是镇西区。这里需要重点指出的是，玛纳斯区的耕地面积虽然在全区各地区中仅仅占第五位，但是应该注意到，到宣统元年，仅有玛纳斯区的耕地面积恢复到了嘉庆十一年（1806）的水平，达到 22.9 万亩。这反映出，清代末期玛纳斯区在全区土地开发中的地位已经发生了质的转变。

宣统元年至民国五年（1909—1916）间，玛纳斯区耕地面积增长速度最快，年均增长量达到 1.51 万亩；其次为奇台区和阜康区，耕地面积年均增长量分别为 0.92 万亩和 0.63 万亩。民国五年至民国三十三年

(1916—1944），乌鲁木齐区的耕地面积增长最快，达到年均增长耕地1.06万亩；其次为阜康区、奇台区、昌吉区和玛纳斯区，年均增长量在0.2万—0.4万亩之间；镇西区耕地面积增长速度虽然与其他区相比是全区最慢的，但确是该区历史上耕地面积增长速度最快的时期，达到年均增长耕地0.13万亩。

综上所述，在土地垦殖阶段和土地垦复阶段前后期，天山北麓各地耕地面积增长速度变化很大。在土地垦殖阶段和土地垦复阶段前期，奇台区、昌吉区、阜康区、乌鲁木齐区耕地增长的速度最快，说明这里自然条件优越，易于开发利用。而在土地垦殖阶段和土地垦复阶段后期，耕地增长速度较快的玛纳斯、昌吉区、阜康区等，则反映出这些地区的农业自然资源潜力较其他地区更大。

（二）耕地分布的空间差异

一般采用各地区平均土地垦殖率（耕地面积/土地总面积）的差异来表征耕地资源的空间分布特征。但是，由于地处西北干旱区的天山北麓各政区的国土面积内，荒漠和高山的比例较大，人类的土地开发活动大多数在平原绿洲区展开，如果用地区平均土地垦殖率（耕地面积/土地总面积）来进行讨论，不能恰当地反映历史时期各地区耕地发展程度的变化。因此，本书使用天山北麓各区域绿洲面积作为比较基础，分析绿洲垦殖率的差异，来探讨耕地资源的时空变化特征（见表5-8）。[①]

表5-8　　清代中期至民国时期天山北麓六区域绿洲垦殖率

地　区	绿洲面积（平方千米）	乾隆四十二年(1777)	嘉庆十一年(1806)	宣统元年(1909)	民国五年(1916)	民国三十三年(1944)
巴里坤区	3180.8	2.67%	2.92%	1.76%	1.79%	2.63%
奇台区	3010.2	4.13%	10.05%	8.45%	9.99%	12.57%
阜康区	2360.2	5.09%	9.99%	8.86%	10.22%	15.85%
乌鲁木齐区	1975	6.11%	14.43%	12.28%	11.91%	22.77%
昌吉区	2610.3	7.11%	12.79%	7.48%	7.42%	9.12%
玛纳斯区	4867.8	1.79%	3.36%	3.41%	4.98%	5.87%

资料来源于：本书表2-16、表2-18、表3-8、表4-6、图5-3、图5-4。

[①] 天山北麓各区域绿洲数据来源于韩德林《新疆人工绿洲》，中国环境科学出版社2001年版，第33—42页。

表5-8显示，清代中期至民国时期，昌吉区、阜康区、乌鲁木齐区三地绿洲垦殖率较高，一方面是由于这些地区自然条件优越、水土资源丰富，垦殖难度较小，农业发展较快，同时也是受到区域政治中心乌鲁木齐区的影响所致。而巴里坤区和玛纳斯区的绿洲垦殖率则相对较低，这主要是由于巴里坤区年平均温度较低，农业生产条件相对较差，而玛纳斯区则是由于河流较大，不易引水灌溉所致。

具体而言，在土地开垦和土地垦复的初期，天山北麓各地区的绿洲垦殖率差距较小，随着农业经济的发展，这种差距越来越大。乾隆四十二年（1777），天山北麓各地区绿洲垦殖率平均在2%—7%，但是到嘉庆十一年（1806）差距扩大，奇台区、乌鲁木齐区、昌吉区迅速增加到10%以上，而巴里坤区则停留在3%以下。清末战乱之后的恢复期，天山北麓各地区的绿洲垦殖率六个区域比较接近，但是到1944年差距再次加大，乌鲁木齐区的绿洲垦殖率高于巴里坤区20个百分点。可以说，到民国时期，各地绿洲垦殖率不平衡性的加剧主要是由各地农业自然资源的开发潜力决定的。因此，民国时期玛纳斯区绿洲垦殖率的稳步提高，表现出该区域农业资源的开发潜力较大。

四 天山北麓地区人均耕地面积的变化

人均耕地占有量反映了人口与资源的结合情况，是综合反映人口对生态环境影响程度的重要指标。

（一）区域总体人均耕地面积的变化

结合社会历史背景分析图5-5的内容，可以看出，清代中期以来，天山北麓的人均耕地面积经历了一个增长、减少、再增长、再减少的过程。乾隆四十二年（1777）前后，天山北麓的人口压力相对较大，这主要是由于当时尚处于土地开垦的前期，人口构成中驻防官兵所占比重较大。乾隆四十二年到乾隆六十年（1777—1795），耕地增长的速度快于人口增长的速度，从而达到清代中期人均耕地面积的最高值，人均占有耕地7.52亩。嘉庆年间，受到当时社会经济条件的限制，耕地扩展的空间有限，而人口数量则在稳定的社会环境下不断增长，人口增长的速度快于耕地增长的速度，人均耕地面积有所减少。至道光年间，由于天山北麓地区人地关系紧张，开始出现人口向外迁徙到南疆一带寻找新耕地资源的状态。[1] 同治三年到光绪三年（1864—1877）的战乱中，人口四散，耕地抛荒，彻底

---

[1] 华立：《清代新疆农业开发史》，黑龙江教育出版社1998年修订版，第183、193页。

破坏了清代中期以来形成的人口与耕地资源的结合。清代末期以来，抛荒土地的垦复远比开荒容易，耕地增长速度很快；而人口的再聚集由于没有政府的参与，速度十分缓慢，因此土地垦复的速度快于人口重新聚集的速度，出现人地关系相对比较宽松的局面。宣统元年（1909）人均耕地面积为13.64亩/人，达到清代中期至民国时期的最高值。这种状况一直持续到民国初年。民国中期以后，人口的增长速度越来越快于耕地的增长速度，人均耕地面积逐渐减少，到民国三十三年（1944）人均占有耕地面积为7.95亩，略高于乾隆末年的水平。

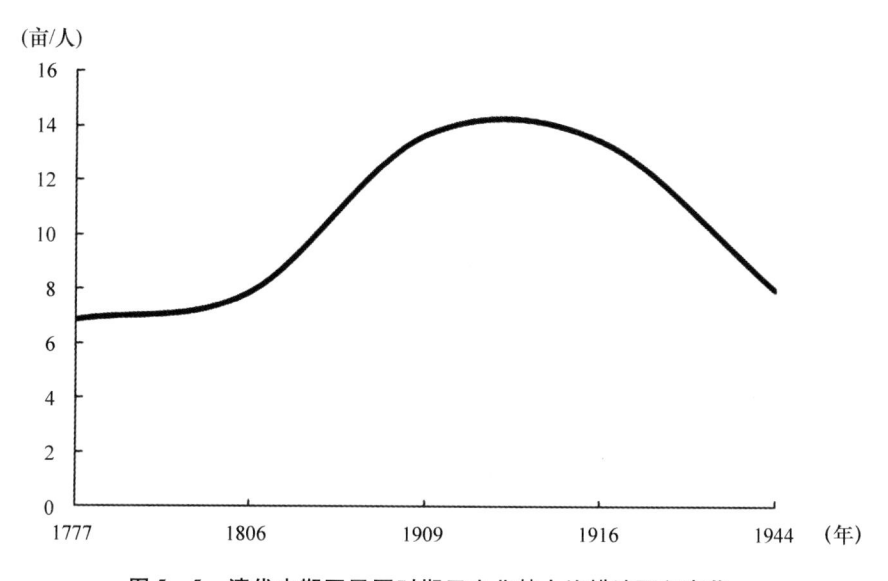

图 5-5 清代中期至民国时期天山北麓人均耕地面积变化

（二）天山北麓人均耕地面积变化的区域差异

表5-9显示，嘉庆十一年（1806）的人均耕地面积代表了清代中期土地开垦情况；宣统元年（1909）的人均耕地面积代表了土地垦复前期的情况，而民国五年（1916）和民国三十三年（1944）则分别反映了土地垦复后期人均耕地的变化。

清代中期到民国时期，巴里坤地区和乌鲁木齐地区的人均耕地面积一直是最少的，而且远远低于其他地区。这说明这两个地区的人地关系一直最为紧张，人口对环境产生的压力最大。

表 5-9　　　　清代中期至民国时期天山北麓六区域
人均耕地面积变化　　　　（单位：亩/人）

地区	乾隆四十二年 （1777）	嘉庆十一年 （1806）	宣统元年 （1909）	民国三十三年 （1944）
巴里坤区	4.57	4.61	8.93	5.29
奇台区	3.98	9.57	22.50	11.32
阜康区	6.91	11.02	22.27	15.24
乌鲁木齐区	1.91	4.13	7.97	5.45
昌吉区	10.35	14.95	14.67	7.80
玛纳斯区	5.89	10.42	14.27	7.01

在清代中期，除了巴里坤地区和乌鲁木齐地区之外，其他四个地区的人均耕地面积差距不大。清代末期以后，天山北麓人均耕地面积的区域差异加剧，而且出现了东西分异，即乌鲁木齐以东地区的人均耕地面积大于乌鲁木齐以西地区。这表明，清代末期以后，出现乌鲁木齐以西地区人口对环境的压力大于东部地区的趋势。

第四节　天山北麓土地开发的区域差异及其原因

总体而言，清代中期以来天山北麓的土地开发主要表现为耕地不断扩展的过程，但是由于社会经济发展和区域农业资源禀赋的差异，又表现出鲜明的时空差异。

一　天山北麓土地开发的区域差异

行政区划变化、人口数量变迁、耕地面积变化等是一个地区土地开发区域差异的重要表征。综合前文的论述（见第五章第一节、第二节、第三节），清代中期至民国时期天山北麓土地开发的区域差异主要表现在以下几个方面：

其一，从区域总体时空变化特征来看，表现为东、西部的差异，即东部的巴里坤区和奇台区（这两个土地面积占区域总土地面积的54.5%）土地开发的程度低于西部的阜康区、乌鲁木齐区、昌吉区和绥来区（这四个地区土地面积占区域总土地面积的45.5%），而且在民国时期以来表现出差距逐渐增大的趋势。从行政区划上来看，东部地区的县级政区一直少于西部地区，乾嘉时期东部地区有两个县级区划、西部地区有四个；到民国后期，东部地区有四个县级区划，西部地区有八个。从人口数量变化来看，东部地区的人口数量一直少于西部地区，东部地区人口数量占区域总人口比例乾隆六十年（1795）为41.1%，民国三十三年（1944）为21.6%；东部地区的人口密度也一直低于西部地区（见表5-1、表5-4）。此外，东部地区的耕地面积一直少于西部地区，占总区域的27%左右，绿洲垦殖率也一直低于西部地区（见表5-8）。

其二，巴里坤区越来越落后于其他地区。巴里坤区是乾隆年间最早设立县级行政区划的地区之一，而且当时设立的镇西府，其级别还略高于天山北麓西部的迪化州；到咸丰七年（1857），镇西府降级为镇西厅，并且将其管辖的奇台县归入迪化州管辖。在人口变迁方面，巴里坤区是人口最早迁入的地区，土地开发较早，乾嘉时期巴里坤区的人口占总人口的11%左右，人口数量比最多的乌鲁木齐区少6万多人；到清代末期至民国时期，巴里坤区的人口仅占区域总人口的7%左右，而且表现出所占份额越来越小的趋势。到民国三十三年巴里坤人口数量比最多的地区少9.2万人，人口数量差距越来越大（表5-3）。从耕地面积变化来看，乾隆四十二年（1777）巴里坤区的耕地面积占总耕地面积的11.7%，到嘉庆十一年（1806）降为6.6%，宣统元年（1909）为5.0%，民国三十三年降为4.6%，呈现越来越少的趋势；乾隆四十二年巴里坤区的耕地面积数量比耕地最多的昌吉区少13.9万亩，此后差距越来越大，到民国三十三年其耕地面积数量比耕地最多的乌鲁木齐区少50.5万亩（见图5-4）。总而言之，巴里坤区在清代中期发展较快，在天山北麓区域开发中占有十分重要的地位，但是到清代末期以后，其人口数量和耕地面积增长都较为缓慢，远远不能与其他地区的快速增长相比，表现出逐渐落后于其他地区、与其他地区的差距越来越大的趋势，是天山北麓土地开发过程中一个相对衰落的地区。

其三，玛纳斯区在清末以来迅速发展。玛纳斯区土地面积占区域总面积的14.3%，乾嘉时期仅为一个县级政区，是人口最少的地区，人口数量占总人口的9%左右，与人口最多的乌鲁木齐地区相差3.5倍以上；清代末期以来，玛纳斯区人口发展迅速，到宣统元年人口数量占区域总人口的14.1%，民国三十三年人口数量达到5.6万人，占区域总人口的17.9%，在天山北麓各区中人口数位居第二（见表5-3）。其耕地面积数量的变化也表现出同样的趋势，乾嘉时期玛纳斯区耕地面积是天山北麓最少的地区之一，占区域总耕地面积的12%左右；清代末期以后，玛纳斯区耕地面积增长迅速，其耕地面积曾在民国五年（1916）一度占区域总耕地面积的19.1%，民国三十三年（1944）耕地面积发展到39.4万亩，占区域总耕地面积的15.8%。总体而言，玛纳斯区原本是天山北麓西部地区中土地开发程度最低的地区，但是在清朝末期以后，这一区域的人口数量和耕地面积增长迅速，成为天山北麓土地开发过程中一个新崛起的区域。

总而言之，清代中期至民国时期，天山北麓土地开发区域差异主要表现为东、西部之间的差异，而且自清代末期以来这种差异表现出越来越明显的趋势；清代末期以来，东部巴里坤区的衰落和西部玛纳斯区的崛起一方面使天山北麓土地开发的东、西部差异更加明显，也使得西部地区的内部差异性降低了。

二 天山北麓土地开发区域差异产生的原因

清代中期至民国时期，影响天山北麓土地开发区域差异的因素主要有自然因素、政策因素、政局稳定性因素和交通区位因素等。

（一）自然因素

自然因素主要包括区域的地理位置（即区位因素）、热量条件、水资源丰度、土壤条件等。

在宏观时空尺度上，东部地区的开发程度低于西部地区主要是由于区域的自然因素差异导致的。由于天山北麓地区大致处于同一纬度，其热量条件差别不大，因此水资源丰度是影响天山北麓土地开发区域差异的主导自然因素。由前文的论述可知（见表1-1），天山北麓东、西部水资源分布十分不平衡，西部地区水资源丰富，河流数量虽然不多，但是大多数河流的流域面积大、年径流量大，其中，年径流量大于2亿立方米的河流都分布在西部地区，仅乌鲁木齐以西各河流年总径流量就占全区的71.73%；东部地区河流虽然数量较多，但是大部分河流短小，年径流量多在1亿立方米以下。水资源的丰度决定了天山北麓土地开发的东、西部差异的产生和存在。

其次，天山北麓东西横亘，地理位置因素也成为影响区域土地开发差异变化的基本原因之一。清代中期，天山北麓是新疆唯一实行州县制度的地区，东部地区成为清代中期最早开发的地区之一，而西端的玛纳斯区则处于州县制区域的边缘地位，因此其发展没有得到重视。这一时期，东部地区与西部地区土地开发程度的差异不大。在清末土地垦复的初期，天山北麓东部地区是自发性移民最先进入的地区，因此也加快了这一地区土地垦复的速度。此时，东、西部土地开发的差异也相对较小。但是，到民国时期以来，随着社会经济的发展，这种地理位置因素的影响作用越来越小。

总之，自然因素是决定宏观时空尺度上天山北麓土地开发产生区域差异的原因，而地理位置因素则是影响土地开发区域差异变化的基本原因之一。

（二）政策因素

政策因素是影响天山北麓土地开发产生区域差异的重要原因。

乾隆时期，天山北麓的土地开发是在政府的直接参与和出面组织下展开的，因此政策因素在其中起着关键性影响。在考虑自然条件的基础上，清政府为了达到保障交通线安全的目的，对兵屯地点的选择采取了自东向西，渐次发展的策略："由巴里坤以西之伊勒巴尔和硕、穆垒、特纳格尔、乌鲁木齐、玛纳斯、安济哈雅、济尔哈朗等处以次建堡屯田，派兵驻扎，自近而远。"[1] 同时，对移民的安置则采取了先充实乌鲁木齐周围地区，再发展巴里坤、奇台、木垒地区，最后再安置到乌鲁木齐以西的呼图壁、玛纳斯等地的策略。此外，清代中期，巴里坤地区是军事兵防的重点地区之一，驻有大量官兵，非常重视发展当地农业生产，以供给粮饷。因此，政策因素是清代中期天山北麓土地开发区域差异格局形成的决定因素，它决定了各地区开始大规模土地开发的先后顺序，也决定了各个地区土地开发的程度。

清代末期以后，新疆建省，迪化城被确定为新疆省省会，这吸引了人口向这一城市周围地区的聚集，同时也促进了周围地区的土地开发。另一方面，由于新疆建省，天山北麓地区的区域独特性和完整性消失，各个地区的自然条件差异越来越成为土地开发区域差异的主导因素，土地开发重点地区向自然条件优越的西部偏移，从而出现清代末期以后东、西部地区土地开发区域差异越来越大的趋势。这是新疆建省的政策对天山北麓地区土地开发产生的间接影响。

民国时期，新疆当局更注重天山北麓西部的玛纳斯区在联络塔城、阿勒泰地区的重要位置，因此便着力发展该地区。民国四年（1915），设立沙湾县，"专以控制北路，联络塔城计"，同时筹办屯垦，以供给阿勒泰驻防官兵粮草。[2] 杨增新派军队修建沙湾县水利灌溉工程，制定优惠的政策

---

[1] 《平定准噶尔方略》正编卷54，乾隆二十三年四月癸未，海南出版社2000年版，第5册，第167页。

[2] 《呈请于绥来县北境增设沙湾县治文》《呈拟派队开渠以便筹设沙湾县治文》《电呈拟设县治于小拐仍名沙湾县并筹办情形文》，（民国）杨增新：《补过斋文牍》，阿地力·艾尼点校，黑龙江教育出版社2016年版，第300—304页。

吸引人们前来垦荒。民国八年（1919）阿勒泰地区并入新疆省之后，天山北麓西部地区成为联络整个北疆地区的核心地区，因此也促进了西部地区土地开发的进一步深化。在地理位置因素的基础上，民国时期政策因素的影响使得玛纳斯区土地开发逐步深化，成为一个新崛起的区域。

（三）政治局势的稳定性因素

区域的政治局势稳定与否以及战乱的发生等成为影响天山北麓土地开发区域差异产生和发展变化的重要因素之一。

从乾隆年间到同治初年，长达100余年的社会经济稳定局面为天山北麓土地开发提供了良好的社会条件，在各种因素的作用下，形成了清代中期天山北麓土地开发区域差异的最初格局。同治三年到光绪三年（1864—1877）间的战乱中断了天山北麓土地开发的进程，同时也破坏了清代中期以来形成的天山北麓土地开发区域差异格局。战乱结束后，在各种因素重新组合以及新出现因素的影响下，形成了天山北麓土地开发区域差异新的格局，即东部地区发展越来越慢，西部地区发展越来越快。

（四）交通区位因素

清代中期至民国时期，由陕甘至乌鲁木齐地区的交通路线的变化对天山北麓的土地开发产生了深刻的影响。

清代中期，从陕甘赴乌鲁木齐的路线有两条，一是从哈密翻越天山至巴里坤，再经过古城、阜康而西行，称为北路；二是从哈密西行，经过十三间房，到吐鲁番再至乌鲁木齐，是为南路。因为十三间房一带为古之黑风川，被行人视为畏途，所以南路不如北路繁华。这样，巴里坤正处于陕甘赴乌鲁木齐大道的要冲之上。在这一时期，京、津、归化等地商旅也从漠北草地而来，经过三塘湖而至巴里坤，这条路线被称为"大草地路"。另外，西北科布多、乌里雅苏台的皮货也多在此交易成为粮食和茶叶。巴里坤地区是当时天山北麓最大的贸易中心，"商货云集，当商、钱商以及百货无不争先恐后"[①]，"其地四达，多重装富贾，珍异物聚，道光咸丰之间称极盛焉"[②]。但是，清代后期，交通路线却发生了变化。首先是从瞭墩经七角井至色必口，再至古城、乌鲁木齐的所谓"小南路"受到商旅的重视，路途较近，而且"既避北路达坂之雪，又避南路十三间房之风，行人

[①]（清）阎绪昌、高耀南：《镇西厅乡土志》"商"，载马大正、黄国政、苏凤兰整理《新疆乡土志稿》，新疆人民出版社2010年版，第118页。

[②]（清）王树枏：《新疆图志》卷2《建置二》，朱玉麒等整理，上海古籍出版社2015年版，第35页。

无不乐由"①。此外,左宗棠在从瞭墩,经一碗泉、七角井、西盐池再至鄯善的路线上修建馆驿,供应给养,避免了十三间房风区。该路线成为哈密至吐鲁番的要道。因此,在清朝末年巴里坤失去了其交通要冲的地位,不但商业衰落,而且也因此不受政府重视,土地开发程度愈加落后。

清代后期,"小南路"兴起之后,古城(今奇台县城)取代巴里坤而成为天山北麓的交通枢纽②,"商务于新疆为中枢,南北商货悉自此转输,廛市之盛为边塞第一"③。到民国时期,亦由于交通路线的变化,古城再次衰落下去。民国十年(1921)外蒙古发生事变之后,原来的"大草地路"改由绥远、内蒙古经哈密进入新疆,又名绥新路。民国二十六年(1937)抗日战争爆发后,绥新路线即不通行。次年,甘新公路全线通车。由甘肃进入新疆之后,经过哈密、吐鲁番,至乌鲁木齐,在向西到霍尔果斯与苏联的公路相接,构成了联系国内外的国际交通线。④ 奇台因不位于这条越来越重要的公路交通路线上而日渐衰落。此后,随着公路交通的发展以及1962年兰新铁路经过哈密、吐鲁番到达乌鲁木齐之后,天山北麓东部的巴里坤区和奇台区在交通路线的重要地位丧失殆尽,因此也成为区域发展越来越慢的地区。

总之,在不同的历史时期,由于新疆与陕甘交通路线的变化,天山北麓东、西部地区所处的交通区位深刻地影响了区域土地开发差异的产生和变化。

综上所述,清代中期至民国时期,天山北麓土地开发的区域差异是在以上各种因素的综合作用下产生的,其中自然因素是产生天山北麓土地开发区域差异的根本原因,而政策因素、政局稳定性因素、交通区域因素等则是影响区域差异的程度及其变化的重要原因。

---

① (清)林则徐:《荷戈纪程》,载吴丰培整理《丝绸之路资料汇钞(清代部分)》(上),全国图书馆文献缩微复制中心1995年版,第377—395页。
② 周泓:《清末新疆通内外交通的反差》,《新疆大学学报》(社会科学版)2002年第1期。
③ (民国)钟广生:《新疆志稿》卷2《农田》,台北:成文出版社1968年版,第41—51页。
④ 周泓:《民国新疆交通概综》,《喀什师范学院学报》2002年第5期。

第六章　清至民国时期天山北麓的环境变迁

河流是维系干旱区经济发展和生态平衡的纽带，同时又极易受到气候变化和人类活动的影响而发生变化。清代中期以来，天山北麓的人口增加、水土资源开发和社会经济发展引起了一系列的河流水文和生态环境的变化。

天山北麓的河流主要发源于冰川，形成相对独立的数条水系自南向北流。由东向西依次发育有柳条河、木垒河、白杨河、水磨河、乌鲁木齐河、头屯河、三屯河、呼图壁河、塔西河、玛纳斯河、奎屯河、精河等众多中小河流，其中大部分最后消失在古尔班通古特沙漠中，个别较大的水系在沙漠中形成湖泊，自西向东，较大的湖泊有巴里坤湖、东道海子、玛纳斯湖和艾比湖。清代中期以来，发生较大变化的是玛纳斯湖及其水系，白家海子及其入湖水系，以及奇台和吉木萨尔县平原区北部的莘湖。

第一节　18世纪以来玛纳斯河湖及其入湖水系的变迁

20世纪60年代，准噶尔盆地西部著名的玛纳斯湖的干涸引起了地学界广泛的关注和讨论，对于玛纳斯湖及其入湖水系的变化过程，当时的学者们得出的基本结论是：在第四纪中期以后，由于构造运动的影响，除了玛纳斯河之外，其他的水系相继离开玛纳斯湖盆，"马桥河，亦因天山山前拗陷的发展，离开了玛纳斯湖盆地，湖水位的降低，使玛纳斯河三角洲的顶点从大拐向北推进"[1]。这里所说的马桥河是当时考察队临时命名的一条故河道（因附近有马桥这一地名而命），存在于今莫索湾走廊北缘，并

---

[1] 中国科学院新疆综合考察队编：《新疆地貌》，科学出版社1978年版，第217—219页。

且向西北延伸到大拐附近。按照这个推论，这条古河道在距今 120 万年前就已经断流消失了，同时玛纳斯湖的位置也早在 120 万年前就从大拐附近向北推移了。这是对玛纳斯湖及其入湖水系历史变迁的初步结论。多年来，这一结论不断被学术界引用。我通过查阅历史文献，结合古地图、对照大比例尺地形图、遥感影像，同时参考地理实地考察成果等资料研究发现：所谓的马桥河（在距今 100 年之前称为罗克伦河下游）在距今 300 年前还有水流，汇集了今天三屯河与呼图壁河两条水系下游的水流，向西北流注入玛纳斯湖，是当时玛纳斯湖水系中比较重要的一条河流，后来在距今 100 年左右断流，不为后人所知；马桥河（罗克伦河下游）的变迁与玛纳斯湖位置的变迁息息相关，是解开玛纳斯湖位置历史变迁之谜的一把钥匙。本节从探讨近 300 年来三屯河与呼图壁河水系下游河道的历史变迁入手，论证马桥河的变迁及其与玛纳斯湖位置变迁的关系。

一 三屯河与呼图壁河的变迁

（一）三屯河与呼图壁河水文现状

马桥河一名出现于 20 世纪 50 年代，是当时新疆综合科学考察队对位于古尔班通古特沙漠北缘莫索湾走廊北侧的一条东南—西北向干河道的临时命名，它东起呼图壁县 106 团的桑家渠附近，西至克拉玛依市的大拐以东一带，是一条早已干涸的河道。从河道的位置来看，从 20 世纪 30 年代起，可以查阅到的各种比例尺的新疆地图上已经不再表示这条河流了。

呼图壁河和三屯河位于天山北麓中段呼图壁县和昌吉县境内，两条河流均发源于天山北坡，河流经过高、中、低山，出山口后，穿过绿洲，通常消失于北部的沙漠，但今天这两条河流的尾闾已经被渠化，终点分别是新疆生产建设兵团农五师 106 团场和 105 团场附近。呼图壁河发源于天山山脉喀拉乌成山，流域面积 2948 平方千米，河流年均径流量 4870×10^5 立方米，河长 160 千米。三屯河发源于天山山脉天格尔峰，流域面积 1636 平方千米，河流年均径流量为 3430×10^5 立方米，河长 180 千米。

（二）18、19 世纪呼图壁河与三屯河水系汇流

1. 历史文献及古地图的记载

18 世纪中期，清朝政府统一新疆，今天可以查到的关于三屯河与呼图壁河的历史文献记载大都开始于这一时期。乾隆四十七年（1782）成书的新疆第一部地方性总志《西域图志》中的文字记载和所附地图都清晰地表明了今天三屯河水系与呼图壁河水系河道的走向和水系构成情况。《西域

图志》记载：

>罗克伦郭勒，在昌吉郭勒西十五里，其源出孟克图达巴北麓，有两源，北流二百余里，又西为格特尔格罗克伦郭勒。北流折而西，入于呼图拜克郭勒。
>
>呼图克拜郭勒，在罗克伦郭勒西一百里，地当孔道，有五源，出天山北麓，北流二百里，东会格特尔格罗克伦郭勒。西北流入于额彬格逊淖尔……
>
>额彬格逊淖尔在博罗哈玛尔鄂拉、奇喇图鲁鄂拉北二百里，南汇呼图克拜郭勒，玛纳斯郭勒，乌兰乌苏诸水，咸潴于是，周可五十余里，乃布勒哈济淖尔东一巨泽也。①

按照上文所记载各条河流的位置、流向及书中所附舆图（见图 6-1）比定，今天的三屯河水系在 18 世纪末被称为罗克伦郭勒，罗克伦郭勒经过今天昌吉市西径直向北流，在今昌吉市西北转向西北流；今天的呼图壁河在 18 世纪末被称作呼图克拜郭勒，呼图克拜郭勒流出山口后，分为东、西两个主要支流，西支消失在沙漠中，东支与罗克伦郭勒汇合后向西北流，最后汇入额彬格逊淖尔。额彬格逊淖尔就是指存在于今天玛纳斯湖盆内的水体。《西域图志》所附的舆图是在清乾隆皇帝的命令下，由大臣何国宗、明安图带领西洋传教士蒋友仁（Benoist）和高慎思（J. D'Espinha）等人实地测绘而来，表征的地理实体较为准确，特别是北疆地区的山系和水系，具有较高的研究利用价值。② 因此，《西域图志》的文字记载和所附舆图比较真实地显示了 18 世纪末呼图壁河水系和三屯河水系的情况及其河道分布的相对位置（见图 6-1）。从而可知，在 18 世纪末，即距今 300 年前，今天的三屯河水系的主流出山口后径直向北流，在今昌吉市西北转向西北，然后汇入自南而来的呼图壁河水系主流，河水继续向西北流，沿用罗克伦河的名字（这说明当时的水流应该是以罗克伦河为主的），最后汇入今大拐附近的额彬格逊淖尔，即 18 世纪玛纳斯湖盆地内的最大水体，可以称之为 18 世纪的玛纳斯湖。

关于三屯河与呼图壁河如何汇流，之后又如何汇入玛纳斯湖的情形，

---

① （清）傅恒等纂：《西域图志》卷 25《水二》，北京大学图书馆藏乾隆四十七年（1782）武英殿聚珍本。
② 马大正：《有清一代新疆考察论述》，载马大正编《西域考察与研究》，新疆人民出版社 1994 年版，第 3 页。

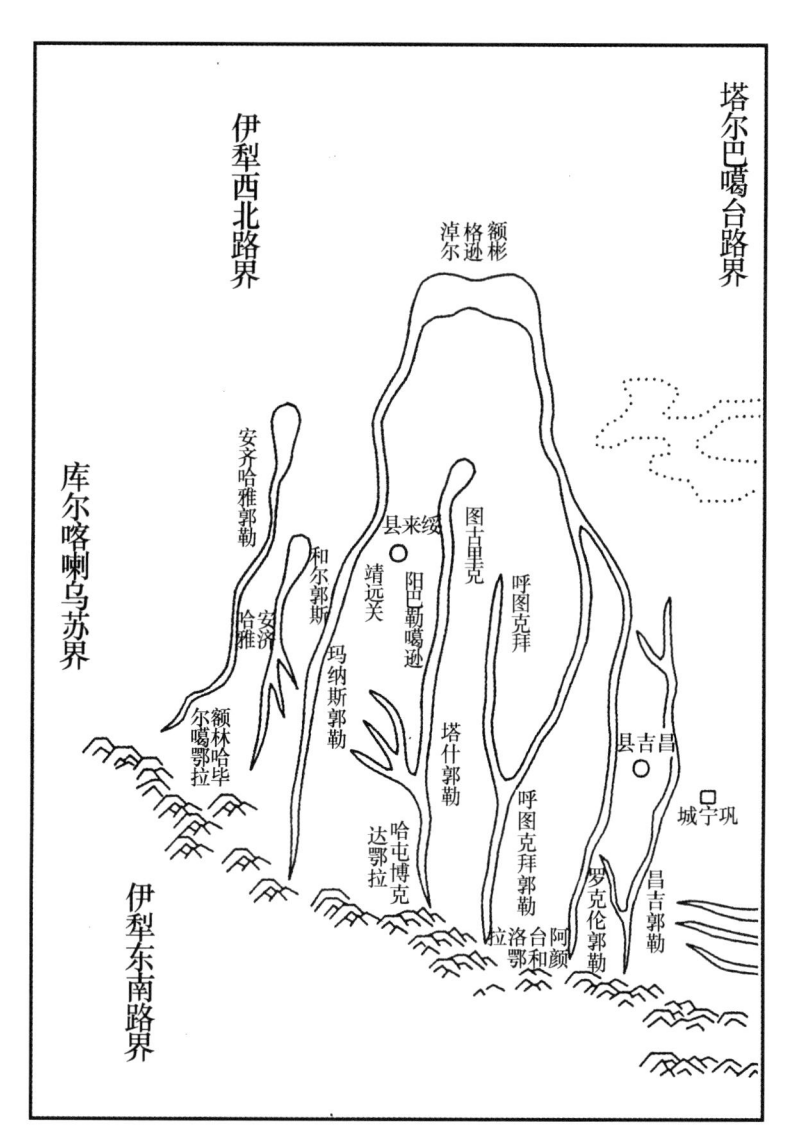

第六章　清至民国时期天山北麓的环境变迁　227

图 6-1　《西域图志》（1782）附三屯河与呼图壁河水系

道光元年（1821）成书的《西域水道记》有更详细的记载①：

---

① （清）徐松：《西域水道记》卷 3《额彬格逊淖尔》，北京大学图书馆藏道光三年（1823）刊本。

（罗克伦河）河流迳雅玛拉克山西而会，出山口，谚曰天河。北流引东、西渠各一，东渠经县西门北流，西渠经圆城西芦草沟堡东而西流，皆溉户屯。天河又北流，西引渠一，又北流分为二支，东支曰三屯河，西支曰御塘河，各北流迳罗克伦军台东（军台距县城十里）、昌吉县治西……（三屯河）河又北流与御塘河会，是为罗克伦河，又西北流百余里，与胡图克拜河会。

（胡图克拜河出山）河北流出山迳玛纳斯营卡伦西，独山子沙碛东，北流二十五里为渠口，疏东流渠六，西流渠五。又北流五十五里迳景化城西，引西流支渠五，诸渠间为景化城户屯与乌鲁木齐右营兵屯田……迳景化城北流百余里与罗克伦河会。

罗克伦、胡图克拜二河既会，西北流二百余里，迳清水峡南入自（额彬格逊）淖尔之东南。

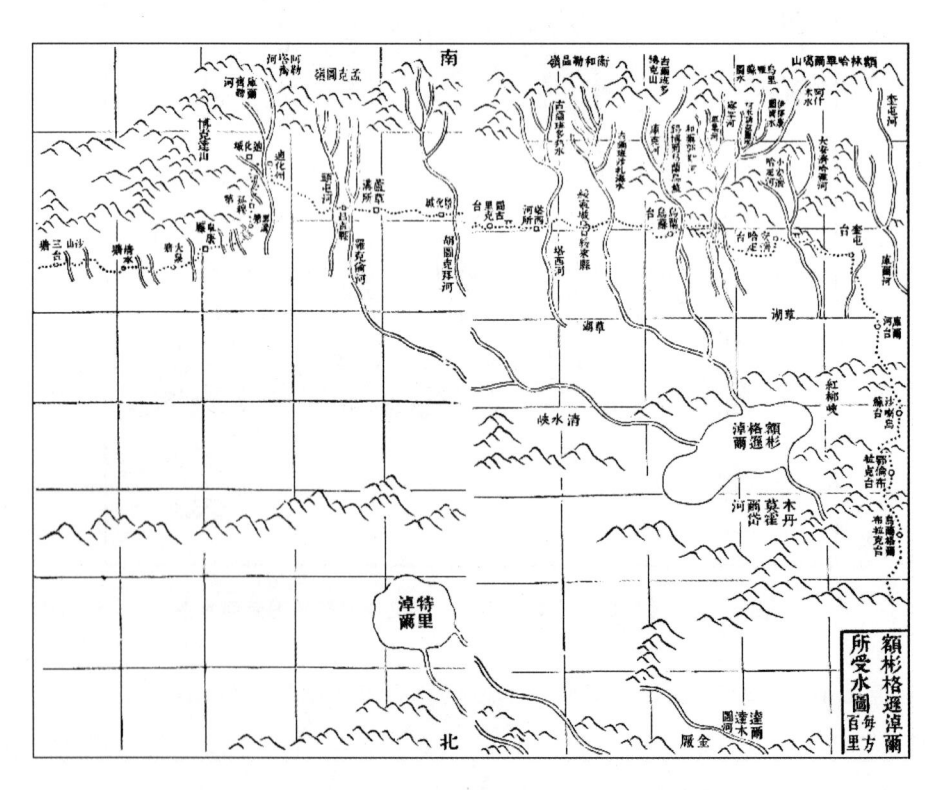

图6-2　《西域水道记》（1821）附三屯河与呼图壁河

《西域水道记》相对详细的文字记载和地图记录，使得我们有可能确定出呼图壁河与三屯河的汇合地点（见图 6-2）。三屯河"又西北流百余里与胡图克拜河会"的记载说明，两条河流的汇流地点大致位于今天昌吉市西北 50 千米处；呼图壁河"迳景化城北流百余里与罗克伦河会"的记载十分关键，景化城，为乾隆二十九年（1764）修建，其位置相当于今天的呼图壁县县城附近，自此向北 50 千米，相当于今天的下湖、桑家渠一带，其位置也大致相当于今天昌吉市的西北方 50 千米处。19 世纪初，三屯河与呼图壁河在今呼图壁县下湖、桑家渠一带汇合，然后向西北流 100 千米，最后注入玛纳斯湖。

绘制于 19 世纪末《旧刊新疆舆图》"绥来县图"和"昌吉县图"更加详细地表现了三屯河流域与呼图壁河流域汇流的情况，以及汇流后的河道分布。

总而言之，大量的历史文献和古地图的记录说明，18—19 世纪三屯河水系与呼图壁河水系的汇流，最后注入玛纳斯湖的情况是真实的。但由于这两条河流分流以及下游断流的时间距今已经 100 多年了（见下文分析），其河流的具体汇流和汇流后的河道分布情况至今还是一个尚待严密论证的问题。

2. 现代地形图、遥感影像以及地理考察的证据

充分利用现代大比例尺地形图、遥感影像以及地理考察成果，不但证实了历史文献和古地图记载的真实性，而且可以准确地确定三屯河与呼图壁河的汇流地点，以及汇流后河道的位置。

在据 1957 年航测而编制的 1:10 万地形图上[①]，今天昌吉市西北郊不远有一条保存较完整的干河道痕迹，南北向延伸，地图上标名为"老龙河"。老龙河干河道蜿蜒向北，然后在北纬 44°37′、东经 87°10′处转向西北西方向延伸（进入呼图壁县境内后，被称为二道沟）；二道沟在北纬 44°45′、东经 86°35′附近逐渐转向西北北方向，在桑家渠至下湖一带，不断有从呼图壁河流域南来的干河床与之交汇；在北纬 44°45′40″、东经 86°33′30″附近，所有的河流汇成一条，地图上标为"马桥河"，马桥河干河床向西北北方向延伸，然后在北纬 44°51′、东经 86°31′附近，转为西北方向，沿莫索湾北缘一直延伸到大拐附近。按照历史文献的记载和古地图上的表现，老龙河（二道沟）故河道遗迹就应该是 18—19 世纪的三屯河下游的故河道；而头道河以及桑家渠至下湖一带的众多干河床就是 18—19

---

① 中华人民共和国国家测绘局：《1:10 万地形图》"昌吉县"（保密地图）。

世纪呼图壁河下游的故河道。18—19 世纪，三屯河（罗克伦河）与呼图壁河在今天的桑家渠至下湖一带汇合，汇合后的河流仍然被称为罗克伦河，罗克伦河下游在今天莫索湾北缘向西北延伸，最后汇入大拐附近的玛纳斯湖。

20 世纪 80 年代，中国科学院新疆地理所的樊自立等人开展了对莫索湾一带的实地考察，考察证实，三屯河与呼图壁河汇合后的河道在今天地貌上表征为一条呈东南——西北方向延伸于莫索湾走廊北缘的故河道，宽 10—15 米，深 2—3 米，其尾端一直延伸到大拐附近，现在的一条由莫索湾到大拐的沙漠道路就是利用了这条故河道的河床。[1]

另外，在 2000 年和 2001 年拍摄的遥感影像上可以清楚地看到，从呼图壁河下游到大拐附近有一条东南——西北延伸的条形低洼地带，东南接今天芳草湖附近呼图壁河尾间大海子水库一带，经莫索湾走廊向西北逐渐狭窄，最后在今天大拐附近消失。

由遥感影像的证据以及历史文献、古地图记载的信息来看，18 世纪呼图壁河与三屯河汇流后的河道（罗克伦河下游）终点应该在今天的大拐附近。

总而言之，18—19 世纪的历史文献、古地图准确而真实地记录了当时三屯河水系与呼图壁河水系的汇流情况，同时，现代地形图、遥感影像、地理考察结果等都进一步证明了河道汇流的地点，以及汇流后河道的位置及分布特征。

（三）19 世纪末三屯河水系空间分布的变化

根据《西域水道记》的记载，19 世纪前期出现"三屯河"这一名称[2]，它仅仅是指"罗克伦河"的一条岔流："天河又北流西引渠一，又北流分为二支，东支曰三屯河，西支曰御塘河，各北流迳罗克伦军台东（军台距县城十里）、昌吉县治西……（三屯河）河又北流与御塘河会，是为罗克伦河，又西北流百余里与胡图克拜河会。"[3] 记载说明，岔流"三屯河"的水流从主流分开一段后又流回罗克伦河中，罗克伦河水全部向西

---

[1] 中国科学院新疆资源开发综合考察队：《天山北麓地区的自然环境变化及其自然环境保护》，载中国科学院新疆资源开发综合考察队编《新疆资源开发和生产布局研究综合考察报告集》（内部资料），1986 年，第 1—33 页。

[2] 它显然是随着 18 世纪后半期这一带的农业开发而出现的，"屯"是当时军事屯垦的编制单位。

[3] （清）徐松：《西域水道记》卷 3《额彬格逊淖尔》，北京大学图书馆藏道光三年（1823）刊本。

北流，最后与胡图克拜河汇合。

但是到 19 世纪末，这一时期所有的历史文献记载和古地图都记录到罗克伦河的岔流"三屯河"流向发生转变，从而彻底改变了罗克伦河水系的空间分布。光绪二十五年（1899）刊行的《大清会典图》记载，罗克伦河"东北流经昌吉县西南，左出一支渠，曰红水河，北流入于沙，又东折北经县治西，右出一支渠曰三屯河，东北流注于头屯河。正渠又西北流经洛克伦东，又西北会呼图壁河"①。稍晚一些时候成书的《新疆图志》记载，昌吉河（今天的头屯河）"迳昌吉城东，又东北合罗克伦东支水，即三屯河，潴于古尔班托罗之泊"②。古尔班托罗海俗名白家海子，在 19 世纪末的地图上多表示为白家海子。在 20 世纪 50 年代出版的地形图上还标出了白家海子的位置。③ 结合 19 世纪末 20 世纪的各种地图可以看出，到 19 世纪末"三屯河"由罗克伦河的岔流转变为独自向东北方向流去的一条支流，它带走了罗克伦河原本流向西北方向的部分水量。根据 1∶10 万地形图上的河道遗迹判断，在北纬 44°20′、东经 87°30′附近比较低洼，而且十分接近头屯河流域范围，19 世纪末，三屯河可能在北纬 44°20′、东经 87°30′附近转向东北流，向东北汇入头屯河，最后注入白家海子（见图 6 - 3c，图 6 - 3d）。三屯河转向东北流后，彻底改变了罗克伦河水的空间分布，罗克伦河（马桥河）在莫索湾以下的水量大大减少。

在 19 世纪末，大部分历史文献和古地图上依然将昌吉县以西的河流称为"罗克伦河"，这可能是由于尊重历史的缘故，但是，不容忽视的是，在个别的历史文献中，直接用"三屯河"这一名称来指昌吉县以西的整个河流，（昌吉县）"本境有河二道，源均出南山大雪山之下。……一名头屯河，由城东十里而过，一名三屯河，由城西五里而过"④。"三屯河"正在逐渐取代"罗克伦河"的事实说明了一个十分重要的水文变化事件，即原来的支流三屯河已经变成整个河流的主流，这条河流的大部分水量也随之流向东北方向。

---

① （清）昆冈纂：《大清会典图》卷 218《舆地八十·新疆省二·迪化府图》，陕西师范大学图书馆藏光绪二十五年（1899）京师官书局石印本。
② （清）王树枏：《新疆图志》卷 71《水道五》，朱玉麒等整理，上海古籍出版社 2015 年版，第 1299 页。
③ 新疆维吾尔自治区地图集编纂委员会编：《中华人民共和国新疆维吾尔自治区地图集》（保密级），1966 年。
④ （清）佚名：《昌吉县乡土志·水》，载马大正、黄国政、苏凤兰整理《新疆乡土志稿》，新疆人民出版社 2010 年版，第 49 页。

（四）19世纪末罗克伦河下游（马桥河）变为时令河

本书把18—19世纪罗克伦河与呼图壁河汇合后，在今天莫索湾一带的河道称为罗克伦河下游（即现代的马桥河）。根据历史文献和古地图的记载可以确定，在19世纪60—80年代，罗克伦河与呼图壁河汇流后的水流仍然可以供给今天莫索湾一带居民的饮用和灌溉用水①，当地居民为躲避战乱，在这一带临时建立下马桥、义安堡、攀安堡、必安堡、同安堡、锡营、公安堡等聚落②，现在依然可以看到这些聚落的遗迹③。但是，光绪三年（1877）战乱结束后，这一带的城堡马上被废弃了，19世纪末的文献记载到，罗克伦河"北流经昌吉县西北至五户地，入呼图壁县丞辖境。又西北过三家梁，呼图壁河南来汇之，又西北经马桥南，又同治回变时，徐学功率昌、呼汉民避乱自卫所筑旧堞存焉。河自此出呼图壁境，入绥来义安堡北。又西北经公安堡南，又西二百里注于阿雅尔淖尔"④。

这说明，在当时的生产力条件下，莫索湾一带并不是人类理想的居住区。同时到19世纪末，三屯河的水流有时也不能够到达莫索湾一带："三屯河北流三百余里折西北至呼图壁之芳草湖，绥来之北沙山一带，浸入沙中矣。"⑤ 结合19世纪末罗克伦河支流三屯河转向东北流，而且逐渐由支流变为正流的事实，三屯河（罗克伦河）向西北方向的水量大减，可以推断，19世纪末罗克伦河下游（马桥河）可能变成了一条时令河，只有在每年七八月份的丰水季节才有水流到达这里。

（五）20世纪第一个20年里罗克伦河下游（马桥河）断流

早在19世纪末，三屯河的水流已经不能向西北汇入呼图壁河，大量河水消失于芳草湖至北沙山一带的荒漠中："三屯河北流三百余里折西北

---

① （清）魏光焘：《戡定新疆记》，清光绪二十五年刻本，《四库未收书辑刊》第一辑，北京出版社2000年版，第670—675页。
② （清）《新疆全省舆图》"昌吉县图""绥来县图"。（清）佚名：《昌吉县乡土志》，载马大正、黄国政、苏凤兰整理《新疆乡土志稿》，新疆人民出版社2010年版，第463页；（清）杨存蔚：《绥来县乡土志》，载马大正、黄国政、苏凤兰整理《新疆乡土志稿》，新疆人民出版社2010年版，第464页。（清）佚名编：《旧刊新疆舆图》"昌吉县图""绥来县图"，台北：成文出版社1968年版，第3、4页。
③ 即现在的野马城、东古城、马桥城等，见昌吉回族自治州地名委员会编《新疆昌吉回族自治州地名图志》（内部资料），1988年，第289、290页。
④ （清）佚名：《呼图壁乡土志·水》，载马大正、黄国政、苏凤兰整理《新疆乡土志稿》，新疆人民出版社2010年版，第91页。
⑤ （清）佚名：《昌吉县乡土志·水》，载马大正、黄国政、苏凤兰整理《新疆乡土志稿》，新疆人民出版社2010年版，第49页。

至呼图壁之芳草湖，绥来之北沙山一带，浸入沙中矣。"① 到1917年，档案记载呼图壁河以芳草湖一带为终点湖，也不能向北流到莫索湾一带了："据查报，呼图壁河水洪流发源于南山，直趋于西北，至芳草湖则泛漫无所归宿，其湖上之地广漠无垠，纵横数百里，土脉悉属膏腴，皆宜种植，只因有用之水溢于无用之沙窝，而可垦之地抛弃于无水之灌溉。"② 可以确定，在20世纪的第一个20年中，罗克伦河下游（马桥河）断流了。1930、1940年代出版的地图上可以清楚地看到，三屯河与呼图壁河成为独立的两个水系，呼图壁河以芳草湖一带为终点，三屯河流程大大缩短，罗克伦河下游（马桥河）断流，莫索湾一带成为无水的荒漠。③

20世纪50年代，新疆生产建设兵团进入莫索湾时，这里自然景观是"干旱缺水，荒无人烟，遍地生长着梭梭、红柳等沙生植物，成了黄羊、野兔的'乐园'"，是一片典型的干旱荒漠景观④。也就是说，在20世纪最初的50年间，莫索湾一带完全没有水流到达，变成了荒无人烟的荒漠地带。

20世纪80年代，樊自立等人的地理考察结果亦与这一推论相符，"莫索湾以下，古河道宽约10—15米，河深2—3米，河旁生长着胡杨，粗者可达0.5—1米，但大多数是枯木林。干涸的河道中现生长有直径0.1米的大梭梭，估计至少也得生长50—60年，可见这条古河道断流约在60—70年前"⑤。

---

① （清）佚名：《昌吉县乡土志·水》，载马大正、黄国政、苏凤兰整理《新疆乡土志稿》，新疆人民出版社2010年版，第49页。
② （民国）杨增新：《饬昌吉营杨游击锦侯、呼图壁李县佐继洪会往查勘呼图壁地方开渠垦荒文》，载（民国）新疆水利委员会编《新疆水利会第二期报告书》卷2，北京大学图书馆藏北京华国书局民国七年（1918）石印本。
③ Map of "Modern Chinese Turkistan（Hsin-Ching） – – Political and Economic". In：Albert Herrmann, *Historical and Commercial Atlas of China*. Cambridge：Massachusetts and Harvard University Press，1935，p. 69；"新疆灌溉工程图"，载（民国）倪超编著《新疆之水利》，商务印书馆1945年版，第1页。
④ 刘丙正：《一锤定音——开发莫索湾的序幕》，载中共新疆维吾尔自治区顾问委员会《当代新疆》丛书编委会编《我与新疆》，新疆人民出版社1989年版，第259—262页；高锡彪：《莫索湾五场开发记》，载中国人民政治协商会议石河子市委员会文史资料委员会编《石河子文史资料》第6辑（内部资料），1996年，第25—30页；李宗伟：《开发莫索湾纪事》，载中国人民政治协商会议石河子市委员会文史资料委员会编《石河子文史资料》第6辑（内部资料），1996年，第31—34页。
⑤ 中国科学院新疆资源开发综合考察队：《天山北麓地区的自然环境变化及其自然环境保护》，载中国科学院新疆资源开发综合考察队编《新疆资源开发和生产布局研究综合考察报告集》（内部资料），1986年，第1—33页。

结合文献和地理考察结果可以确定，在20世纪的第一个20年里，罗克伦河下游（马桥河）断流，而三屯河与呼图壁河的分流可能发生在19世纪末20世纪初。三屯河与呼图壁河分为两个独立的水系，各自以尾闾湖为终点，莫索湾至大拐一段的河道完全断流，计断流达100千米有余。

（六）1950年代以后呼图壁河与三屯河的变迁——流程缩短

在1966年出版的地图上可以看到，原来的罗克伦河整个河流被命名为三屯河，河流在出山口分为数支，在今昌吉市西南不远处，河流分为两条主要的支流，西支名为老龙河，向西北流，最后消失于昌吉西北的沙漠中；东支为主流，向东北偏北流，最后消失于今昌吉市佃坝乡下东沟一带。呼图壁河在呼图壁县以北向西北流，河网密布交叉，最远可以到达马桥农场一带。①

从20世纪50年代起，三屯河与呼图壁河水系上、中游大量兴建水利工程，流域的不同地段相继修建了山区或者平原水库，拦截了大量水流。同时，用混凝土等材料修筑的引水渠道固化了河流水网，河道下游大多被渠化，或者以人工平原水库为终点，或者被渠化后消失于农田中（见表6-1）。今天三屯河水以103团场蔡家湖地方的沙山子人工水库为终点，呼图壁河下游的大部分水流被拦截在芳草湖附近的大海子水库（1962年修建），然后由大海子西干渠引水到106团场的马桥城附近。

表6-1　　1949年以来三屯河与呼图壁河水系水利工程建设

渠道/水库	水源	渠道长度（km）	输水能力 m³/s	库容（万m³）	灌溉面积（km²）	竣工日期（年）	所用材料
青年干渠	呼图壁河	20.8	30		300	1963	干砌灌浆
大海子西干渠	大海子水库	38	10		80	1963	—
滨湖干渠	三屯河	23.6	5		38	1964	干砌灌浆
三屯河西干渠	三屯河	20.8	35		246.7	1965	混凝土
三屯河东干渠	三屯河	15	15		113.3	1965	干砌灌浆
芳草湖东渠	呼图壁河	27.6	10		80	1965	砼板
佃坝干渠	三屯河	5	7		33.3	1978	混凝土
二六工干渠	三屯河	6.7	5		2.47	1976—1979	干砌灌浆

---

① 新疆维吾尔自治区地图集编纂委员会编：《中华人民共和国新疆维吾尔自治区地图集》（内部资料），1966年。

续表

渠道/水库	水源	渠道长度（km）	输水能力 m³/s	库容（万 m³）	灌溉面积（km²）	竣工日期（年）	所用材料
大海子水库	呼图壁河			3000	1066.67	1962	—
东河水库	呼图壁河			2000	78.67	1967	干砌灌浆
三屯河水库	三屯河			3500	360	1983	灌浆石重力坝

资料来源：昌吉回族自治州地名委员会编：《新疆昌吉回族自治州地名图志》（内部资料），1988年，第263—273页。

（七）近300年来三屯河与呼图壁河水系变迁图

根据历史文献记载、古地图信息，结合现代1∶10万地形图、遥感影像，编绘了近300年三屯河与呼图壁河水系变迁图，同时对其变化过程进行了解释和说明。

18世纪末三屯河—呼图壁河水系图：根据《西域图志》的记载及其所附舆图，绘制了"18世纪末三屯河—呼图壁河水系图"（见图6-3a）。需要说明的是，18世纪，三屯河与呼图壁河在今天的桑家渠至下湖一带汇合，然后向西北注入玛纳斯湖，三屯河与呼图壁河属于同一个水系，因此将之称为"三屯河—呼图壁河水系图"。

18世纪，三屯河被称作罗克伦郭勒，呼图壁河被称作呼图拜郭勒或者呼图克拜郭勒；两条河流在出山口之后，平行径直向北流，大约至沙漠边缘的时候一致转向西北方向，在今天桑家渠至下湖一带汇合，汇合后的河流名称仍然为罗克伦河（说明水流应该是以罗克伦河上游的来水为主），河流向西北流，汇入今天大拐附近的额彬格逊淖尔。

19世纪前期三屯河—呼图壁河水系图：《西域水道记》是19世纪前期徐松在实地考察的基础上完成的，因此对于北疆的水文记录更加详细和真实。根据《西域水道记》的详细文字记载和所附舆图，绘制了"19世纪前期三屯河—呼图壁河水系图"（见图6-3b）。

19世纪前期，三屯河被称作罗克伦河，呼图壁河被称作胡图拜河或者胡图克拜河；罗克伦河在出山口至今天的昌吉市附近一段称为"天河"，天河出山口后分为两支，西支称为西渠，向西北流过今天的芦草沟之后消失于戈壁中；东支名为东渠，是天河的正流。正流在今昌吉市附近又分为两支，东支叫作"三屯河"，西支叫作"御塘河"，两条河在今昌吉市西北又合流（今昌吉市西北约61千米戈壁中），正流开始被称为"罗克伦河"。罗克伦河是18、19世纪这条河流的正式名称，天河是当地的俗称，而且专指出山口至山前绿洲这一段。呼图壁河被称为胡图拜河或者胡图克拜河，主流经今呼图壁县城西，径直向北流，最后汇入罗克伦河，但是从山口到河流汇入罗克伦河之前"北流二十里为渠口，疏东流渠六，西流渠五。又北流五十五里经景化城西，引西流支渠五，诸渠间为景化城户屯与乌鲁木齐右营兵屯田"[1]，从主流分出支渠达 16 条之多，这些支渠大都消失于灌溉区或者沙漠、戈壁中，很少有再回到主流的。19 世纪前期，三屯河与呼图壁河仍然属于同一个水系。

19 世纪末 20 世纪初三屯河—呼图壁河水系图：根据 19 世纪末至 20 世纪初的《新疆图志》《大清会典图》《呼图壁县乡土图志》《昌吉县乡土志》《昌吉县乡土图志》等各类历史文献、古地图记载，编绘了"19 世纪末 20 世纪初三屯河—呼图壁河水系图"（见图 6 - 3c）。

19 世纪末 20 世纪初，"三屯河"这一名称正式取代"罗克伦河"这一名称来称谓今天昌吉市以西的大河；三屯河尾端的河水大部分向东北汇入头屯河，最后注入白家海子，一少部分水量向西北流，与呼图壁河水汇合；由于来水减少，三屯河与呼图壁河汇合后的河流成为典型的季节性河流。

20 世纪三四十年代三屯河与呼图壁河水系图：根据 1935 年出版的《中国历史与商业地图册》"当代中国新疆的政治和经济"[2]、1945 年出版的《新疆之水利》附图"新疆灌溉工程图"[3]，绘制了"20 世纪 30、40 年代三屯河与呼图壁河水系图"（见图 6 - 3d）。

此时，三屯河与呼图壁河水系发生了两个变化：第一，20 世纪 30、40 年代，三屯河与呼图壁河分离，成为两个独立的水系；第二，罗克伦河下游（马桥河）断流，莫索湾一带成为完全无水的荒漠。

这里需要说明的一点是，由于人工引水的原因，自 20 世纪 60 年代以来荒废了近 50 余年的莫索湾一带又重新复苏了，呈现出勃勃生机的景象，但是这里的所用水皆引自玛纳斯河水系，莫索湾一带已经由属于三屯河、呼图壁河水系流域范围改为属于玛纳斯河流域范围了。

---

[1] （清）徐松：《西域水道记》卷 3《额彬格逊淖尔》，北京大学图书馆藏道光三年（1823）刊本。

[2] Map of "Modern Chinese Turkistan (Hsin-Ching) - Political and Economic", In Albert Herrmann, *Historical and Commercial Atlas of China*, Cambridge：Massachusetts and Harvard University Press, 1935, p. 69.

[3] 《新疆灌溉工程图》，载（民国）倪超编著《新疆之水利》，商务印书馆 1945 年版，第 1 页。

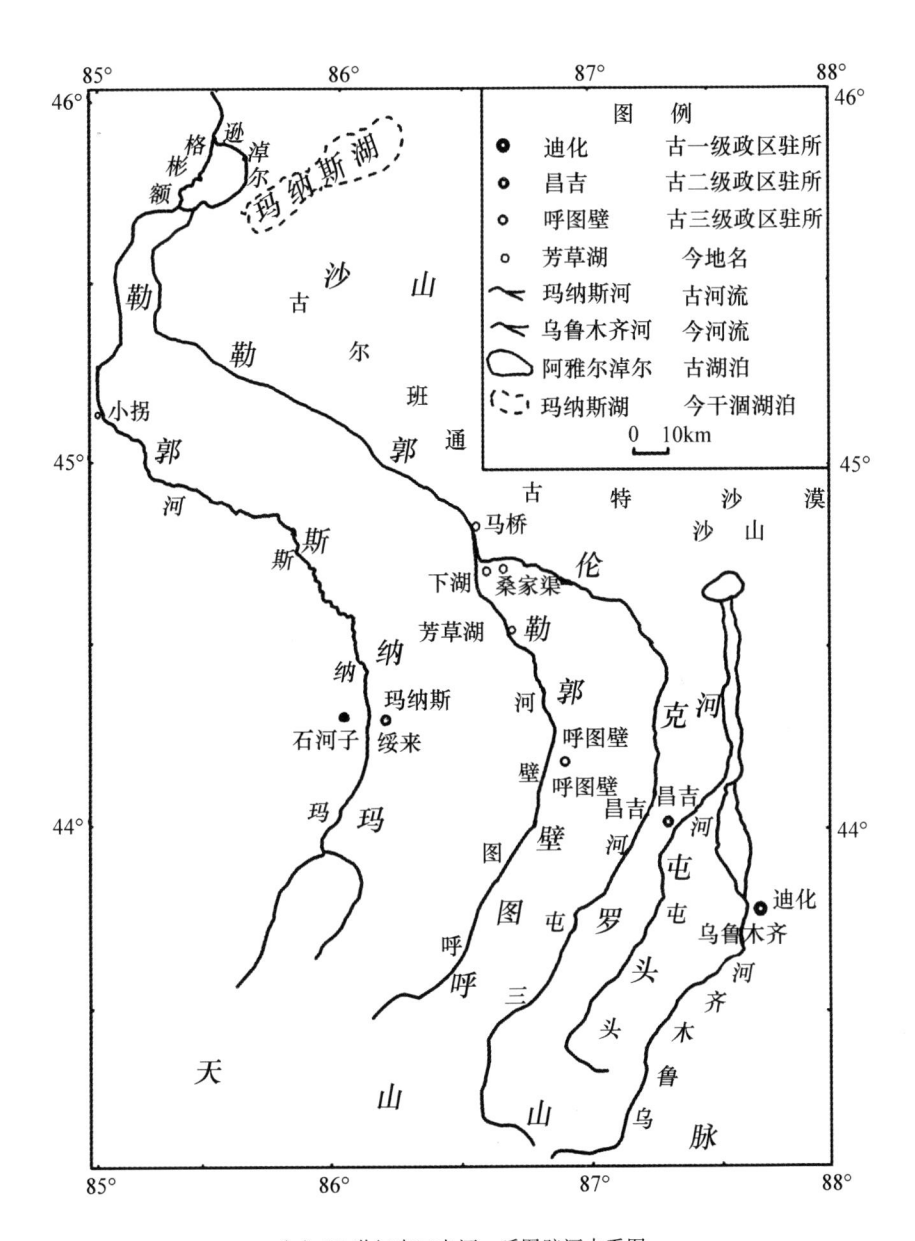

第六章 清至民国时期天山北麓的环境变迁 237

(a) 18世纪末三屯河—呼图壁河水系图

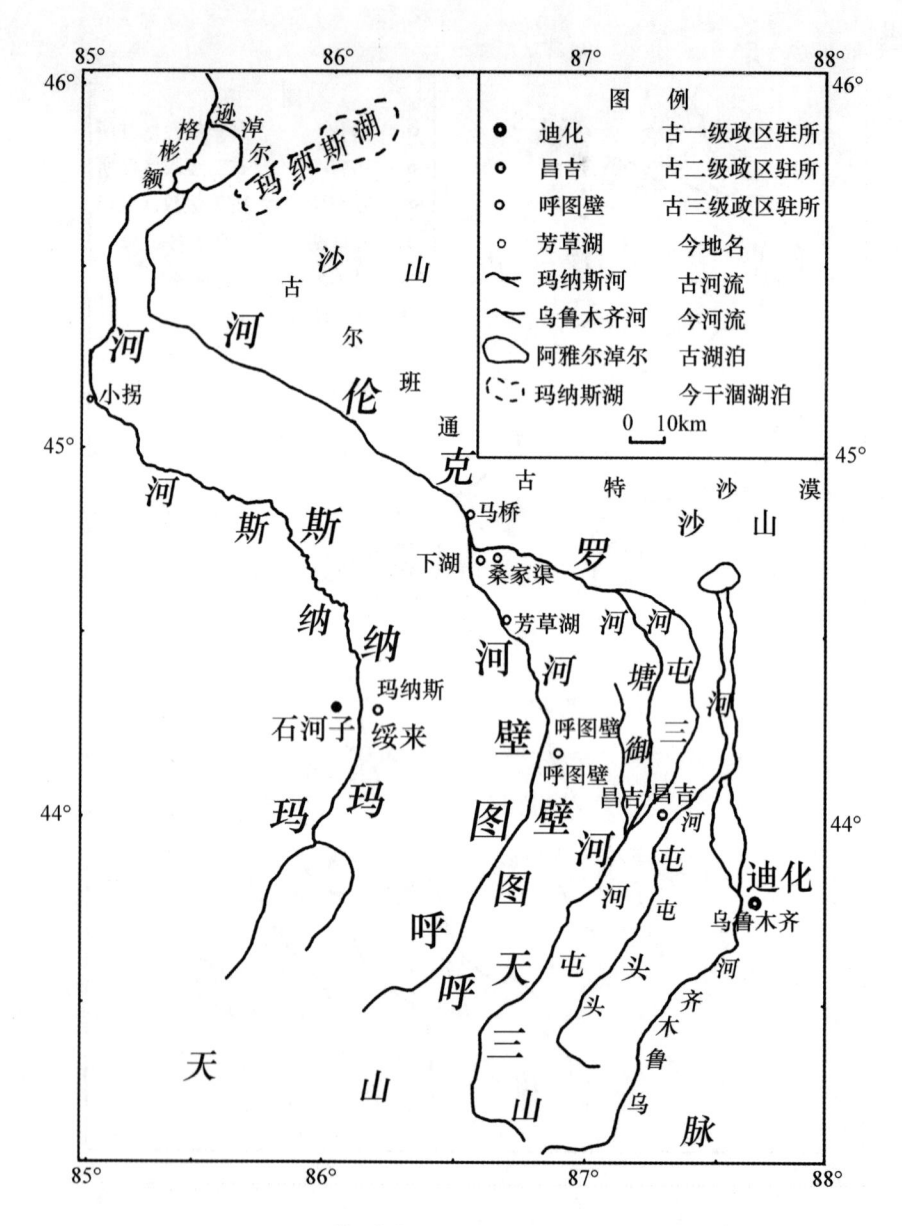

(b) 19世纪前期三屯河—呼图壁河水系图

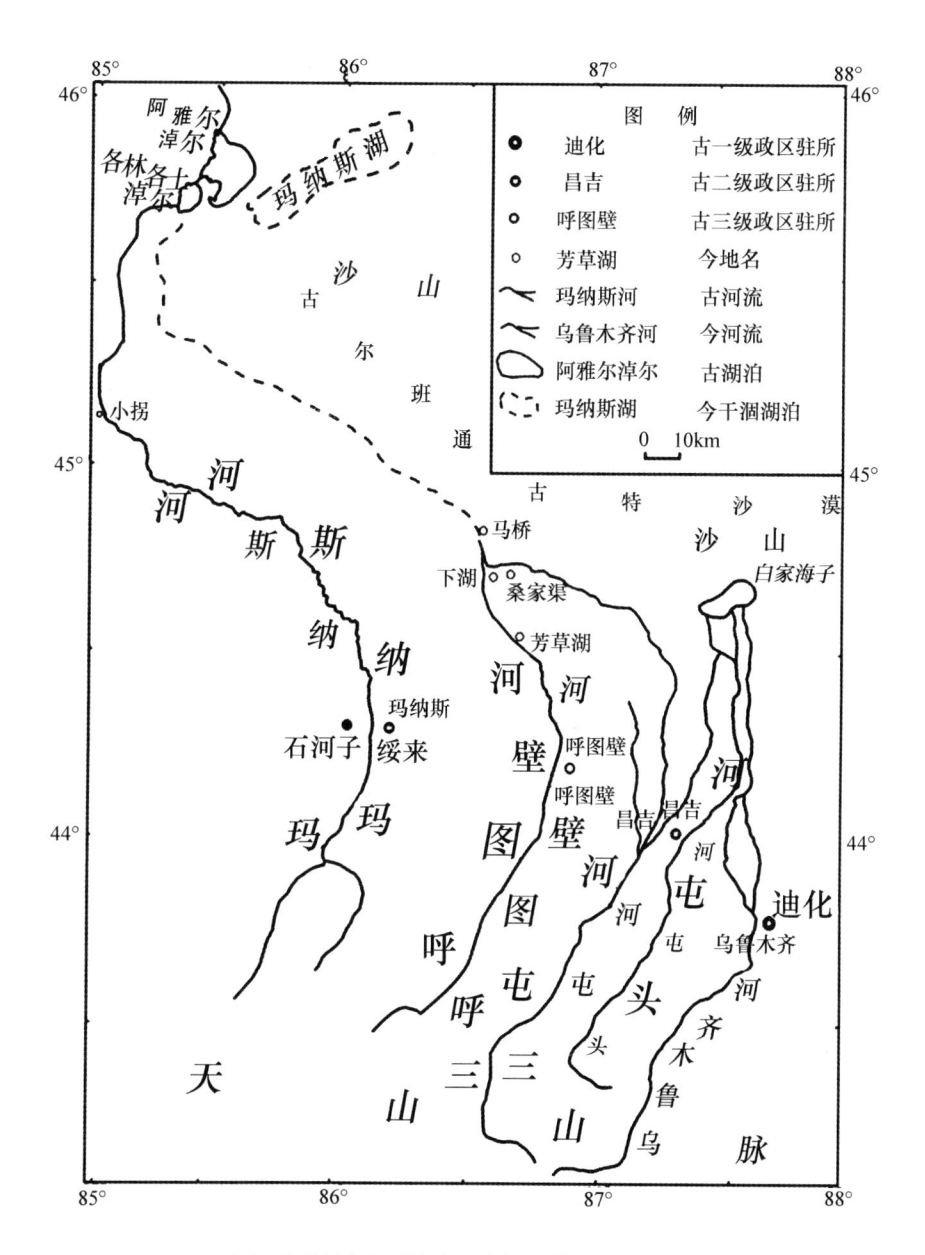

第六章 清至民国时期天山北麓的环境变迁 239

（c）19世纪末20世纪初三屯河—呼图壁河水系图

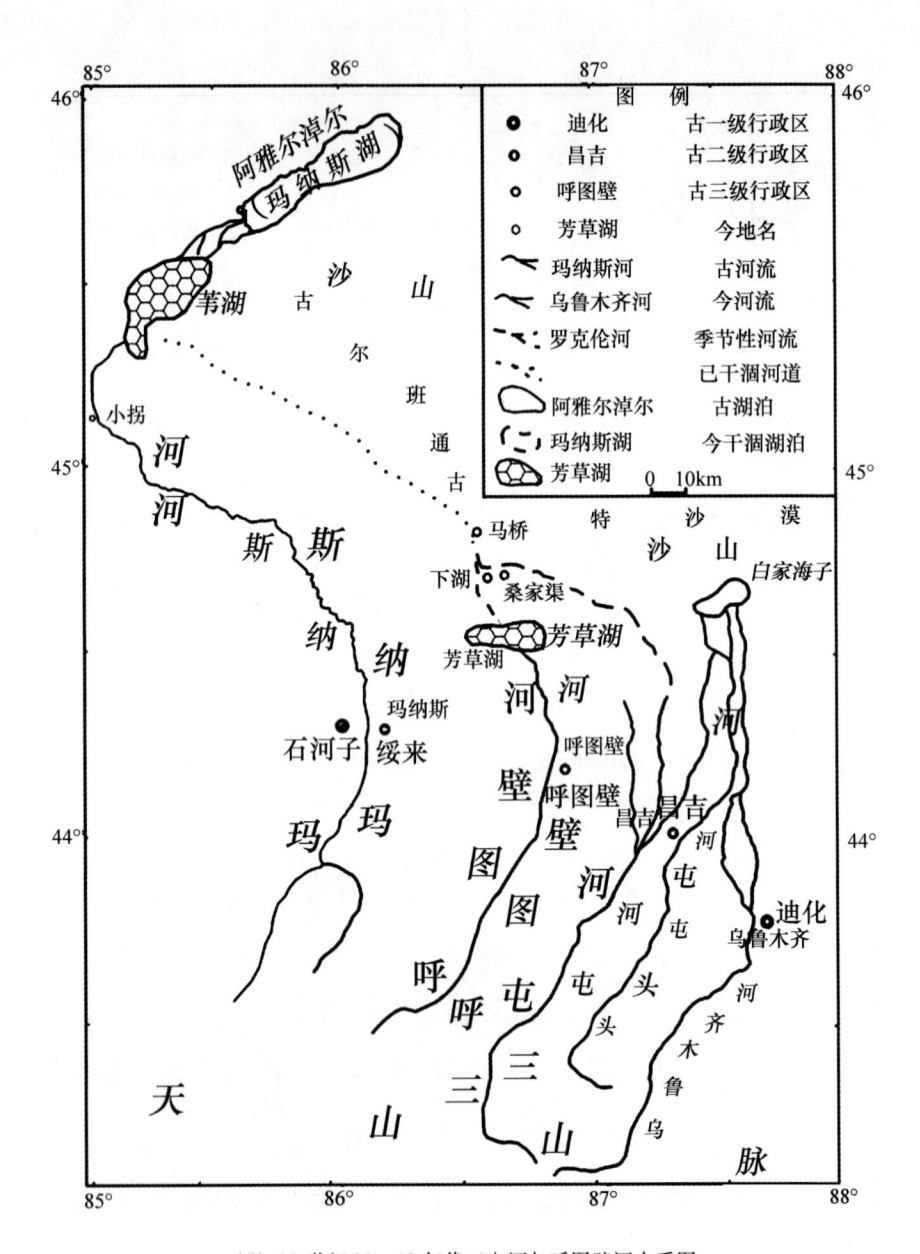

(d) 20世纪30、40年代三屯河与呼图壁河水系图

图6-3 18世纪以来三屯河与呼图壁河水系变迁图

二 清代以来玛纳斯湖的迁移变化

(一) 地貌学研究及其提出的问题

20世纪60年代,准噶尔盆地西部著名的玛纳斯湖干涸了,在当时地学界引起过热烈的关注和讨论,关于历史时期玛纳斯湖的位置及其变迁的初步结论是[①]:

古老的玛纳斯湖区并不只有一条玛纳斯河汇入,在第四纪初期,乌伦古河在北塔山北端向西南方向进入准噶尔盆地,形成了三个泉子谷地,汇入玛纳斯湖的东北角。在富蕴以南阿尔泰山前的丘陵和剥蚀平原之上,有一系列向南延伸的古河道遗迹,表明额尔齐斯河的上游也曾从北部汇入玛纳斯河。到了第四纪中期,三个泉子谷地汇入湖泊的水量已经大大减少,并很快变成干谷,乌伦古河沿着现在的河道向下延伸,到杜热附近地区,仍转向准噶尔盆地西南部,最后进入玛纳斯湖。从天山发源的马桥河、玛纳斯河及其以西的一些小河汇入玛纳斯湖盆地的南部。第四纪中期以后,因陆梁的隆起以及局部断陷洼地的产生,乌伦古河和额尔齐斯河形成独立的水系,不再进入玛纳斯湖盆地;南部的马桥河亦因天山山前拗陷的发展,离开了玛纳斯湖盆地。湖水位的下降,使玛纳斯河三角洲的顶点从大拐向北推进。到冰后期,湖水分散在几个洼地里,形成了艾里克湖、艾兰诺尔和玛纳斯湖等,湖水在洼地之间不断迁移。有时玛纳斯河水进入三角洲上部汊流,在艾兰诺尔以南地区亦可形成星散的小水泊。第四纪晚期以来玛纳斯湖周围又产生了两级阶地:一级为达巴松诺尔地区,相对高度为20—25米,一级在湖边,只有5—7米。1957年,补给湖区的最重要的河流是玛纳斯河,在中拐附近发展成宽大的鸟趾状三角洲,其间沼泽广布,芦苇丛生。北至大拐附近,西为玛纳斯湖较早期的三角洲,上有西北流向的干河床,显示从前玛纳斯河补充艾兰诺尔的流道;大拐以东,玛纳斯河通过沼泽地蜿蜒曲流,水流注入玛纳斯湖。除了玛纳斯河外,发源准噶尔西部山地的达尔布迪克河及一些小间歇性溪流,补给了老湖艾兰诺尔,乌尔禾河补给了艾里克湖。1957年,新疆考察队进入该地考察时发现,艾兰诺尔已经是个干湖,据过去的报道,推测这湖大概在1915—1930年期间消失的(见图6-4)。

以上是第四纪地质和地貌学关于玛纳斯湖变迁过程研究的初步结论,至今尚未有新的研究进展。笔者在研究中发现,古地图和历史文献中包含

[①] 中国科学院新疆综合考察队编著:《新疆地貌》,科学出版社1978年版,第217—219页。

丰富的关于玛纳斯湖变迁的信息。与历史文献记载、古地图所包含的信息进行对比，笔者发现上述结论中有两点值得特别关注：其一，结论认为玛纳斯湖在第四纪中期以后就由大拐向北推移，与历史文献和古地图资料的记载有出入；其二，结论认为玛纳斯湖的位置在1915—1930年间发生迁移，由老湖艾兰诺尔迁移到新湖，即现在的玛纳斯湖位置，其对于湖泊迁移的具体时间以及迁移前后湖泊水文状况都不清楚，解读历史文献与古地图包含的湖泊变迁信息有助于推动对这一问题的深入了解。

（二）20世纪50年代以来的玛纳斯湖

根据1957年的中国科学院新疆综合考察队、1986年中国科学院新疆资源开发综合考察队的考察记录，以及1999年以来的区域遥感影像解译分析，可以复原近50年来玛纳斯湖的变迁。

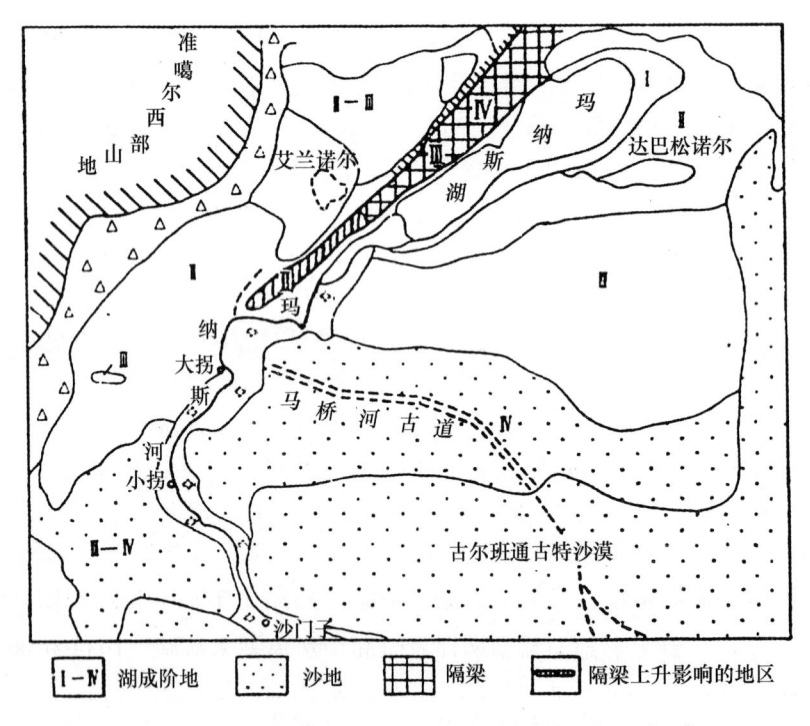

图6-4 《新疆地貌》附《玛纳斯河下游湖泊迁移图》

1957年中国科学院新疆综合考察队的实地考察记录表明，当年，艾兰诺尔是一个干涸的湖泊，玛纳斯河水汇入艾兰诺尔东北的玛纳斯湖内（北纬45°42′、东经85°55′），湖面高程为海拔260米，西南—东北向长60—

70千米，宽10—20千米，湖水很浅，平均深度为6米左右，面积550平方千米，水色澄清，略带咸味，矿化度自西南向东北增大[①]。50年代后期，由于玛纳斯河上游大规模的农业开发，河水被大量引用，河流下游水量遽减，玛纳斯河在小拐附近就逐渐消失了，由于来水断绝，玛纳斯湖于1962年彻底干涸了。[②]

判读1999—2001年玛纳斯湖区的遥感影像，结合2003年8月5—9日的实地考察和访问可以确定，1999年夏季，由于玛纳斯河水量猛增，河水流过小拐，在中拐一带形成大片的苇湖，并且继续向东北流到干涸已久的玛纳斯湖区，充盈了1962年以前的湖区。2001年夏季，玛纳斯河水再一次流入玛纳斯湖，到2003年8月，湖水面积仍然十分广大，湖水最深处深约0.8米。

总而言之，20世纪50年代以来，玛纳斯湖位于北纬45°42′，东经85°55′，且只有玛纳斯河一条河流汇入；1962—1999年间，由于玛纳斯河在小拐以下断流，玛纳斯湖干涸；1999年以来，玛纳斯河来水量增加，湖盆再次被水充盈。1962年以来，随着玛纳斯河水量的变化，玛纳斯湖泊变化的特征表现为充盈—干涸—充盈的过程。

（三）20世纪初的水文变迁事件

对于玛纳斯河的终点湖由老湖艾兰诺尔迁移到新湖玛纳斯湖的情况，至今没有一个清楚的认识，现在的研究大多引用《新疆地貌》和《新疆水文地理》的研究结论，即玛纳斯河水原来汇入老湖艾兰诺尔，约在1915年以前，玛纳斯河改道，转为向东北流，在大拐东北方形成新湖——玛纳斯湖，1915—1930年间老湖艾兰诺尔干涸；河流改道、湖泊迁移的原因是，由于玛纳斯河下游三角洲的沉积，使河道淤高，加上微小的构造运动，造成玛纳斯河流在1915年以前改道东流，进入现在的玛纳斯湖区，老湖艾兰诺尔逐渐干涸。[③]

笔者在研究玛纳斯河终点湖的变迁时，翻阅了大量关于这一区域水文记录的文献，对于老湖向新湖的迁移时间记载得都不清楚。1944年的新疆

[①] 中国科学院新疆综合考察队编著：《新疆地貌》，科学出版社1978年版，第217—219页；郭敬辉主编：《新疆水文地理》，科学出版社1966年版，第38页。

[②] 中国科学院新疆资源开发综合考察队编：《天山北麓地区的自然环境变化及其自然环境保护》，载中国科学院新疆资源开发综合考察队编《新疆资源开发和生产布局研究综合考察报告集》（内部资料），1986年，第1—33页。

[③] 中国科学院新疆综合考察队编著：《新疆地貌》，科学出版社1978年版，第217—219页；郭敬辉主编：《新疆水文地理》，科学出版社1966年版，第38页。

盐产调查报告——《西北盐产调查实录》，准确地记录了玛纳斯河下游改道的时间，其附录中的玛纳斯湖盐场分布图是根据实地考察绘制的，地图清楚地记载了20世纪初玛纳斯河终点湖迁移前后的相对位置，为今天在地图上准确标绘湖泊变迁的位置提供了依据。由于文献重要且稀见，这里择其重要之处引用：

> 唐朝渠位于准噶尔盆地西部马那斯河下游……距（绥来）县治三百千米……其地本为盐场所在，现无人烟……唐朝渠位于盆地低处，众水挟盐汇注，乃成盐池。惟沙漠之中，地形每多变迁，水道随之改易，产盐地区，亦因而移动，三十年来，此区盐产，已三易其场，兹分区列述之。(1) 民国五年以前，马那斯河注入于古阿雅尔诺尔，唐朝渠迤东至匣子盖一带，均为沙漠，沙下尺许，有古湖之盐，成洁白巨块，产盐区域，周围六百余里，产量丰富，乃设场于唐朝渠，以便管理。(2) 民国五年马那斯河改道，由大拐折而东流，唐朝渠盐区之西部约三分之二，均被水淹，不能采取，东部未淹部分，亦因交通困难，不克取用，乃改就唐朝渠以北及乌鲁木湖以东之盐池，捞取池盐。……①

由于湖泊水体位置的变化与盐场的分布密切相关，所以这里关于河流改道以及湖泊水体变迁的记载是真实可靠的。根据这里的文字记录以及所附地图（见图6-5）可知，民国五年（1916）以前，唐朝渠（今北纬45°40′、东经85°20′）以东至匣子盖（今夏子盖）一带，也就是现代玛纳斯湖的范围内均为面积广大的盐场，周长600余里；1916年，玛纳斯河在大拐附近改道向东北流，淹没了原来盐场的大部分，形成较原来湖泊面积更大的新湖。根据图6-5标绘的经纬度，新形成的湖泊位于北纬45°20′—45°45′、东经85°45′—86°45′范围内；旧阿雅尔诺尔的湖泊范围为北纬45°30′—46°、东经85°30′—86°00′之间。对比图6-4和图6-5可以看出，1916年以后形成的新湖就是现代玛纳斯湖，1916年以前的旧阿雅尔诺尔就是1957年中国科学院新疆综合考察队所谓的艾兰诺尔。

基于以上情况的确定，档案记载的一些事件的意义就显而易见了。民国初年整理出版的《新疆水利会第二期报告书》收录了1916—1917年新

---

① （民国）袁见齐：《西北盐产调查实录》，载《中国西北文献丛书续编·西北史地文献卷》第8册，甘肃文化出版社1999年版，第421—518页。

疆的水利事业开展的官方文牍，其中多处提到1916年夏季玛纳斯河河水猛涨，玛纳斯河河道在小拐、大拐附近多次决口的情况。其中，沙湾县知事杨修政的一条呈文记述得最为清楚：

> 详细详报大拐河水陡涨于本年新压坝口南岸另冲决口事。窃卑营前次奉饬修堵大拐河工，业于本年六月二十五日工竣，前已详报在案。工竣后，留排长一员，目兵一棚扎住大拐，在坝口时时查看、修补，以防渗漏漫溢之患。不料，七月十四日夜间一更时，河水陡涨，波浪汹溢，至天明时，水竟涨过两岸二尺有余，数里之遥皆成泽国，人不能到，新压之坝南岸被水复冲一口，目兵等入水急堵，奈决口处地形甚低，又系沙岸、沙底，水势过猛，堵救无及，刻下再未冲宽，现在汪洋无际，容俊河水稍落，即为修补所有大拐另冲决口缘由。理合备文详请宪台鉴核，伏乞照详施行谨详。五年八月六日。①

由这条记载可见，民国五年（1916）夏季，玛纳斯河河水流量较大，六、七两个月间在大拐处发生两次决口事件，致使大拐附近"数里之遥皆成泽国"，"汪洋无际"，大拐附近河道漫溢。将这条记载与以上1916年玛纳斯河在大拐附近改道，向东北流的事实联系起来，可以推定，1916年夏季玛纳斯河河水流量猛增，河水泛滥是导致1916年玛纳斯河在大拐处改道的直接原因。

1916年，玛纳斯河改道向东流，在大拐东北形成新的湖尾闾湖，老湖艾兰诺尔由于水源断绝，逐渐萎缩干涸。对于艾兰诺尔的干涸时间，《新疆地貌》给出的时间是1915—1930年。根据笔者查阅到的资料，可以将这一时间推定为1928年以前：1928年4月外国考察家舍姆贝格（Schomberg）来到玛纳斯河下游时看到，"阿雅尔诺尔已与玛纳斯河间断，湖底干涸，不复见潮湿现象"②，由此可以确定，老湖艾兰诺尔在1928年4月以前就已经完全干涸了。对比图6-4、图6-5的信息，结合卫星影像可以判断，老艾兰诺尔位于今天克拉玛依以东的茫茫白碱滩范围内（见图6-6c）。

总而言之，通过对比研究历史文献、古地图和历史档案的记载，可以

---

① （民国）杨增新：《批沙湾县知事杨修政详报大拐河水陡涨冲决新压坝口情形由·附沙湾县指示杨修政详文》，载（民国）新疆水利委员会编《新疆水利会第二期报告书》卷5，北京大学图书馆藏北京华国书局民国七年（1918）石印本。
② （民国）钟功甫：《准噶尔盆地之自然环境》，《边政公论》1933年第3期。

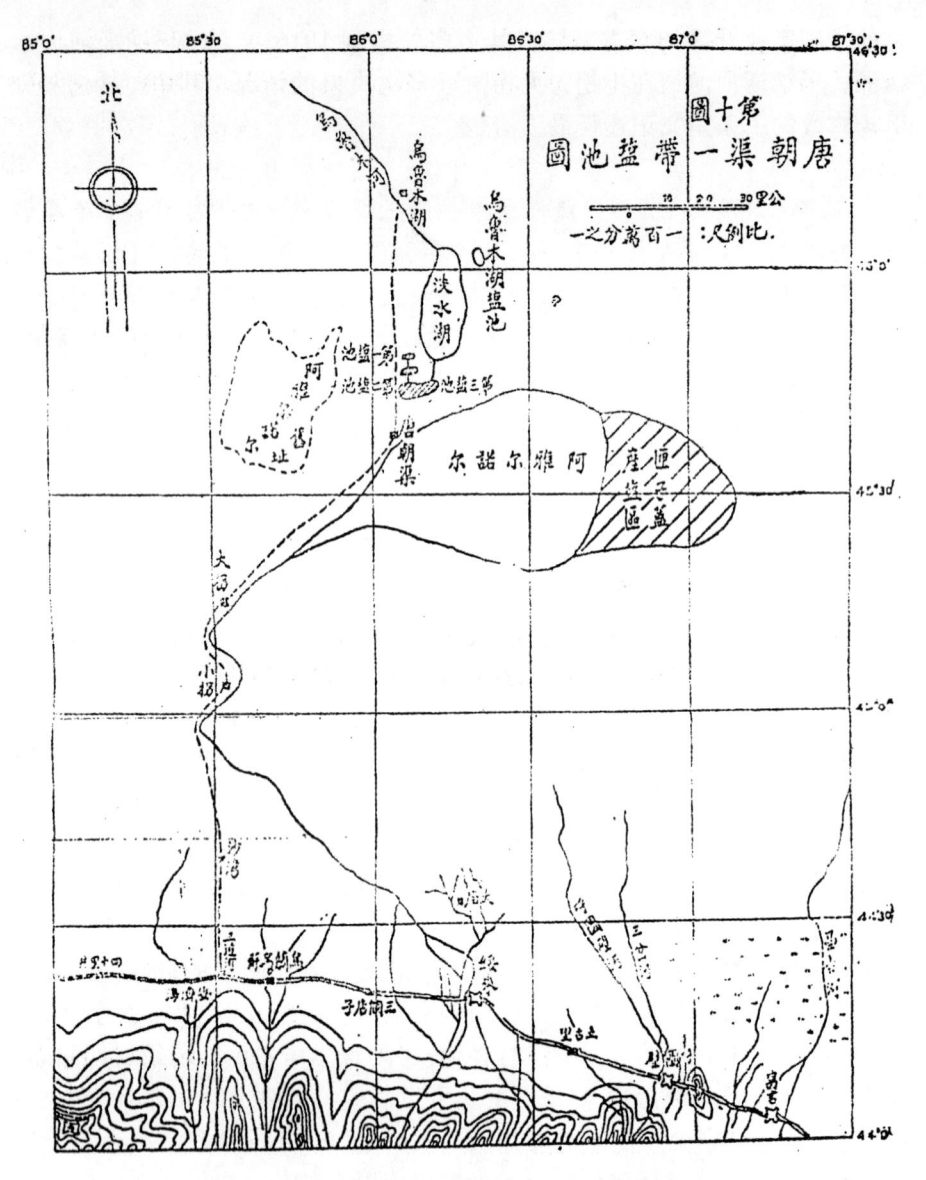

图 6-5 《西北盐产调查实录》附玛纳斯湖图

清楚地复原 20 世纪初玛纳斯河流域的一次重大水文变迁事件：1916 年以前，玛纳斯河在大拐处向西北流，注入阿雅尔诺尔（即艾兰诺尔）；1916年，玛纳斯河下游在大拐附近改道，转向东北流，在大拐东北形成面积广大的新湖，即后来所谓的玛纳斯湖。阿雅尔诺尔（即艾兰诺尔）由于水源断绝，至 1928 年以前就完全干涸了。湖泊水体在老湖与新湖之间的迁移

第六章 清至民国时期天山北麓的环境变迁

是由于玛纳斯河下游河流改道造成的。而玛纳斯河下游三角洲的沉积，使河道淤高是这次玛纳斯河下游改道发生的根本原因，1916年夏季玛纳斯河上、中游来水量猛增是促使当年河流改道的直接诱导因素。

（四）18—19世纪玛纳斯湖的变迁

将18—19世纪的古地图与现代地貌图、遥感影像进行对比，结合历史文献记载，复原不同时期玛纳斯湖的位置及其变迁。

1. 湖泊位置的确定

根据18—19世纪的各类历史文献记载和古地图信息可以确定，玛纳斯河的终点湖位置没有发生过根本的变化，只有湖泊面积的盈缩变化。

19世纪末的历史文献，如《新疆图志》《大清会典图》[①]《绥来县乡土志》"水"[②]等都记载了玛纳斯河及玛纳斯湖。其中《大清会典图》的记载较为详细："玛纳斯河北流入绥来境，名曰龙骨河……又西折北，潴为鄂林各土小泊，自泊溢出北流，汇于阿雅尔淖尔。……淖尔之东有支流溢出，曰唐朝渠，东北流。置唐朝驿，为赴科布多之路。"[③] 根据这段记载，结合《新疆全省舆图》所附的"绥来县图"中表现的玛纳斯河终点湖的位置，对比前文所引《西北盐产调查实录》的记载及图6-5可以判断，19世纪末玛纳斯河终点湖阿雅尔淖尔的位置与图6-5上的"阿雅尔诺尔旧址"的位置一致（"淖尔""诺尔"只是对蒙古语所称的湖泊的不同音译而已）。由此可以得出结论，19世纪末到1915年，玛纳斯河终点湖的位置没有发生变化，始终位于今天克拉玛依市东北的白碱滩一带，即北纬45°30′—46°00′、东经85°30′—86°00′之间。

道光元年（1821）成书的《西域水道记》中，将玛纳斯河的终点湖称为"额彬格逊淖尔"或"阿雅尔淖尔"："准语谓老妇为额彬，谓腹为格逊，沿其旧名也。今又曰阿雅尔淖尔，当红柳峡、清水峡之中，安济哈雅军台正北二百余里，椭圆形，东西斜长百数十里，南北广数十里。"[④] 从这段记载可知，19世纪前期，玛纳斯河的终点湖就已经被称为"阿雅尔淖尔"了，其位置位于"安济哈雅军台正北二百余里"。安济哈雅军台，就

[①] （清）王树枏：《新疆图志》卷71《水道五》，朱玉麒等整理，上海古籍出版社2015年版，第1300—1302页。

[②] （清）杨存葳：《绥来县乡土志·水》，载马大正、黄国政、苏凤兰整理《新疆乡土志稿》，新疆人民出版社2010年版，第81页。

[③] （清）昆冈纂：《大清会典图》卷218《舆地八十·新疆省二·迪化府图》，陕西师范大学图书馆藏光绪二十五年（1899）京师官书局石印本。

[④] （清）徐松：《西域水道记》卷3《额彬噶逊淖尔所受水》，北京大学图书馆藏道光三年（1823）刊本。

是今天沙湾县的安集海镇，大致相当于东经85°20′，由此向正北200余里，正好落入19世纪末至1915年阿雅尔淖尔的范围内（北纬45°30′—46°00′、东经85°30′—86°00′）。这说明，整个19世纪至1915年，玛纳斯河终点湖的位置没有发生过迁移。

根据《西域图志》的文字记载以及所附舆图可知（见图6-1），18世纪后期玛纳斯河的终点湖被称为"额彬格逊淖尔"，其位置是"额彬格逊淖尔在博罗哈玛尔鄂拉、奇喇图鲁鄂拉北二百里……周可五十余里，乃布勒哈济淖尔东一巨泽也"[①]。其湖泊位置与《西域水道记》记载的额彬格逊淖尔大体一致。此外，作为专门考证河流湖泊的著作，《西域水道记》中只字未提1821年之前玛纳斯河终点湖湖泊位置变迁的情况，这也从反面说明，从18世纪中后期到19世纪前期，玛纳斯河终点湖的位置没有发生过迁移。也就是说，《西域图志》记载的"额彬格逊淖尔"也就是《西域水道记》中的"阿雅尔淖尔"，从18世纪到19世纪，玛纳斯河的终点湖位置没有发生过变化。

归纳以上研究结论可知，18世纪中期至1915年，玛纳斯河的终点湖在不同的时期名称不同：18世纪中后期被称作"额彬格逊淖尔"；19世纪前期被称为"额彬格逊淖尔"或"阿雅尔淖尔"；19世纪末仅以"阿雅尔淖尔"相称；20世纪初沿用旧名，只是将"淖尔"改写为"诺尔"，称为"阿雅尔诺尔"；但是，湖泊的位置没有变迁，一直位于东经86°以西至今克拉玛依西山以东的范围内［见图6-6（a-c）］。

2. 玛纳斯湖入湖水系的变迁及其湖泊面积的盈缩变化

从18世纪后期到1915年，虽然玛纳斯河的终点湖的位置没有发生过变化，但是18世纪后期与19世纪前期的历史文献和古地图都记载到，额彬格逊淖尔（又名阿雅尔淖尔）不仅仅拥有玛纳斯河一条入湖水系，另外还有三屯河—呼图壁河、木丹莫霍尔岱河分别从西北和东南方注入湖泊。18—19世纪，随着这些入湖水系的变化，位于北纬45°30′—46°00′、东经85°30′—86°之间的玛纳斯湖发生了明显的盈缩变化。

（1）玛纳斯湖入湖水系的变迁

①玛纳斯河水系

18世纪以来，玛纳斯河一直从南部汇入玛纳斯湖。《西域图志》（1782年）记载"玛纳斯郭勒，在哈齐克郭勒西一百里，绥来县治西境，

[①] （清）傅恒等纂：《西域图志》卷25《水二》，北京大学图书馆藏乾隆四十七年（1782）武英殿聚珍本。

有五源，分出哈屯博克达鄂拉北麓，合而北流七十里，循县治之西，折而北三十里，会乌兰乌苏，又北流一百里，入额彬格逊淖尔"；"乌兰乌苏在玛纳斯郭勒西六十里，源出古尔班多博克鄂拉北麓，东北流一百里，入玛纳斯郭勒，汇流入于额彬格逊淖尔"。① 郭勒是蒙古语"河"的意思。《西域水道记》（1821年）记载：

> 玛纳斯河出山北流百一十里为渠口，疏东渠三，皆东入绥宁城南边墙，河又北流……迳泉沟西七里，北流至县北，沿河左右悉为民田，又西北流百五十里与乌兰乌苏河会……玛纳斯、乌兰乌苏二河既会，西北流百里入自淖尔之南。②

《绥来县乡土志》"水"（19世纪末）将玛纳斯河称为龙骨河：

> 本境西十五里之龙骨河，发源于南山……沿河两岸皆疏分口龙不一，经宁夏渠北流七十里即沙湾，各田皆藉为灌溉。又北流一百余里，又唐朝渠，过红柳峡为止。再本境七十里之乌兰乌苏，亦发源于南山之古尔班多达坂，出山之水分为二支，东曰库克河，西曰锡博图河，北流数十里经乌兰乌苏军台西八十里，又北流百余里，与龙骨河之水均汇于阿雅尔淖尔。③

根据以上历史文献，结合相应时期的古地图判断，18世纪后期到19世纪末，发源于天山北麓的玛纳斯河流出天山山口之后，在平原地带与乌兰乌苏河（发源于今天沙湾县东南石头房子沟，向北流经乌兰乌苏的河流）汇流，然后蜿蜒向西北流，最后注入位于北纬45°30′—46°00′、东经85°30′—86°00′之间的玛纳斯湖（即额彬格逊淖尔或阿雅尔淖尔）。玛纳斯河水系是玛纳斯湖最大的入湖水系。

②三屯河—呼图壁河水系

根据历史文献与古地图的记载，三屯河曾经与呼图壁河汇流，形成的

---

① （清）傅恒等纂：《西域图志》卷25《水二》，北京大学图书馆藏乾隆四十七年（1782）武英殿聚珍本。
② （清）徐松：《西域水道记》卷3《额彬噶逊淖尔所受水》，北京大学图书馆藏道光三年（1823）刊本。
③ （清）杨存蔚：《绥来县乡土志·水》，载马大正、黄国政、苏凤兰整理《新疆乡土志稿》，新疆人民出版社2010年版，第81页。

三屯河—呼图壁河水系在18—19世纪中期曾经是玛纳斯湖的入湖水系之一。《西域图志》（1782年）记载：

> 罗克伦郭勒，在昌吉郭勒西十五里，源出孟克图达巴北麓，有两源，北流二百余里，又西为格特尔格罗克伦郭勒，北流折而西，入于呼图克拜郭勒；
>
> 呼图克拜郭勒，在罗克伦郭勒西一百里，地当孔道，有五源，出天山北麓，北流二百里。东会格特尔格罗克伦郭勒，西北流入于额彬格逊淖尔。①

罗克伦郭勒即今天的三屯河，呼图克拜郭勒就是今天的呼图壁河，两河汇合以后向西北流，最后注入额彬格逊淖尔。在本书中称为三屯河—呼图壁河水系。

《西域水道记》（1821年）记载：

> （罗克伦河）河流迳雅玛拉克山西而会，出山口，谚曰天河……天河又北流，西引渠一，又北流分为二支，东支曰三屯河，西支曰御塘河，各北流迳罗克伦军台东……河又北流与御塘河会，是为罗克伦河，又西北流百余里，与胡图克拜河会；
>
> （胡图克拜河）迳景化城北流百余里与罗克伦河会；
>
> 罗克伦、胡图克拜二河既会，西北流二百余里，迳清水峡南入自淖尔之东南。②

罗克伦河（今三屯河）向西北流与胡图克拜河汇合，向西北流两百余里，最后从东南方注入额彬格逊淖尔。

《昌吉县乡土志》（19世纪末）记载："三屯河北流三百余里折西北至呼图壁之芳草湖，绥来之北沙山一带，浸入沙中矣。"③ 此外，1917年档案还记载：

---

① （清）傅恒等纂：《西域图志》卷25《水二》，北京大学图书馆藏乾隆四十七年（1782）武英殿聚珍本。
② （清）徐松：《西域水道记》卷3《额彬噶逊淖尔所受水》，北京大学图书馆藏道光三年（1823）刊本。
③ （清）佚名：《昌吉县乡土志·水》，载马大正、黄国政、苏凤兰整理《新疆乡土志稿》，新疆人民出版社2010年版，第49页。

第六章　清至民国时期天山北麓的环境变迁　251

  据查报，呼图壁河水洪流发源于南山，直趋于西北，至芳草湖则溃漫无所归宿，其湖上之地广漠无垠，纵横数百里，土脉悉属膏腴，皆宜种植，只因有用之水溢于无用之沙窝，而可垦之地抛弃于无水之灌溉。①

以上文献记载说明，到19世纪末到20世纪初，原本作为罗克伦河支流的三屯河成为整个河流的河道，河水大部分由原来的向西北流改为向东北流，三屯河与呼图壁河彻底分流，各自成为独立的水系，三屯河向东北注入头屯河，最后汇入白家海子；呼图壁河也以芳草湖为其终点湖，三屯河—呼图壁河在莫索湾以西的河道全部断流。②

以上18世纪和19世纪的文献记载说明，罗克伦河与呼图壁河汇合后形成的河流曾经是阿雅尔淖尔的一条重要的入湖水系。根据前文所述的研究结论，19世纪中期以前，三屯河与呼图壁河在今天的呼图壁县的桑家渠至下湖一带汇合，然后沿着莫索湾走廊的北缘向西北流，在大拐以东汇入玛纳斯湖（即额彬格逊淖尔或阿雅尔淖尔）的东南部；19世纪末20世纪初，三屯河与呼图壁河分流，成为两条各自独立的水系，莫索湾以下河流断流，玛纳斯湖西南部的这条入湖水系就消失了③。

③木丹莫霍尔岱河

木丹莫霍尔岱河从西北方汇入玛纳斯湖。

《西域水道记》（1821年）记载：额彬格逊淖尔北源为木丹莫霍尔岱河，"河在塔尔巴哈台南境，当苏海图河之南，达尔达木图河之东。……木丹莫霍尔岱河流百余里，入自（额彬格逊）淖尔之西北。"④ 根据这条文献记载及同一时期的古地图（图6-2）可知，木丹莫霍尔岱河从额彬格逊淖尔西侧的群山间流下，在西北部汇入额彬格逊淖尔。从1：10万地形图和2001年的遥感影像上判断，这条河流就是今天准噶尔西山中的达布尔特河，河流向东北流至吐孜托浪格附近转向东南流，此处有部分从白

---

① （民国）杨增新：《饬昌吉营杨游击锦侯、呼图壁李县佐继洪会往查勘呼图壁地方开渠垦荒文》，载（民国）新疆水利委员会编《新疆水利会第二期报告书》卷2，北京大学图书馆藏北京华国书局民国七年（1918）石印本。
② 关于三屯河与呼图壁河的汇流地点及其变化的详细论证，见张莉、韩光辉、阎东凯《近300年新疆三屯河与呼图壁河水系变迁研究》，《北京大学学报》（自然科学版）2004年第6期。
③ 张莉、韩光辉、阎东凯：《近300年来新疆三屯河与呼图壁河水系变迁研究》，《北京大学学报》（自然科学版）2004年第6期。
④ （清）徐松：《西域水道记》卷3《额彬噶逊淖尔所受水》，北京大学图书馆藏道光三年（1823）刊本。

杨河分歧出来的水流汇入，达布尔特河又向南流，其河道遗迹与白碱滩地区相接。达布尔特河发源的准噶尔盆地西缘的山脉多系低于海拔 2000 米的低山，没有终年积雪，夏季季节性的暴雨是达布尔特河的主要补给水源，达布尔特河是典型的季节性河流。19 世纪末的历史文献中记载了木丹莫霍尔岱河作为季节性河流的典型特征：

> 河身底岸皆系坚石，秋冬水小，在上游数十里即已渗入河底，此处枯竭如陆。夏日上段众山冰雪消化，或聚雨滂沱，乱流附注，奔腾彭湃而来。该处河浅岸低，溢水分数道北注于白杨河（一名纳木河）。正干河身东巨流折而东南三十里经柳树泉（戈壁中有喷泉数十处，皆名柳树泉，各相距七八里或十余里，均从园土堆顶涌出，高数尺至三丈不等，清碧甘美，四时不竭，流溢于外滋生杨柳，故以为名）。过此以南两岸皆平，又南流百二十里直入阿雅尔淖尔。①

由此可见，秋、冬季节，木丹莫霍尔岱河水量极小，河床"枯竭如陆"，夏季 6—8 月间，由于冰雪融化，河流水量猛增，"乱流附注，奔腾彭湃"，是一条典型的山间季节性河流。在 19 世纪末的地图上大多没有标绘出木丹莫霍尔岱河，由此可以推断，到 19 世纪末，木丹莫霍尔岱河的季节性加强，河流在一年中的大部分时间内都处于断流的状态，没有多少水流可以汇入阿雅尔淖尔。

归纳以上研究结论，18 世纪，玛纳斯湖拥有三条入湖水系：玛纳斯河从南部汇入，三屯河—呼图壁河从东南部汇入，木丹莫霍尔岱河从西北部汇入湖泊；到 19 世纪末 20 世纪初，三屯河与呼图壁河分流，莫索湾以下河道完全断流，没有水流汇入玛纳斯湖，木丹莫霍尔岱河只在夏季短暂的时间内有小量的水流汇入玛纳斯湖，玛纳斯河成为玛纳斯湖主要的入湖水系。

（2）湖泊的盈缩变化

对比 19 世纪前后两个时期的历史文献记载和古地图可以发现，玛纳斯湖的位置虽然没有发生改变，但是湖泊面积却发生了明显的萎缩变化。

据《西域水道记》（1821 年）记载，玛纳斯河水系（包括玛纳斯河、乌兰乌苏）、三屯河—呼图壁河（包括罗克伦河与胡图克拜河）、木丹莫霍

---

① （清）佚名：《塔城直隶厅乡土志·水》，载马大正、黄国政、苏凤兰整理《新疆乡土志稿》，新疆人民出版社 2010 年版，第 228 页。

第六章　清至民国时期天山北麓的环境变迁　253

尔岱河分别从东南、南部、西北部汇入额彬格逊淖尔，额彬格逊淖尔为"椭圆形，东西斜长百数十里，南北广数十里"。当时，额彬格逊淖尔湖泊面积广大，呈椭圆形，东南西北斜长100余里，宽达数十里。笔者于2003年8月初的实地考察中了解到，今克拉玛依市东北有面积广大的泛碱地带，当地人称之为"白碱滩"，根据2001年的遥感影像判断，这是古老的湖泊萎缩干涸后留下的痕迹；此外，白碱滩一带到处可见生长密集的干芦苇床，这些都证明了这里曾经存在过面积广大的湖泊。根据遥感影像上的地貌特征，结合实地考察，我们推测了18—19世纪前期玛纳斯湖的大致范围（见图6-6a）。

到19世纪末，湖泊向北萎缩，在原来湖泊的南部留下一个小的中间湖"各林各土淖尔"：

> 玛纳斯河出喀喇沙尔厅北山东北流入界，经绥来县西南，清水河即固尔班多济海水自东南来注之，又北右出一支渠，过县治东歧为五，曰西新渠、曰西东渠、曰西中渠、曰西四渠、曰西西渠。并入于沙。左出一支渠，西北流曰大泉沟，折而南，汇为蘑菇湖，复溢而北入于沙。正渠又西北左出支渠二，曰新盛渠、曰太平渠。折西右出支渠八，曰沙门子、曰龚家龙口、曰蒋家龙口、曰严家龙口、曰马家龙口、曰箕窝堡龙口、曰三道龙口、曰八家龙口，右出支渠七，曰兴隆口、曰三岔口、曰五道口、曰五户渠、曰小拐、曰骆驼脖子、曰下马家龙口，并入于沙，又西折北汇为各林各土泊，又溢而北潴于阿雅尔泊。①

从以上文献记载中可以看出，19世纪末，人类在玛纳斯河上修筑了众多的引水渠，而且其最终都是"并入于沙""北入于沙"等，这使得玛纳斯河下游的水量大大减少，河流在流过小拐以后，向东北流，先是汇聚为一个小的湖泊——各林各土泊，水流再向北溢出汇入阿雅尔泊。结合同时期的古地图以及19世纪末三屯河—呼图壁河水系的断流、木丹莫霍尔岱河只有夏季才有短期水流汇入阿雅尔淖尔的事实，可以推断，各林各土淖尔是阿雅尔淖尔向北萎缩的过程中遗留下来的一个小中间湖，很可能是一个长满芦苇的苇湖。到19世纪末，玛纳斯湖向北退缩到现代遥感影像上

---

① （清）昆冈纂：《大清会典图》卷218《舆地八十·新疆省二·迪化府图》，陕西师范大学图书馆藏光绪二十五年（1899）京师官书局石印本。

可以看到的泛碱最严重的区域（见图6-6b）。

（五）近300年玛纳斯湖变迁图

归纳以上研究结果，可以复原玛纳斯湖及其入湖水系的变迁过程：19世纪前期有三大水系——玛纳斯河水系、三屯河—呼图壁河水系、木丹莫霍尔岱河汇入湖泊，形成面积相对广大的湖泊水面；1916年以前，玛纳斯湖位于今天克拉玛依市以东的白碱滩一带（北纬45°30′—46°00′、东经85°30′—86°00′之间），湖泊位置没有发生过迁移，但是，在19世纪末三屯河与呼图壁河分流，河流下游断流，不再汇入玛纳斯湖。此外，季节性河流木丹莫霍尔岱河也在大部分时间没有水流汇入玛纳斯湖，湖面向北萎缩，在原来湖泊的南部留下一个小的中间湖——各林各土淖尔；1916年后，玛纳斯湖离开原来的湖盆，向东北迁移到北纬45°42′，东经85°55′处；20世纪初，只有玛纳斯河汇入湖泊；到20世纪50年代末至1999年，玛纳斯河的下游也断流了，玛纳斯湖在1962年彻底干涸；1999年以后，玛纳斯河只有在夏季水量增加的时候才有部分水流可以到达玛纳斯湖。根据以上研究结论，可以绘制出"18世纪以来玛纳斯湖水系变迁图"［见图6-6（a-d）］。

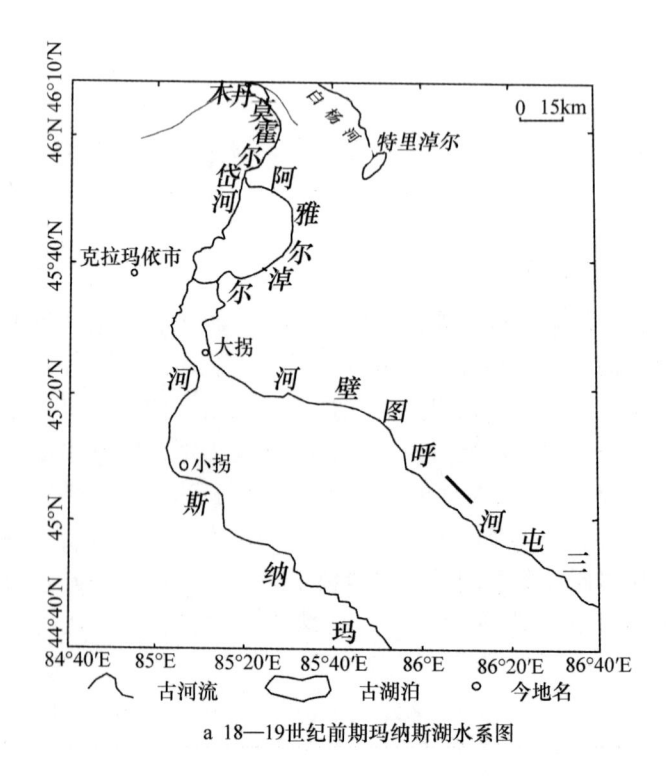

a 18—19世纪前期玛纳斯湖水系图

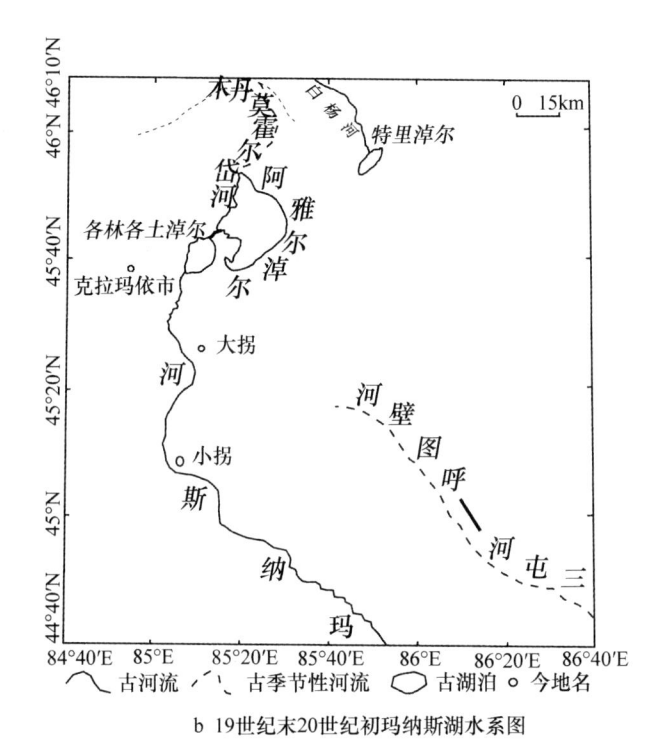

第六章 清至民国时期天山北麓的环境变迁 255

b 19世纪末20世纪初玛纳斯湖水系图

c 1917—1961年玛纳斯湖水系图

d 1962—1998年玛纳斯湖水系变迁图

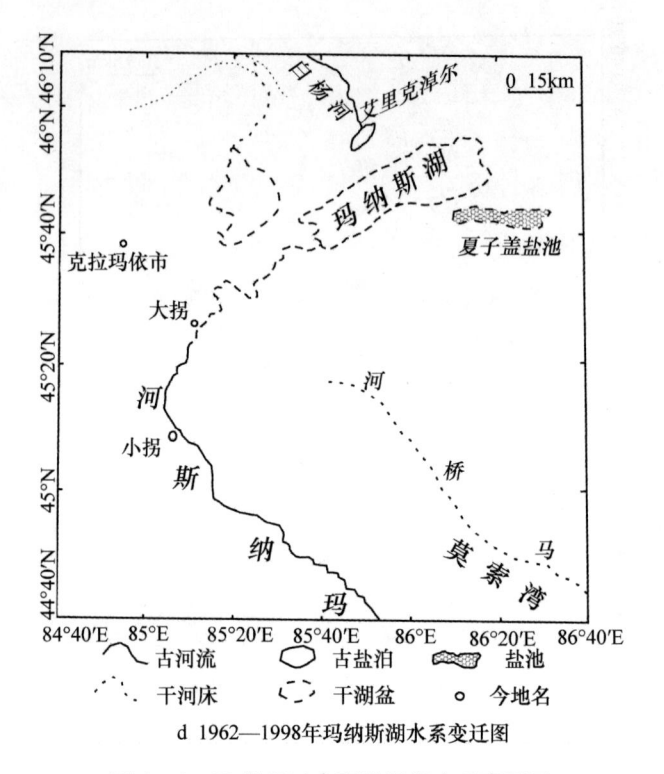

图6-6 18世纪以来玛纳斯湖水系变迁图

三 18世纪以来玛纳斯河湖水系变迁原因分析

影响区域水文变迁的因素主要分为自然因素和人文因素两种。根据张家宝等人的研究结论,在天山北麓,自然因素中年均降水量的变化是影响天山北麓水文变化的主导因素。[①] 而在人文因素中,考虑到18世纪以来玛纳斯湖流域主要为灌溉农业区,所以区域耕地面积的变化是影响区域水文变迁的主导因素。因此,这里通过对比近300年来天山北麓降水量的变化与玛纳斯湖流域(包括玛纳斯河流域、三屯河—呼图壁河流域)耕地数量变化,来讨论不同时空尺度上区域水文变迁的影响因素。

根据袁玉江等人利用树木年轮,重建的降水量变化特征分析,近350年来天山中部降水可划分为三个偏湿期(1671?—1692年,1716—1794年,1825—1866年)和三个偏干期(1693—1715年,1795—1824年,

---

[①] 张家宝、袁玉江:《试论新疆气候对水资源的影响》,《自然资源学报》2002年第1期。

1867—1969年)(见图6-7)①。从袁玉江的曲线可以看出近350年以来天山中部的降水变化特征，1867年前后是降水量变化的一个转折时期，从1867年到1969年，是天山中部一个长达102年之久的偏干期，1900年前后达到这个偏干期的第一个最干期。

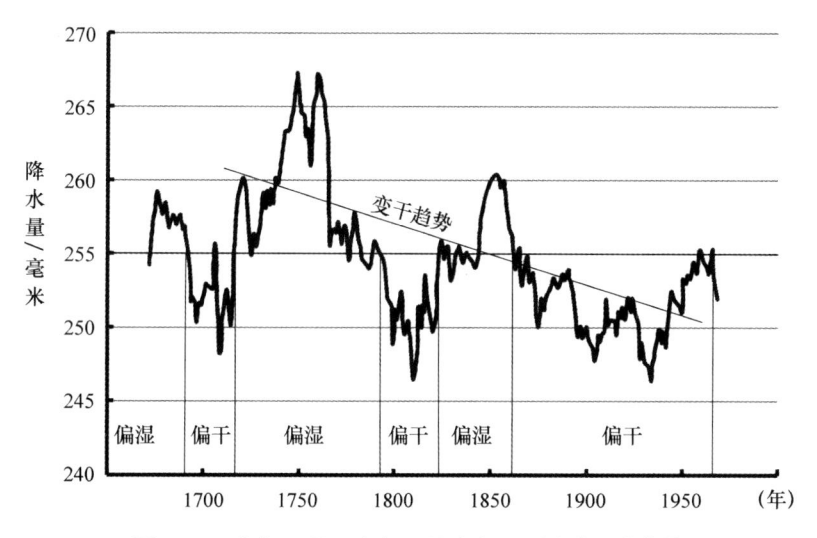

图6-7 上年7月至当年2月降水50a滑动平均曲线

根据《西域图志》《三州辑略》《新疆图志》《新疆维吾尔自治区农业生产统计资料》《新疆统计年鉴》等资料，统计近300年来玛纳斯湖入湖水系（包括玛纳斯河所在的玛纳斯县、三屯河所在的昌吉县、呼图壁河所在的呼图壁县）所在的三个县市：昌吉市、呼图壁县、玛纳斯县的耕地数量变化，绘成"18世纪以来玛纳斯湖流域耕地变化柱状图"（见图6-8)②。图6-8显示，结合历史背景分析，根据玛纳斯湖流域的耕地变化特征，可以将其划分为1863年以前，1863年到1949年，1949年到1978年，1978年以后四个阶段。乾隆四十二年（1777），玛纳斯湖流域耕地面积达到37.65万亩，到嘉庆十一年（1806）发展到68.66万亩，此后在道光、咸丰年间耕地继续发展，其峰值应该出现在同治三年（1864）战乱发生之前。同治三年到光绪三年（1864—1877）间的战乱使得玛纳斯湖流域

---

① 袁玉江、李江风等：《用树木年轮重建天山中部近350年来的降水量》，《冰川冻土》2001年第1期。
② 由于以流域为单位的耕地面积统计数据不完全，为了便于对比，这里以流域所在的县级统计数据为依据，综合考察区域耕地面积的变化与区域水文变迁的关系。

的耕地大部分抛荒。光绪三年（1877）之后，耕地面积逐渐恢复，到民国五年（1916）耕地面积达到60.22万亩，依然没有达到嘉庆年间的水平。到民国三十三年（1944）耕地面积达到72.28万亩，应当刚刚恢复到战乱之前的水平。1949年之后，玛纳斯湖的耕地面积急剧增长，1953年为161.41万亩，2003年增长到756.98万亩。从玛纳斯湖流域耕地面积的增长变化来看，18世纪中期到19世纪中期是耕地的增长时期，并且达到1949年之前的历史最高值；19世纪中期以后耕地面积的增长进入一个波谷时期，即耕地面积先降低到近于零，再开始增长，直到20世纪中期才恢复到战乱发生以前的水平；1949年以后，耕地面积的增长速度快于任何一个历史时期。

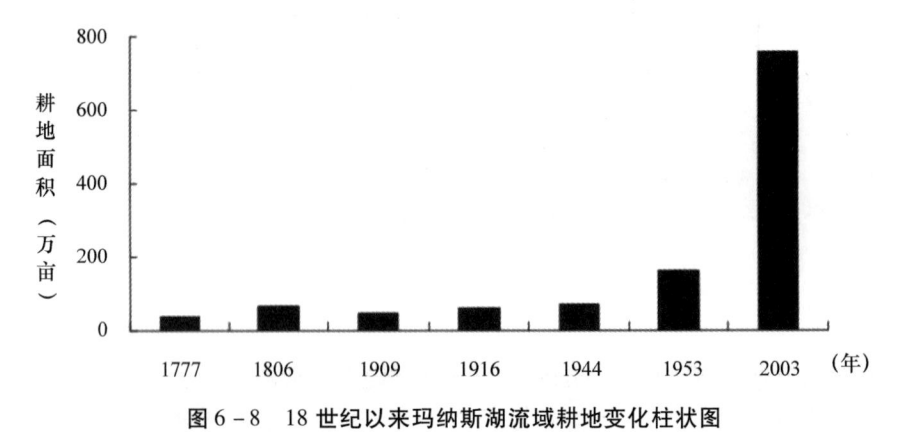

图6-8 18世纪以来玛纳斯湖流域耕地变化柱状图

资料来源：古代耕地数字来源于第五章第二节校正耕地面积；1953年数字来源于新疆维吾尔自治区统计局、农业局编《新疆农业生产统计资料（1949—1978）》（上册）（内部资料），1980年；2003年耕地数据来源于《新疆统计年鉴—2004》，中国统计出版社2004年版。

玛纳斯河湖水系发生了明显变化的两个时期，一个是19世纪末，三屯河与呼图壁河水量大减，河流缩短，两条河流分流成为两个独立的水系，不再汇入玛纳斯湖，玛纳斯湖由于入水量减少，湖泊向北萎缩；另一个是20世纪50年代末，玛纳斯河下游断流，玛纳斯湖于1962年干涸。将玛纳斯河湖水系变迁的这两个明显的特征与图6-7和图6-8相对比可以看出，1900年前后天山北麓降水量偏干期的低谷与19世纪末玛纳斯湖入湖水系中三屯河—呼图壁河水系的断流、木丹莫霍尔岱河大部分时间不能流到玛纳斯湖，以及玛纳斯湖向北萎缩的事实相耦合；与此同时，19世纪末20世纪初玛纳斯湖流域耕地面积处于低谷发展时期，是人文因素影响区域水文变迁相对较弱的时期。由此可以得出结论，玛纳斯湖及其入湖水系在19世纪末20世纪初的水文变迁是在自然因素的主导下发生的。20世纪50年代后期到1965年，玛纳斯湖流域耕地面积急剧扩大，玛纳斯河中上游引水量不断增加，是20世纪50年代后期玛纳斯河下游断流，1962年玛纳斯湖干涸的直接原因；而天山北麓的年均降水量在20世纪50年代开始有所回升，玛纳斯河下游的断流以及玛纳斯湖的干涸不是在自然因素的主导下发生的，而是在人类活动的影响下发生的。

至于1916年发生的水文变迁事件，即玛纳斯河下游在大拐附近改道，玛纳斯湖由艾兰诺尔迁移到现代玛纳斯湖的位置，则完全是由于自然因素的作用造成的。首先，在自然沉积作用下，玛纳斯河上中游带来的泥沙在河流下游的三角洲地区逐渐沉积，使河道淤积抬高，下游三角洲地区的河道极不稳定。在1:10万的地形图以及遥感影像上都可以看到，在大拐以西河道纵横交叉，这些都是河流在其下游三角洲上迁移的过程中留下的痕迹。1916年，在夏季洪水的诱导作用下，玛纳斯河河水在大拐附近突然冲破原来的河道，逐渐向东北流去，而东北方的区域远比原来湖泊的位置低平，于是形成较原来的湖泊面积更为广大的新湖泊。玛纳斯河下游三角洲的自然沉积是这次玛纳斯河下游改道发生的基本原因，1916年夏季玛纳斯河上中游来水量猛增是促使当年河流改道的直接诱导因素。

归纳以上研究结果，可以复原玛纳斯河湖入湖水系的变迁过程：18—19世纪，玛纳斯河、三屯河—呼图壁河、木丹莫霍尔岱河三大河流注入湖泊，玛纳斯湖当时被称为额彬格逊淖尔或阿雅尔淖尔，湖泊位于今天克拉玛依市以东的白碱滩一带，湖泊的变化主要为盈缩变化；19世纪末20世纪初，三屯河—呼图壁河、木丹末霍尔岱河相继断流，只有玛纳斯河注入湖泊；在沉积作用的影响下，大拐以西的入湖三角洲上，玛纳斯河下游河道变得极不稳定，1916年，在夏季洪水的强烈作用下，玛纳斯河在大拐附近改道，离开原来的湖泊，向东北流，在北纬45°42′、东经85°55′处形成一个新的湖泊，即现代的玛纳斯湖，由于水源断绝，老湖在1928年以前就干涸了；20世纪50年代后期，玛纳斯河下游小拐以下逐渐断流，由于水源断绝，玛纳斯湖在1962年彻底干涸。1999年以后，由于玛纳斯河上中游来水量增加，玛纳斯湖区又被水充满。1916年玛纳斯湖迁移到新址以后，湖泊变化的主要特征是充水——干涸的变化。近300年玛纳斯湖变迁的主要影响因素是自然因素，19世纪末20世纪初，入湖水系减少，湖泊缩小的变化与天山北麓降水进入长期的较干期相吻合；1916年，玛纳斯河的改道以及玛纳斯湖的变迁，是在河流沉积作用与夏季洪水的共同作用下发生的。20世纪50年代末至60年代初，玛纳斯河下游的断流，玛纳斯湖的干涸则是在人类活动的影响下发生的。1999 年以来，玛纳斯河在夏季可以流到玛纳斯湖，玛纳斯湖又恢复了广大的水域面积，这则完全是由于近年来气候变化，新疆气候变得趋向暖湿的结果。

通过对比玛纳斯湖流域水文变迁特征与天山北麓年均降水量变化曲线及近 300 年流域耕地面积变化总体特征，可以看出，在宏观尺度上，特别是在 1949 年以前，天山北麓降水量的变化是影响玛纳斯湖及其入湖水系水文变迁的主导因素；但是在较小的时空尺度上，人文因素是影响玛纳斯河湖水系空间分布的主要原因。近 50 年来，人文因素是影响玛纳斯湖干涸的主要原因。

第二节　天山北麓其他河湖水系的变化

对比《西域图志》《西域水道记》《新疆图志》对天山北麓河流的记载可以发现，到 19 世纪末 20 世纪初，天山北麓地区的河流都出现了流程缩短的现象。

一　巴里坤入湖水系的变化

在 19 世纪中期以前，巴里坤盆地周围的大小河流皆汇入巴里坤湖。根据《西域图志》记载，在 18 世纪，"巴尔库勒淖尔，旧音巴里坤淖尔。在镇西府城西北十五里。周一百二十余里。源出天山北麓，西北流百余里，汇为巨浸"①。据《西域水道记》记载，在 19 世纪前期，巴里坤盆地"广轮八百余里，其间诸水潴为巴里坤淖尔"②，主要入湖水系有南源奎苏水、西南源西黑沟水、东源招摩多河汇入湖泊，其中沙山以东的众多小河流也汇入湖泊，"最东者曰大柳沟，次小柳沟，次庙儿沟，次板厂沟，次楼房沟，以次而西，相去或五六里或至二十里，各沟出水会而成河，流经沙山北"③。其中，东源招摩多河是最大的入湖水系，发源于天山，向西北流至沙山附近，松树塘水（即柳条河）自南汇入，河水继续向西北流，浇

---

① （清）傅恒等纂：《西域图志》卷 24《水一》，北京大学图书馆藏乾隆四十七年（1782）武英殿聚珍本。
② （清）徐松：《西域水道记》卷 3《巴尔库勒淖尔所受水》，北京大学图书馆藏道光三年（1823）刊本。
③ （清）徐松：《西域水道记》卷 3《巴尔库勒淖尔所受水》，北京大学图书馆藏道光三年（1823）刊本。

灌巴里坤湖以东的天时、人和、地利、大有等村庄的田地，之后又西分为三道，所以又名三道河，河水最后汇入巴里坤湖。①

根据《新疆图志》记载，到 19 世纪末 20 世纪初，巴里坤盆地周边的河流大都出现水量减少、流程缩短的现象，以至于仅有招摩多河可以汇入巴里坤湖。原来巴里坤湖的南源——奎苏水，此时"北流至奎苏驿之南止不流"，而西南源——西黑沟水，"北流至城西南西园子附近，伏于沙"；而出于沙山的其他小河，"今大、小柳沟、庙儿沟以西诸水涸，仅渐流，皆不入淖尔"②。招摩多河（又名柳条河、三道河）的情况是："招摩多河源出沙山北，柳条河源出沙山南，西流四十里合为一河。又十里至沙山子庄，伏流三十里至三县户庄北草湖中涌出，是为水磨河。入巴尔库勒淖尔。"③ 由此可见，这条唯一的汇入巴里坤的河流——招摩多河的河水径流量较以前也大为减少，以至于河水在巴里坤城东 110 里处的沙庄子附近即全部渗入地下，后又以涌泉的形式在三县户庄草湖附近流出，最后汇入巴里坤湖。由此可见，在 19 世纪末 20 世纪初，巴里坤盆地周围的各条河流都出现了河流流量减少、流程缩短的情况。

二 头屯河与三屯河下游河道的变化

头屯河发源于天山天格尔达坂北麓，东与乌鲁木齐河相邻，西与三屯河接壤，经高、中、低山区后，流入平原地区，流域总面积 2885 平方千米，河流长度 179 千米，年均径流量 2.34 亿立方米。而今消失于五家渠市的 101 团水利营附近。三屯河发源于昌吉市境内的天格尔南麓，全长 227 千米，多年平均径流量为 3.56 亿立方米，而今下游被沙山子水库拦蓄。④

纪大椿的研究揭示，三屯河即史书中的罗克伦郭勒，是玛纳斯湖（古称额彬格逊淖尔、阿雅尔淖尔）的东南源之一。⑤ 本书上一节以玛纳斯河

---

① （清）徐松：《西域水道记》卷 3《巴尔库勒淖尔所受水》，北京大学图书馆藏道光三年（1823）刊本。
② （清）王树枏：《新疆图志》卷 71《水道五》，朱玉麒等整理，上海古籍出版社 2015 年版，第 1308 页。
③ （清）王树枏：《新疆图志》卷 71《水道五》，朱玉麒等整理，上海古籍出版社 2015 年版，第 1307—1308 页。
④ 马登杰、聂智生主编：《昌吉回族自治州志（上册）》，新疆人民出版社 2002 年版，第 453 页；昌吉回族自治州地名委员会编：《昌吉回族自治州地名图志（内部资料）》，1989 年，第 306 页。
⑤ 纪大椿：《阿雅尔淖尔考》，《新疆社会科学》1983 年第 4 期。

湖水系的变迁为关注焦点，揭示出 19 世纪中叶以前，三屯河所有水流向西北流，汇入呼图壁河，最后汇入玛纳斯湖；19 世纪末，三屯河向东分出一支，后与头屯河汇合，最后注入白家海子，成为白家海子河湖水系中的重要水源。这部分将以白家海子河湖水系的变迁为关注焦点，研究三屯河东支的变化，及其对头屯河水系的影响。①

（一）18 世纪中期至 19 世纪前期各自独立的头屯河、三屯河水系

根据 1782 年成书的《西域图志》和 1821 年成书的《西域水道记》中图文记载判断，18 世纪中期至 19 世纪前期，头屯河与三屯河是两个相互独立的水系。

1. 头屯河

《西域图志》记载：

> 昌吉郭勒，在迪化州西，昌吉县南。源出孟克图达巴北麓，有四源，合而北流二百余里，经两屯之间，逾孔道北，又东北行，入于地。②

《西域水道记》记载：

> 乌可克岭西南四十里有孟克图岭，昌吉河发其北麓……河四源并发，汇而北流，至山外分为渠，经昌吉县治……河经县城东八里，溉户屯兵屯田……河又北，潴为苇泽而止。谚曰头屯河，因头屯所以名之。③

由以上历史文献记载可见，18 世纪中期至 19 世纪前期，头屯河又名昌吉郭勒、昌吉河，时人已知头屯河水源有四条重要的支流，进入平原区即被引入渠道，进行灌溉，余水向北流，最后汇入芦苇沼泽湿地。据《西域图志》和《西域水道记》所附舆图（见图 6-1，图 6-2），结合《昌吉回族自治州地名图志》判断，头屯河水至少可以流到今天沙山子水库附

---

① 张莉、安玲：《近 300 年来新疆头屯河与三屯河的变迁及其影响因素》，《中国历史地理论丛》2015 年第 3 辑。
② （清）傅恒等纂：《西域图志》卷 25《水二》，北京大学图书馆藏乾隆四十七年（1782）武英殿聚珍本。
③ （清）徐松：《西域水道记》卷 3《额彬噶逊淖尔所受水》，北京大学图书馆藏道光三年（1823）刊本。

近，甚至更远，只是不为当时人所知。①

2. 三屯河

《西域图志》记载：

> 罗克伦郭勒，在昌吉郭勒西十五里，其源出孟克图达巴北麓，有两源，北流二百余里。又西为格特尔格罗克伦郭勒。北流折而西，入于呼图克拜郭勒。②

《西域水道记》记载：

> 头屯河西十余里为罗克伦河……其河二源，亦出孟克图岭之麓……河流迳雅马拉克山西而会，出山口，谚曰天河。北流引东、西渠各一。东渠经县西门北流，西渠经圆城西芦草沟堡东而北流，皆溉户屯。天河又北流，西引渠一，又北流分为二支，东支曰三屯河，西支曰御塘河，各北流迳罗克伦军台东（军台距县城十里），昌吉县治西。昌吉兵屯分地四，县治东北五十里为宝昌堡，又三里为乐全堡，各种田二千二百亩，皆在头屯河东；治南三十里为二工屯，治北二十五里为三工屯，各种田三千二百亩，皆在三屯河东。……河又北流与御塘河会，是为罗克伦河。又西北流百余里，与胡图克拜河会。③

由以上文献记载可知，19世纪中期以前，三屯河的正式名称为罗克伦河，这主要是因河流流经重要的罗克伦军台而得名。河流出山口后，即被引入人工渠道。18世纪中后期未见有河流分流的记载。在19世纪前期，河流在今昌吉市附近分为东、西两支，东支名为三屯河，西支名为御塘河，最后两条支流汇流，向西北注入胡图克拜河，即今天的呼图壁河④。但是，对于河流分流的过程及原因，前人并未给予注意和解释。

搜索历史文献，笔者在光绪三十四年（1908）成书的《昌吉县乡土

---

① 《昌吉回族自治州地名图志》记载，1988年之前，头屯河可以流至沙山子水库。见昌吉回族自治州地名委员会编《昌吉回族自治州地名图志（内部资料）》，1989年，第306页。
② （清）傅恒等纂：《西域图志》卷25《水二》，北京大学图书馆藏乾隆四十七年（1782）武英殿聚珍本。
③ （清）徐松：《西域水道记》卷3《额彬噶逊淖尔所受水》，北京大学图书馆藏道光三年（1823）刊本。
④ 张莉、韩光辉、阎东凯：《近300年来新疆三屯河与呼图壁河水系变迁研究》，《北京大学学报》（自然科学版）2004年第6期。

志》和《昌吉县乡土图志》中发现了两条类似的记载：乾隆年间，江苏人王哲曾两任昌吉知县，制定分水章程，解决水讼，"又于城西四十里开玉堂河一道。至今民赖其利"①。另查嘉庆十三年（1808）成书的《三州辑略》，其中记载了各地方军政机构设置以来至嘉庆十二年（1807）历任官员的名单，在昌吉县历任知县中，没有发现王哲，只有王喆："王喆，江苏元和县人，乾隆四十四年（1779）五月以阜康县知县署事，本年十二月卸事。……乾隆四十六年（1781）十月以阜康县知县署事，四十七年（1782）四月被参卸事。"②由此可以确定，《昌吉县乡土志》和《昌吉县乡土图志》中记载的王哲即王喆。1779 年至 1782 年之间，王喆在署理昌吉县期间，主持开挖了御塘河，后来写作"玉堂河"。由此可知，18 世纪后期，御塘河系人工开凿的灌溉引水渠道，灌溉余水又在今昌吉市西北汇入三屯河。

总而言之，18 世纪中后期至 19 世纪前期，头屯河与三屯河是相互独立的两个水系。头屯河经昌吉县治东，向北流，在今沙山子水库以北一带潴为沼泽湿地；三屯河出山口后人为疏为两条支流，后又汇流向西北入呼图壁河，最后注入玛纳斯湖。（见图 6-9a、图 6-9b）。

（二）19 世纪末 20 世纪初三屯河东支汇入头屯河

据 19 世纪末的历史文献和古地图记载，此时三屯河与头屯河地表水的空间分布都发生了较大的变化。这一时期相关的地方志、古地图也较多，但是记载比较混乱，需要仔细地梳理。③

约成书于 1886—1890 年之间的《新疆四道志》详细地记载了 19 世纪末三屯河各支流的名称及河流长度：

> 洛克伦河在城西二十里，其河二源，一出格栅图山，一出喀喇沙尔境小朱勒都斯克霞达坂，东北为乌拉巴图水，东流六十里入昌吉境，折而东北流一百里与格栅图山水会，又流五十余里至三屯庙地方，自此分为三支，一由三屯庙西北流七十余里至亨三十户庄，为大

---

① （清）佚名：《昌吉县乡土志》"政绩录"、（清）佚名：《昌吉县乡土图志》"政绩录"，分别载马大正、黄国政、苏凤兰整理《新疆乡土志稿》，新疆人民出版社 2010 年版，第 47 页、第 53 页。
② （清）和宁：《三州辑略》卷 2《官制门》，台北：成文出版社 1968 年版，第 57 页。
③ 需要注意的《昌吉县乡土图志》中有关于三屯河的记载最为详细，但是对比其他同一时期的方志和（光绪）《大清会典图》《旧刊新疆舆图》《新疆全省舆图》等发现，其中的记载都是混乱的。因此，对这一部方志中记载的其他水系情况，都需要慎重对待。

西河，折而西北流一百一十里至洛克伦旧卡东，为洛克伦河，又流一百一十五里至双岔河，又流三十里至马镫子入绥来境，又西流二百余里经沙碛卤滩入阿雅尔淖尔；一由三屯庙北流八十里至利十四庄，为小西河，伏于戈壁；一由三屯庙东北曲流二十余里至昌吉城西，又曲流一百余里至冯家坝旧卡，为三屯河，又流一十五里与头屯河会。①

据此记载，再结合 1908 年刊印的《旧刊新疆舆图》可知，19 世纪末，三屯河又写作洛克伦河（应是"罗克伦河"的又一种写法），从源头至三屯庙（今昌吉市西南 4000 米处），三屯河河道长 110 里；自三屯庙以下，河流分为三支，中支大西河，向北流经过已经废弃的洛克伦卡，又转向西北流，最后注入绥来县境内的呼图壁河，全长 255 里；西支小西河，自三屯庙向北流 80 里，最后消失于戈壁之中；东支三屯河，经过县城西向东北流，经过冯家坝旧卡（今昌吉市滨湖乡最西北冯家坝），最后注入头屯河，全长 235 里。值得注意的是，此时的文献不仅详细记录了 19 世纪末三屯河的支流、流经地以及河道长度，而且揭示了一个重大的河道变化信息：三屯河的东支不再流回主河道，而是向东北汇入头屯河，从而改变了 19 世纪中期以前三屯河水系、头屯河水系各自独立的状况。

成书于 1899 年的（光绪）《大清会典图》卷二百十八《舆地八十·迪化府图》的记载再一次证实了三屯河东支水汇入头屯河的事实：

  洛克伦河上源曰乌拉巴图水，自喀拉沙尔厅北流入界，东北流经昌吉县西南左出一支渠，曰红水河，北流入于沙，又东北折北经县治西，右出一支渠曰三屯河，东北流注于头屯河，正渠又西北流，经洛克伦东，又西北流会呼图壁河。

由此段记载可知，在昌吉县城西向右分支出的三屯河渠道，向东北流，最后注入头屯河；而经过洛克伦卡以东的是河流的正渠，即主流。结合上文《新疆四道志》所载，19 世纪末三屯河的主流应该是大西河。
1911 年成书的《新疆图志》中补充了三屯河东支汇入头屯河的信息：

  今罗克伦二源，北流迳雅马拉克山西而会出山口，北流引东、西渠各一，西渠曰红水河，经独山子西芦草沟东而北流，东渠曰三屯

---

① （清）佚名：《新疆四道志》，台北：成文出版社 1968 年版，第 46—47 页。

河,《水道记》所称经县西门北流者也。正流经县城西,谚曰大西河,又北流经罗克伦军台东,是为罗克伦河,正流之西又左引一支水,北流迳苇湖之东,又北出罗克伦卡之西,伏沙而止。河又西北流百余里与胡图克拜河会。①

昌吉河,即头屯河,源出孟克图岭东北麓,东北流,迳昌吉城东,又东北合罗克伦东支水,即三屯河,潴于古尔班托罗之泊。……《乡土志》作白家海子。②

这段记载说明,东支三屯河汇入头屯河后,又向北流潴为古尔班托罗泊,被同时期编著的《乡土志》称之为白家海子。"古尔班托罗泊"或者"白家海子"在19世纪末20世纪初的相关历史文献中记载得非常详细,亦在相关古地图中表现得非常明显,因此可以判断,这个湖泊的扩大与三屯河汇入头屯河这个水文变化事件息息相关。

此外,值得注意的是,20世纪初的历史文献中"水道""山川"部分中正式称谓昌吉城以西的河流时,大多将整条河流写作"洛克伦河",或者"罗克伦河",其东支水为三屯河。但是,在历史文献中的其他部分,如记载"道路""渠道""村庄"等部分时,又将整条河流写作三屯河。如《新疆图志》卷七十三《沟渠一》中记载昌吉县渠道时,不见罗克伦河名,记载渠道引自昌吉县之西河流时,皆写作"导源三屯河"。再如,《新疆图志》卷79《道路一》中记载昌吉县道路:"城西八里过三屯河,(原文注)在三屯庙之南,即罗克伦河……"③ 此外,成书于1910年的《昌吉县乡土图志》之"道路"记载得更加详细:"西路自本境治所起,出西门,西行八里过洛克伦河。(在三屯庙之南,土人呼为三屯河,实洛克伦干河也,图说故以洛克伦河称。今仍其旧)。"④ 由此可见,19世纪末20世纪初,随着罗克伦军台和卡伦的废弃,官方命名的"罗克伦河"和"洛克伦河"之名逐渐变得不重要,当地人更多地以"三屯河"之名来称呼整条河流。三屯河河流名称变化从另一个侧面反映出,此时应是三屯河水系

---

① (清)王树枏:《新疆图志》卷71《水道五》,朱玉麒等整理,上海古籍出版社2015年版,第1299页。
② (清)王树枏:《新疆图志》卷71《水道五》,朱玉麒等整理,上海古籍出版社2015年版,第1299页。
③ (清)王树枏:《新疆图志》卷79《道路一》,朱玉麒等整理,上海古籍出版社2015年版,第1515页。
④ 马大正、黄国政、苏凤兰整理:《新疆乡土志稿》,新疆人民出版社2010年版,第65页。

变化的重要时期。

另据《新疆图志》卷七十三《沟渠一》的记载，在三屯庙以上，由河流引出渠道灌溉的耕地为2.9万亩，由东支三屯河引出的渠道灌溉耕地为3.1万亩，由大西渠引出渠道灌溉的地亩为0.8万亩，由小西渠引出渠道灌溉的地亩为0.7万亩。① 由此可见，19世纪末20世纪初，在三屯庙以下，东支三屯河的引水灌溉地亩是最多的。② 此外，据《昌吉县乡土志》记载，昌吉县境内的头屯河与三屯河："全境户民沿河决口析为夫渠，导灌庄地，所以流渐而小。"③ 由此可以判断，19世纪末20世纪初以前，由于人工修渠引水灌溉的原因，使得大部分河水被引入东支三屯河，因此使东支"三屯河"成为三条支流中最重要的支流，而且很有可能它也是三条支流中水流量最大的一条河流。

综上所述，三屯河水系（时称罗克伦河）在19世纪末20世纪初以前发生了重大的水系变化。首先是由于人工修渠引水的原因，河流在进入平原区以后分为三支——三屯河、大西河、小西河。其次，从灌溉耕地数量和河流名称的变化上看，东支三屯河变得越来越重要，"三屯河"这个名称逐渐取代"罗克伦河"成为整条河流的名称。最后，东支三屯河不再汇入原来的主河道，而是转向东北流，汇入头屯河，然后向北流，形成新的大湖——白家海子。结合1∶100万地形图、1∶5万地形图和现代遥感影像中地形地貌、河流及河道遗迹等，判定19世纪末20世纪初三屯河大致在北纬44°20′、东经87°30′一带汇入头屯河，即今沙山子水库附近（见图6-9c）。

（三）头屯河汇入乌鲁木齐河

据《西域图志》记载，"阿勒塔齐郭勒，源出迪化州城西南，乌可克达巴北麓，东北流至迪化州城南，分二支夹城，各北流一百里入于地"④。根据此文记载的位置判断，阿勒塔齐河就是今天的乌鲁木齐河。由此可

---

① （清）王树柟：《新疆图志》卷73《沟渠一》，朱玉麒等整理，上海古籍出版社2015年版，第1343—1347页。
② 据《新疆图志》卷73《沟渠一》所载渠道的位置来判断，登楼口渠、大军户渠、二畦渠、三道渠、西四工渠属于引自三屯庙以上干流的渠道，合计灌溉地亩2.9万亩；四畦渠、兵户渠、佃坝渠系引自支流三屯河的渠道，合计灌溉地亩3.1万亩；引自大西河的玉堂河渠，是最大的渠道，各支流合计灌溉地亩0.8万亩；最西侧的小西渠引出的渠道合计灌溉0.8万亩。
③ 马大正、黄国政、苏凤兰整理：《新疆乡土志稿》，新疆人民出版社2010年版，第49页。
④ （清）傅恒等纂：《西域图志》卷25《水二》，北京大学图书馆藏乾隆四十七年（1782）武英殿聚珍本。

知，18世纪中期乌鲁木齐河的尾闾没有与其他河流汇流，也没有形成较大的湖泊（见图6-9a）。

约成书于1886—1890年之间的《新疆四道志·迪化县图说》记载：

（乌鲁木齐河自迪化城西）又北流一百余里至蒋家湾，为老龙河，又流五十里至沙门子，与头屯河会，又流六十里入白家海子……白家海子，古名古尔班托罗海，在城北二百余里。①

另据《新疆四道志·昌吉县图说》记载：

头屯河……至昌吉城东，又流一百余里至冯家坝旧卡，北入迪化境，折而东北流六十余里入白家海子。②

据此判断，19世纪后期，乌鲁木齐河向北流150余里至今天农五师103团的沙山子村，头屯河从西南来汇入，又流60余里汇入白家海子。

成书于1899年的（光绪）《大清会典图》也记载，"（乌鲁木齐河）又北为老龙河，又西北头屯河自昌吉县东北，流合三屯河来会，又北流当迪化县潴于白家海子，即固尔班托罗海也"③。同时，其中所附舆图清楚地表明了头屯河与乌鲁木齐河汇流的情况。

1911年成书的《新疆图志》详细记载了头屯河与乌鲁木齐河汇流的情况，及其终点湖的方位和大小：

河北流迳迪化城西红山之麓，东引为鉴湖，博克达山水自东南来入之，又北折西流百十五里，昌吉河即头屯河，自西南来会，合流汇于古尔班托罗之泊。④

又补充记载：

---

① （清）佚名：《新疆四道志》，台北：成文出版社1968年版，第18页。
② （清）佚名：《新疆四道志》，台北：成文出版社1968年版，第46页。
③ （清）昆冈纂：《大清会典图》卷218《舆地八十·新疆省二·迪化府图》，陕西师范大学图书馆藏光绪二十五年（1899）京师官书局石印本。
④ （清）王树枏：《新疆图志》卷71《水道五》，朱玉麒等整理，上海古籍出版社2015年版，第1302页。

案头屯河由昌吉东南分支入境，东支经府治西向北流，潴为湖，中有小洲，东曰八段湖，西曰马厂湖。溢出曲折北流，与西支合。二支北流三十里，又西有三屯河东北流来入之。三支并东北流二十余里，合于老龙河，又北度戈壁，汇于固尔班托罗泊，谚称为白家海子者也。海子东西长，南北狭，周径曰四五十里。非大泽，故不著名。①

由此段文字记载可知，三屯河汇入头屯河后，向东北流20余里，又汇入乌鲁木齐河的下游老龙河，又向北流，在戈壁中汇成古尔班托罗泊，当地人称之为白家海子，东西长，南北窄，周长约40—50里，文中特意指出，因为它不是非常有名的大湖。1917年谢彬的《新疆游记》中对乌鲁木齐河也有"昌吉河（即头屯河）自西南来会，合流汇于固尔班托罗泊"的描写。②

在同时期编绘的《旧刊新疆舆图》中的"迪化县图"和《新疆全省舆图》中的"迪化县图"可以看到，头屯河与乌鲁木齐河在东沙门子和西沙门子附近汇流，继而向东北注入白家海子。据大比例尺地形图、遥感影像判断，19世纪末20世纪初头屯河与乌鲁木齐河汇流的地点应该在今天的黄家梁水库南侧，沙门海子一带，相当于北纬44°30′、东经87°35′。

由以上论证可知，19世纪末以前，随着三屯河东支改道向东北汇入头屯河，头屯河下游河道延长，又东北流20余里后，在今天黄家梁水库南侧沙门海子一带汇入乌鲁木齐的下游老龙河，又向北流50—60里，使得老龙河下游原本存在的苇湖沼泽扩大，使之成为19世纪末20世纪初的文献记载和古地图中着重表现的水体。文献记载其周长约40—50里，正式名字为古尔班托罗海（泊），当地人称为白家海子（见图6-9c）。

（四）20世纪中期以来头屯河与三屯河的变迁

20世纪三四十年代，头屯河、三屯河流域开发进程缓慢，河流变迁小，也没有较详细的文字记载和古地图可供研究。直到1950年以后，各种文字记载和地形图等资料，详细地记录了头屯河与三屯河的巨大变迁。

在1957年编纂的1∶100万地形图中可以看到三屯河仍能汇入头屯河，汇合后向北可流至蔡家湖（今103团场）西北，自此之后的下游河道成为季节性河流，白家海子也成为时令湖；而乌鲁木齐河的下游老龙河仅能流

---

① （清）王树枏：《新疆图志》卷71《水道五》，朱玉麒等整理，上海古籍出版社2015年版，第1302—1303页。
② （民国）谢彬：《新疆游记》，杨镰、张颐青整理，新疆人民出版社2010年版，第146页。

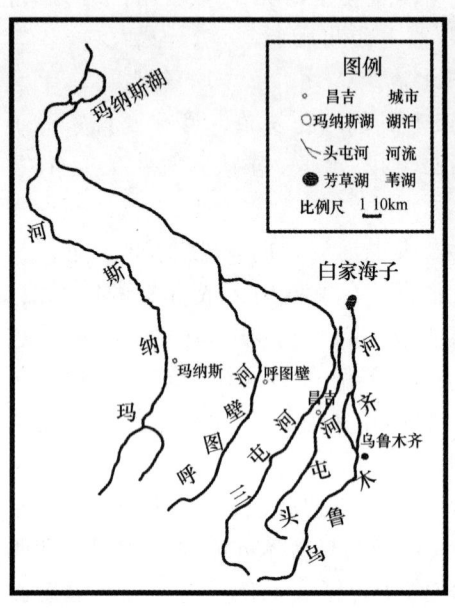

a 18世纪末

b 19世纪初

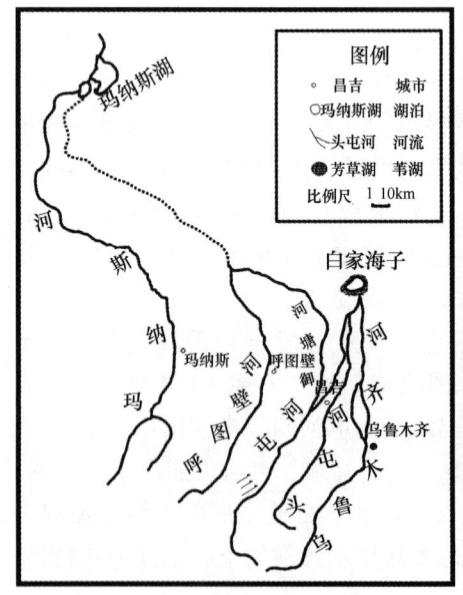

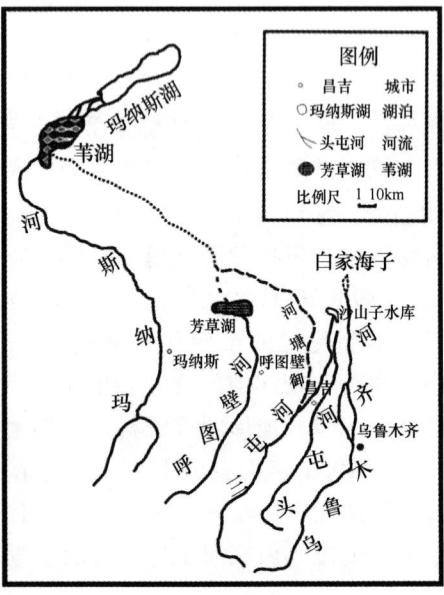

c 19世纪末20世纪初

d 20世纪中期以来

图6-9 近300年来头屯河与三屯河水系变迁图

至蔡家湖东北，然后断流，不能再与头屯河汇流。由此推测，最晚至1957年头屯河和老龙河不能再汇流，也不能汇入白家海子。纪大椿、张莉等人分别通过1966年出版的《中华人民共和国新疆维吾尔自治区地图集》判断，1966年以前，三屯河东支也不再汇入头屯河。① 根据1978年8月航拍资料绘制的1:5万地形图判断，1978年，头屯河流经今昌吉市西后向西北流经今五家渠市西，消失于今101团水利营附近；三屯河在今昌吉市西南不远处分为两条主要的支流，西支也称为老龙河，向西北流消失于昌吉西北的沙漠中；东支下游水量皆被拦蓄在沙山子水库内（见图6-9d）。此后，三条河流间的联系多依靠人工渠道，例如现在头屯河人工分流的二分之一的水量汇入乌鲁木齐河，② 沙山子水库同时拦蓄头屯河和三屯河。

综上所述，18世纪中后期以来，头屯河和三屯河水系发生了两次较大的变化。19世纪中期之前，头屯河与三屯河是两条没有联系的水系；头屯河尾闾最后消失于荒漠中；三屯河在平原区分为东支三屯河和西支御塘河，两条河流后来汇合后向西北注入呼图壁河。19世纪末20世纪初，三屯河东支转向东北流，在今沙山子水库附近汇入头屯河，两条河流继续向东北流，最后在今天黄家梁南侧沙门海子一带汇入乌鲁木齐河下游老龙河，汇流后河流继续向北流，形成周长约40—50里的白家海子。1957年，头屯河不再能汇入乌鲁木齐河。1966年，三屯河东支也不再汇入头屯河。（见图6-9）。

三 呼图壁河中下游河道与渠道的变迁

呼图壁河发源于天山支脉依连哈比尔尕山北坡，自南向北流，今河道总长176千米，年径流量4.56亿立方米，流域范围与呼图壁县行政区划大致相当。按地形地貌划分，从河源至河口地区大致可以分为南部山区、中部平原区和北部沙漠区三大地貌单元。③ 呼图壁河的中下游河道主要分布在青年渠首以北地势平坦的中部平原区和北部荒漠区，河流极易在此区域发生泛溢和改道。笔者对此进行了专门的研究，这里仅陈述主要结论。④

---

① 参见纪大椿《阿雅尔淖尔考》，《新疆社会科学》1983年第4期；张莉、韩光辉、阎东凯：《近300年来新疆三屯河与呼图壁河水系变迁研究》，《北京大学学报》（自然科学版）2004年第6期。
② 《乌鲁木齐河流域志》编纂委员会：《乌鲁木齐河流域志》，新疆人民出版社2000年版，第27页。
③ 呼图壁河流域规划委员会、昌吉回族自治州水利水电勘察设计院：《呼图壁河流域规划报告》（内部资料），1999年，第81页。
④ 张莉、鲁思敏：《近250年新疆呼图壁河中下游河道演变及其影响因素分析》，《西域研究》2020年第3期。

18世纪中期至19世纪中期，呼图壁河中下游河道来水量比较稳定，北流至双岔子附近与三屯河汇合，然后经过莫索湾，在大拐附近与玛纳斯河汇合，最后注入玛纳斯湖（见图6-9、图6-10a，图6-10b）。此时，呼图壁河与三屯河、玛纳斯河是一个大的水系。自今青年渠首至玛纳斯湖，呼图壁河水流经过的长度有277.8千米。此时渠道虽有增修，但数量较少。18世纪中期至18世纪末，清政府控制天山北麓之后，即在呼图壁河流域一带屯田，官兵在呼图壁河出山口至景化城之间河道两侧引渠灌溉。至19世纪中期，有11条渠道的渠口位于景化城以南，灌溉城周边地区；5条渠道在景化城附近向西引，灌溉振番户（今芳草湖农场）一带。[①]因材料有限，本书只能复原部分渠道（图6-10b）。可以看出，19世纪中期呼图壁河中下游河渠水系空间分布格局的变化，主要体现在景化城附近。

19世纪末至20世纪中期，呼图壁河流程明显缩短。随着西渠引水量的增多，逐渐形成芨芨坝以下西河（西渠）、东河（主河道）并流的情况，呼图壁河下游水量急剧减少，河道缩短，至三家梁（今桑家渠附近）附近逐渐断流（见图6-10c）。[②] 此时，三屯河的来水量也大为减少，所以双岔子以下原三屯河与呼图壁河汇流后的河道仅在丰水期有水。[③] 可以说，这一阶段呼图壁河流程明显缩短，与三屯河分流后，形成独立的水系。从今青年渠首计算至双岔子，呼图壁河中下游河道总长约为101.6千米。此时段为渠道快速演变期（见图6-10c）。根据《新疆图志》卷七十四《沟渠二》可知，1908年呼图壁河中下游地区共有一级支渠35条，二级支渠55条，渠道总长约1654千米，灌溉面积总计约46354亩，其中芳草湖地区灌溉面积达11251亩[④]。总体而言，此时呼图壁河中下游河渠水系空间分布格局的变化，主要体现在芳草湖一带的渠道长度和渠系密度的增加。

20世纪中期至今，呼图壁河流程极大缩短。20世纪中期以来，由于水库、各级干支渠的修建，呼图壁河中下游自然河道逐渐被水库、渠系网

[①] （清）徐松：《西域水道记》卷3《额彬格逊淖尔所受水》，北京大学图书馆藏道光三年（1823）刊本。

[②] "呼图壁河……至三家梁西，河身减小，地皆沙漠"出自马大正、黄国政、苏凤兰整理《新疆乡土志稿·呼图壁乡土志》，新疆人民出版社2010年版，第87—91页。

[③] 张莉、韩光辉、阎东凯：《近300年来新疆三屯河与呼图壁河水系变迁研究》，《北京大学学报》（自然科学版）2004年第6期。

[④] （清）王树枬：《新疆图志》卷74《沟渠二》，朱玉麒等整理，上海古籍出版社2015年版，第1349—1353页。

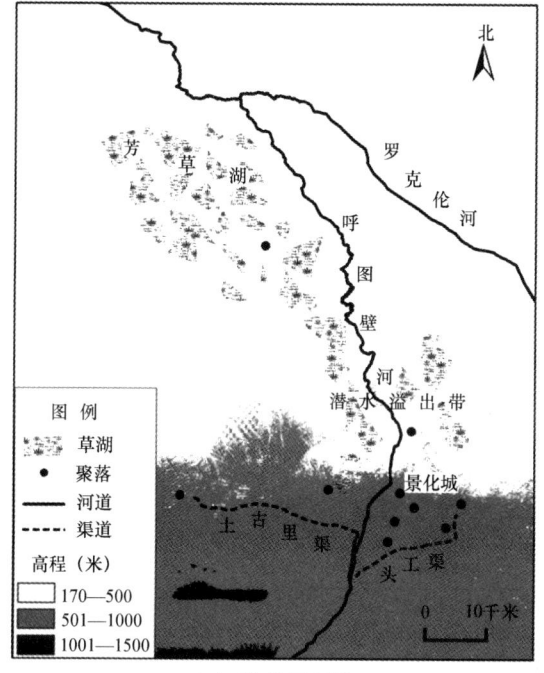

第六章 清至民国时期天山北麓的环境变迁 273

(a) 18 世纪中期

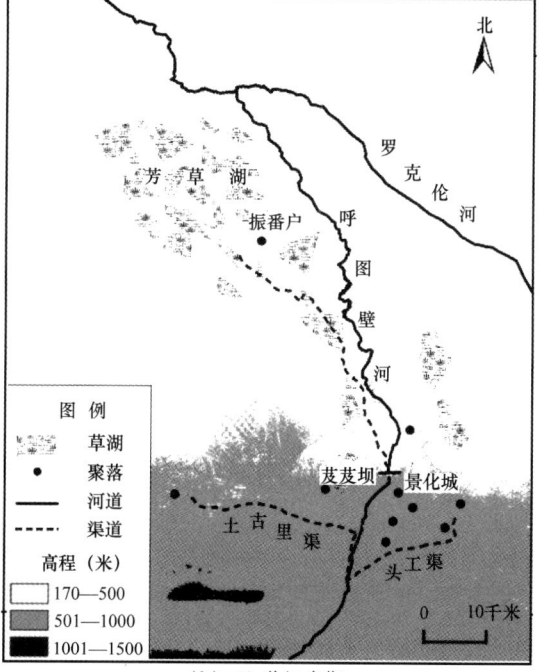

(b) 19 世纪中期

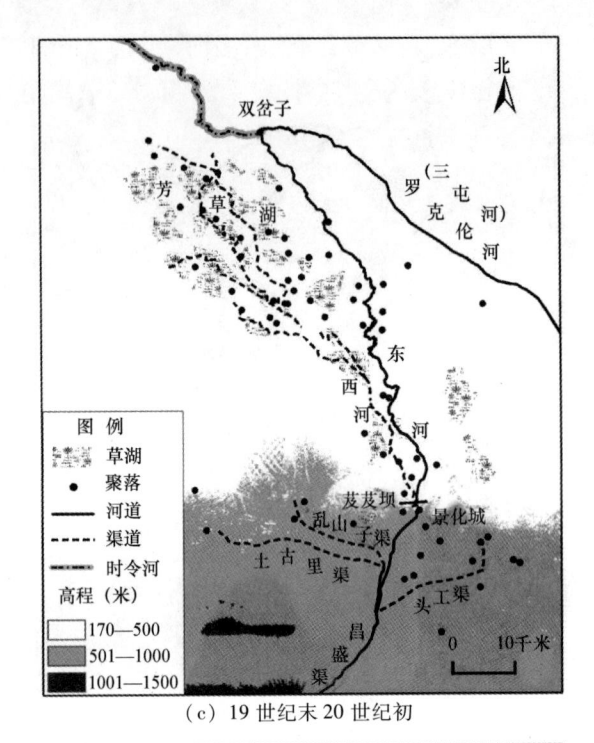

274　天山北麓土地开发与环境变迁研究（1757—1949）

(c) 19世纪末20世纪初

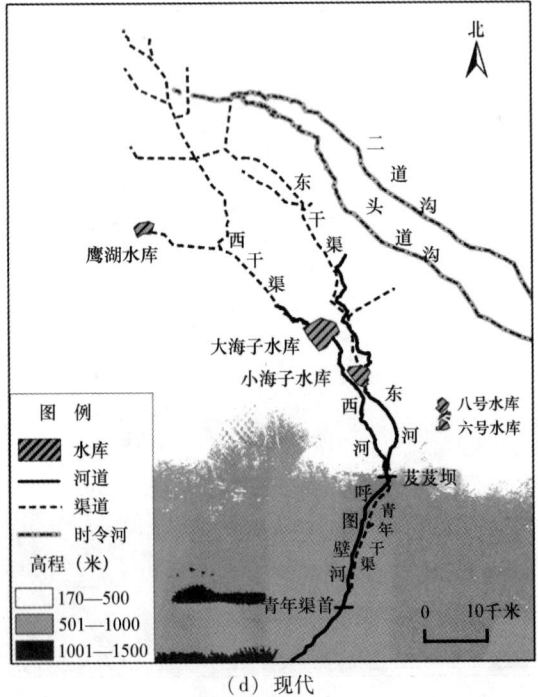

(d) 现代

图6-10　近300年来呼图壁河中下游河道演变图

络代替，小海子水库以下的主河道只供泄洪使用。从遥感影像上判断，在小海子水库以下还保留约20千米清晰而连续的自然河道遗迹，应为泄洪期河水可到达之处。因此，从青年渠首算起，呼图壁河中下游河道最长仅有71.6千米左右（见图6-10d）。此时段为高速演变期。中华人民共和国成立后，随着现代科学技术水平的提高，渠道修建进程加快，渠道的数量、规模和灌溉亩数均明显增多。根据本书绘制出的现今呼图壁河渠图（只绘制出骨干水利工程）可发现，在呼图壁河新修的渠道中，大、小海子水库以南的渠道沿用老河道；而大海子水库以北渠道为西干渠，全长38.5千米，只有约220米长的渠道与原西渠重叠（图6-10d）；小海子水库以北的渠道为东干渠，位于东河河道以西，长27.6千米[1]。1997年，呼图壁河大型水利工程基本完成了修缮和加固，此时渠道总长3909.3千米，农业灌溉面积976000亩[2]。自此，呼图壁河渠道总长和灌溉面积分别约是1908年的2.2倍和14倍。

对比三个阶段呼图壁河渠变化，可发现近250年来呼图壁河河道的演变主要发生于19世纪末20世纪初及20世纪中期至今。19世纪末20世纪初呼图壁河流程逐渐缩短，不再与三屯河交汇。20世纪50年代至今，大量河水被引入渠道，河道继续缩短至今兵团芳草湖农场四场八连附近（东经86°36′55″、北纬44°41′57″），小海子水库以北河道大部分已被耕地覆盖。

四　天山北麓其他湖泊、沼泽的变化

（一）19世纪中期以前天山北麓湖泊、沼泽的分布情况

"冰天雪地水自流，溶溶直泻苇湖头"[3]；"绿到天边不计程，苇塘从古断人行，年来苦问驱蝗法，野老流传竟未明"，其注云："境内之水皆北流，汇于苇塘。如尾闾然，东西亘数百里，北去则古无人迹，不知所极。"[4] 这是1770年前后，纪昀将他在天山北麓一带看到的景象写入诗中，即天山北麓河水多为冰川雪融水补给，向北流向沙漠边缘，一般在河流的尾闾地带形成大片的苇湖湿地。

---

[1] 呼图壁河水利志编纂委员会：《呼图壁河水利志》，新疆人民出版社2012年版，第162—200页。

[2] 呼图壁河流域规划委员会：《呼图壁河流域规划报告》（内部资料），1999年，第81页。

[3] （清）纪昀：《乌鲁木齐杂诗》"风土之五"，载王希隆《新疆文献四种辑注考述》，甘肃文化出版社1995年版，第162页。

[4] （清）纪昀：《乌鲁木齐杂诗》"物产之四十二"，载王希隆《新疆文献四种辑注考述》，甘肃文化出版社1995年版，第181页。

《西域图志·疆域三》中在记载奇台、迪化州州属、昌吉、绥来、阜康县等县的四至疆界时，也大多记载其界"北至苇湖"①。道光元年（1821）成书的《西域水道记》中记载了，天山北麓各河流北流止于苇湖的情况。如昌吉河（今头屯河），"河又北潴为苇泽而止。谚曰头屯河。《滦阳绪录》云，由乌鲁木齐至昌吉，南界天山无路可上，北界苇湖连天无际，淤泥深丈许，入者辄灭顶。盖罗克伦河、头屯河下游所钟也"；图古里克河（今雀儿沟河）"北流经图古里克军台西数十步，又北流潴为苇泽"；塔西河，"河三源，发南山，北流经塔西河所堡西，又北分为二，潴苇泽而止"；玛纳斯河，流至县治北150里处与乌兰乌苏河汇流，其地"水草所交，莫测远近，群雁止宿，恒亿万计"②。这些记载说明，直到19世纪中期，天山北麓冲积平原的北部，各条河流的尾闾地区存在着大片的苇湖湿地，在洪积冲积扇缘的潜水溢出带也有连片的苇湖沼泽，这里是鸟类栖息的乐园。

据《西域图志》记载，在18世纪，天山北麓地区除了额彬格逊淖尔之外，东部地区还有鄂伦淖尔、巴尔库勒淖尔、图尔淖尔。额彬格逊淖尔"周可五十余里"，今名玛纳斯湖；巴尔库勒淖尔"在镇西府城西北十五里，周一百二十余里"，即今天的巴里坤湖及其附近苇湖；图尔淖尔，"在巴尔库勒城东三百里，其泽周回五十里"，即今天伊吾县的吐尔库勒湖。③需要考证的是鄂伦淖尔的所在。据《西域图志》卷二十五《水二》记载："鄂伦淖尔，在阿察郭勒东一百二十里，都尔伯勒津城西十里。源出天山北麓，北流经得勒呼苏台，行一百里潴为淖尔，圆径三十里。"阿察郭勒即今天吉木萨尔县的东龙口河。都尔伯勒津城，"在古城东十里，有旧城，东有旧城屯泉"④，为一旧城名称。古城，即今天的奇台镇⑤。由此可见，鄂伦淖尔当在今天的奇台镇附近。根据地名志资料及地形图了解到，在奇台镇附近，只有镇城西南5千米处的芨芨湖地方较为低洼，地下水位浅，生长大片芨芨草，具有沼泽形成的地貌条件。因此判断，今天奇台镇西南

---

① （清）傅恒等纂：《西域图志》卷10《疆域三》，北京大学图书馆藏乾隆四十七年（1782）武英殿聚珍本。
② （清）徐松：《西域水道记》卷3《额彬格逊淖尔所受水》，北京大学图书馆藏道光三年（1823）刊本。
③ （清）傅恒等纂：《西域图志》卷24《水一》，北京大学图书馆藏乾隆四十七年（1782）武英殿聚珍本。
④ （清）傅恒等纂：《西域图志》卷9《疆域二》，北京大学图书馆藏乾隆四十七年（1782）武英殿聚珍本。
⑤ 昌吉回族自治州地名委员会编：《新疆昌吉回族自治州地名图志》（内部资料），1988年，第153页。

的芨芨湖地方很有可能就是当时鄂伦淖尔的所在地。

综上所述，在19世纪中期以前，天山北麓冲积平原的北部，各条河流的尾闾地区存在着大片的苇湖湿地、洪积冲积扇缘的潜水溢出带也有连片的苇湖沼泽。另外，还有5个湖泊，其中以巴尔库勒淖尔湖泊面积最大，鄂伦淖尔最小。

（二）19世纪末20世纪初天山北麓湖泊沼泽的减少和萎缩

到19世纪末20世纪初，见于历史文献记载的天山北麓地区的苇湖沼泽有：乌鲁木齐河、头屯河、三屯河右支等河流在古尔班通古特沙漠南缘形成的大片苇湖——白家海子，海子东西长，南北狭，周径约四五十里[1]；孚远县（今吉木萨尔县）境内由泉水、柳树河水下游汇集而形成的苇湖——下新湖、四厂湖一带[2]；阜康县的四工河、三工河、水磨河等水灌溉八运及运西之田，之后"其余流多北入草湖"，在今阜康市九运乡北部及六运湖农场一带形成草湖湿地[3]；镇西厅的巴里坤湖周围草湖湿地[4]；绥来县的塔西河在流过包家店之后，"其正流直北至二百余里之苇湖而止"[5]，在今玛纳斯县的平原水库——塔西河水库一带形成河流尾闾湖；以及绥来县境内玛纳斯湖向北萎缩，在其原来湖泊的南部形成的苇湖——鄂林各土淖尔[6]。此外，绥来县的蘑菇湖一带为冲积洪积扇缘潜水溢出带，也有大片的沼泽。直到1916年，蘑菇湖一带依然是苇草连天，人迹罕至，其地"水深路险，遥望苇草无际。每遇湖水涨发，浅则盈肩，深则灭顶，周围并无村庄，虎彪出门不定"[7]。

---

[1] （清）王树枬：《新疆图志》卷74《水道五》，朱玉麒等整理，上海古籍出版社2015年版，第1302—1303页。

[2] （清）佚名：《孚远县乡土志·水》，载马大正、黄国政、苏凤兰整理《新疆乡土志稿》，新疆人民出版社2010年版，第26页；（清）王树枬：《新疆图志》卷74《水道五》，朱玉麒等整理，上海古籍出版社2015年版，第1306页。

[3] （清）巨国柱：《阜康县乡土志·地理》，载马大正、黄国政、苏凤兰整理《新疆乡土志稿》，新疆人民出版社2010年版，第20页。

[4] （清）阎绪昌、高耀南：《镇西厅乡土志·山川》，载马大正、黄国政、苏凤兰整理《新疆乡土志稿》，新疆人民出版社2010年版，第99页。

[5] （清）杨存蔚：《绥来县乡土志·水》，载马大正、黄国政、苏凤兰整理《新疆乡土志稿》，新疆人民出版社2010年版，第81页。

[6] （清）王树枬：《新疆图志》卷74《水道五》，朱玉麒等整理，上海古籍出版社2015年版，第1300—1302页；"绥来县图"，见（清）佚名编《旧刊新疆舆图》，清光绪三十二年石印本，台北：成文出版社1968年影印版。

[7] （民国）杨增新：《饬玛纳斯副将禹宝山、沙湾县知事杨修政速将乌兰乌苏所属苇菇湖地方查明是否可以开垦详覆核办文》，载（民国）新疆水利委员会编《新疆水利会第二期报告书》卷1，北京大学图书馆藏北京华国书局民国七年（1918）石印本。

与 19 世纪中期以前相比较，19 世纪末 20 世纪初天山北麓河流尾闾带和冲积洪积扇的沼泽有萎缩、减少的趋势。这首先表现在历史文献记载中明显消失的几个河流尾闾地带的沼泽苇湖。如 1821 年成书的《西域水道记》记载，图古里克河（今雀儿沟河）"北流经图古里克军台西数十步，又北流潴为苇泽"[①]。但是 19 世纪末 20 世纪初的历史文献和古地图中，图古里克河自天山北流，"至图古里克庄东，逾孔道止不流"，余波消失于沙碛中。[②] 此外，《西域图志》中记载的鄂伦淖尔，在 19 世纪末 20 世纪初及其以后的历史文献、古地图中都不见任何踪迹，这说明天山北麓 5 个湖泊中最小的鄂伦淖尔在 19 世纪末以前就萎缩、干涸消失了。

19 世纪末 20 世纪初天山北麓河流尾闾带和冲积洪积扇源的沼泽有萎缩、减少的趋势，主要体现在民国年间对河流尾闾沼泽的开发活动中。民国初年，杨增新主政新疆时期（1912—1928），鼓励兴修水利、大力发展农业。在修复以前湮废的灌溉渠道，恢复熟荒的基础上，还积极提倡开荒垦种。当时，天山北麓的沼泽周围成为新的垦荒对象，主要开发了乌鲁木齐河下游的青格达湖、呼图壁河下游的芳草湖、阜康县三工河下游的六运湖、孚远县北境的四厂湖、五厂湖以及玛纳斯河西岸的蘑菇湖等（见表 6-2）。

表 6-2 杨增新时期（1912—1928）对天山北麓沼泽的开垦

地　点	时　间	工程概况及其受益	资料来源
迪化县青格达湖开渠	1915 年 4 月 25 日派军队前往开垦，至 8 月 4 日完工	由青格达湖起至高家户地方止，开大渠一道，长 2000 丈，面宽 5 丈，底深 4—5 尺不等，又开支渠两道，长 2400 丈，宽深稍小于大渠	杨增新：《补过斋文集》丁集上
迪化县沙山子	1918—1919 年	派军开挖大渠两道，一道自头屯河起，长 30 里，宽 1.2 丈，深 1.8 丈；一道自老龙河起，长 10 余里，宽 2—3 丈，深 4—5 尺，两渠在百家海子相接，灌溉沙山子荒地	杨增新：《补过斋文集》丁集上

---

① （清）徐松：《西域水道记》卷 3《额彬格逊淖尔所受水》，北京大学图书馆藏道光三年（1823）刊本。

② （清）王树枬：《新疆图志》卷 74《水道五》，朱玉麒等整理，上海古籍出版社 2015 年版，第 1300 页。《昌吉县图》，见（清）佚名编《旧刊新疆舆图》，台北：成文出版社 1968 年影印清光绪三十二年石印本。

第六章　清至民国时期天山北麓的环境变迁　279

续表

地　点	时　间	工程概况及其受益	资料来源
呼图壁县芳草湖	1916年8月，地方官招民开渠	在县北芳草园开渠垦荒，招无业游民垦种	杨增新：《补过斋文集》丁集上
阜康县六运湖	1915年，地方官招民开完西渠	渠长8000丈，渠成后安插户民50余户，开垦地亩4000—5000亩	杨增新：《补过斋文集》丁集上
孚远县四、五场湖	1916年4月，地方官派军修复	由四厂湖齐家庄地方开干渠一道，北行10余里之天生圈，西行30里，至五厂湖，均挖宽1丈，深6尺，再由天生圈北行约20里至青格达湖已垦之地相接。开垦出中地8100亩，安插户民90余户	杨增新：《补过斋文集》丁集上
绥来县蘑菇湖	1916年7月派员勘查	未能按计划实行	新疆水利委员会编：《新疆水利报告书》（第二期）卷一《第一类筹办水利文牍》，北京华国书局1918年印刷。

由表6-2可以看出，民国初年，天山北麓主要的沼泽都是当时重点勘查垦荒的对象，也初步见到了成效。民国十九年（1930）《新疆省政府公报》中记载："查青格达湖，自民国元年至十二年，陆续归民纳户，开辟草莱，垦荒成熟，注荫湖泉，尚无水旱之灾，咸称乐土。"① 由此可见，民国初年对天山北麓各河流尾闾地带沼泽的疏水开垦，在一定程度上也促使沼泽出现萎缩和减少的现象。只是由于当时在沼泽周围开荒的程度和规模有限，因此并没有出现沼泽大面积消失的情况

五　天山北麓河网的变化

"山田龙口引泉浇，泉水惟凭积雪消。头白老农年八十，不知春雨长禾苗"，其注云："岁或不雨，雨亦仅一二次。惟资水灌田。故不患无田，而患无水。水所不至，皆弃地也。其引水出山之处，俗谓龙口。"② 乾隆三

---

① 《新疆省政府公报》第5期，1930年1月出版。
② （清）纪昀：《乌鲁木齐杂诗》"风土之七"，载王希隆《新疆文献四种辑注考述》，甘肃文化出版社1995年版，第162页。

十四年（1769）前后被遣戍乌鲁木齐的纪昀用这首诗生动形象地描写了天山北麓灌溉农业的特点，即以水定地，修建龙口引用河水、泉水等是发展农业的关键。因此，自乾隆年间天山北麓开始屯田后，各地大力修建灌溉渠道，天山北麓山前洪积冲积扇及平原地区的天然河道逐渐被人类的经济活动改变了。

乾隆三十年（1765），为了解决宜禾县（今巴里坤县）三道河上下游商民与户民争水的问题，地方官员派人在三道河（今柳条河）上游建立闸、坝分水，修建分水渠3000余丈。① 同年，在巴里坤镇城西花庄（今花园一带）修渠引黑沟水，并且采取了防渗措施。②

据道光元年（1821）成书的《西域水道记》记载，三道河（今柳条河，长仅100余千米）"其水西流，迳龙神祠南，疏渠溉天时庄田。又南流迳第二龙神祠疏渠溉人和庄田，又西流至破城南，疏渠迳地利庄南、大有庄被，溉两庄田，又西流分为二，是为三道河。南支西流入招摩多河，中支、北支西流而会，双溪萦绕，左右环村"③。由此可见，三道河在出山口后，从河流左右两岸引出数条渠道，这彻底改变了原始河道的特征。再如，《西域水道记》中记载，呼图壁河在流出山口之后，"北流二十五里为渠口，疏东流渠六，西流渠五，又北流五十五里，迳景化城西引西流支渠五，诸渠间为景化城户屯与乌鲁木齐右营兵屯田"，这里记载了自呼图壁河引出16条灌溉渠道；玛纳斯河"出山北流百一十里为渠口，疏动流渠三，皆东入绥宁城南边墙。河又北流疏为磨河渠，经靖远关下，入康吉城北边墙，溉其屯田。……玛纳斯河经泉沟西七里，北流至县北，沿河左右悉为民田"④。乾嘉时期，随着农业的发展，天山北麓各主要河流、泉沟的自然河网分布大都不同程度地被人类经济活动改变了。

到清朝后期，天山北麓的绿洲内逐渐形成了稠密的灌溉渠道网，众多的人工渠道把大、小河流泉沟联系起来，或把大河的水流分散到各小河灌区中去，或把小河、泉沟的水流集中到大河的渠系中去，结果使天然河道的特征被破坏了。据《新疆图志·沟渠》记载，到清朝末年，天山北麓各地区的渠道总长度达到了13325里，各绿洲内形成了密布的灌溉河网（见

---

① 《清高宗实录》卷739，乾隆三十年六月壬申，中华书局1987年版，第18册，第145页。
② 《清高宗实录》卷748，乾隆三十年十一月丙子，中华书局1987年版，第18册，第232页。
③ （清）徐松：《西域水道记》卷3《巴尔库勒淖尔水》，北京大学图书馆藏道光三年（1823）刊本。
④ （清）徐松：《西域水道记》卷3《巴尔库勒淖尔水》，北京大学图书馆藏道光三年（1823）刊本。

表6-3)。此时,从玛纳斯河两岸引出主渠24条,支渠达108条,渠道总长度1455里,灌溉田地60362亩;其中广东地渠长仅30里,却分出支渠16条;最长的主渠磨河渠长达150里。①

表6-3 《新疆图志》所载天山北麓各地灌溉渠道及其灌溉能力

地区		干渠数(条)	支渠数(条)	渠道总长度(里)	总灌溉能力(亩)	单位渠道长度的灌溉面积(亩)
迪化府	绥来县	51	163	3209	110856	34.6
	呼图壁分县	38	64	1735	53900	31.1
	昌吉县	13	96	1632	97684	59.9
	迪化县	44	66	2245	186737	83.2
	阜康县	6	24	723	51760	71.6
	孚远县	7	21	1210	121048	100.0
	奇台县	20	30	1440	311329	216.2
镇西厅		34	24	1131	41175	36.4
合计		213	488	13325	974489	73.1

资料来源:(清)王树柟:《新疆图志》卷73《沟渠一》、卷74《沟渠二》,朱玉麒等整理,上海古籍出版社2015年版,第1334—1379页。

(一)天山北麓地区河网变化的区域差异

由表6-3可以看出,到19世纪末20世纪初,天山北麓各河流的渠道总长度达到了13325里,灌溉田地97万余亩。其中绥来县主、支渠数量最多,渠道长度达到3209里,占天山北麓渠道总长度的24.1%,其次为迪化、昌吉、呼图壁等地。而东部地区的阜康、孚远、奇台、镇西等地的渠道数量较少,渠道总长度也远远小于其他西部各县。这反映了天山北麓各地渠道数量的差异,但是并不能反映出河网变化的区域差异。

河网变化的区域差异主要是指,与河流本来的自然状况相比,河网被改变的程度差异。通过比较天山北麓各河床径流量与渠道灌溉面积,可以了解天山北麓河网变化的区域差异。由上文论述天山北麓地表径流的自然地理特征可知,以乌鲁木齐河为界,天山北麓的河川径流可以明显地划分

---

① (清)王树柟:《新疆图志》卷74《沟渠二》,朱玉麒等整理,上海古籍出版社2015年版,第1349—1379页。

为两个区域：乌鲁木齐河以西各河，皆发源于天山冰川，以冰雪融水补给为主，流域面积大、河道长、年径流量皆在 2 亿立方米以上，其中玛纳斯河是天山北麓最大的河流，年径流量达到 12.8 亿立方米。乌鲁木齐河以西各河流年总径流量占全区的 71.73%；而乌鲁木齐河以东各河，多发源于博格达山北坡，以降雨补给为主，河流短小，年径流量只有开垦河达到 1.6 亿立方米，其余的皆在 1 亿立方米以下，乌鲁木齐河以东各河流年径流量仅占全区的 28.27%（见表 6-3）。

从表 6-3 可以看出，在 19 世纪末 20 世纪初，占天山北麓总径流量 71.73% 的乌鲁木齐河以西各河流（主要包括今天乌鲁木齐、昌吉、呼图壁、玛纳斯、石河子、沙湾），其渠道总长度为 8821 里，浇灌田地 449177 亩，占当时天山北麓总耕地面积的 46.10%；而占天山北麓总径流量 28.27% 的乌鲁木齐河以东各河流（主要包括今天阜康、吉木萨尔、奇台、木垒、巴里坤、宜禾），其渠道总长度虽然仅为 4504 里，浇灌的田地面积却达到 525312 亩，占当时天山北麓总耕地面积的 53.91%，大量的河水被引入农田。由此可知乌鲁木齐河以东各河流的利用程度远比乌鲁木齐河以西地区大。这也就说明，与河流原始的河道自然特征相比，乌鲁木齐河以东各河流河道的自然特征被改变的程度远远比乌鲁木齐河以西各河流大。

历史文献的记载和描述更加形象地反映出天山北麓河网变化的区域差异。《新疆图志》等历史文献记载，乌鲁木齐河以东地区的河流在流出山口之后，大都随即被引入灌区，洪积冲积扇及冲积平原上的自然河道大多被纵横交错的灌溉渠道取代。如今吉木萨尔县的东大龙口河，在乾隆年间称为阿察郭勒，"有三源，出天山北麓，北流五十里，汇为一河，余波入于沙碛"[①]，河流可以北流到沙漠边缘；但是到 19 世纪末 20 世纪初，人们在河流出山处修建龙口，将河流引入人工灌溉渠道，名为大龙口渠，下分支渠达四级，灌溉田地 44511 亩[②]，河流至"县治东关二工而止"[③]。例如今天奇台县的开垦河，《奇台县乡土志》记载："奇台水，有三源，均出祁连山阴之阿拉爽达坂，北流经学粮地，合为一水，又北流四十里，复分为六支：曰平定渠、曰隆旧渠，皆东北流入沙；西支曰上开垦、曰下开垦、

---

① （清）傅恒等纂：《西域图志》卷 25《水二》，北京大学图书馆藏乾隆四十七年（1782）武英殿聚珍本。
② （清）王树枬：《新疆图志》卷 74《沟渠二》，朱玉麒等整理，上海古籍出版社 2015 年版，第 1354—1355 页。
③ （清）佚名：《孚远县乡土志·水》，载马大正、黄国政、苏凤兰整理《新疆乡土志稿》，新疆人民出版社 2010 年版，第 26 页。

曰小堡。皆西北流入沙；其正支又北流五十里，环绕旧县城分溉红大渠、牛王宫、兴平渠各处地亩入沙。"①《新疆图志·沟渠二》记载，大龙口河分出渠道11支，分别是上开垦渠、下开垦渠、隆旧渠、小堡渠、红大渠、牛王宫渠、平定渠、兴平渠、头畦渠、二畦渠、三畦渠。② 由此可知，《奇台县乡土志》中记载的奇台水的分支其实是人工渠道，河水被分散后灌溉各处地亩，余水分别消失在沙碛中，纵横交错的人工渠道取代了河流在洪积冲积扇及冲积平原上的自然河道。

此外，19世纪末20世纪初，从天山北麓各河流名称的变化或者渠道名称的命名也可以看出河网变化的区域差异。对比《西域图志》和《新疆图志》以及各县乡土志资料，可以发现，自18世纪到20世纪初，天山北麓西部地区的河流名称没有太大变化，如头屯河、三屯河、呼图壁河、玛纳斯河等，而东部地区的河流名称变化较大，而且多带有水利开发的特征。如奇台县境内的开垦河，在《西域图志》中称为多博绰克布拉克，在《新疆图志》中称为奇台水或者大龙口河，后来逐渐被"开垦河"这一名称取代。③ 其他的如奇台县的永丰渠水、孚远县（今吉木萨尔县）的大龙口河（今东大龙口河）等。这些河流或者以分水工程"龙口"命名，或者直接以渠道命名。此外，还有以原来的河流名称命名渠道的，如奇台县与孚远县交界处的柏杨河渠、奇台县的大板河渠、木垒河渠等。④ 不管是以带有水利开发特征的名称命名河流，还是以原来河流的名称命名人工渠道，这都反映出此时天山北麓东部地区的河流在更大程度上地被人类利用了，其河道的自然特征也被更大程度地改变了。

（二）单位渠道长度的灌溉面积反映区域水利开发难易程度

在表6-3中，利用渠道总长度和总灌溉能力，计算得出了单位渠道

---

① （清）杨方炽：《奇台县乡土志·水》，载马大正、黄国政、苏凤兰整理《新疆乡土志稿》，新疆人民出版社2010年版，第42页。

② （清）王树枏：《新疆图志》卷74《沟渠二》，朱玉麒等整理，上海古籍出版社2015年版，第1354—1355页。

③ （清）傅恒等纂：《西域图志》卷25《水二》，北京大学图书馆藏乾隆四十七年（1782）武英殿聚珍本；（清）王树枏：《新疆图志》卷74《沟渠二》，朱玉麒等整理，上海古籍出版社2015年版，第1354—1355页；《新疆昌吉回族自治州地名图志》，第307页。

④ （清）王树枏：《新疆图志》卷74《沟渠二》，朱玉麒等整理，上海古籍出版社2015年版，第1354—1355页；（清）巨丽柱：《阜康县乡土志·地理》，载马大正、黄国政、苏凤兰整理《新疆乡土志稿》，新疆人民出版社2010年版，第19—20页；（清）佚名：《孚远县乡土志·水》，载马大正、黄国政、苏凤兰整理《新疆乡土志稿》，新疆人民出版社2010年版，第26页；（清）杨方炽：《奇台县乡土志·水》，载马大正、黄国政、苏凤兰整理《新疆乡土志稿》，新疆人民出版社2010年版，第42页。

长度的灌溉面积，列在最后一栏中。单位渠道长度的灌溉面积，是指一单位的渠道长度可以灌溉田地的多少。在相似的地貌条件（同处于天山北麓）和同一生产技术水平条件下，可以认为修建和维护灌溉渠道的费用（包括人力和物力）是相似的（排除地形差异造成的影响，不过在当时，开发利用的地形位置差不多都是相同的，即在泉水溢出带以下和冲积扇上）。因此，单位渠道长度的灌溉面积在一定程度上可以反映各地区水利开发难易程度的差别。如奇台县的大龙口河（今开垦河），在出山口处即被引入渠道，分出支渠11条，渠道总长度仅470里，灌溉面积却达到了82040亩；其中从大龙口渠分出的下开垦渠长仅20里，灌溉田地面积达8310亩[1]，单位渠道长度的灌溉面积达到415.5亩。与此形成鲜明对比的是呼图壁河，在19世纪末，为了灌溉呼图壁河沿岸的41677亩田地，从呼图壁河引出了主渠27条，支渠45条，渠道总长度达1516里；其中镇番渠主支渠共计长100里，灌溉面积仅为1831亩[2]，单位渠道长度的灌溉面积为18.31亩。很显然，就达到的有效灌溉面积来讲，下开垦渠修建和维护的费用显然远较镇番渠小，其水利开发利用也远较镇番渠容易得多。在同处于天山北麓相似的地貌条件下，同一生产技术水平上，地区单位渠道长度的灌溉面积越大，说明该地区的水利开发越容易；反之，单位渠道长度的灌溉面积越小，则反映出该地区灌溉一定数量的田地需要投入到修建渠道上的费用越高，水利开发的难度越大。

由表6-3可知，清朝末年，奇台区（包括今天的奇台和木垒两县）的渠道长度与灌溉能力之比最大，平均1里长的渠道可以灌溉田地216.2亩，水利开发的投入小收效大。结合前文的清代中期以来天山北麓耕地面积的变化研究（第五章第三节）也可以看出，无论是在乾隆年间土地开垦的初期还是在清末土地垦复的初期，奇台区（包括今天奇台县和木垒县）耕地面积增长总是较快的，这即说明奇台区水利容易开发，土地最易于开垦（或垦复）利用。其次是孚远县（今吉木萨尔县），渠道长度与灌溉能力之比为1∶100；迪化县（包括今乌鲁木齐市、乌鲁木齐县）、阜康县的水利开发难度一般，达到了天山北麓地区的平均水平，平均1里长的渠道可以灌溉田地73亩左右；昌吉、镇西（包括今天巴里坤和伊吾两县）、绥来（包括今天的玛纳斯和沙湾两县）、呼图壁四个地区的水利开发投入最

---

[1] （清）王树枏：《新疆图志》卷74《沟渠二》，朱玉麒等整理，上海古籍出版社2015年版，第1354—1355页。

[2] （清）王树枏：《新疆图志》卷74《沟渠二》，朱玉麒等整理，上海古籍出版社2015年版，第1351页。

大，收效较小。如绥来县，修建的干支渠较多，有的渠道达到了三级，渠道总长度达到了3209里，但是灌溉面积仅为110856亩，平均1里长的渠道仅能灌溉34.6亩。

六 18世纪以来天山北麓河湖水系变迁的规律及其原因

（一）18世纪以来天山北麓河湖水系变迁的规律

由上文的讨论可知，天山北麓河湖水系的变迁过程如下：第一，18世纪至19世纪前期，天山北麓河流、湖泊的水量和面积都较大，地表水资源比较丰富，并且在河流的尾闾地带形成大片的苇湖沼泽；西部地区的三大河流——三屯河、呼图壁河、玛纳斯河皆注入玛纳斯湖，玛纳斯湖水域面积广大；在人类土地开发的影响之下，天山北麓河流、泉沟的自然河网分布被改变；第二，19世纪末20世纪初，天山北麓各大河湖水系均出现水量减少，湖泊萎缩的情况，其中以三屯河与呼图壁河的分流和下游断流不再汇入玛纳斯湖、玛纳斯湖向北萎缩及湖泊位置迁移变化、巴里坤湖周围水系的断流表现最为明显；此外，天山北麓河流尾闾地带和冲积洪积扇缘的沼泽也出现萎缩、减少的趋势；第三，结合前人关于1949年以后天山北麓的环境变迁概述可知，1949年以后，由于土地开发力度的增强和持续进行，天山北麓的河流、湖泊、沼泽等迅速向断流、萎缩、干涸的方向发展。

综上所述，19世纪末20世纪初是天山北麓河湖水系变迁的一个转折点，出现了一系列河流断流、湖泊萎缩、湖泊迁移等水文变迁事件。需要指出的是，这种水文变迁事件并不仅仅发生在本书探讨的区域范围内。据《西域图志》记载，18世纪后期，库尔喀喇乌苏河（即今奎屯河）"源出天山北麓，北行迤东会阿尔沙图布拉克，又北行至布勒哈齐北，折而西行，南会济尔噶朗郭勒，又西行四十里，南会额布图郭勒，合而西流，为坤都仑布尔哈齐郭勒。西南流七十里，入于布勒哈齐淖尔"[1]。布勒哈齐淖尔，即今天的艾比湖。但是到19世纪末，据《新疆图志》记载，原来汇入奎屯河的阿尔沙图水"今已涸矣"，奎屯厅治西北的莲花池水也由原来溢出汇入奎屯河而转变为"今湖水北流伏于沙碛而止，并不入于河"[2]。由此可见，19世纪末20世纪初，河流水量减少是整个天山北坡地区的普遍

---

[1] （清）傅恒等纂：《西域图志》卷25《水二》，北京大学图书馆藏乾隆四十七年（1782）武英殿聚珍本。

[2] （清）王树枏：《新疆图志》卷72《水道六》，朱玉麒等整理，上海古籍出版社2015年版，第1313页。

现象。

(二) 清代中期以来天山北麓河湖水系变迁原因探讨

前文已经对近 300 年来玛纳斯河湖水的变迁原因进行了探讨。采用同样的分析方法，现在来分析清代中期以来天山北麓河湖水系变迁的原因，其中重点探讨 19 世纪末 20 世纪初一系列河流断流、湖泊萎缩、湖泊迁移等水文变迁事件发生的原因。

影响区域水文变迁的主要因素分为自然因素和人文因素两种。根据张家宝等人的研究结论，在天山北麓，自然因素中年均降水量的变化是影响天山北麓水文变化的主导因素。① 而在人文因素中，主要考虑人口数量和耕地面积的变化，人口数量和耕地面积的规模越大，人文因素对区域水文变化的影响越大。

1. 新疆气候变化背景及天山北麓降水量的变化

已有的研究成果表明，影响天山北麓地表水资源变化的主导气候因素是水文年的降水量，两者成正相关关系。② 目前，学术界普遍认同，19 世纪末小冰期结束以后，包括新疆在内的西北地区气候特征由冷湿转变为波动性变暖变干的气候环境，20 世纪前 80 年新疆各地出现升温、降水量减少、冰川后退、河流径流量波动性下降、湖泊萎缩等显著的变化。③

根据现有器测资料可以系统地了解 50 余年来天山北麓的气候变化，但是近 300 年来的气候变化状况只能通过利用代用资料重建的气温、降水序列来判断。天山北麓可用的气候重建代用资料主要有树木年轮、冰川终碛物、湖相沉积，其中以树木年轮的应用区域最为广泛，现在已有学者利用这些资料重建了多条天山北麓的气温、降水序列。但因各代用资料"在不同时期的准确程度有所不同，不同记录所记载的气候变化信息也各不相

---

① 张家宝、袁玉江：《试论新疆气候对水资源的影响》，《自然资源学报》2002 年第 1 期。

② 袁玉江等：《北疆 250 年地表水资源变化特征及未来趋势预测》，《自然资源学报》1996 年第 2 期；袁玉江等：《新疆北疆地表水资源时空分布及变化特征初探》，《冰川冻土》1997 年第 3 期；袁玉江等：《新疆气候对地表水资源影响的区域差异性初探》，《应用气象学报》2001 年第 2 期；张家宝、袁玉江：《试论新疆气候对水资源的影响》，《自然资源学报》2002 年第 1 期；龚原、袁玉江：《新疆北疆气候对地表水资源变化的影响与评估》，《干旱区地理》2000 年第 3 期；龚原等：《气候转暖及人类活动对北疆中小河流降水——径流关系的影响》，《中国沙漠》2003 年第 5 期；何清等：《新疆地表水资源对气候变化的响应初探》，《中国沙漠》2003 年第 5 期。

③ 刘潮海：《西北干旱区冰川变化及其径流效应研究》，《中国科学》（D 辑）1999 年增刊 1；施雅风等：《西北气候由暖干向暖湿转型的信号、影响和前景初步探讨》，《冰川冻土》2002 年第 3 期；胡汝骥等：《新疆气候由暖干向暖湿转变的信号及其影响》，《干旱区地理》2002 年第 3 期。

同，任何一种记录都不一定比其他记录更准确"①，故选取多条可靠性高的序列进行"归并"和集成分析，以减少重建过去气候变化的不确定性，获得更为准确合理的认识。20世纪90年代以后，特别是在Bradley与Jones首次集成全球范围的代用资料（以树轮为主）重建了公元1400年以来的温度变化序列，开启了定量研究较大区域尺度气候变化工作的序幕。② 集成重建过去千年时间尺度上较大区域范围（全球，特别是北半球）气候变化研究得到了迅速的发展。③ 本文在尝试重建头屯河、三屯河流域近300年来的降水曲线时，选取了该流域及其周边地区气候模式近似的5条降水序列（见图6-11），即"天山北坡中部头屯河流域平均年表的11a滑动平均值（降水）（A）""西沟气象站4—5月降水重建值低通滤波曲线（B）""天山北坡呼图壁河流域降水重建值11年滑动平均趋势线（C）""天山北坡中部年降水量的11a滑动平均序列（D）""天山山区年降水量重建值的11a滑动平均（E）"，然后将各序列中近300年来的部分集成在一起，再分析判断各干湿阶段及其变化特点。

通过集成分析可以发现，各条曲线有较好的一致性，五条曲线中四条曲线表现出1890—1900年前后为稍微偏高的降水期，20世纪五六十年代前后的降水量则接近多年平均值。因此，可以说19世纪末20世纪初乌鲁木齐河、头屯河、三屯河、呼图壁河和玛纳斯河下游河道的变迁，白家海子面积的扩大、新玛纳斯湖的形成等水文变迁事件，是在天山北麓地区稍微偏高降水期的背景下发生的水文变化；而20世纪50年代各条河流流程缩短，不再能够相互汇入，白家海子干涸，则是发生在降水量接近多年平均值气候背景下发生的，降水量对此次水文变化过程的贡献应该不大。

2. 清代中期以来天山北麓人类活动的影响

人类活动因素是导致干旱区河流变化的重要因素。目前，学者们在定量化地讨论工业化之前河流径流量变化的人文影响因素时，主要考虑的是流域人口数与耕地灌溉面积的变化。④ 随着人口数与耕地灌溉面积的增加，人类通过修建水利工程来增加引水率，从而改变了地表径流的时空分配，

---

① 葛全胜、方修琦、郑景云：《中国过去3ka冷暖千年周期变化的自然证据及其集成分析》，《地球科学进展》2002年第1期。
② Bradley R. S., Jones P. D., "'Little Ice Age' Summer Temperature Variations: Their Nature and Relevance to Recent Global Warming trends", The Holocene, 1993 (3), pp. 367 – 376.
③ 葛全胜、刘健、方修琦等：《过去2000年冷暖变化的基本特征与主要暖期》，《地理学报》2013年第5期。
④ 胡珊珊、郑红星、刘昌明等：《气候变化和人类活动对白洋淀上游水源区径流的影响》，《地理学报》2012年第1期。

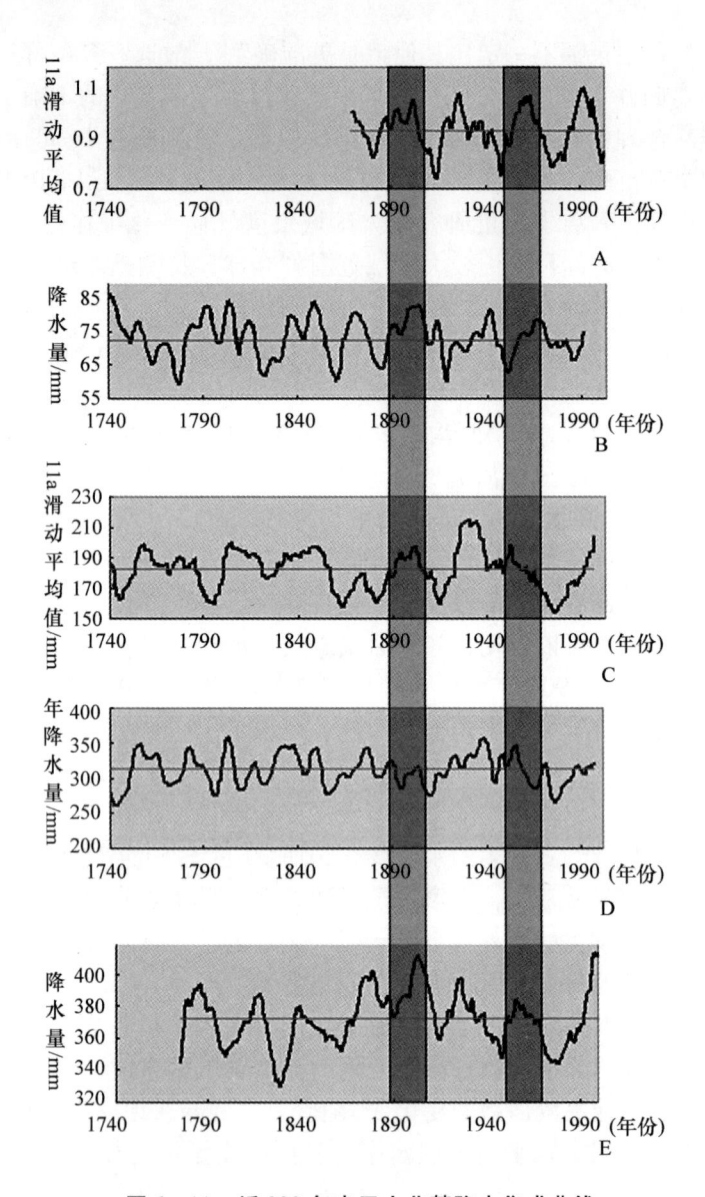

图 6-11 近 300 年来天山北麓降水集成曲线

这是我国西北干旱区河流变化人文影响因素中最重要的方面。根据前文的研究结果（见第五章第二节和第三节），绘制清代中期至民国时期天山北麓人口、耕地变化图（见图 5-1 和图 5-3）。

结合历史背景分析图 5-1 和图 5-3，清代中期至民国时期，天山北麓的人口数量和耕地面积变化表现为两个上升期和一个下降期：1766 年至

1863年是人口数量和耕地面积变化的第一个上升时期，到1860年前后，人口数量和耕地面积都达到了这一历史时期的最高值；1863年战乱爆发，人口死散，耕地抛荒，进入人口数量和耕地面积变化的下降期，直到1877年战乱结束时，天山北麓的人口数量和耕地面积几乎回到零的起点；1877年到1944年，人口数量和耕地面积变化再次进入一个上升期，但是这次上升期中，无论是人口数量还是耕地面积增长的速度都不如第一个上升期，而且其人口数量和耕地面积的峰值也没有超过第一个上升期的峰值。

综上所述，将清代中期以来天山北麓河湖水系的变迁过程与天山北麓降水量的变化及人口和耕地的变化相对比来分析，可以看出，19世纪末20世纪初天山北麓区域人口和耕地面积较前期减少，水资源利用量渐少，区域气候属于稍微偏高的降水期，有利于增加河川径流量。与此同时，该区域的人口数量和耕地面积还处于第二个上升期的前期，其规模远不如19世纪前期，是人口和耕地对水资源需求相对较小的时期，也就可以说是人文因素影响区域水文变化相对较弱的时期。由此可以得出结论，19世纪末20世纪初该区域发生的一系列河流下游河道改道（乌鲁木齐河、头屯河、三屯河、呼图壁河、玛纳斯河等）、湖泊迁移（玛纳斯河尾闾湖）和扩大（白家海子）等水文变迁事件是在自然因素的主导下发生的。

而20世纪50年代各条河流流程缩短，不再能够相互汇入，白家海子干涸。此时，区域人口和耕地极大增加，水库、人工渠道网络在短期内改变了河道形态和水量的空间分布。而此时区域的降水量接近多年平均值，降水量对此次水文变化过程的贡献应该不大。因此可以说，20世纪50年代、60年代天山北麓河湖水系的变迁，主要是在人文因素的主导下发生的。

总而言之，在宏观的时空尺度上，以降水量变化为主的自然因素是影响天山北麓河湖水系变化的主导因素，而以人口数量和耕地面积为主的人文因素是微观尺度上影响河水空间分布变化的主要因素。

第三节　清至民国时期天山北麓地理景观的变化

地理景观是指在某个发生学上一致的区域，若干地理现象的某种组合关系有规律地重复出现，因而具有其个体外貌的相和景区界定的组合。[①]

[①] 〔苏〕B. C. 热库林：《历史地理学对象和方法》，韩光辉译，北京大学出版社1992年版，第41页；鲁学军等：《论地理空间形象思维——空间意象的发展》，《地理学报》1999年第5期。

地理景观分为自然景观和人文景观（即文化景观）两大类。自然景观是指完全未受直接的人类活动影响或受这种影响的程度很小的景观。而人文景观是人们为了满足某种需要，利用自然物质加以改造，并附加在自然景观上的人类活动形态。木垒七城子地区发现了距今1万年前后细石器时代人类活动的遗迹。[①] 人类活动的印记早已深深地打在天山北麓的地理景观之中，其地理景观早已不是纯自然的地理景观。

苏联历史地理学家 B. C. 热库林将地理景观的变迁理解为社会和环境相互关系的差异在区域景象变化中的反映，"景象"为某一时期某地所特有的区域外貌，指出历史地理学对地理景观的研究在于揭示连续不断替换的景观的"景象"。[②] 本节通过研究区域聚落景观及绿洲农业景观的变化来揭示18世纪至1949年间人类活动导致天山北麓地理外貌发生的主要变化、地理景观的阶段性特征及其产生的原因。

一　18世纪中叶游牧文化景观向农业文化景观的转变

不同的民族以不同的生产、生活方式影响着周围的环境，从而产生不同的地理环境景观。由前文的论述可知（第一章第二节），18世纪中叶以前，活跃于天山北麓一带的是蒙古族，其游牧的经济生活方式下，以开发利用天山北麓的各类草地资源为主，因此形成的地理景观的特征是：蒙古族人随着季节的变化在高山草场和平原荒漠草场间迁移游牧，仅在乌鲁木齐、昌吉、玛纳斯等水土条件优良的河谷地带存在极其少量的农业种植，天山北麓的植被基本保持着自然的地带性分布，为典型的游牧文化景观。

乾隆二十四年（1759），清、准之间的战争结束时，原居于天山北麓的蒙古族或逃散或死亡，"数千里间，无瓦拉一毡帐"[③]。之后，由于天山北麓地区战略地位的重要，清政府着力在此进行农业土地开发，由甘肃等地迁移来大量汉族人口充实这一区域，天山北麓的地理景观在短时间内转变为以农业聚落和绿洲农业为主要特征的农业文化景观。

需要说明的是，清代中期（1759—1864）对天山以北的游牧民族划分游牧地，本文的研究区内是实行州县制的地区，严禁游牧民族随意游牧。这一时间段内，天山北麓地区主要是政府经营的官牧场，分布在巴里坤、古城一带（见第二章第三节）。19世纪中叶以后，哈萨克族进入新疆游

[①] 余太山主编：《西域通史》，中州古籍出版社1996年版，第4—5页。
[②] 〔苏〕B. C. 热库林：《历史地理学对象和方法》，韩光辉译，北京大学出版社1992年版，第59—70页。
[③] （清）魏源：《圣武记》卷4《外藩·乾隆荡平准部记》，中华书局1984年版，第156页。

牧，被政府规定在伊犁、塔城、阿勒泰一带游牧，但是"阿塔两处只有冬窝而无夏窝，故各处哈民每年潜来新疆之镇西、奇台、阜康、昌吉、呼图壁、绥来、乌苏、沙湾一带逐水草以居"，虽然受到了新疆地方政府的反对，但是实际上仍然不断有哈萨克族牧民到天山北麓一带偷牧。① 民国五年（1916）之后，发生俄属哈拉湖的哈萨克族人逃入新疆的事件，这些哈萨克族人大部分居留在天山北麓一带。到1944年，天山北麓各县的游牧民族有61450人，占天山北麓总人口的19.6%。② 因此可以说，19世纪中期以后，天山北麓才再次出现真正的游牧民族，但直到1949年之前，游牧民族人口占区域总人口的比例不大。18世纪中叶到1949年，天山北麓的地理景观以农业文化景观为主。

二 区域聚落景观的特征及其变迁

（一）18世纪中叶至19世纪中叶农业聚落景观的出现及其特征

乾隆年间，天山北麓地区的人口增长迅速，其中由河西走廊等地迁移而来从事农业开发的人口占很大的比重，主要充实到东起巴里坤、西至玛纳斯的地区。到乾隆中后期就形成了以今天巴里坤县治、老奇台镇、吉木萨尔县治、阜康市治、乌鲁木齐市治、昌吉市治、呼图壁县治、玛纳斯县治为中心的农业绿洲区。在这种形势下，天山北麓地区迅速地涌现了一大批农业聚落，主要分为乡村聚落和城堡聚落两种类型。

由于天山北麓的自然绿洲呈东西延展的带状分布，因此这些聚落也呈现出东西延展、带状分布的总体特征。在微观上，这些聚落具有典型的中国农业文化特征：村庄里的房子都是非常精细地用泥土筑成，并用同样的土墙围护起来；周围是一片精耕细作的田地，由修建得很出色的沟渠网加以充分的浇灌，在村庄或小村附近有许多栽培各种蔬菜的大菜园。城堡聚落则都是带有围墙的中国传统式城堡。

结合纪昀的《乌鲁木齐杂诗》[创作于乾隆三十四年（1769）前后]、赵钧彤的《西行日记》[为乾隆四十九年（1784）经过天山北麓的行记]、祁韵士的《万里行程记》[嘉庆十年（1805）经过天山北麓的行记]、方士淦的《东归日记》[道光八年（1828）经过天山北麓的行记]、林则徐的《荷戈纪程》[道光二十二年（1842）经过天山北麓的行记]等历史文

---

① （民国）曾问吾：《中国经营西域史》，上海书店1989年影印本，第578—579页。
② （民国）新疆省警务处：《三十三年新疆省各县市局宗族人口统计表》，《新甘肃》1947年第2期。

献记载分析，清代中期天山北麓聚落景观的分布和发展具有以下几个特点：

其一，清代中期天山北麓的城堡聚落在短时间内几乎同时出现，并且发展迅速。表6-4显示，乾隆年间天山北麓共有大小城堡30个，它们大多兴建于乾隆二十七年到乾隆四十八年（1762—1783）之间，仅乾隆二十七年（1762）一年建成的城堡就有9个，集中在今乌鲁木齐市周围；乾隆四十二年（1777）这一年建成的城堡也有9个之多，主要分布在今乌鲁木齐市的东西两侧。总体来看，天山北麓的这30个城堡大都是在短短的二十年内几乎同时形成的。这些城堡形成以后，随着经济的发展和人口的不断增加，很快就分别成为所在地区的政治、经济中心城市，发展速度相当快。[①] 其中，较大的城市聚落是乌鲁木齐（包括迪化城和巩宁城）、其次是巴里坤（巴里坤会宁城和镇西城）、古城（包括孚远城和古城）、绥来（包括康吉城、绥宁城和靖远关城）。如迪化城内"字号店铺，鳞次栉比，市衢宽敞，人民杂辏，茶寮酒肆，优伶歌童，工艺技巧之人无一不备，繁华富庶，甲于关外"[②]。

其二，屯堡聚落出现较早而且所占比重较大。清代西北屯田，一般以屯为基本组织单位，设有屯堡，一屯之屯兵共居于一屯堡中，屯堡周围即为该屯屯兵耕种之地，而这些屯堡具有抵御侵扰和保护屯田的双重作用[③]。乾隆年间对天山北麓的农业开发活动首先是从绿营兵屯田开始的，因此屯堡的设立都较早。由表6-4可见，乾隆二十七年（1762）共兴建了阜康城、辑怀城、宣仁堡、怀义堡、屡丰堡、乐全堡、宝昌堡、惠徕堡等8个屯堡，占清代中期天山北麓城堡总数的27％。这些屯堡以后大多发展成为城镇或村落，现在还有一些村镇和城堡还保留着原来的名字。

其三，多城毗连的景观。与清代中期大部分政治中心城市相同，天山北麓也出现了汉城与满城毗连出现的景观特征，这主要出现在八旗兵驻防的重点地区乌鲁木齐、巴里坤和古城。乌鲁木齐巩宁城（满城）与迪化城（汉城）隔河相望，相距8里。巴里坤的会宁城（满城）与镇西城（汉城）两城东西相接。古城的孚远城（满城）与古城也东西毗连。此外，还出现了济木萨恺安城（济木萨县丞治所）与保惠城（济木萨参将驻防）东西毗连、玛纳斯康吉城（玛纳斯县治所）与绥宁城（玛纳斯右营都司驻

[①] 张建军：《清代新疆城市地理研究》，博士学位论文，陕西师范大学，1998年，第46—58页。
[②] （清）椿园：《西域闻见录》卷1《新疆纪略》，陕西师范大学图书馆藏刻本。
[③] 王希隆：《清代西北屯田研究》，兰州大学出版社1990年版，第56—60页。

所)、靖远关城(关城)南北西毗连的独特景观(见表6-4)。

表6-4　　18世纪中叶至19世纪中叶天山北麓城堡统计表

城堡	镇守	地点	建成年代
会宁城(满城)	巴里坤领队大臣	今巴里坤县城东部	乾隆三十七年(1772)
镇西城(汉城)	巴里坤知府	今巴里坤县城西部	雍正七年(1729)
木垒城	守备驻	今木垒县县治	乾隆三十二年(1767)
靖宁城	奇台县城	今奇台县老奇台镇	乾隆四十二年(1777)
孚远城(满城)	古城领队大臣	今奇台县县治	乾隆四十六年(1781)
古城(汉城)	古城游击、巡检驻防	今奇台县城西部	乾隆四十年(1775)
三台堡	济木萨三台	今吉木萨尔三台镇政府所在地	乾隆四十二年(1777)
育昌堡	双岔河	今吉木萨尔双岔河村	乾隆四十二年(1777)
时和堡	柳树沟	今吉木萨尔县城西北1600米处柳树河子村	乾隆三十六年(1771)
恺安城	济木萨县丞	今吉木萨尔县城中心	乾隆三十七年(1772)
保惠城	济木萨参将	今吉木萨尔县城西北部	乾隆三十七年(1772)
阜康城	阜康县县治	今阜康市市治	乾隆二十七年(1762)
辑怀城	乌鲁木齐中营屯	今米东区古牧地镇政府所在地	乾隆二十七年(1762)
宣仁堡	中营头工	今乌鲁木齐市宣仁墩	乾隆二十七年(1762)
怀义堡	中营二工	今乌鲁木齐市二工	乾隆二十七年(1762)
乐全堡	中营三工	今乌鲁木齐市三宫街道	乾隆二十七年(1762)
宝昌堡	中营四工	今乌鲁木齐市四工镇政府驻地	乾隆二十七年(1762)
惠徕堡	乌鲁木齐中营屯	今乌鲁木齐市六道湾	乾隆二十七年(1762)
屡丰堡	乌鲁木齐中营屯	今乌鲁木齐市七道湾	乾隆二十七年(1762)
迪化城(汉城)	迪化州	今乌鲁木齐城市中心	乾隆三十年(1765)
巩宁城(满城)	乌鲁木齐领队大臣	今乌鲁木齐城西北部	乾隆三十七年(1772)
嘉德城	喀喇巴尔噶逊守备驻	今乌鲁木齐市达坂城区政府所在地	乾隆四十七年(1782)
头屯所堡	千总	今乌鲁木齐市头屯河农场	乾隆四十二年(1777)
宁边城	昌吉县治	今昌吉城北部	乾隆二十七年(1762)

续表

城堡	镇守	地点	建成年代
芦草沟堡	千总	今昌吉县二六工乡芦草沟	乾隆四十二年（1777）
景化城	呼图壁巡检	今呼图壁县治	乾隆二十九年（1764）
塔西河所	千总	今玛纳斯县塔西河乡政府所在地	乾隆四十二年（1777）
康吉城	绥来县治	今玛纳斯县城北部	乾隆四十二年（1777）
绥宁城	玛纳斯右营都司	今玛纳斯县城南部	乾隆四十二年（1777）
靖远关城	关城	今玛纳斯县城西部	乾隆四十二年（1777）

资料来源：（清）索诺木策凌：《乌鲁木齐政略》"城堡"，王希隆考注：《新疆文献四种辑注考述》，甘肃文化出版社1995年版，第68—71页；（清）永保：《乌鲁木齐事宜》"城池"，王希隆考注：《新疆文献四种辑注考述》，甘肃文化出版社1995年版，第102—105页；《西域图志》卷9《疆域二》、卷10《疆域三》；《新疆识略》卷2《北路舆图》。

其四，乡村聚落围绕城堡密集分布。天山北麓水资源条件较为优越的地区皆建立了城堡，自东向西分别是巴里坤、木垒、奇台、古城、济木萨、阜康、迪化、昌吉、呼图壁、绥来，乡村聚落以这些城堡为中心，在主要河流两侧或者泉水源地周围分布。由于天山北麓的河流皆是自北向南流，因此又形成了局部地区聚落呈南北带状集中分布的景观的特征。其中以乌鲁木齐河周围的聚落分布最为典型，在乌鲁木齐河谷里形成了大的中心城市——迪化城和巩宁城，在其南乌鲁木齐河东西两侧分布着辑怀、宣仁、怀义、乐全、宝昌、惠徕、屡丰等七个屯堡，其间还散布着大量的乡村聚落，出现"水泉饶沃，居民栉比""泉流环带，庄户鳞比"的繁盛景致。[①] 在奇台县的大龙口河、昌吉县的头屯河、三屯河、呼图壁河、绥来县的玛纳斯河周围也都形成了大致相似的农业聚落景观。在这些以河流为中心南北带状分布的聚落之间，人口稀少，聚落分布稀疏。

其五，乡村聚落分布的总体区域差异是中部稠密，两端稀疏。户民人口密度可以反映出乡村聚落分布的区域差异。以乾隆六十年（1795）年为例，迪化州（乌鲁木齐区）乡村聚落分布最密集，户民人口分布密度达到每平方千米1.94人；其次为阜康县、昌吉县和奇台县，而绥来县和宜禾县乡村聚落分布最为稀疏，这主要是由区域的自然差异造成的（见表6–5）。

---

① （清）傅恒等纂：《西域图志》卷10《疆域三》，北京大学图书馆藏乾隆四十七年（1782）武英殿聚珍本。

其六，农业人口傍水而居，乡村聚落分布相对比较分散。由于地广人稀及灌溉农业的特点，乡村聚落依傍便利于灌溉的河水或泉水附近分布，与雨养农业地带聚落分布较为集中而且村落之间的距离大致相等的特点相比，这里的乡村聚落分布相对比较分散。乾隆三十四年（1769）前后，纪昀的诗中描述了天山北麓农业聚落的这一分布特点：

> 鸡栅牛栏映草庐，人家各逐水田居。
> 豆棚闲话如相过，曲港平桥半里余。
> 人居各逐所种之田，零星棋布，虽近邻亦相距半里许。①

总体而言，18世纪中叶到19世纪中叶，天山北麓的农业聚落从无到有，并且迅速发展扩大，成为天山北麓的主要聚落景观形态。整体观之，这些聚落在天山北麓的山前平原上呈东西带状分布，而在局部地区呈现出以河流为纽带相互间隔的南北延展聚落带。

表6-5　乾隆六十年（1795）天山北麓六区域户民人口分布密度

地区	土地面积（平方千米）	户民人口数（人）	户民人口密度（人/平方千米）
宜禾县	56507.65	6820	0.12
奇台县	29936.78	31125	1.04
阜康县	16679.56	23972	1.44
迪化州属	15172.19	29372	1.94
昌吉县	17636.99	24726	1.40
绥来县	22733.79	12669	0.56

资料来源：户民人口数来源于（清）永保《乌鲁木齐事宜》"民户户口"，王希隆考注：《新疆文献四种辑注考述》，甘肃文化出版社1995年版，第126—127页。

（二）19世纪中叶以后天山北麓聚落的变迁

同治三年至光绪三年（1864—1877）间的战乱使天山北麓的聚落遭到了毁灭性的破坏，人口离散，乡村凋敝，清代中期城堡星罗棋布、繁华富庶的景象荡然无存。如原来繁盛一时的巩宁城（乌鲁木齐都统及满营官兵驻地），在战乱中"城身大半倾坏，城内一片瓦砾。从前死尸骸骨随处埋

---

① （清）纪昀：《乌鲁木齐杂诗》"民俗之十八"，载王希隆《新疆文献四种辑注考述》，甘肃文化出版社1995年版，第170页。

瘼，垒垒无隙地，满目荒凉，于兹为甚"①。

光绪三年（1877）之后，随着人口的重新聚集，天山北麓的聚落也逐渐恢复重建。由天山北麓的自然地理条件所决定，重新形成的聚落在总体景观特征上依然呈现出沿山前平原带东西带状分布，在局部地区以河流为纽带南北延展的聚落形态。但是，在不同的社会经济条件下，19世纪中叶以后天山北麓的聚落景观也出现了新的特征：

其一，城堡聚落减少。与18世纪中叶至19世纪中叶相比，19世纪中叶以后，天山北麓的城堡聚落大大减少。首先是屯堡的消失。战乱结束后，在清政府的组织下，对天山北麓的城堡进行了修补重建，但由于清末兵屯的废弃，除了已经成为地方行政中心的屯堡外，大部分屯堡皆没有得到重修，逐渐转变为乡村聚落景观。其次，多城毗连的景观现象减少了。清代中期，乌鲁木齐、巴里坤、古城、济木萨、玛纳斯都是双城毗连或者三城毗连，经过战争的破坏以及满营驻防的裁减，仅剩下巴里坤和古城保留了双城毗连的城市聚落景观。玛纳斯原为康吉、绥宁、靖远三城毗连，战乱中城池遭到破坏。战后重修时，将三城合并，统称为绥来城②。乌鲁木齐巩宁城（满城）在战乱中毁坏后，被"废为八旗义冢"③，在迪化城之东重修满城，光绪十二年（1886）在刘锦棠的奏请下，将新满城与迪化城合并，成为新疆的行政中心。而济木萨原来驻防参将的保惠城在战乱中破坏后，再未得到修复。

其二，迪化城规模的迅速发展与其他城堡的缓慢发展形成鲜明对比。经过战争的破坏，天山北麓的大部分城堡聚落发展缓慢，一直没有恢复到战乱繁盛景象。战乱发生之前，巴里坤城"商货云集"，"道光年间颇称繁盛"，"兵燹后，当商大贾百之一二，黎民因以孑遗，商货自难麇集"，"镇西街市愈困顿而愈形凋敝也"。④ 木垒，"乱前市廛极盛，民居逾万。……兵燹后已三十余年，市上仅一百五六十家，迄未复一"⑤。民国初年，呼图壁城依然是"城垣塌颓"的景象，其境内居民"回乱以前二千余

---

① （清）朱寿朋编纂：《光绪朝东华录》光绪六年四月，中华书局1958年版，第65页。
② （清）杨存蔚：《绥来县乡土志·历史》，载马大正、黄国政、苏凤兰整理《新疆乡土志稿》，新疆人民出版社2010年版，第72—73页。
③ （清）陶保廉：《辛卯侍行记》，刘满点校，甘肃人民出版社2000年版，第432页。
④ （清）阎绪昌、高耀南：《镇西厅乡土志》"商"，载马大正、黄国政、苏凤兰整理《新疆乡土志稿》，新疆人民出版社2010年版，第118页。
⑤ （清）方希孟：《西征续录》，李正宇、王志鹏点校，甘肃人民出版社2000年版，第136页。

户,今仅千六百余户"①。与这些城堡的缓慢发展形成鲜明对比的是,19世纪中叶以后迪化城发展迅速,迪化城与新满城合并后,城市周长扩大到11.52里。②光绪七年(1881)《伊犁条约》辟乌鲁木齐为商埠,光绪二十二年(1896),又在乌鲁木齐南关外划地设立领事及贸易圈,此后不断扩展,到清朝末年已经是商铺林立,仅俄国店铺就有30余家,城区面积向南部继续扩大。到1949年前,迪化城区面积达到8平方千米,城东至广场东部,城西至大西门,城北至北门,城南呈窄条状至南梁。城周围保留着人烟繁盛的乡村聚落景观。

19世纪中叶以后,与天山北麓其他城市相比,迪化城异乎寻常的快速发展主要归因于光绪十年(1884)新疆建省之后被确定为新疆省省会,因此成为新疆最大的政治、军事、商业中心,得到了良好的发展机会。这只是乌鲁木齐城市(1949年以后迪化市更名为乌鲁木齐市)快速发展的开始,今天乌鲁木齐市建筑面积已达166.8平方千米,是中华人民共和国成立之前的20余倍。③沿乌鲁木齐河谷,北至飞机场,南至燕尔窝,东至碱泉沟,西至西山,建筑群鳞次栉比,几乎连成一片,不但原来的大面积耕地被侵占,许多戈壁、荒滩、荒山也遍布了房屋。此外,水磨沟、头屯河和原来十分荒凉的王家沟、东山一带也已变为小城镇。

其三,巴里坤城的衰落。在清代中期巴里坤城是与乌鲁木齐迪化城地位相当的军事重镇,同时也是天山北麓的商业中心之一。乾隆末年,巴里坤满汉两城并立,"两城虽土垣,而楼堞峻整,汉城尤雄阔,较哈密殆十倍。城之官府县外有总兵官,领守屯兵三千名,开屯田重镇也。……城内外数千家,街肆华整"④。道光年间,商货云集,人口繁盛,仅城内驻防官兵共计"满汉军民男妇大小约有三万余人"⑤。虽然战乱中巴里坤是清军唯一坚守住的城池,但是自此之后,巴里坤城由盛转衰,"人民离散,街市萧条"⑥。到民国三十三年(1944),巴里坤区(包括当时的镇西县和伊吾

---

① (民国)谢彬:《新疆游记》,新疆人民出版社1990年版,第66页。
② 张建军:《清代新疆城市地理研究》,博士学位论文,陕西师范大学,1998年,第171—172页。
③ "乌鲁木齐市市情简介",载乌鲁木齐统计信息网:http://www.ulmqtj.gov.cn/。
④ (清)赵钧彤:《西行日记》,载吴丰培整理《丝绸之路资料汇钞(清代部分)》上,全国图书馆文献缩微复制中心1996年版,第151—152页。
⑤ (清)阎绪昌、高耀南:《镇西厅乡土志·城池》,载马大正、黄国政、苏凤兰整理《新疆乡土志稿》,新疆人民出版社2010年版,第104页。
⑥ (清)阎绪昌、高耀南:《镇西厅乡土志·城池》,载马大正、黄国政、苏凤兰整理《新疆乡土志稿》,新疆人民出版社2010年版,第104页。

县）人口为 2.2 万人，仅达嘉庆十一年（1806）巴里坤区人口规模的 66.3%（见第五章第二节表 5-3）。直到今天，巴里坤城区的面积才刚刚超过原来满、汉两城的范围。①

19 世纪中叶以后，巴里坤城的衰落是由多方面原因造成的。首先，军事布防政策的转变是导致巴里坤城衰落的重要原因。18 世纪中叶至 19 世纪中叶，由于巴里坤城的军事地位受到清政府的重视，修建满、汉两城屯驻重兵，官兵人口占城市总人口的比重较大，以乾隆六十年（1795）为例，巴里坤城内官兵及其眷口的人口数量占巴里坤总人口的 61.9%（见第二章第二节表 2-9）。但是战乱结束之后，新疆全面裁撤绿营兵额，同时巴里坤驻防满营兵丁全部迁移到古城，因此巴里坤"城市邱墟，汉城兵房大半倾圮"②。宣统元年（1909），巴里坤驻防官兵人数仅有 570 人（见第三章第二节表 3-3）③。其次，交通区位优势的转变是巴里坤城衰落的另一个重要原因。19 世纪中叶以前，巴里坤位于新疆的最东部，东部与河西相接、东北与蒙古地区近邻，其军事及交通地位十分重要，是河西到乌鲁木齐的"北路"（由哈密翻越天山至巴里坤，再经过古城、阜康西行至乌鲁木齐）、"大草地路"（由漠北草原而来，经过三塘湖、巴里坤而西行）上的重镇，也是与北部科布多、乌里雅苏台等地进行茶马交易的重要地点，商贸十分繁荣。但是，19 世纪中叶以后，新开辟的"小南路"（由哈密至瞭墩，经过七角井至色必口，进入木垒县境内，再经古城至乌鲁木齐）越来越受到重视，取代了原来的"北路"；民国十年（1921）外蒙古发生事变之后，"大草地路"也改由绥远、内蒙古、哈密而进入新疆；民国后期，随着公路的发展，由哈密经吐鲁番至乌鲁木齐的交通路线越来越重要，因此巴里坤的交通区位优势逐渐丧失，商业凋零，发展缓慢。1962 年兰新铁路经过哈密、吐鲁番到达乌鲁木齐。自此之后，巴里坤几乎处于新疆重要交通路线的盲点上，城镇聚落发展十分缓慢。

第四，乡村聚落的分布密度较 19 世纪中叶之前稀疏。根据《新疆图志》的记载，天山北麓各地的人口数量不但在总数上远不及乾隆年间的规模，而且由于城厢人口所占比例较大，所以乡村聚落人口比较稀疏（见

---

① 2003 年 8 月笔者到巴里坤地区实地考察所见，其满、汉两城的城墙保留还相当完整，城市中心区基本在汉城城墙范围内。今天，巴里坤县城的发展远远落后于天山北麓其他城市。
② （清）阎绪昌、高耀南：《镇西厅乡土志·城池》，载马大正、黄国政、苏凤兰整理《新疆乡土志稿》，新疆人民出版社 2010 年版，第 104 页。
③ （清）王树枬：《新疆图志》卷 43《民政四》，朱玉麒等整理，上海古籍出版社 2015 年版，第 797 页。

表6-6）。如迪化县虽然有99个村庄，但城厢人口就占了总人口的55%，这99个村庄只是人烟稀少的居民点。此外，镇西厅和奇台县的城厢人口也占到总人口的40%以上。整体而言乡村聚落比较凋敝，直到宣统三年（1911），天山北麓依然随处可见"破垣甚多""贫民多而富人少，土屋破垣，不堪入目"的景象。[①] 根据前文的研究结论（见第五章第二节），直到民国三十三年（1944），天山北麓的总人口都没有恢复到同治三年（1864）战乱发生之前的规模。由此可以推断，总体而言，19世纪中叶以后到1949年，天山北麓乡村聚落的分布密度较战乱发生之前稀疏。

表6-6　宣统元年（1909）天山北麓聚落数量及人口统计表

地方	村庄数	城堡数	总人口数	城厢人口所占比例（%）
镇西厅	24	2	8628	46.3
奇台县	36	2	15599	44.9
孚远县	25	1	8358	12.4
阜康县	27	1	4604	16.7
迪化县	99	1	42001	55.0
昌吉县	51	1	9801	25.9
呼图壁分县	25	1	8570	7.8
绥来县	11	1	16042	21.4
合计	298	10	113603	43.5

资料来源：（清）王树枏：《新疆图志》卷1《建置一》、卷43《民政四》，朱玉麒等整理，上海古籍出版社2015年版，第4—21、792—797页。

总而言之，天山北麓的农业聚落在18世纪后期大量出现，并且发展迅速，到同治二年（1863）天山北麓的总人口发展到39.2万人左右（见表5-1），由此可以想见19世纪中期聚落的规模及繁盛程度。同治三年至光绪三年（1864—1877）的战乱期间，天山北麓所有的聚落都遭到了毁灭性的破坏，成为天山北麓聚落发展的一个转折点。光绪三年（1877）之后，天山北麓进入了聚落重建时期，迪化城（今乌鲁木齐市）成为新疆省会之后发展迅速，但是总体而言，由于区域人口恢复缓慢，聚落的分布密度一直较19世纪中期之前稀疏。

[①] （清）袁大化：《抚新纪程》，载葛剑雄、傅林祥主编《中华大典·交通运输典·交通路线与里程分典》，上海交通大学出版社2017年版，第724页。

三　农业绿洲景观的特征及其变迁

山地、绿洲、荒漠是干旱区典型的景观组合。18世纪至1949年间，天山北麓地区以分布于绿洲区的农业耕作为主要的土地开发方式，从而引起绿洲景观的变化，因此绿洲景观的变化是这段时间内天山北麓地理景观变化的主要内容。

绿洲是干旱地区的一种特殊的景观类型，指荒漠中泉水长流、土壤肥沃的地方。[①]绿洲是镶嵌于荒漠之中，与山地、荒漠形成鲜明对比的干旱区独特景观。按照地貌类型划分，一般分为河谷绿洲、冲积平原绿洲、扇缘—低地绿洲和湖滨湿地绿洲。目前的研究中，将绿洲的演化过程分为原始绿洲、古绿洲、老绿洲、新绿洲四个阶段。[②]据樊自立等人研究，天山北麓绿洲演化的过程是，18世纪中叶之前为古绿洲，18世纪中叶至1949年为老绿洲，1949年以后为新绿洲。[③]本书研究的时间段为天山北麓由古绿洲向老绿洲发展演化、和老绿洲的发展阶段。

（一）18世纪中叶天山北麓绿洲景观的转变

18世纪中叶以前，天山北麓是以牧为主的时期，天山北坡中高山的"五花草甸"是蒙古人优良的夏牧场，低山丘陵干草原为春秋牧场，平原低地草甸则是良好的冬牧场。人口居住分散，规模小，对绿洲的干预强度低，人类活动依附于天然绿洲，主要是一种利用天然绿洲资源的状态。在绿洲发展阶段上属于古绿洲。

乾隆二十四年（1759）之后，清政府从河西走廊等地迁移来大量的农业人口到天山北麓地区，设置州县进行有效的行政管理，天山北麓进入了大规模的农业土地开垦时期，耕地面积急剧扩展，依靠水利工程，建立起完全人工的农业绿洲。农业绿洲扩大到一条河一片绿洲，形成与天山平行、东西向呈断续分布的绿洲斑块。进入了老绿洲发展阶段，其特征是人类的活动范围仍限于自然绿洲范围内，并依赖天然水源，通过修建水利工程，建立人工的农业绿洲，在此基础上，人类通过自身的能力使这类绿洲不断扩大。

（二）18世纪中叶至1949年农业绿洲景观的变化

1. 18世纪中叶至19世纪中叶农业绿洲的扩展

18世纪中叶，清政府将新疆纳入版图之后，采用兵屯、民屯等多种形

[①] 〔英〕W. G. 穆尔：《地理学辞典》，刘伉、陈江等译，商务印书馆1984年版，第263页。
[②] 韩德林：《新疆人工绿洲》，中国环境科学出版社2001年版，第47页。
[③] 樊自立等：《天山北麓灌溉绿洲的形成和发展》，《地理科学》2002年第2期。

式重点对天山北麓地区进行农业开发，农耕区在天然绿洲内不断扩展。

由前文的论述可知（见第五章），18 世纪中叶至 19 世纪中叶天山北麓的耕地面积处于不断增长的过程中。乾隆三十一年（1766），天山北麓的耕地面积已经达到 43.9 万亩。此后，天山北麓进入了人口快速发展，耕地面积急剧扩大的阶段。乾隆四十二年（1777）、乾隆六十年（1795）、嘉庆十一年（1806）天山北麓区域总人口分别达到了 14.6 万人、22.7 万人和 24.9 万人，耕地面积分别为 99.7 万亩、202.3 万亩和 195.1 万亩；咸丰二年（1852）耕地面积为 266.2 亩，同治二年（1863），区域总人口为 39.2 万人，分别都达到了 18 世纪中叶至 1949 年间的最高值（见第五章图 5-1 和图 5-3）。随着人口和耕地的不断增长，天山北麓的农业绿洲也逐步扩展，形成了一条河一片绿洲，总体上与天山平行、东西向断续分布的人工绿洲斑块。农业绿洲的不断扩大的过程也就是人工栽培植物取代绿洲内天然植被的过程。

同时，人类活动对农业绿洲周围天然植被的影响也越来越大，主要是以樵采（作为燃料）的方式施加影响。据档案记载，乾隆三十六年（1771），玛纳斯周围人类樵采对植被的影响已经表现得十分显著，"玛纳斯地方，原先柴薪也甚多，在彼处只驻一千余名屯田兵，这几年砍伐使用，产柴之地，现已至三十、四十里外"[①]。由此可以想见，随着人口的增加，在农业绿洲不断扩大的同时，人类活动对周围自然绿洲内的天然植被的影响也越来越大。

2. 19 世纪 60—70 年代农业绿洲的衰废

战争是导致历史时期农业绿洲演变的突发因素。同治三年到光绪三年（1864—1877）的战乱，使天山北麓地区人口逃散，城堡毁坏，渠道失修，耕地抛荒，19 世纪中叶以前建立的农业绿洲残破凋零。因此，19 世纪 60—70 年代是天山北麓农业绿洲的衰废时期。

3. 19 世纪 80 年代至 1949 年农业绿洲的逐步恢复发展

光绪三年（1877）年战乱结束。此后，天山北麓进入了人口重新聚集、耕地垦复、农业绿洲逐步恢复发展的时期。

根据前文的研究结论，宣统元年（1909）、民国五年（1916）、民国三十三年（1944）天山北麓的区域总人口分别为 11.4 万人、13.1 万人和 31.4 万人，耕地面积分别为 155 万亩、175.4 万亩和 249.7 万亩（见第五

---

① 中国第一历史档案馆藏军机处满文录副奏折 2442-022，转引自吴元丰《清代乌鲁木齐满营述论》，《中国边疆史地研究》2004 年第 3 期。

章图5-1和图5-3）。到民国末年，天山北麓的总耕地面积已经十分接近战乱发生之前的水平，因此可以判断，此时农业绿洲的规模也基本恢复到了战乱发生之前的水平。

（三）农业绿洲的景观特征

18世纪中叶至1949年天山北麓农业绿洲的分布在宏观上表现为与天山平行、东西向断续分布的绿洲带。

1. 农业绿洲空间分布格局的变化

天山北麓各地区耕地面积的变化反映了农业绿洲空间分布格局的变化。由第五章表5-8可见，18世纪中叶至19世纪中叶，昌吉区的农业绿洲面积最大，其次是奇台区、乌鲁木齐区、阜康区和玛纳斯区，而巴里坤区的农业绿洲面积最小。19世纪中叶至1949年，奇台区和乌鲁木齐区的农业绿洲面积最大，其次是阜康区和昌吉区，巴里坤区的农业绿洲面积依然是最小的。

2. 农业绿洲分布的形态

农业绿洲分布的形态反映了农业绿洲景观的特征。18世纪中叶至1949年间天山北麓的农业绿洲的分布形态主要表现为以下几种：

其一，条带状分布。天山北麓的农业绿洲不但在宏观上表现为东西向延伸的条带状，而且在中小尺度上也呈现出条带状分布特征。在乌鲁木齐河、呼图壁河、玛纳斯河等河谷中发展的农业绿洲都表现为条带状分布形态，其中最典型的是乌鲁木齐河河谷农业绿洲，农业绿洲沿着河滩地和低阶地呈狭长带状由南向北连续展布。

其二，片状分布。乌鲁木齐、昌吉周围河流密布，乌鲁木齐河、头屯河、三屯河相距不远，乌鲁木齐至昌吉形成了东南——西北向延伸的片状农业绿洲。

其三，梳状分布。这种形态主要分布在济木萨至奇台一带，以潜水溢出带为梳缘，以泉流河为依托，形成梳齿。

其四，串珠状分布。无论是在宏观尺度上还是在中、小尺度上，天山北麓的农业绿洲都表现出串珠状分布形态，基本上以中心城市为核心形成一串绿洲，两串绿洲之间多被荒漠所阻隔，疏密不均。

综上所述，18世纪至1949年，在人文因素的主导下，天山北麓的地理景观发生了很大的变化，主要表现在农业绿洲及农业聚落的出现、扩展、衰废和恢复发展：18世纪中叶，由于政权及民族的变化，天山北麓在短时间内完成了从游牧文化景观向农业文化景观的转变；18世纪中叶至19世纪中叶，在清政府的努力经营下，农业绿洲迅速扩展，农业聚落迅速增多；19世纪60—70年代，在战争的影响下，农业聚落和农业绿洲衰废；19世纪80年代以后，天山北麓重新进入一个和平发展的时期，农业聚落和农业绿洲逐步恢复。到1949年之前，形成了与天山平行的东西向断续分布的绿洲带，成为此后农业绿洲发展的基础。

结　　论

"历史地理学始终认为，研究社会和自然环境的相互作用是自己的主要思想任务。"[①] 历史地理研究的最终目的之一就是要揭示出地理事物的时空规律，即时间上的发展规模和空间上的分布规律。

在人口变化、土地开发、河湖水系变迁及地理环境这个人类活动与环境变化相互作用的大系统中，各个子系统除了有自身的发展和变化之外，子系统之间也按照一定的规律相互作用，进而影响着每一个子系统的变化规模和程度，而整个大系统也呈现出复杂的变化过程。本书选取清代中期至民国时期天山北麓的土地开发与环境变迁作为研究对象，通过探讨区域政区变化、人口变迁、耕地数量变化、河湖水系变化等核心问题，试图揭示出区域人地之间相互作用的过程、方式和机制。

纵观18世纪至1949年天山北麓土地开发与环境变迁的关系史，可以划分为四个特征明显的阶段：18世纪中叶以前的游牧土地利用方式时期；18世纪中叶至19世纪中叶的农业土地大规模开垦时期；19世纪60、70年代战乱期间的生态恢复时期；19世纪80年代至1949年的农业土地垦复时期。

(一) 18世纪中叶以前的游牧土地利用

18世纪中叶之前，准噶尔汗国的蒙古族人游牧于天山北麓一带，主要是利用这里天然的草场资源，畜养羊、马、骆驼等动物。由于天山北麓地形、气候、草场植被和土壤等自然条件的综合影响，草场的利用具有明显的季节性，一般分为三季牧场：夏牧场、冬牧场和春秋牧场。天山北麓的高山、中高山的五花草甸区是优良的夏牧场；山前平原自然绿洲带的盐化草甸、沼泽草甸以及河流两侧的疏林灌丛草场等一般作为冬牧场利用；天山低山区半荒漠草场和古尔班通古特南缘的荒漠草场适宜做春秋牧场利

[①]〔苏〕B. C. 热库林：《历史地理学对象和方法》，韩光辉译，北京大学出版社1992年版，第36页。

用。此外，天山北坡海拔 2000—2500 米的中山带冬季存在一个逆温层，也是牧民重要的冬季牧场所在地。轮牧和转场是 18 世纪中叶以前蒙古族对天山北麓自然资源的主要利用方式，形成了典型的游牧文化景观。

（二）18 世纪中叶至 19 世纪中叶的农业土地开垦及环境压力渐增

乾隆二十四年（1759），清王朝将新疆纳入版图之后，在清政府的组织和参与下，大批驻防官兵及其眷口、编户人口在短时间内迁移到天山北麓地区，拉开了大规模农业土地开发的序幕。随着农业人口的增多和农田的扩展，清政府逐渐在天山北麓设立了州县制进行管理。与此同时，严格限制游牧民族进入这些州县制地区。因此除了巴里坤、古城等地官牧厂之外，天山北麓平原区的游牧文化景观在短时间迅速地转变成了农业文化景观。

18 世纪中叶至 19 世纪中叶是天山北麓地区大规模农业土地开发出现、发展、并且达到高潮的时期。乾隆年间，天山北麓人口和耕地的增长都十分迅速，乾隆四十二年至乾隆六十年（1777—1795）间的人口年均增长率达到了 24.7‰，而耕地年均增长量则为 5.1 万亩。到乾隆六十年（1795），天山北麓形成了一府一州、六个县的行政区划管理格局，人口总量达到了 22.6 万人，耕地规模达到了 202.3 万亩。到咸丰二年（1852），天山北麓的总耕地面积达到 266.2 万亩；同治二年（1863），区域总人口达到 39.2 万人。至此，天山北麓的人口数量和耕地面积都达到了 18 世纪中叶至 1949 年间的最高值。

除了人口数量和耕地规模的增长之外，人口分布密度和绿洲土地垦殖率则揭示出了 18 世纪中叶至 19 世纪中叶天山北麓土地开发的空间梯度差异：土地开发的程度以乌鲁木齐区为最高，由此向东西两侧区域逐渐降低（见表 5—5、表 5—6、表 5—8）。以嘉庆十一年（1806）为例（见表 5—6、表 5—8），乌鲁木齐区的土地开发程度最高，绿洲人口密度达到每平方公里 48 人，绿洲土地垦殖率达到 14.43%。其次为奇台区、阜康区和昌吉区，其绿洲人口密度在每平方公里 12—15 人之间，绿洲土地垦殖率在 9.99%—14.43% 之间，土地开发程度较高，农业经济比较发达。再次为巴里坤区和玛纳斯区，其绿洲人口密度分别为每平方公里 9 人和 5 人，绿洲土地垦殖率分别为 2.92% 和 3.36%。

此外，人均耕地面积则反映出各地区自然环境承载的人口压力的差异。与其他时期相比，18 世纪中叶至 19 世纪中叶天山北麓的人口环境压力较大。乾隆六十年该区域人均耕地面积为 7.52 亩，道光年间则开始出现人口向外输出的现象，到咸同时期，天山北麓的人口数量和耕地面积达到了1949年之前的最大规模，人均耕地仅为5—6亩左右。总体而言，此时人口的环境压力达到一个峰值。

另一方面，人口的环境压力也呈现出区域内部的差异。乌鲁木齐区的土地开发程度最高，人口对环境的压力也最大；奇台区、阜康区、昌吉区土地开发程度较高，人口的环境压力一般，是人地关系比较和谐的地区；巴里坤区土地开发程度较低，但是人口的环境压力却仅次于乌鲁木齐地区，说明这里的环境承载力有限；玛纳斯区土地开发程度较低，而人口的环境压力却只达到了一般的程度，反映出这一地区具有进一步开发的潜力。

总而言之，18世纪中叶至19世纪中叶天山北麓的土地开发强度达到了一个峰值，农业土地开发活动极大地改变了天山北麓的自然环境面貌，大片农业的绿洲、城堡及乡村聚落散布其中，人工修筑的灌溉渠道改变了山前平原地带河流、泉沟的自然河网分布。

（三）19世纪60、70年代的生态恢复

同治三年至光绪二年（1864—1876）间的战乱使得天山北麓的人口损失殆尽、渠道荒废、耕地抛荒，农业绿洲衰废，人类活动对环境的压力消失。在自然规律的作用下，荒芜的田地上、城镇村舍的废墟上再次生长出野生荒漠植被。《新疆图志》记载，战乱结束之后，原来乌鲁木齐老满城内"庐舍丘墟满地遍生枸杞"[1]。《阜康县乡土志》记载，阜康城内"榛莽丛杂，不便行走"[2]。由此可见，战乱期间是天山北麓的生态环境恢复时期。经过这近十余年间的生态恢复，天山北麓的土壤有机含量也得到了一定的积蓄。据《新疆图志》记载，战后"天山以北，地经久荒，土壤膏荣，蕴蓄弥厚，大率一亩之地播籽一斗，收获四五石，犹以为常"[3]。

（四）19世纪80年代的农业垦复与环境压力的变化

光绪三年（1877），清政府收复新疆之后，积极恢复和重建社会经济，其中尤以重新召集人口、恢复农业生产为主要任务，天山北麓进入土地垦复时期。此时，天山北麓的人口恢复主要是依靠人口的重新聚集和自发迁入，因此人口增长速度远远比不上乾隆年间。但是，通过重修以前的渠

---

[1] （清）王树枏：《新疆图志》卷52《物候一》，朱玉麒等整理，上海古籍出版社2015年版，第924页。

[2] （清）巨国柱：《阜康县乡土志·政绩录》，载马大正、黄国政、苏凤兰整理《新疆乡土志稿》，新疆人民出版社2010年版，第15页。

[3] （清）王树枏：《新疆图志》卷28《实业一》，朱玉麒等整理，上海古籍出版社2015年版，第541页。

道、开垦抛荒的土地，耕地面积实现了较快的恢复增长。修复渠道、重垦撂荒的土地远较新修渠道、开垦新荒省时省力，因此这一阶段出现土地垦复速度快于人口重新聚集速度的情况，从而导致天山北麓地区人均占有耕地面积较多的现象。宣统元年（1909），天山北麓的人口规模为11.4万人，耕地面积为155万亩，人均占有耕地面积达到了13.6亩，近一倍于乾隆六十年（1795）的数量，达到了18世纪中期至1949年间的最高值。

民国年间，天山北麓人口数量和耕地规模都进入了一个快速增长的时期。民国五年至民国三十三年（1916—1944），该区域人口年均增长率为31.8‰，耕地年均增长量为2.7万亩，人口年均增长率高于乾隆年间的水平，耕地面积的增长速度则慢于乾隆年间。到民国三十三年（1944），天山北麓的总人口增加到了31.4万人，达到了同治二年（1863）该区域人口总量的80.1%；耕地面积扩展到249.7万亩，是咸丰二年（1852）该区域耕地数量的93.8%。总体而言，直到1949年前，天山北麓的人口和耕地规模已接近恢复到战乱之前的水平。

除了人口和耕地规模的增长之外，19世纪80年代之后，天山北麓土地开发的空间梯度差异也发生了变化。以民国三十三年为例，乌鲁木齐区依然是土地开发程度最高的地区，绿洲人口密度为每平方公里58人，绿洲土地垦殖率为22.77%，均高于嘉庆十一年（1806）的水平；其次为阜康区、昌吉区和奇台区，其绿洲人口密度分别为每平方公里16人、15人和14人，绿洲土地垦殖率分别为15.85%、9.12%和12.57%；土地开发程度最低的依然是巴里坤区，绿洲人口密度仅为每平方公里7人，绿洲土地垦殖率仅为2.63%（见表5-6、表5-8）。值得注意的是，与18世纪中叶至19世纪中叶相比，这一时期玛纳斯区的土地开发程度有了显著的提高，到民国三十三年，该区域绿洲人口密度达到了每平方公里12人，绿洲土地垦殖率达到5.87%，超过了巴里坤地区。民国后期玛纳斯地区的迅速发展，一方面反映了区域土地开发的重点向西部的转移，同时也反映了西部玛纳斯区较大的土地开发潜力。

总之，在经过十余年生态恢复之后，随着人口的不断聚集，乡村聚落的重建、水利工程的修复和抛荒土地的垦复，天山北麓重新形成了大片的农业绿洲。清末至民国时期，天山北麓的人口和耕地的增长速度虽然很快，但是其规模始终没有恢复到战乱之前的水平，人口的环境压力小于清代中期。到民国三十三年，虽然天山北麓的人均耕地面积减少到了7.95亩，但是仍高于乾隆年间的水平。

与此同时，这一时期天山北麓人口的环境压力的区域差异也发生了变化。除了乌鲁木齐区和巴里坤区依然是人口的环境压力最大的区域之外，玛纳斯区人口的环境压力程度上升到与昌吉区的同一水平，而阜康区和奇台区则成为人口环境压力最小的地区。

除此之外，清末至民国初期（19世纪末20世纪初）天山北麓的河流与湖泊发生了令人瞩目的变化，出现了三屯河改道、三屯河—呼图壁河水系分流、玛纳斯湖萎缩及湖泊位置迁移、东部地区小河断流、沼泽出现干涸化趋势等一系列水文变迁事件。通过对比同一时期天山北麓地区自然因素和人文因素的变化过程可知，这一系列水文变迁事件主要是在自然因素（主要是区域降水量的变化）变化的主导下发生的，是对区域气候由冷湿向暖干转型变化的响应，属于自然界的环境突变事件。这与1949年以后人类活动引起天山北麓地区普遍出现河流断流、湖泊干涸的情况完全不同。

综上所述，人文因素中的政策变化、政治局势、战争等是导致18世纪至1949年间天山北麓土地开发与地理景观变化的主导因素。18世纪中叶，在人为因素的影响下，天山北麓地区的游牧文化景观转变为农业文化景观。18世纪中叶至19世纪中叶，由于清政府执行强有力的土地开发政策，天山北麓的土地开发速度快、程度高，人工渠道取代了部分自然河道，原来生长茂密的白榆、胡杨、梭梭等被砍伐后辟为农田，还有一些草甸或者沼泽地带被辟为水稻田，随着聚落和农业绿洲的扩大，在很大程度上改变了天山北麓的自然环境面貌。同治三年至光绪三年（1864—1877）间的战乱中断了天山北麓的土地开发过程，在造成了极大的社会和环境破坏的同时也消除了人口对环境的压力，出现了一个生态环境的恢复时期。19世纪80年代至1949年，由于区域人口规模和耕地数量一直没有恢复到战乱之前的水平，相对于前一时期而言，人类活动对环境的影响较小。因此，自然因素中的温度、降水量变化是引起19世纪末20世纪初天山北麓水文变化的主导因素。但是，不可否认的是，18世纪中叶至1949年间人类的农业开发过程中，修建渠道等水利工程导致了河流水量空间分布的变化，从而引起了局部地区生态环境的变化。

1949年之后，天山北麓的生态环境出现了土地沙漠化、次生盐碱化、草场退化、环境污染加重、地下水位下降、自然林破坏严重、河流断流、尾闾湖干涸、野生动物急剧减少等生态环境问题，这主要是由于人口的急剧增长及不合理的利用方式导致的，特别中上游地区大规模的引水灌溉引起了众多河流的断流及尾闾湖的干涸。1953年至2003年，天山北麓地区总人口由从47.5万增至430.5万①，耕地面积从362.44万亩增至1236.78万亩②，50年间人口增加了9倍，耕地增加3.4倍，平均每年增加人口7.66万人，年均人口增长率为45.1‰，平均每年增加耕地17.5万亩。由此可见，1953年，天山北麓的人均耕地面积为7.6亩，仍然高于乾隆六十年（1795）的水平，到2003年，天山北麓的人均耕地面积急剧下降到2.8亩。由此可以得出这样的认识，1949年以前，人类活动虽然在很大程度上改变了天山北麓的自然地理环境面貌，在局部地区也可能导致了沙漠化、植被破坏等环境问题的产生，但是其活动强度和范围远远没有到达足以引起整个区域出现普遍性环境问题的程度。

18世纪中叶至19世纪中叶，天山北麓土地开发程度空间差异的格局是由中部向东、西逐渐降低，中部的乌鲁木齐区人口分布密度和土地垦殖率最高，东西两端的巴里坤区和玛纳斯区最低。但是从19世纪晚期开始，这种空间差异格局逐渐发生转变，西部的玛纳斯区土地开发程度逐渐提高，从而使整个区域经济发展重心缓慢向西偏移。1949年之后，随着生产技术的提高，水资源丰富的乌鲁木齐河至玛纳斯河流域一带的土地生产潜力得到了前所未有的开发，加上石油工业的兴起，使得原来无法利用的克拉玛依一带成为新的经济发展区，从而形成了天山北麓经济发展的新核心区——乌鲁木齐至奎屯、克拉玛依一带，并且在21世纪的西部开发中被确定为"天山北坡经济带"和"天山北坡城市群"，得到国家的优先扶持发展，从而出现区域开发空间差异的新格局。从长时段的角度来理解区域开发空间差异的由来及其影响因素，深刻理解区域社会、经济与生态相互作用的过程与机制，是制定区域可持续发展战略，构建区域生态文明体系的关键。

---

① 新疆维吾尔自治区统计局编：《新疆维吾尔自治区人口统计资料（1949—1962）》（内部资料），1963年；新疆维吾尔自治区统计局编：《新疆统计年鉴·2004》，中国统计出版社2004年版。
② 新疆维吾尔自治区统计局、农业局编：《新疆维吾尔自治区农业生产统计资料（1949—1978）》（内部资料），1980年2月出版；《新疆生产建设兵团统计年鉴》编辑委员会编：《新疆生产建设兵团统计年鉴·2004》，中国统计出版社2004年版。

主要参考文献

[一律以作者姓氏或编者的拼音顺序，按英文字母的前后排列，依次著录作者、书名（文章）、出版社（刊物名）、出版时间]

一 清代史籍、档案资料

椿园：《西域闻见录》，陕西师范大学国书馆藏刻本。

鄂尔泰等修：《八旗通志》，东北师范大学出版社1985年版。

方士淦：《东归日记》，载吴丰培整理《丝绸之路资料汇钞（清代部分）》，全国图书文献缩微复制中心1996年版。

方希孟：《西征续录》，李正宇、王志鹏点校，甘肃人民出版社2002年版。

傅恒等纂：《平定准噶尔方略》，海南出版社2000年版。

傅恒等纂：《西域同文志》，台湾商务印书馆影印文渊阁四库全书本，1983年。

傅恒等纂：《西域图志》，北京大学图书馆藏乾隆四十七年（1782）武英殿聚珍本。

故宫文献馆、北大文科研究所、中央研究院历史语言研究所编：《清内阁旧藏汉文黄册联合目录》，北京大学印刷所、撷华永记印书局1947年版。

和宁：《回疆通志》，台北：文海出版社1966年版。

和宁：《三州辑略》，台北：成文出版社影印嘉庆十二年修旧抄本1969年版。

洪亮吉：《洪北江诗文集》，载《四部丛刊》初编"集部"，上海书店1985年版。

洪亮吉：《遣戍伊犁日记》，载吴丰培整理《丝绸之路资料汇钞（清代部分）》，全国图书文献缩微复制中心1996年版。

洪亮吉：《万里荷戈集》，载吴丰培整理《丝绸之路资料汇钞（清代部分）》，全国图书文献缩微复制中心1996年版。

纪昀、陆锡熊等撰：《清朝通志》，商务印书馆1935年版。

纪昀、陆锡熊等撰：《清朝文献通考》，浙江古籍出版社2000年版。

纪昀：《乌鲁木齐杂诗》，载王希隆考注《新疆文献四种辑注考述》，甘肃文化出版社1995年版。

《嘉峪关外甘肃新疆图》，中国国家图书馆藏清末绘本。

《嘉峪关外镇迪伊犁合图》，中国国家图书馆藏清同治三年（1864）刻印本。

蒋廷锡、王安国等撰：（乾隆）《续修大清一统志》，《四库全书》电子版，上海人民出版社、迪志文化出版有限公司1999年版。

《景印文渊阁四库全书》，台湾商务印书馆1986年版。

巨国柱：《阜康县乡土志》，载马大正、黄国政、苏凤兰整理《新疆乡土志稿》，新疆人民出版社2010年版。

阚凤楼：《新疆大记》，北京大学图书馆藏1907—1908年铅印本。

昆冈等纂：（光绪）《大清会典事例》，北京大学图书馆藏光绪三十四年（1908）石印本。

昆冈等纂：（光绪）《大清会典图》，陕西师范大学图书馆藏光绪二十五年（1899）京师官书局石印本。

林则徐：《荷戈纪程》，载吴丰培整理《丝绸之路资料汇钞（清代部分）》，全国图书文献缩微复制中心1996年版。

刘锦棠、李续宾：《湖湘文库·刘锦棠奏稿·李续宾奏疏》，岳麓书社2013年版。

刘锦棠：《刘襄勤公奏稿》，台北：成文出版社1968年版。

刘锦藻：《清朝续文献通考》，商务印书馆1936年版。

民政部：《民政部奏调查户口章程折》，上海商务印书馆编译所编纂：《大清新法令（1901—1911）》，商务印书馆2010年版。

穆彰阿等撰：《嘉庆重修一统志》，中华书局1986年版。

裴景福：《河海昆仑录》，载吴丰培整理《丝绸之路资料汇钞（清代部分）》，全国图书文献缩微复制中心1996年版。

七十一：《西域总志》，台北：文海出版社1966年版。

祁韵士：《皇朝藩部要略》，台北：文海出版社1965年版。

祁韵士：《万里行程记》，载吴丰培整理《丝绸之路资料汇钞（清代部分）》，全国图书文献缩微复制中心1996年版。

祁韵士：《西陲要略》，又名《新疆要略》，载王锡祺辑《小方壶斋舆地丛钞》，古籍书店1985年版。

琴川居士辑：《皇清奏议》，中国国家图书馆藏墨缘堂1936年石印本。
《清德宗实录》，中华书局1987年版。
《清高宗实录》，中华书局1985—1987年版。
《清仁宗实录》，中华书局1987年版。
《清圣祖实录》，中华书局1987年版。
《清世宗实录》，中华书局1987年版。
《清文宗实录》，中华书局1987年版。
《清宣宗实录》，中华书局1987年版。
全国图书馆文献缩微复制中心编：《伊犁将军马亮、广福奏稿》，全国图书馆文献缩微复制中心2005年版。
松筠等纂：《西陲总统事略》，台北：文海出版社1965年版。
松筠等纂：《新疆识略》，北京大学图书馆藏道光元年（1821）武英殿刊刻本。
索诺木策凌撰：《乌鲁木齐政略》，载王希隆考注《新疆文献四种辑注考述》，甘肃文化出版社1995年版。
台北"故宫博物院"编：《宫中档光绪朝奏折》，台北"故宫博物院"影印本1973—1975年版。
台北"故宫博物院"编：《宫中档康熙朝奏折》，台北"故宫博物院"影印本1976年版。
台北"故宫博物院"编：《宫中档乾隆朝奏折》，台北"故宫博物院"影印本1977—1980年版。
陶保廉：《辛卯侍行记》，载吴丰培整理《丝绸之路资料汇钞（清代部分）》，全国图书文献缩微复制中心1996年版。
王树枏：《新疆图志》，朱玉麒等整理，上海古籍出版社2015年版。
王锡祺编：《小方壶斋舆地丛钞》，光绪三年（1877）到光绪二十三年（1897），古籍书店1985年版。
魏光焘：《戡定新疆记》，清光绪二十五年（1899）刻本。载《四库未收书辑刊》第一辑第16卷，北京出版社2000年版。
魏源：《圣武记》，中华书局1984年版。
吴廷燮：《新疆大记补编》，中央民族学院复印民国二十五年铅印本，1983年。
吴翼先：《新疆则例说略》，载《四库未收书辑刊》第叁辑第19卷，北京出版社2000年版。
席裕福、沈师徐辑：《皇朝政典类纂》，台北：文海出版社1982年版。

徐松：《西域水道记》，北京大学图书馆藏道光三年（1823）刊本。

阎绪昌、高耀南：《镇西厅乡土志》，载马大正、黄国政、苏凤兰整理《新疆乡土志稿》，新疆人民出版社 2010 年版。

杨炳堃：《西行记程》，载吴丰培整理《丝绸之路资料汇钞（清代部分）》，全国图书文献缩微复制中心 1996 年版。

杨存蔚：《绥来县乡土志》，载马大正、黄国政、苏凤兰整理《新疆乡土志稿》，新疆人民出版社 2010 年版。

杨方炽：《奇台县乡土志》，载马大正、黄国政、苏凤兰整理《新疆乡土志稿》，新疆人民出版社 2010 年版。

佚名：《昌吉县乡土图志》，载马大正、黄国政、苏凤兰整理《新疆乡土志稿》，新疆人民出版社 2010 年版。

佚名：《昌吉县乡土志》，载马大正、黄国政、苏凤兰整理《新疆乡土志稿》，新疆人民出版社 2010 年版。

佚名：《迪化县乡土志》，载马大正、黄国政、苏凤兰整理《新疆乡土志稿》，新疆人民出版社 2010 年版。

佚名：《孚远县乡土志》，载马大正、黄国政、苏凤兰整理《新疆乡土志稿》，新疆人民出版社 2010 年版。

佚名：（光绪）《旧刊新疆舆图》，清光绪三十二年石印本，台北：成文出版社 1968 年版。

佚名：（光绪）《新疆实业、盐产、邮政、电线道里图》，北京大学图书馆藏光绪年间石印本。

佚名：《呼图壁乡土图志》，载马大正、黄国政、苏凤兰整理《新疆乡土志稿》，新疆人民出版社 2010 年版。

佚名：《呼图壁乡土志》，载马大正、黄国政、苏凤兰整理《新疆乡土志稿》，新疆人民出版社 2010 年版。

佚名：《塔城直隶厅乡土志》，载马大正、黄国政、苏凤兰整理《新疆乡土志稿》，新疆人民出版 2010 年版。

佚名：《新疆四道志》，台北：成文出版社 1968 年版。

奕䜣等纂：《平定陕甘新疆回匪方略》，北京大学图书馆藏光绪二十一年（1895）铅印本。

永保纂：《乌鲁木齐事宜》，载王希隆考注《新疆文献四种辑注考述》，甘肃文化出版社 1995 年版。

余培森：《游历蒙古日记》，载吴丰培整理《丝绸之路资料汇钞（清代部分）》，全国图书文献缩微复制中心 1996 年版。

袁大化：《抚新纪程》，载吴丰培整理《丝绸之路资料汇钞（清代部分）》，全国图书文献缩微复制中心1996年版。

允祹等纂：（乾隆）《大清会典》，《景印文渊阁四库全书》，台湾商务印书馆1986年版。

载龄等纂：《户部则例》（乾隆四十一年刊本），故宫博物院整理，海南人民出版社2000年版。

张羽新、张双志整理编纂：《清朝治理新疆方略汇编》，学苑出版社2006年版。

赵尔巽等撰：《清史稿》，中华书局1976—1978年版。

赵钧彤：《西行日记》，载吴丰培整理《丝绸之路资料汇钞（清代部分）》，全国图书文献缩微复制中心1996年版。

中国第一历史档案馆编：《乾隆朝上谕档》，档案出版社1991年版。

中国第一历史档案馆藏"朱批奏折""军机处奏折录副"。

中国科学院地理科学与资源研究所、中国第一历史档案馆编：《清代奏折汇编农业·环境》，商务印书馆2005年版。

朱寿朋编纂：《光绪朝东华录》，中华书局1958年版。

左宗棠：《左宗棠全集》，岳麓书社1986年版。

左宗棠：《左宗棠未刊奏折》，中国第一历史档案馆左宗棠全集整理组编，岳麓书社1987年版。

二　民国资料与档案

著作

陈必贶：《新疆移民问题》，1944年，出版地与出版者不详，油印本（北大图书馆库本存）。

陈赓雅：《西北视察记》，申报馆1936年版。

陈希豪：《新疆史地及社会》，正中书局1947年版。

陈正祥：《西北区域地理》，商务印书馆1945年版。

程鲁丁：《新疆问题》，文献书局1949年版。

丁骕：《新疆概述》，独立出版社1947年版。

蒋君章：《新疆经营论》，正中书局1936年版。

李环：《新疆研究》，安庆印书局1945年版。

李烛尘：《西北历程》，文化印书馆1945年版。

林竞：《蒙新甘宁考察记》，甘肃人民出版社2003年版。

吕敢：《新新疆之建设》，时代出版社1947年版。

内政部年鉴编纂委员会编纂：《内政年鉴》，商务印书馆 1936 年版。

内政部统计司：《民国十七年各省市户口调查统计报告》，京华印书馆 1931 年版。

倪超编著：《新疆之水利》，商务印书馆 1948 年版。

外交书社编辑：《新疆问题》，中华书局 1928 年版。

汪公亮：《西北地理》，正中书局 1936 年版。

吴蔼宸：《新疆游记》，商务印书馆 1933 年版。

吴承洛：《中国度量衡史》，商务印书馆 1937 年初版，1998 年北京第二次印刷。

吴景敖：《西陲史地研究》，中华书局 1948 年版。

吴绍璘：《新疆概观》，仁声印书局 1933 年版。

谢彬：《新疆游记》，中华书局 1923 年版。

新疆水利委员会编：《新疆水利会第二期报告书》，北京大学图书馆藏北京华国书局民国七年（1918）石印本。

杨增新：《补过斋文牍》，阿地力·艾尼点校，黑龙江教育出版社 2016 年版。

杨钟健：《西北的剖面》，甘肃人民出版社 2003 年版。

杨缵绪：《新疆刍议》，北京大学图书馆藏 1915 年版。

袁见齐：《西北盐产调查实录》，见《中国西北文献丛书续编·西北史地文献卷》第八册，甘肃文化出版社 1999 年版。

曾问吾：《中国经营西域史》，商务印书馆 1936 年版。

张毅之：《新疆之经济》，中华书局 1946 年版。

张治中：《张治中回忆录》，文史资料出版社 1985 年版。

中国第二历史档案馆编：《中华民国史档案资料汇编》，江苏人民出版社 1979—1986 年版。

中国第二历史档案馆：《国民政府资源委员会公报》，档案出版社影印本（1941—1948）本，1990 年。

钟广生：《新疆志稿》，台北：成文出版社 1969 年版。

论文

二戈：《到新疆去》，《东省经济月刊》1934 年第 6 期 6、7 号。

郭维屏：《新疆之河流与湖泊》，《天山月刊》1936 年第 3 期。

慧儒：《本年春耕贷款迪区各县分配完竣》，《新疆日报》1942 年 2 月 21 日第 3 版。

贾树模：《新疆地名沿革表》，《地学杂志》1914 年第 7、8 合期。

贾树模:《新疆杂记》,《地学杂志》,1934年第1—9期连载。
晋庸:《四月革命以来的新疆建设》,《新新疆》1943年创刊号。
李国平:《开发新疆与我国经济前途》,《新亚细亚月刊》1934年第6期。
李溥林:《十年来新疆的经济建设》,《新新疆》1943年创刊号。
罗文干:《开辟新省交通计划》,《开发西北月刊》1934年第1期。
彭吉元:《新疆的土地与水利》,《新新疆》1943年第1期。
桑亚飞:《三十二年度农业概况》,《新疆日报》1944年5月4日第3版。
佘凌云:《以经济建设求新疆永久和平》,《天山月刊》1947年第1期。
王文宣:《新疆经济概观》,《开发西北月刊》1935年第5期。
新疆省警务处:《三十三年新疆省各县市局宗族人口统计表》,《新甘肃》1947年第2期。
《新疆省政府公报》第5期,1930年1月出版。
《新疆十年来建设成绩统计表》,《中国边疆》1944年第1、2期合刊。
新青海正闻社调查"新疆水渠灌溉概况",《新青海月刊》1934年第3期。
杨缵绪:《开发新疆实业管见》,《开发西北月刊》1934年第1期。
杨缵绪:《新疆之实情与整理计划》,《新亚细亚月刊》1934年第2期。
于去疾:《新疆屯垦及今后之计划》,《新亚细亚月刊》1934年第1期。
寓公:《新疆山脉河流湖泊》,《新西北》1943年第4—6期。
《中华民国国民政府公报》渝字873号,1945年10月4日公布。
《中华民国国民政府公报》渝字925号,1945年12月6日公布。
钟功甫:《新疆准噶尔盆地之人文》,《边政公论》1944年第3、4期。
钟功甫:《准噶尔盆地之自然环境》,《边政公论》1933年第4期。

三 今人论著

著作

阿拉腾奥其尔:《清代新疆军府制职官传略》,黑龙江教育出版社2000年版。
白京兰:《一体与多元:清代新疆法律研究(1759—1911)》,中国政法大学出版社2013年版。
包尔汉:《新疆五十年——包尔汉回忆录》,中国文史出版社1994年版。
蔡家艺:《清代新疆社会经济史纲》,人民出版社2006年版。
蔡锦松:《盛世才在新疆》,河南人民出版社1998年版。
曹树基:《中国人口史第五卷清时期》,复旦大学出版社2001年版。
昌吉回族自治州地名委员会编:《新疆昌吉回族自治州地名图志》(内部资

料），1988年。

昌吉市地方志编纂委员会编：《昌吉市概览》，新疆美术摄影出版社1991年版。

陈垣：《二十史朔闰表》，中华书局1962年版。

成崇德：《清代西部开发》，山西古籍出版社2002年版。

戴逸主编：《18世纪的中国与世界》丛书之《边疆民族卷》，成崇德著，辽海出版社1999年版。

董新光等主编：《新疆准噶尔盆地典型流域水资源系统优化配置研究》，新疆科技卫生出版社1997年版。

窦贻俭、李春华编著：《环境科学原理》，南京大学出版社1998年版。

樊自立：《新疆土地开发对生态与环境的影响及对策研究》，气象出版社1996年版。

范秀传主编：《中国边疆古籍题解》，新疆人民出版社1995年版。

方英楷：《新疆屯垦史》，新疆青少年出版社1989年版。

封玲主编：《玛纳斯河流域农业开发与生态环境变迁研究》，中国农业出版社2006年版。

葛剑雄主编：《中国人口史》，复旦大学出版社2002年版。

公安部档案馆编著：《在蒋介石身边八年——侍从室高级幕僚唐纵日记》，群众出版社1991年版。

龚胜生：《清代两湖农业地理》，华中师范大学出版社1996年版。

韩德林：《新疆人工绿洲》，中国环境科学出版社2001年版。

韩光辉：《北京历史人口地理》，北京大学出版社1996年版。

何炳棣：《明初以降人口及其相关问题（1368—1953）》，葛剑雄译，生活·读书·新知三联书店2000年版。

侯杨方：《中国人口史第六卷1910—1953》，复旦大学出版社2001年版。

呼图壁河流域规划委员会、昌吉回族自治州水利电勘察设计院：《呼图壁河流域规划报告》（内部资料），1999年。

呼图壁河水利志编纂委员会：《呼图壁河水利志》，新疆人民出版社2012年版。

华立：《清代新疆农业开发史》，黑龙江教育出版社1998年修订版。

黄秉维、郑度、赵名茶：《现代自然地理》，科学出版社1999年版。

黄达远：《隔离下的融合——清代新疆城市发展与社会变迁（1759—1911）》，博士学位论文，四川大学，2018年。

黄达远、吴轶群：《多重视角下的边疆研究：18世纪至20世纪初叶的新疆区域社会史考察》，民族出版社 2009 年版。
纪大椿：《新疆近世史论稿》，黑龙江教育出版社 2002 年版。
贾建飞：《清乾嘉道时期新疆的内地移民社会》，社会科学文献出版社 2012 年版。
姜涛：《中国近代人口史》，浙江人民出版社 1993 年版。
连镜清：《土地治理开发项目可行性研究与评估》，海洋出版社 1999 年版。
刘超建：《历史社会地理视野下的移民社会研究（1821—1949）——以乌鲁木齐地区为中心》，中国社会科学出版社 2019 年版。
刘戈、黄咸阳编：《西域史地论文资料索引》，新疆人民出版社 1988 年版。
刘星主编：《新疆灾荒史》，新疆人民出版社 1999 年版。
罗尔纲：《绿营兵志》，中华书局 1984 年版。
马登杰、聂智生主编：《昌吉回族自治州志》，新疆人民出版社 2002 年版。
马汝珩、马大正主编：《清代边疆开发研究》，中国社会科学出版社 1990 年版。
马汝珩、马大正主编：《清代的边疆政策》，中国社会科学出版社 1994 年版。
玛纳斯地方志编纂委员会编：《玛纳斯县志》，新疆大学出版社 1993 年版。
牟思华、牟重行、王树芬等编著：《中国古代自然灾异群发期》，安徽教育出版社 2002 年版。
娜拉：《清末民国时期新疆游牧社会研究》，社会科学文献出版社 2010 年版。
齐清顺：《清代新疆经济史稿》，新疆人民出版社 2014 年版。
齐清顺：《新疆多民族分布格局的形成（1759—1949 年）》，新疆人民出版社 2010 年版。
钱云：《新疆绿洲》，新疆人民出版社 1999 年版。
苏北海、黄建华：《哈密、吐鲁番维吾尔王历史（清朝至民国）》，新疆大学出版社 1993 年版。
苏北海：《西域历史地理》，新疆大学出版社 1988 年版。
苏北海：《新疆岩画》，新疆美术出版社 1994 年版。
孙进己主编：《东北亚历史地理研究》，中州古籍出版社 1994 年版。
谭其骧：《中国历史地图集》，地图出版社 1982—1987 年版。
汤奇成主编：《新疆水文地理》，科学出版社 1966 年版。
王启明：《天山廊道：清代天山道路交通与驿传研究》，陕西师范大学出版社 2016 年版。

王希隆:《清代西北屯田研究》,兰州大学出版社 1990 年版。

王作之:《新疆古代畜牧业经济史》,新疆人民出版社 1998 年版。

《乌鲁木齐河流域志》编纂委员会:《乌鲁木齐河流域志》,新疆人民出版社 2000 年版。

吴丰培:《吴丰培边事题跋集》,马大正、吴锡祺、叶于敏整理,新疆人民出版社 1998 年版。

萧正洪:《环境与技术选择——清代中国西部地区农业技术地理研究》,中国社会科学出版社 1998 年版。

新疆地理学会编:《新疆地理手册》,新疆人民出版社 1993 年版。

《新疆哈萨克族迁移史》编写组:《新疆哈萨克族迁移史》,新疆大学出版社 1993 年版。

新疆社会科学院民族研究所编著:《新疆简史》,新疆人民出版社 1980 年版。

《新疆生产建设兵团农业 40 年》编委会编:《新疆生产建设兵团农业 40 年》,新疆人民出版社、新疆科技卫生出版社 1995 年版。

新疆生产建设兵团史志编纂委员会编:《新疆生产建设兵团发展史》,新疆人民出版社 1998 年版。

新疆生产建设兵团水利志编纂领导小组编:《新疆生产建设兵团水利志》,新疆人民出版社 1997 年版。

《新疆生产建设兵团统计年鉴》编辑委员会编:《新疆生产建设兵团统计年鉴·2004》,中国统计出版社 2004 年版。

新疆维吾尔自治区测绘局编制:《新疆维吾尔自治区分县地图册》,乌鲁木齐美术出版社 1998 年版。

新疆维吾尔自治区地方志编纂委员会编:《新疆通志》卷 36《水利志》,新疆人民出版社 1998 年版。

新疆维吾尔自治区地名委员会、国家测绘局测绘科学研究所编:《新疆维吾尔自治区地名录(甲种本)》(内部机密资料),1981 年。

新疆维吾尔自治区地图集编纂委员会:《中华人民共和国新疆维吾尔自治区地图集》(保密级),1966 年。

新疆维吾尔自治区统计局编:《新疆统计年鉴·2004》,中国统计出版社 2004 年版。

新疆维吾尔自治区统计局编:《新疆维吾尔自治区人口统计资料(1949—1962)》(内部资料),1963 年。

新疆维吾尔自治区统计局、农业局编:《新疆维吾尔自治区农业生产统计资料（1949—1978）》（内部资料），1980年。

新疆维吾尔自治区土地管理局地籍处编：《新疆维吾尔自治区土地管理局土地统计年报表》（内部资料），1987—1998年。

杨政：《新疆人口省际迁移研究》，新疆人民出版社1996年版。

杨政、赵传烈等：《新疆人口发展趋势》，新疆人民出版社1991年版。

殷晴主编：《新疆经济开发史研究》（上），新疆人民出版社1992年版。

余太山主编：《西域通史》，中州古籍出版社1996年版。

袁国映等主编：《中国新疆玛纳斯河流域农业生态环境资源保护与合理利用研究》，新疆科技卫生出版社1995年版。

袁林：《西北灾荒史》，甘肃人民出版社1994年版。

袁祖亮主编：《丝绸之路人口问题研究》，新疆人民出版社1998年版。

张安福：《清代以来新疆屯垦与国家安全研究》，中国农业出版社2011年版。

张大军：《新疆风暴七十年》，台北：兰溪出版社1969年版。

张建军：《清代新疆城市地理研究》，博士学位论文，陕西师范大学，1998年。

赵松乔、杨利普、杨勤业编著：《中国的干旱区》，科学出版社1990年版。

赵予征：《丝绸之路屯垦研究》，新疆人民出版社1996年版。

中共新疆维吾尔自治区顾问委员会《当代新疆》丛书编委会编：《我与新疆》，新疆人民出版社1989年版。

中国1∶100土地资源图编辑委员会编：《土地资源研究文集》，科学出版社1990年版。

中国科学院新疆地理研究所编著：《新疆综合自然区划概要》，科学出版社1987年版。

中国科学院新疆资源开发综合考察队编：《新疆资源开发和生产布局研究综合考察报告集》（内部资料），1986年。

中国科学院新疆综合考察队等编著：《新疆地貌》，科学出版社1978年版。

中国科学院新疆综合考察队、中国科学院植物研究所主编：《新疆植被及其利用》，科学出版社1978年版。

中国科学院中国植物编辑委员会编：《中国植物志》，科学出版社1999年版。

中国人民政协沙湾县委员会文史资料委员会编：《沙湾县文史资料》第2辑（内部资料），1990年。

钟祥财：《中国农业思想史》，上海社会科学院出版社1997年版。

周聿超主编：《新疆河流水文资源》，新疆科技卫生出版社1999年版。
《准噶尔史略》编写组：《准噶尔史略》，广西师范大学出版社2007年版。
邹礼洪：《清代新疆开发研究》，巴蜀书社2002年版。

学术论文

程其畴：《新疆自然科学综合考察》，《干旱区地理学集刊》1993年第3期。
《带动两翼地区发展，实现全疆共同富裕——新疆全面开发天山北坡经济带》，《人民日报海外版》2001年2月9日第1版。
邓萍、贺洁：《区域经济开发中的生态建设——以天山北坡经济带昌吉州为例》，《新疆环境保护》2002年第4期。
杜荣坤：《试论准噶尔分布境域的变迁》，《准噶尔史略》编写组《准噶尔史论文集》（1977—1981），第二集，1981年编印。
樊自立等：《天山北麓地区的自然环境变化及自然环境保护》，载中国科学院新疆资源开发综合考察队编《新疆资源开发和生产力布局考察研究报告》（内部资料），1986年。
樊自立等：《天山北麓灌溉绿洲的形成和发展》，《地理科学》2002年第2期。
方创琳等：《城市群扩展的时空演化特征及其对生态环境的影响——以天山北坡城市群为例》，《中国科学：地球科学》2019年第9期。
冯锡时：《清代新疆屯田》，载马汝珩、马大正主编《清代边疆开发研究》，中国社会科学出版社1990年版。
高锡彪：《莫索湾五场开发记》，《石河子文史资料》（内部资料）第六辑，1996年。
高向军、罗明、张惠远：《土地利用和土地覆被变化（LUCC）研究与土地整理》，《农业工程学报》2001年第4期。
葛全胜等：《21世纪中国历史地理学发展的思考》，《地理研究》2004年第3期。
葛全胜等：《过去2000年冷暖变化的基本特征与主要暖期》，《地理学报》2013年第5期。
葛全胜等：《过去300年中国部分省区耕地资源数量变化及驱动因素分析》，《自然科学进展》2003年第8期。
葛全胜、方修琦、郑景云：《中国过去3ka冷暖千年周期变化的自然证据及其集成分析》，《地球科学进展》2002年第1期。
葛学军、刘国钧：《新疆罂粟属的研究》，《干旱区研究》1990年第1期。

龚原等：《气候转暖及人类活动对北疆中小河流降水—径流关系的影响》，《中国沙漠》2003 年第 5 期。

龚原、袁玉江：《新疆北疆气候对地表水资源变化的影响与评估》，《干旱区地理》2000 年第 3 期。

郭松义：《清代人口流动与边疆开发》，载马汝珩、马大正主编《清代边疆开发研究》，中国社会科学出版社 1990 年版。

韩茂莉：《2000 年来我国人类活动与环境适应以及科学启示》，《地理研究》2000 年第 3 期。

韩淑媞：《北疆巴里坤 500 年来环境变迁》，《新疆大学学报》（自然科学版）1991 年第 2 期。

韩淑媞、袁玉江：《新疆巴里坤湖 35000 年来古气候变化序列》，《地理学报》1999 年第 3 期。

何汉民：《清代新疆官地初探》，《新疆大学学报》（哲学·人文社会科学版）2012 年第 3 期。

何清等：《新疆地表水资源对气候变化的响应初探》，《中国沙漠》2003 年第 5 期。

何一民、李琳：《近代新疆城市体系建构与城市分布特点的历史审视》，《民族学刊》2018 年第 4 期。

侯仁之：《历史地理学刍议》，《北京大学学报》（自然科学版）1962 年第 1 期。

侯仁之：《再论历史地理学的理论与实践》，《北京大学学报》1992 年（历史地理专刊）。

侯杨方：《宣统年间的人口调查——兼评米红等人论文及其他有关研究》，《历史研究》1998 年第 6 期。

侯甬坚：《环境营造：中国历史上人类活动对全球变化的贡献》，《中国历史地理论丛》2004 年第 4 辑。

侯甬坚：《历史地理研究：如何面对万年世界历史》，《中国历史地理论丛》2017 年第 1 辑。

胡汝骥等：《新疆气候由暖干向暖湿转变的信号及其影响》，《干旱区地理》2002 年第 3 期。

胡珊珊等：《气候变化和人类活动对白洋淀上游水源区径流的影响》，《地理学报》2012 年第 1 期。

华立：《清代中叶新疆与内地的贸易往来》，载马汝珩、马大正主编《清代边疆开发研究》，中国社会科学出版社 1990 年版。

纪大椿：《阿雅尔淖尔考》，《新疆社会科学》1983年第4期。

阚耀平：《近代天山北麓人口迁移形成的地名景观》，《干旱区地理》2005年第6期。

李新琪：《近期天山北坡经济带土地利用变化时空特征分析》，《干旱区资源与环境》2004年第2期。

李屹凯、张莉：《1761—1780年极端气候事件影响下的天山北麓移民活动研究》，《陕西师范大学学报》（自然科学版）2015年第5期。

李宗伟：《开发莫索湾纪事》，载《石河子文史资料》（内部资料）第六辑，1996年。

刘潮海等：《西北干旱区冰川变化及其径流效应研究》，《中国科学》（D辑）1999年增刊1。

刘纪远、邓祥征：《LUCC时空过程研究的方法进展》，《科学通报》2009年第21期。

鲁学军等：《论地理空间形象思维——空间意象的发展》，《地理学报》1999年第5期。

马大正、成崇德、〔德〕达素彬：《清代边疆开发研究概述》，载马汝珩、马大正主编：《清代边疆开发研究》，中国社会科学出版社1990年版。

马大正：《有清一代新疆考察论述》，载马大正等主编《西域考察与研究》，新疆人民出版社1994年版。

潘志平：《清季新疆商业贸易》，《西域研究》1995年第3期。

齐清顺：《论近代新疆军队发展的历史进程》，《新疆大学学报》（哲学·人文社会科学版）2000年第3期。

齐清顺：《论清朝中期新疆解决人口与耕地矛盾的重大措施》，《石河子大学学报》2010年第1期。

施雅风等：《西北气候由暖干向暖湿转型的信号、影响和前景初步探讨》，《冰川冻土》2002年第3期。

施雅风：《山地冰川湖泊萎缩所揭示的亚洲中部气候暖干化与未来展望》，《地理学报》1990年第1期。

宋文杰等：《基于LUCC的干旱区人为干扰与生态安全分析——以天山北坡经济带绿洲为例》，《干旱区研究》2018年第1期。

王炳华：《从考古资料看新疆古代的农业生产》，《新疆社会科学研究》1982年第10期。

王炳华：《新疆农业考古概述》，《农业考古》1983年第1期。

王承义：《新疆北部近500年来冷暖气候变化特征及环境研究》，《新疆大学学报》（自然科学版）1991年第1期。

王东平：《清代新疆马政述评》，《中国边疆史地研究》1995年第2期。

王培华：《清代新疆解决用水矛盾的多种措施——以镇迪道、阿克苏道、喀什道为例》，《西域研究》2011年第2期。

王希隆：《清代实边新疆述略》，《西北史地》1985年第4期。

乌云毕力格：《17世纪卫拉特各部游牧地研究（续）》，《西域研究》2010年第2期。

吴元丰：《清代乌鲁木齐满营述论》，《中国边疆史地研究》2004年第3期。

徐伯夫：《18—19世纪新疆地区的官营畜牧业》，《新疆社会科学》1987年第5期。

徐冠华等：《全球变化与人类可持续发展：挑战与对策》，《科学通报》2013年第21期。

徐金发、杨政、张洁：《天山北坡自然地理特征对河流产汇流影响的研究》，《新疆大学学报》（自然科学版）1994年第3期。

徐丽萍等：《天山北麓土地利用与土地退化的时空特征探析》，《水土保持研究》2014年第5期。

阎东凯：《地名文化与边疆移民社会形态——以清至民国时期天山北麓地区为核心》，《中国历史地理论丛》2015年第4辑。

阎东凯：《移民社会的物质交流与中心市场建立——以晚清民国时期奇台为中心》，《中国历史地理论丛》2014年第3辑。

阎顺：《天山北麓历史时期的环境演变信息》，《植物生态学报》2002年增刊。

杨希义：《胡麻考》，《中国农史》1995年第1期。

袁国映、陈昌笃：《乌鲁木齐—石河子地区近代生态环境变迁及评价》，载中国科学院新疆资源开发综合考察队编《新疆资源开发综合考察报告集：新疆生态环境研究》，科学出版社1989年版。

袁澍：《新疆会馆探幽》，《西域研究》2001年第1期。

袁玉江等：《北疆250年地表水资源变化特征及未来趋势预测》，《自然资源学报》1996年第2期。

袁玉江等：《新疆北疆地表水资源时空分布及变化特征初探》，《冰川冻土》1997年第3期。

袁玉江等：《新疆气候对地表水资源影响的区域差异性初探》，《应用气象学报》2001年第2期。

袁玉江等:《用树木年轮重建天山中部近350a来的降水量》,《冰川冻土》2001年第1期。

张家宝、袁玉江:《试论新疆气候对水资源的影响》,《自然资源学报》2002年第1期。

张建军:《乾嘉时期新疆屯牧的发展及其地域特征》,《中国历史地理论丛》1995年第4辑。

张建军:《清代新疆主要经济作物及其地域分布》,《中国历史地理论丛》1996年第4辑。

张莉、安玲:《近300年来新疆头屯河与三屯河的变迁及其影响因素》,《中国历史地理论丛》2015年第3辑。

张莉:《从环境史角度看乾隆年间天山北麓的农业开发》,《清史研究》2010年第1期。

张莉、韩光辉、阎东凯:《近300年来新疆三屯河与呼图壁河水系变迁研究》,《北京大学学报》(自然科学版)2004年第6期。

张莉:《汉晋时期楼兰绿洲环境开发方式的变迁》,《历史地理》第十八辑,上海人民出版社2002年版。

张莉、李有利:《近300年来新疆玛纳斯湖变迁研究》,《中国历史地理论丛》2004年第4辑。

张莉:《楼兰古绿洲的河道变迁及其原因探讨》,《中国历史地理论丛》2001年第1辑。

张莉、鲁思敏:《近250年新疆呼图壁河中下游河道演变及其影响因素分析》,《西域研究》2020年第3期。

张莉:《西汉楼兰道新考》,《西域研究》1999年第3期。

张莉:《〈西域图志〉所载镇西府、迪化州地区户口资料考述》,《中国历史地理论丛》2007年第1辑。

张丕远:《乾隆在新疆施行移民实边政策的探讨》,《历史地理》第九辑,上海人民出版社1990年版。

张映姝:《杨柳青年画与"赶大营"的杨柳青人》,《新疆艺术》2001年第1期。

赵海霞:《清代新疆商屯研究》,《西域研究》2011年第1期。

甄光俊:《赶大营与新疆的河北棒子》,《大舞台》2003年第4期。

中国第一历史档案馆:《乾隆年间徙民屯垦新疆史料》,《历史档案》2002年第3期。

中国科学院学部"西部生态环境建设与可持续发展"西北干旱区咨询组:

《绿桥系统——天山北坡与准噶尔荒漠新产业带建设与生态保育》,《地球科学进展》2003年第6期。

钟兴麒:《新疆建省与社会经济的发展》,《西域研究》1994年第4期。

周泓:《民国新疆交通概综》,《喀什师范学院学报》2002年第5期。

周泓:《清末新疆通内外交通的反差》,《新疆大学学报》(哲学·人文社会科学版)2002年第1期。

周荣:《对清前期耕地面积的综合考察和重新评估》,《中国社会经济史研究》2001年第3期。

四 外文文献(含译著)

〔俄〕尼·维·鲍戈亚夫连斯基:《长城外的中国西部地区》,新疆大学外语系俄语教研室译,商务印书馆1980年版。

〔美〕拉尔夫·亨·布朗:《美国历史地理》,秦士勉译,商务印书馆1973年版。

〔美〕汤姆·惕藤伯格:《环境经济学与政策》,朱启贵译,上海财经大学出版社2003年版。

〔日〕佐口透:《十八—十九世纪新疆社会史研究》,凌颂纯译,新疆人民出版社1983年版。

〔日〕佐口透:《新疆民族研究》,章莹译,新疆人民出版社1993年版。

〔苏〕B.C.热库林:《历史地理学对象和方法》,韩光辉译,北京大学出版社1992年版。

〔苏〕伊·亚·兹拉特金:《准噶尔汗国史》,马曼丽译,商务印书馆1980年版。

〔英〕W.G.穆尔:《地理学辞典》,刘伉、陈江等译,商务印书馆1984年版。

〔英〕包罗杰:《阿古柏伯克传》,商务印书馆翻译组译,商务印书馆1976年版。

Albert Herrmann, *Historical and Commercial Atlas of China*, Cambridge Massachusetts and Harvard University Press, 1935.

Bradley R. S., Jones P. D., "'Little Ice Age' Summer Temperature Variations: Their Nature and Relevance to Recent Global Warming Trends", *The Holocene*, 1993 (3).

H. C. Darby, *A New Historical Geography of England before* 1600, Cambridge: Cambridge University Press, 1976.

John F. Baddeley, *Russia, Mongolia, China*, London: Macmillan and Company, Ltd. , 1919.

Map of "Modern Chinese Turkistan (Hsin-Ching) – Political and Economic". In: *Albert Herrmann, Historical and Commercial Atlas of China*, Cambridge: Massachusetts and Harvard University Press, 1935.

R. Burr Litchfield, *History of the Italian Agriculture Landscape*, Princeton and New Jersey: Princeton University Press, 1997.

Turner II B. L. , Skole David Sanderson, Fischer Steven Günther, *et al. Land-Use and Land-Cover Change Science/Research Plan*, IGBP Report No. 35 HDP Report No. 7, 1995.

Vogel, Coleen, *Facing the Challenges of the New Millennium: A LUCC/IGBP perspective.* IGBP Newsletter No. 38, 1999.

后　　记

　　这本书是在我的博士论文基础上修改完成的。2005年6月12日，我通过了博士论文答辩，十一年后提笔撰写出版后记，不禁心潮澎湃。那些在我搜集资料、撰写和修改论文、申请项目资助、出版印刷过程中帮助过我的人们一一从眼前闪过，感激之情溢满于心。

　　首先要把我的感激和敬意献给侯灿教授。侯灿教授不仅仅是我的学术启蒙老师，亦给予我如父亲般的厚爱。1996年春季，大学二年级的我刚得知通过了英语六级，就被侯灿教授挑去协助他翻译西方学者考察楼兰的报告和研究论著。那时的我什么都不懂，侯灿教授拿出王守春先生和崔延虎先生帮助他翻译的部分，让我学习和参考。在侯灿教授的指导下，我在他家狭小的书房里陆续翻译了斯文·赫定、斯坦因、贝格曼等人论著里的重要章节、图片题名及相关注释，以供他用于《楼兰汉文简纸文书集成》的整理和研究。这样的经历，为我的英文阅读和翻译打下了坚实的基础，提高了我的文字表达能力，同时也使我开始了解楼兰研究中考古学、西方汉学、近代地理考察的有趣结合。后来，我考研选择历史地理专业，乃至决定继续攻读博士学位等人生大事，也都得到了侯灿教授的指引和推荐。侯灿教授于我期待甚高，我却不如他那么勤奋和井然有序，在侯灿教授去世五年后，我还没有完成他交代的整理出版楼兰研究论著选译之事。心中有愧，唯有继续努力。

　　何其有幸，我的博士导师韩光辉教授亦给予我厚爱。韩光辉教授鼓励式的培养，使我的学术研究能力迅速提高，培养了我的学术自信。2001年9月，我进入北京大学城市与环境学院学习之后，韩老师即要求我系统补习地理学知识，注意多学科交叉的可能性，努力开阔学术视野，关注现实问题。在博士论文选题阶段，有的师兄师姐建议我选择与北京相关的历史地理论题进行研究，这样有利于将来在北京找工作。可是，韩老师却坚定地对我说："你一定要继续坚持做新疆的历史地理研究，环境变迁是一个重要的论题，我期待你完成一篇新疆环境变迁的论文。论文做好了，在哪里都会受欢迎。"论题方向确定之后，韩老师专门为我找来了两万元的研究经费，不但让我有机会加入李有利教授的研究团队进行玛纳斯河流域的考察与研究，而且资助我完成了北疆的野外考察和资料搜集。后来，当我在研究中遇到困顿的时候，韩老师总是和蔼地对我说："张莉啊，研究了这么长时间，你是专家了，你一定要自信。"这句话，看似普通，却充满了鼓励和信任，至今仍带给我力量。工作之后，在韩老师的指导和鼓励下，我相继撰写了两个国家自然科学基金项目申请书，并且都得到了资助。这于我而言，影响深远。这么多年来，韩老师也一直关心着我的博士论文的修改和出版进展，给我提出建议，而我却总是被新的研究兴趣占去了太多的时间和精力，没能达到韩老师对这篇博士论文修改的高要求。

读博士期间的学习经历，不但影响了本书核心学术问题和研究内容的确定，而且也深刻地影响着我此后的学术研究。

在北京大学博士生培养过程中的课程开设、综合考试、论文选题和开题、预答辩到正式答辩的不同环节，历史地理研究中心的唐晓峰教授、韩茂莉教授和邓辉教授给予了多方面的指教，引导着我逐步深入环境变迁研究。此外，历史地理研究中心围绕《北京历史地图集》的编绘组织的多次野外考察，使我们这些博士生得到了系统的训练，其中尹钧科先生精美的手绘考察图、俞美尔先生独到的见解、邓辉老师深邃的提问、岳升阳老师对碑刻的解读等都带给我启发和思考。虽然没有正式参与《北京历史地图集》的编绘，但是在这个课题组里的学习和观察，令我受益匪浅。

杨景春教授开设的"地貌学"课程及课后一个多月的实习，让我开始理解地貌的力量之所在。夏正楷教授主讲"第四纪研究方法与前沿问题"和"环境考古"课程，促使我深入思考不同时空尺度上环境变迁研究的问题和方法之异同。与此同时，在参与李有利教授主持的国家自然科学基金重大项目"典型山地—绿洲—荒漠系统及其预测模型"时，跟随李有利教授、刘鸿雁教授相继利用三个暑假，全面考察了玛纳斯河流域，为我深刻理解天山北麓的环境要素及其影响奠定了坚实的基础。

这些学习经历，促使我形成了对环境变迁研究基本要求的认识：历史时期的环境变迁研究一定要结合野外实地考察来展开；一定要学习相关的地理学知识和研究方法；一定要关注全球变化的核心问题，尝试从历史地理学的角度进行回应和推进。因此，本书的核心要旨是重建一套相对可信的耕地数字和人口数字，为阐释区域环境变迁的影响机制奠定基础。为此，在博士论文的资料搜集、整理和分析阶段，便颇费心力，其中依然还有诸多不尽人意之处，因此迟迟没有交付出版。至今，不是这些耕地和人口数字已经被处理得非常完美了，而是基于我的认识的转变：重建出来了的这一套数据，即使很粗糙，也是一种学术进步；以后随着所要讨论的学术问题的变化，再根据需要进一步处理和分析这些数字。学而不已，求索不止！

此外还要感谢博士论文答辩委员会的王守春研究员、高松凡研究员、阙维民教授、华林甫教授和方修琦教授、韩光辉教授提出的宝贵意见，为我的博士论文的修改指明了方向。

感谢朱士光教授和吕卓民教授撰写的专家推荐意见，使这本书得到了国家社科基金后期资助项目的立项。

感谢国家社科基金后期资助项目对本书出版的资助。感谢匿名专家的评审意见，我尽力进行了吸收和相应的修改。

感谢鲁西奇教授、张晓虹教授和韩昭庆教授一直以来对我的关心，为我的学术发展提出建议和指导，与我分享兼顾事业和家庭的智慧。

感谢陕西师范大学西北历史环境与经济社会发展研究院的领导和同事。侯甬坚教授、萧正洪教授、王社教教授、张萍教授、方兰教授、马维斌书记等研究院的领导一直支持和鼓励我对新疆的研究，为本书的修改和出版提供诸多便利条件。特别感谢侯甬坚教授在学术研究上引导我、鼓励我。感谢张萍教授为本书有关商业人口部分提出的修改意见。感谢崔建新副研究员与我一起讨论问题，共同进步。

感谢新疆各地相关部门的大力协助。2002年以来的十余次野外考察中，先后得到了中国科学院生态与地理研究所图书馆、新疆社会科学院图书馆、新疆维吾尔自治区档案馆和新疆维吾尔自治区图书馆的热情接待；受到新疆阿勒泰地区、塔城地区、伊犁地区、昌吉州、乌鲁木齐市、农八师、农五师、农六师等所属各级自然资源局（原国土资源局）、水利局、农业局、档案馆、民政局地名办公室的周到帮助，为我提供了大量的文本资料，详细介绍当地情况，甚至还带领我进行实地考察。此外，还要深深地感谢那些在田间地头、村庄路边接受我采访的老乡们，他们的乡土知识不断纠正着我从书斋里得来的偏见。野外考察与调研中搜集的资料和发现的问题，是我不断深入研究的核心力量。

感谢我的硕士导师唐亦功教授的理解和支持，不但推荐我去北京大学的历史地理专业继续学习，还一直在生活上给予我母亲般的关怀和鼓励。

感谢同学们的鼓励和帮助。博士同学吴秀芹、杨建强、史兴民、程龙、赵夏、吴承忠、鞠远江、徐素宁等人与我一起讨论问题，相互鼓励。大学同学马永民、梁哲喜、胡长秀、陈震和中学同学马晓文、马礼民等人为我的野外考察提供了诸多帮助。

感谢中国社会科学出版社的安芳编辑，为本书的文字修订付出了很多心力。

感谢我指导的那些研究生们。他们的硕士论文选题都是本书研究内容的进一步扩展和深化，协助我完成了相关的研究项目，也帮助我深化了对相关问题的认识。

家人的理解、支持和帮助，是本书得以完成的最根本保障。感谢哥哥张可智，在每次暑假野外考察时都帮我联系他的朋友，提供各方面的便利。感谢大姑姐闫晋，总是将年假调整到与我出差的时间一致，帮我照顾家人和孩子。感谢丈夫阎东凯一直以来的包容和理解，与我一起考察，一起讨论问题，帮我校订本书的文字。最后，把我无尽的谢意送给我的父亲张延义、母亲孙成兰！

2021 年 9 月 29 日